O 12º Planeta

LIVRO I DAS CRÔNICAS DA TERRA

Evidências documentais indiscutíveis das origens da Terra e dos ancestrais celestiais dos homens

Zecharia Sitchin

O 12º Planeta

LIVRO I DAS CRÔNICAS DA TERRA
Evidências documentais indiscutíveis das origens da
Terra e dos ancestrais celestiais dos homens

Tradução:
Teodoro Lorent

Publicado originalmente em inglês sob o título *The 12th Planet*, por Bear & Company.
© 2010, Zecharia Sitchin.
Direitos de edição e tradução para todos os países de língua portuguesa.
Tradução autorizada do inglês.
© 2025, Madras Editora Ltda.

Editor:
Wagner Veneziani Costa

Produção e Capa:
Equipe Técnica Madras

Tradução:
Teodoro Lorent

Revisão da Tradução:
Marcelo Albuquerque

Revisão:
Sérgio Sccotto de Souza
Jerônimo Pouças Feitosa
Tatiana B. Malheiro

Dados Internacionais de Catalogação na Publicação (CIP)
(Câmara Brasileira do Livro, SP, Brasil)

Sitchin, Zecharia
O 12º planeta: livro I das crônicas da terra/Zecharia Sitchin; tradução Teodoro Lorent. – São Paulo: Madras, 2025.
Título original: The 12th planet.

ISBN 978-85-370-0697-9

1. Civilização antiga – Influências extraterrestres
2. Viagens interplanetárias I. Título.

11-06776 CDD-001.942

Índices para catálogo sistemático:
1. Civilização antiga: Influências extraterrestres 001.942

Proibida a reprodução total ou parcial desta obra, de qualquer forma ou por qualquer meio eletrônico, mecânico, inclusive por meio de processos xerográficos, incluindo ainda o uso da internet, sem a permissão expressa da Madras Editora, na pessoa de seu editor (Lei nº 9.610, de 19/02/1998).

Todos os direitos desta edição, em língua portuguesa, reservados pela

MADRAS EDITORA LTDA.
Rua Paulo Gonçalves, 88 – Santana
CEP: 02403-020 – São Paulo/SP
Caixa Postal: 12183 – CEP: 02013-970 – SP
Tel.: (11) 2281-5555 – Fax: (11) 2959-3090
www.madras.com.br

Agradecimentos

O autor deseja expressar sua gratidão aos vários acadêmicos que, no decorrer do período de mais de um século, descobriram, decifraram, traduziram e explicaram as relíquias textuais e artísticas do Antigo Oriente, e às inúmeras instituições e suas equipes cujas excelência e cortesia disponibilizaram ao autor as evidências gráficas e textuais nas quais este livro foi baseado.

O autor gostaria de agradecer especialmente à Biblioteca Pública de Nova York e sua Divisão Oriental; à Biblioteca de Pesquisa (Sala de Leitura e a Sala de Estudos Orientais) do Museu Britânico de Londres; à Biblioteca do Seminário Teológico Judaico de Nova York; pela assistência prestada, aos curadores do Museu Britânico e ao conservador do setor de Antiguidades Egípcias e Assírias; ao diretor do Museu do Antigo Oriente Próximo, Museus Estatais, Berlim Oriental; ao Museu da Universidade de Filadélfia, Reunião dos Museus Nacionais, França (Museu do Louvre); ao Curador e Museu de Antiguidades de Aleppo; e à Administração Nacional de Aeronáutica e Espaço (NASA) dos Estados Unidos.

Índice

Nota do Autor 9
Prólogo: Gênesis 13
1. O Infindável Princípio 15
2. A Civilização Repentina 25
3. Deuses do Céu e da Terra 61
4. Suméria: Terra dos Deuses 93
5. O Nefilim: Povo dos Foguetes Inflamáveis 129
6. O Décimo Segundo Planeta 170
7. O Épico da Criação 197
8. Reino do Céu 227
9. Aterrissando no Planeta Terra 247
10. Cidades dos Deuses 270
11. Motim dos Anunnakis 296
12. A Criação do Homem 318
13. O Fim de Toda a Carne 342
14. Quando os Deuses Fugiram da Terra 365
15. Reino na Terra 389
Fontes 399
Índice Remissivo 404

Nota do Autor

A principal fonte para os versículos bíblicos citados em *O 12º Planeta* é o Antigo Testamento e seu texto original em hebraico. Deve-se levar em consideração que todas as traduções consultadas – das quais as principais estão listadas no final do livro – não passam de traduções ou interpretações. Em última análise, o que conta é o que o original em hebraico diz.

Na versão final citada em *O 12º Planeta*, comparei as traduções disponíveis umas com as outras e com a fonte hebraica, e os textos/contos sumérios e acadianos paralelos, para chegar ao que acredito ser uma tradução mais precisa.

A tradução dos textos sumérios, assírios, babilônicos e hititas contou com o trabalho de uma legião de acadêmicos durante mais de um século. A decifração de manuscritos e da linguagem empregada passou por um processo de transcrição, transliteração e, finalmente, a tradução. Em muitas ocasiões, era possível fazer a escolha entre diferentes traduções ou interpretações, checando apenas as transcrições e transliterações mais antigas. Em outras circunstâncias, uma leitura posterior feita por um acadêmico contemporâneo ajudava a esclarecer uma tradução antiga.

A lista de fontes de textos do Oriente Próximo, fornecida no final do livro, abrange dos mais antigos aos mais recentes, e vem acompanhada pelas publicações acadêmicas que serviram como valiosas contribuições para a compreensão dos textos encontrados.

Z. Sitchin

O 12º Planeta

Prólogo: Gênesis

Em uma época em que nossos próprios astronautas aterrissaram na Lua e nossas aeronaves não tripuladas exploraram outros planetas, não é mais impossível de acreditar que a civilização de um outro planeta, mais avançado que o nosso, tenha sido capaz de aterrissar seus astronautas no planeta Terra, em algum momento do passado. De fato, vários escritores conhecidos já especularam que artefatos antigos, como as pirâmides e esculturas gigantes em pedra, devem ter sido feitas por visitantes mais desenvolvidos, vindos de outro planeta.

Entretanto, há pouca novidade em uma especulação tão intrigante. Até os povos antigos acreditavam, eles próprios, que seres superiores "dos céus" – os deuses antigos – vieram para a Terra. O que nenhum escritor versado no tema oferece são *respostas*. Se, de fato, tais seres realmente vieram para a Terra, *quando* vieram, *como* vieram, de *onde* vieram e *o que* fizeram aqui durante sua estadia?

O que nos propomos a fazer é oferecer respostas a essas questões. Utilizando o Antigo Testamento como âncora e oferecendo como prova nada mais que textos, desenhos e artefatos deixados a nós pelos povos antigos do Oriente Médio, iremos além das perguntas intrigantes e das sugestões provocantes. Vamos provar que a Terra foi, realmente, visitada por astronautas de outro planeta, em seu passado.

Vamos identificar o planeta de onde vieram esses astronautas.

Vamos decifrar uma cosmologia antiga e sofisticada que explica, melhor que os nossos cientistas atuais, como a Terra e outras partes do Sistema Solar iniciaram sua existência.

Vamos desvendar relatórios antigos que falam de uma colisão celeste que resultou na captura de um planeta intruso dentro da órbita do Sol; vamos mostrar que todas as religiões antigas foram baseadas no conhecimento e na veneração do décimo segundo membro do nosso Sistema Solar.

Vamos provar que esse Décimo Segundo Planeta era a casa dos visitantes ancestrais da Terra. Vamos apresentar textos e mapas celestes que tratam de seus voos espaciais e vamos estabelecer quando e por que eles vieram à Terra.

Vamos descrevê-los e mostrar como se pareciam, como se vestiam e comiam, vamos vislumbrar suas naves e armas e seguir suas atividades na Terra; seus amores e ciúmes, conquistas e disputas. Vamos desvendar o segredo de sua "imortalidade".

Vamos seguir os dramáticos acontecimentos que levaram à "Criação" do Homem e mostrar os métodos avançados que tornaram isso possível. Seguiremos, então, à complicada relação do Homem com suas divindades, e vamos falar do verdadeiro significado dos acontecimentos que nos foram relatados nos contos do Jardim do Éden, da Torre de Babel, do Dilúvio, do avanço da civilização, as três ramificações da Humanidade. Mostraremos como o Homem – dotado por seus criadores biológica e materialmente – acabou fazendo com que seus deuses partissem da Terra.

Mostraremos que o Homem não está sozinho, e que as futuras gerações ainda terão outro encontro com os representantes do Reino do Céu.

1

O Infindável Princípio

DA EVIDÊNCIA que coletamos para apoiar nossas conclusões, a exposição número um é o próprio Homem. De várias maneiras, o homem moderno – *Homo Sapiens* – é um estranho na Terra.

Desde que Charles Darwin chocou os acadêmicos e teólogos da sua época com a evidência sobre a evolução, a vida na Terra tem sido traçada a partir do Homem, dos primatas, mamíferos e vertebrados, e retrocedendo às formas de vida bem menores ao ponto de bilhões de anos atrás, em que se presumia que a vida havia sido formada.

Mas, tendo chegado até esses primórdios e começado a contemplar as probabilidades da vida em outro lugar no nosso Sistema Solar e além dele, os acadêmicos começaram a sentir-se incomodados com a vida na Terra: de algum modo, ela não pertencia a esse lugar. Se teve início por meio de uma série de reações químicas espontâneas, por que a vida na Terra apresenta uma única fonte, e não uma grande quantidade de fontes casuais? E por que toda a matéria viva na Terra contém muito pouco dos elementos que abundam na Terra, e muito daqueles que são raros no nosso planeta?

A vida, então, foi importada para a Terra de algum lugar?

A posição do Homem na sua cadeia evolucionária colabora para o enigma. A descoberta de um crânio quebrado aqui, uma mandíbula ali, a princípio fez com que os acadêmicos acreditassem que o Homem se originou na Ásia cerca de 500 mil anos atrás. Mas, à medida que fósseis mais antigos eram descobertos, tornou-se evidente que os moinhos da evolução giravam de forma bem mais lenta. Os macacos, ancestrais do Homem, encontram-se posicionados agora em 25 milhões de anos atrás. Descobertas feitas no leste da África revelam que houve uma transição dos macacos com forma de homem (hominídeos) cerca de 14 milhões de anos atrás. Foi por volta de 11 milhões de anos depois que o primeiro homem-macaco, merecedor da classificação de *Homo*, surgiria lá.

O primeiro ser considerado realmente como semelhante ao homem – "o *Australopithecus* Avançado" – existiu nas mesmas regiões da África cerca de 2 milhões de anos atrás. Levaria outros milhões de anos para gerar o *Homo Erectus*. Finalmente, depois de outros 900 mil anos, surgiria o primeiro Homem primitivo; ele se chamaria Neandertal, baseado no nome do local onde os seus restos mortais foram encontrados pela primeira vez.

Apesar de uma passagem de tempo de mais de 2 milhões de anos entre o Australopithecus Avançado e o Neandertal, as ferramentas que esses dois grupos usavam – pedras afiadas – eram praticamente similares; e os próprios grupos (com os quais se acreditava que eles se pareciam) não apresentavam muitas diferenças entre si. (Fig. 1)

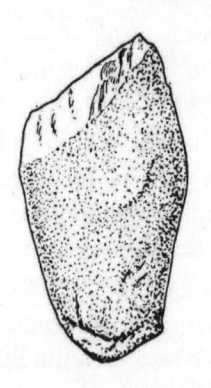

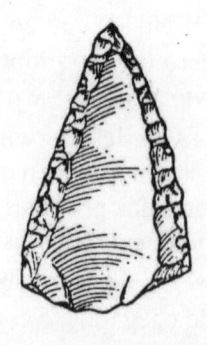

Figura 1

Então, de repente e inexplicavelmente, cerca de 35 mil anos atrás, uma nova raça de Homem – *Homo sapiens* ("Homem sábio") – surgiu do nada e varreu o Homem de Neandertal da face da Terra. Esses Homens modernos – chamados de Cro-Magnon – eram tão parecidos com o homem contemporâneo que, se os vestissem com roupas modernas, eles passariam despercebidos no meio da multidão de qualquer cidade europeia ou americana. Por causa das magníficas artes rupestres que criaram, eles primeiro foram chamados de "homens das cavernas". De fato, circulavam livremente pela Terra, pois sabiam como construir abrigos e casas feitas de pedras, coletando peles de animais por onde quer que passassem.

Durante milhões de anos, as ferramentas do Homem se limitavam a meras pedras de diferentes formatos. O Homem de Cro-Magnon, no entanto, montava ferramentas e armas especializadas feitas de madeira e ossos. Ele deixou de ser um "macaco nu", pois passou a usar peles como vestimentas. A sua sociedade era organizada; ele vivia em clãs com uma hegemonia patriarcal. Seus desenhos rupestres demonstram um talento artístico e sentimentos profundos; seus desenhos e esculturas evidenciam alguma forma de "religião", visíveis na veneração de uma Deusa Mãe, que às vezes era retratada com o sinal de uma Lua crescente. Ele enterrava os seus mortos e, portanto, apresentava algum tipo de filosofia relacionada com vida, morte e, talvez, até vida após a morte.

Por mais misterioso e inexplicável que tenha sido o surgimento do Homem de Cro-Magnon, o enigma continua ainda mais complicado. À medida que outros restos mortais do Homem moderno foram descobertos (em locais incluindo Swanscombe, Steinheim e Montmaria), tornou-se aparente que o Homem de Cro-Magnon tenha se originado de um *Homo sapiens* mais antigo que habitava o Oeste da Ásia e o Norte da África cerca de 250 mil anos antes do Homem de Cro-Magnon.

O surgimento do Homem moderno meros 700 mil anos depois do *Homo erectus* e cerca de 200 mil anos antes do Homem de Neandertal é algo absolutamente implausível. É evidente também que o *Homo sapiens* representa uma mudança extrema do lento processo evolucionário, onde muitas de nossas características, tais como a capacidade da fala, são totalmente dissociadas dos primeiros primatas.

Uma grande autoridade no assunto, o professor Theodosius Dobzhansky (*A Evolução Humana*), ficou particularmente intrigado com o fato de esse desenvolvimento ter ocorrido durante um período em que a Terra estava atravessando uma era glacial, a época menos propícia para um avanço evolucionário. Indicando que o *Homo sapiens* carece completamente de algumas das peculiaridades dos tipos previamente conhecidos, e outras que nunca existiram antes, ele concluiu: "O homem moderno possui muitos parentes paralelos de fósseis e nenhum progenitor; a derivação do *Homo sapiens*, logo, se torna um enigma".

Como foi então que os ancestrais do Homem moderno surgiram cerca de 300 mil anos atrás – ao invés de 2 ou 3 milhões de anos no futuro, com um desenvolvimento evolucionário ainda maior? Foram importados para a Terra de algum lugar ou nós fomos criados pelos deuses, como clamam o Antigo Testamento e outras fontes antigas?

Hoje, sabemos onde a civilização começou e como se desenvolveu. A pergunta que não cala é: *Por que* – por que a civilização surgiu? Tendo em vista que, como a maioria dos acadêmicos hoje admite de maneira frustrada, de acordo com todos os dados disponíveis, o Homem não deveria ter uma civilização. Não há uma razão óbvia de que deveríamos ser mais civilizados do que as tribos primitivas das florestas amazônicas ou que as partes inacessíveis da Nova Guiné.

No entanto, nós fomos informados que essas tribos ainda vivem como se estivessem na Idade da Pedra porque permaneceram isoladas. Mas, isoladas do quê? Se eles habitam a mesma Terra em que todos nós vivemos, por que não absorveram o mesmo conhecimento das ciências e tecnologias da sua própria maneira, como nós adquirimos?

O verdadeiro enigma, entretanto, não se trata do atraso dos bosquímanos, mas do nosso progresso; pois, hoje, se reconhece que, no curso normal da evolução, o Homem ainda deveria ser representado pelos bosquímanos e não à nossa forma. O Homem precisou de cerca de 2 milhões de anos para desenvolver suas "indústrias de ferramentas" do uso de pedras, como as que encontramos, até o ponto de lascá-las e moldá-las para que pudessem servir melhor aos seus propósitos. Por que não outros 2 milhões de anos para aprender a usar outros materiais, e outros 10 milhões para dominar Matemática, Engenharia e Astronomia? Ainda assim, aqui estamos nós, há menos de 50 mil anos do Homem de Neandertal, pousando astronautas na Lua.

A questão óbvia, então, é esta: Fomos nós ou foram nossos próprios ancestrais mediterrâneos que realmente alcançaram esta civilização avançada?

Embora o Homem de Cro-Magnon não tivesse a capacidade de construir arranha-céus nem tenha feito uso de metais, não há dúvida alguma de que a sua civilização revolucionária surgiu de forma repentina. Sua mobilidade e capacidade de construir abrigos, seu desejo de se vestir, suas ferramentas inventadas, sua arte – tudo isso se caracterizou em uma repentina civilização avançada que rompia com um princípio infinito na cultura do Homem, que se propagou durante milhões de anos e avançou em um ritmo muito lento.

Apesar de os acadêmicos não conseguirem explicar o surgimento do *Homo sapiens* e a civilização do Homem de Cro-Magnon, agora não resta dúvida alguma quanto ao local de origem dessa civilização: o Oriente Médio. Os planaltos e as cadeias montanhosas que se estendem da cordilheira de Zagros no leste (onde hoje se localiza o Irã, com a fronteira do Iraque em cada lado), passando pelos montes de Ararat e Taurus ao norte, descendo em direção ao oeste e ao sul, até as encostas da Síria, Líbano e Israel, estão repletas de cavernas que preservaram a evidência de um Homem moderno, porém pré-histórico. (Fig. 2)

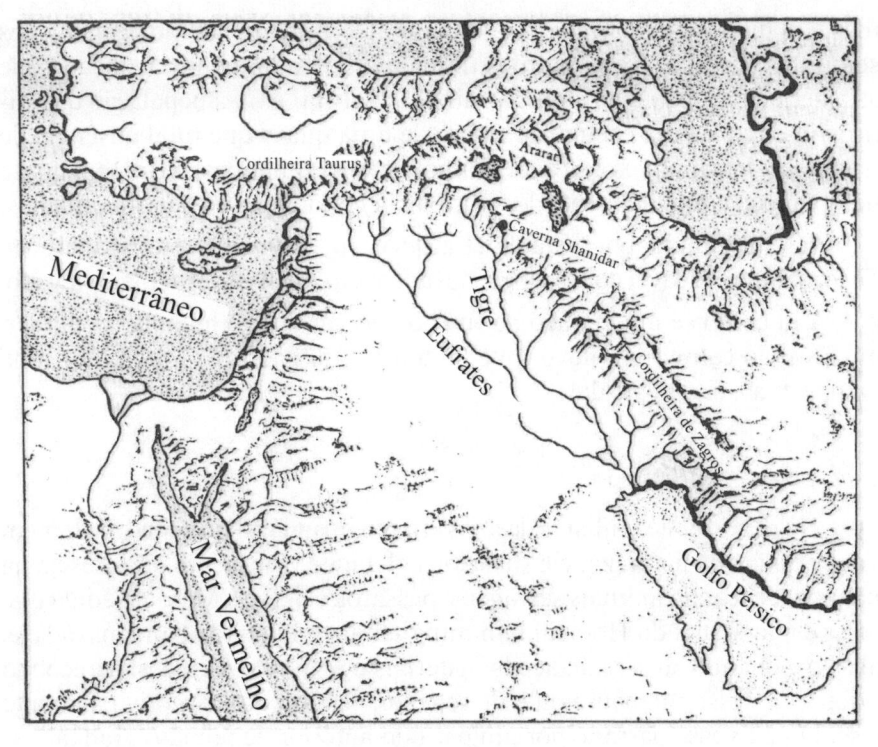

Figura 2

Uma dessas cavernas, Shanidar, está localizada na parte nordeste do semiarco da civilização. Atualmente, violentas tribos curdas buscam abrigo nas cavernas dessa região, tanto para eles quanto para seus rebanhos, durante os rígidos meses de inverno. Foi assim que, em uma noite de inverno, cerca de 44 mil anos atrás, uma família de sete membros (um deles ainda um bebê) buscou abrigo na caverna de Shanidar.

Seus restos mortais – eles foram, evidentemente, esmagados até a morte pela queda de uma pedra – foram descobertos em 1957, de forma surpreendente por Ralph Solecki, que havia ido até a região em busca de evidência sobre o Homem primitivo.* O que ele encontrou foi mais do que esperava. Após remover várias camadas de escombros, tornou-se aparente que a caverna preservava o registro da habitação do Homem que vivia na região desde 100 mil até cerca de 13 mil anos atrás.

O que esse registro desvendou foi algo tão surpreendente quanto sua própria descoberta. A cultura do Homem não indicou uma progressão,

---

* Professor Solecki me contou que foram encontrados nove esqueletos, dos quais apenas quatro foram esmagados pela queda de uma rocha.

mas sim uma regressão. Partindo de um determinado padrão, as gerações seguintes apresentavam padrões de vida civilizada menos avançada que as anteriores. Sendo que, entre 27 mil a.C. e 11 mil a.C., a população que diminuía e retrocedia chegou ao ponto de uma quase que total ausência de habitação. Por motivos que acreditamos serem climáticos, o Homem quase desapareceu completamente de toda aquela região por cerca de 16 mil anos.

E, em seguida, por volta de 11 mil a.C., o "Homem sábio" reapareceu de forma inexplicável com vigor renovado e um nível cultural mais elevado.

Era como se um técnico de futebol, ao ver o jogo humano se perder, enviasse ao campo um novo time bem mais treinado para substituir uma equipe exausta na partida.

*

No decorrer de milhares de anos em seu infindável princípio, o Homem era a criança da natureza; ele subsistia coletando o alimento que crescia na natureza, caçando animais selvagens, pássaros e peixes. Mas, à medida que os assentamentos do Homem iam minguando, enquanto abandonava seus abrigos, quando suas realizações materiais e artísticas iam desaparecendo – foi bem nesse momento que, de repente, sem qualquer motivo aparente e sem que tivesse passado por um período anterior de preparo gradual – o Homem se tornou um agricultor.

Resumindo a obra de muitas autoridades eminentes no assunto, R. J. Braidwood e B. Howe (*Prehistoric Investigations in Iraqi Kurdistan*) concluíram que os estudos genéticos confirmam as descobertas arqueológicas e não deixam dúvida de que a agricultura teve o seu início exatamente no mesmo local onde o Homem sábio havia surgido antes com sua primeira civilização primitiva: no Oriente Médio. Não há dúvida, agora, de que essa agricultura se espalhou por todo o mundo através do eixo de montanhas e planaltos do Oriente Médio.

Empregando métodos sofisticados de datação por radiocarbono, vários acadêmicos de diferentes campos da ciência concordaram com a conclusão de que as primeiras incursões do Homem na agricultura foram no cultivo de trigo e cevada, provavelmente mediante a domesticação de uma variedade de cereais selvagens. Assumindo que, de alguma forma, o Homem passou por um processo gradual de auto aprendizado em como domesticar, cultivar e colher plantas selvagens, muitos acadêmicos continuam surpresos com a abundância de outros tipos de plantas e cereais básicos para a sobrevivência e o desenvolvimento humano que surgiram no Oriente Médio. Entre eles, em uma sucessão rápida, estão inclusos o milho, centeio e espelta; entre os cereais comestíveis; linho, que fornecia as fibras e o óleo comestível; e uma variedade de arbustos e árvores frutíferas.

Em todos os casos, a planta foi, sem dúvida, domesticada no Oriente Médio durante milênios antes de chegar até a Europa. É como se o Oriente Médio fosse uma espécie de laboratório genético-botânico, guiado por uma mão invisível, sempre produzindo um novo tipo de planta domesticada.

Os acadêmicos que estudaram as origens das videiras concluíram que o seu cultivo começou nas montanhas que englobam o norte da Mesopotâmia e, também, na Síria e na Palestina. Não é de se estranhar. O Antigo Testamento nos conta que Noé "plantou um vinhedo" (e ficou até bêbado com o seu o próprio vinho) depois que sua arca repousou no Monte Ararat, quando as águas do Dilúvio retrocederam. Tanto os acadêmicos como a Bíblia apontam para as montanhas do norte da Mesopotâmia como o local em que se deu início ao cultivo da uva.

Maçãs, peras, azeitonas, figos, amêndoas, pistaches e nozes – todos tiveram sua origem no Oriente Médio e espalharam-se de lá para a Europa e outras partes do mundo. De fato, não podemos deixar de lembrar que o Antigo Testamento antecede os nossos acadêmicos em vários milênios, ao identificar a mesma região como o primeiro pomar do mundo: "E o Senhor Deus plantou um jardim no Éden, no Oriente(...) E o Senhor Deus fez com que brotasse do chão, cada árvore que é agradável de contemplar e que é boa de comer".

A localização geral do "Éden" era certamente conhecida das gerações bíblicas. Era "no Oriente" – ao leste da Terra de Israel. Era uma terra banhada por quatro rios, dois dos quais são o Tigre e o Eufrates. Não há dúvida de que o Livro do Gênesis localiza o primeiro pomar nos planaltos onde esses dois rios se originavam, no nordeste da Mesopotâmia. A Bíblia e a ciência estão em total acordo quanto a esse assunto.

Na realidade, se lermos o texto original em hebraico do Livro do Gênesis, não como um relato teológico, mas como um texto científico, descobriremos que ele também descreve de forma precisa o processo de domesticação das plantas. A ciência nos conta que o processo começou com ervas e passou para cereais selvagens até chegar ao cultivo de cereais, seguido pelos arbustos e árvores frutíferas. Esse processo é detalhado com exatidão no primeiro capítulo do Livro do Gênesis.

E Deus disse:
"Permiti que a Terra gere ervas;
cereais cujas sementes produzam sementes;
árvores frutíferas que deem frutos de várias espécies,
que tragam consigo a semente".

E assim foi feito:
A Terra gerou a erva;
cereais cuja semente produziu sementes, de várias espécies;
e árvores frutíferas que deram frutos, que traziam em si
a semente, de várias espécies.

O Livro do Gênesis segue nos contando que o Homem, expulso do Jardim do Éden, teve de labutar muito para produzir seu próprio alimento. "Pelo suor do teu rosto comerás o teu pão", disse o Senhor para Adão. Foi depois disso que "Abel se tornou o guardador de rebanhos e Caim se tornou o lavrador da terra". A Bíblia nos conta que o Homem se tornou um pastor logo depois de ter se tornado um agricultor.

Os acadêmicos concordam plenamente com essa sequência de eventos bíblicos. Ao analisar as diversas teorias relacionadas à domesticação animal, F. E. Zeuner (*Domestication of Animals*) enfatiza que o Homem não teria como "adquirir o hábito de guardar animais em cativeiro ou de domesticação antes de ter alcançado o estágio de viver em unidades sociais de algum porte". Tais comunidades assentadas, um pré-requisito para a domesticação de animais, resultaram na transição para a agricultura.

O primeiro animal a ser domesticado foi o cão, não necessariamente por ser o melhor amigo do homem, mas provavelmente por questões de alimentação. Acredita-se que isso ocorreu por volta de 9500 a.C. Os primeiros restos mortais de cães foram encontrados no Irã, Iraque e Israel.

O carneiro foi domesticado por volta da mesma época; a caverna de Shanidar contém os restos mortais de carneiros de cerca de 9000 a.C., indicando que uma grande parte do rebanho de novilhos era morta a cada ano para servir de alimento e para o uso das peles. As cabras, que também forneciam o leite, vieram logo em seguida; e os porcos, gado com chifres e gado sem chifres foram os próximos a serem domesticados.

Em todos os casos, a domesticação teve início no Oriente Médio.

A mudança abrupta no curso dos eventos humanos que ocorreu cerca de 11000 a.C., no Oriente Médio (e cerca de 2 mil anos mais tarde na Europa), fez com que os acadêmicos descrevessem aquela época como o verdadeiro fim da Idade da Pedra (o Paleolítico) e o início de uma nova era cultural, a Idade da Pedra Intermediária (o Mesolítico).

O nome é apropriado apenas se considerarmos a principal matéria bruta do Homem – que continuava sendo a pedra. Suas habitações nas áreas montanhosas ainda eram feitas de pedra; suas comunidades eram protegidas por muralhas de pedra; seu primeiro implemento agrícola – a foice – era feito de pedra. Ele venerava e protegia seus mortos cobrindo e adornando suas tumbas com pedras; e usava pedra para fazer imagens de seres supremos, ou "deuses", pedindo por suas intervenções benignas. Uma dessas imagens, encontrada no norte de Israel e datada do nono milênio a.C., exibe a cabeça talhada de um "deus" protegido por um capacete listrado e trajando um tipo de "óculos". (Fig. 3)

No entanto, do ponto de vista geral, seria mais apropriado chamar a idade que começou em torno de 11000 a.C. não de Idade da Pedra Intermediária, mas de Idade da Domesticação. Dentro de um período de apenas 3.600 anos – do dia para a noite, em termos de infindável princípio –, o Homem se tornaria um agricultor, domesticando plantas e animais selvagens. Em seguida, viria uma era claramente nova. Nossos acadêmicos chamam isso de Nova Idade da Pedra (Neolítico); mas, o termo é totalmente inadequado, pois a principal mudança que havia ocorrido cerca de 7500 a.C. foi o surgimento da cerâmica. Por motivos que ainda iludem nossos acadêmicos – mas que logo serão esclarecidos, à medida que desvendamos o nosso conto sobre os eventos pré-históricos – a marcha do Homem em direção à civilização ficaria confinada, durante os primeiros vários milênios depois de 11000 a.C., nos planaltos do Oriente Médio. A descoberta dos vários usos da cerâmica coincidia com a descida do Homem de seus abrigos nas montanhas em direção aos vales, terras mais baixas repletas de barro.

Figura 3

A partir do sétimo milênio a.C., o arco da civilização do Oriente Médio estava se proliferando com as culturas do barro e da cerâmica, que produziam grandes variedades de utensílios, ornamentos e estatuetas. Em 5000 a.C., o Oriente Médio estava produzindo objetos de barro e de cerâmica de excelente qualidade e com um fantástico *design*.

No entanto, mais uma vez, o progresso diminuiu e, em 4500 a.C., as evidências arqueológicas indicam que a regressão total estava se aproximando. A cerâmica foi se tornando cada vez mais simples. Os utensílios de pedra – uma relíquia da Idade da Pedra – novamente se tornavam predominantes. Sítios arqueológicos habitados revelavam menos restos mortais. Alguns sítios que haviam se tornado centros de indústria de cerâmica e barro começaram a ser abandonados e uma distinta fabricação de cerâmica desapareceria por completo. De acordo com James Melaart (*Earliest Civilizations of the Near East*), "houve um empobrecimento geral da cultura"; alguns sítios apresentam marcas claras, indicando "a nova fase de extrema pobreza".

O Homem e sua cultura estavam claramente passando por um declínio.

Eis que – de repente, inesperada e inexplicavelmente – o Oriente Médio testemunharia o florescimento de uma das maiores civilizações jamais imagináveis, uma civilização na qual a nossa atual se encontra firmemente enraizada.

Uma mão misteriosa mais uma vez pegou o Homem do seu declínio e o ergueu a um nível de cultura, conhecimento e civilização bem mais elevado.

2
A Civilização Repentina

Durante muito tempo, o homem ocidental acreditava que sua civilização era uma dádiva de Roma e da Grécia. No entanto, foram os próprios filósofos gregos que repetidas vezes escreveram que haviam se baseado em fontes bem mais antigas. Posteriormente, os viajantes que retornaram à Europa relataram a existência, no Egito, de imponentes pirâmides e cidades-templos semi-enterradas nas areias, protegidas por estranhas bestas de pedra, chamadas de esfinges.

Quando Napoleão desembarcou no Egito, em 1799, levou com ele acadêmicos para que estudassem e explicassem esses antigos monumentos. Um de seus oficiais encontrou, próximo a Rosetta, uma tábua de pedra com uma proclamação de 196 a.C. entalhada com uma antiga escrita pictográfica egípcia (hieróglifo), assim como em outros dois escritos.

A decifração da antiga linguagem e escrita egípcia, bem como os esforços arqueológicos que se sucederam, revelou ao homem ocidental que já existia uma civilização avançada no Egito muito antes do advento da civilização grega. Os registros egípcios falavam de dinastias reais que haviam começado cerca de 3100 a.C. – dois milênios inteiros antes do início da civilização helênica. Alcançando sua maturidade no quinto ou quarto século a.C., a Grécia surgiria depois, em vez de ter sido a iniciadora.

A origem da nossa civilização se deu então no Egito?

Por mais lógica que a conclusão possa parecer, os fatos apontam no sentido contrário. Os acadêmicos gregos descrevem visitas ao Egito, mas as antigas fontes de conhecimento das quais eles falam foram encontradas em outro lugar. As culturas pré-helênicas do Mar Egeu – a minoica, na Ilha de Creta, e a micênica, no continente grego – revelaram a evidência de que a cultura do Oriente Médio, e não a egípcia, foi a que havia sido adotada. A Síria e a Anatólia, não o Egito, foram as principais vias pelas quais as primeiras civilizações se tornaram disponíveis para os gregos.

Percebendo que a invasão dórica da Grécia e a invasão israelita de Canaã, depois do Êxodo do Egito, ocorreram na mesma época (por volta do século XIII a.C.), os acadêmicos ficaram fascinados ao descobrir uma quantidade crescente de similaridades entre as civilizações semitas e helênicas. O professor Cyrus H. Gordon (*Forgotten Scripts; Evidence for the Minoan Language*) inaugurou um novo campo de estudo ao mostrar que uma antiga escrita minoica, chamada de Linear A, representava uma linguagem semítica. Ele concluiu que "o padrão (distinto do conteúdo) das civilizações hebraicas e minoicas é o mesmo de maneira incrível", e apontou que o nome da ilha, Creta, soletrado *Ke-re-ta* em minoico, era a mesma palavra em hebraico *Ke-re-et* ("cidade cercada por muralhas") e tinha uma duplicata no conto semítico sobre um rei de Keret.

Mesmo o alfabeto helênico, do qual derivam o alfabeto latino e o nosso próprio alfabeto, surgiu no Oriente Médio. Os próprios historiadores gregos escreveram que um fenício de nome Cadmo ("antigo") inventou o alfabeto, composto do mesmo número de letras, na mesma ordem que o hebraico; era o único alfabeto grego que existia quando ocorreu a Guerra de Troia. O número de letras foi aumentado para 26 pelo poeta Simônides de Ceos no século V a.C.

Que as escritas latinas e gregas e, consequentemente, toda a fundação da nossa cultura ocidental, foram adotadas do Oriente Médio é algo que pode ser facilmente demonstrado ao comparar a ordem, os nomes, os sinais e, inclusive, os valores numéricos do alfabeto original do Oriente Próximo com o grego mais antigo e o latim mais recente. (Fig. 4)

Os acadêmicos sabiam, é claro, dos contatos que os gregos tiveram com o Oriente Médio no primeiro milênio a.C., que culminou com a derrota dos persas por Alexandre, o Macedônio, em 331 a.C. Os registros gregos continham muitas informações sobre os persas e suas terras (que correspondem aproximadamente ao atual Irã). Julgando pelos nomes de seus reis – Ciro, Dário, Xerxes – e os nomes de suas divindades, que parecem derivar da linguística indo-europeia, os acadêmicos chegaram à conclusão de que eles faziam parte do povo ariano ("soberano") que surgiu de algum lugar próximo ao Mar Cáspio, por volta do segundo milênio a.C., e que se espalhou em direção ao oeste da Ásia Menor, leste da Índia e ao sul, que o Antigo Testamento chamava de "terras dos Medes e Parsís".

Mas, isso tudo não era tão simples assim. Apesar da origem estrangeira assumida desses invasores, o Antigo Testamento os tratava como um grupo que participou de eventos bíblicos. Ciro, por exemplo, era considerado como sendo um "Ungido de Yahweh" – uma relação um tanto incomum entre o Deus hebreu e um não hebreu. De acordo com relatos bíblicos do Livro de Esdras, Ciro reconheceu sua missão de reconstruir o Templo de Jerusalém, e declarou que estava agindo de acordo com as ordens dadas por Yahweh, a quem chamava de "Deus do Céu".

Nome Hebreu	Canaanita-fenício	Grego Antigo	Grego Posterior	Nome Grego	Latim
Aleph	⊁ ⩓	A	A	Alpha	A
Beth	𝟗 𝟗	S ᗥ	B	Beta	B
Gimel	⟍	⟍	⌈	Gamma	C G
Daleth	◿ ⩑	△	△	Delta	D
He	⪽ ⪽	⪽	E	E(psilon)	E
Vau	Y	Y	Y	Vau	F V
Zayin	⊂ ⊃	I	I	Zeta	
Heth (1)	⊟ H	⊟	⊟	(H)eta	H
Teth	⊗ ·	⊗	⊗	Theta	
Yod	Ƨ	ƨ	ƨ	Iota	I
Khaph	⪽ ⪽ ⪽	⪽	K	Kappa	
Lamed	𝐿 𝐿	⌄⊣⏋	L ∧	Lambda	L
Mem	⪽ ⪽	⪽	⌒	Mu	M
Nun	⪽ ⪽	M	N	Nu	N
Samekh	⪽ ⪽	⫯	⫯	Xi	X
Ayin	o o	o	o	O(nicron)	O
Pe	⪽ ⪽	⏋	⌈	Pi	P
Şade (2)	⪽ ⪽	M	M	San	
Koph	⪽ ⪽ ⪽	Φ	⪽	Koppa	Q
Resh	⪽	⪽	P	Rho	R
Shin	W	⪽	⪽	Sigma	S
Tav	X	T	T	Tau	T

(1) "H", geralmente transliterado como "H" para simplificar, é pronunciado nas línguas semita e suméria como "CH", como no escocês ou alemão, "loch".

(2) "S", geralmente transliterado como "S" para simplificar, é pronunciado nas línguas semita e suméria como "TS".

Figura 4

Ciro e outros reis de sua dinastia se autodenominavam aquemênidas – baseado no título adotado pelo fundador da dinastia, que se chamava Hacham-Anish. Não era ariano, mas era um perfeito título semita que significava "homem sábio". No geral, os acadêmicos foram negligentes ao investigar muitas pistas deixadas que indicavam as similaridades entre o Deus hebraico Yahweh e a divindade aquemênida chamada de "Homem Sábio", que eles descreviam como pairando nos céus dentro de um Globo Alado, como indica o Selo Real de Dário. (Fig. 5)

Figura 5

Hoje em dia já foi estabelecido que as raízes históricas, religiosas e culturais desses antigos persas remetem aos primeiros impérios da Babilônia e Assíria, cujas extensões e quedas estão registradas no Antigo Testamento. Os símbolos que compõem a escrita que aparece nos monumentos e selos arquemênidas foram primeiro considerados como sendo desenhos decorativos. Engelbert Kampfer, que visitou Persépolis, a antiga capital persa, em 1686, descreveu os sinais como sendo "cuneates", ou impressões cuneiformes. Desde então, a escrita é conhecida como cuneiforme.

À medida em que esforços eram feitos para decifrar as inscrições aquemênidas, tornava-se cada vez mais claro que eram escritas com o mesmo alfabeto das inscrições encontradas nos artefatos e tábuas antigas da Mesopotâmia, as planícies e planaltos que se situam entre os rios Tigre e Eufrates. Intrigado pelas dispersas descobertas, Paul Emile Botta partiu, em 1843, para conduzir a primeira escavação de grande importância ao local. Ele selecionou o Norte da Mesopotâmia, próximo da atual Mosul, hoje chamado de Khorsabad. Botta logo conseguiu estabelecer que as inscrições em cuneiforme indicavam o lugar de Dur Sharru Kin. Tratava-se de inscrições semitas, em uma linguagem irmã do hebraico, e o nome significava "a cidade cercada de muralhas do rei justo". Nossos livros didáticos chamam esse rei de Sargão II.

A capital do rei assírio tinha no centro um magnífico palácio real, cujas muralhas eram alinhadas com esculturas em baixo-relevo que, se colocadas lado a lado, chegariam a mais de um quilômetro e meio de comprimento. Comandando a cidade e o complexo real havia uma pirâmide de degraus chamada de zigurate, que servia como uma "escada para o Céu" para os deuses. (Fig. 6)

A estrutura da cidade com suas esculturas retratavam o estilo de vida em grande escala. Os palácios, templos, casas, estábulos, armazéns, muralhas, portões, colunas, decorações, estátuas, obras de arte, torres, parapeitos, terraços, jardins – tudo foi concluído em apenas cinco anos. De acordo com Geoges Contenau (*A Vida Cotidiana na Babilônia e na Assíria*), "a imaginação voa diante do imenso poder de um império que conseguiu realizar tanto em tão pouco espaço de tempo", cerca de 3 mil anos atrás.

Não permitindo que os franceses passassem por eles, os ingleses entraram em cena na pessoa do *sir* Austen Henry Layard, que selecionou como o seu sítio um lugar a 16 quilômetros de Khorsabad, descendo o rio Tigre. Os nativos chamavam o local de Kuyunjik; descobriu-se afinal que se tratava da capital assíria de Nínive.

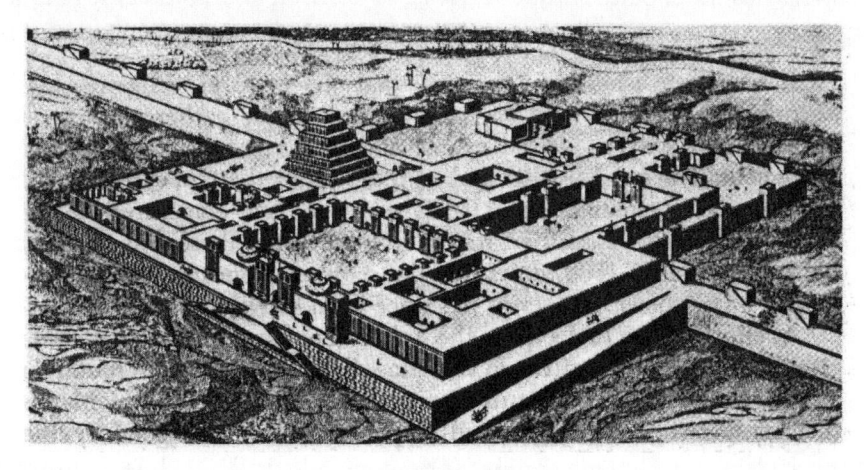

Figura 6

Nomes e eventos bíblicos começaram a brotar para a vida. Nínive era a capital real da Assíria sob o comando de seus três últimos grandes governantes: Senaqueribe, Esarhaddon e Assurbanipal. "Logo, no ano décimo quarto do rei Ezequias, o rei Senaqueribe se ergueu contra todas as cidades fortificadas de Judá", relata o Antigo Testamento (2 Reis 18:13), e quando o Anjo do Senhor derrotou seu exército, "Senaqueribe partiu e voltou a morar em Nínive".

Os montes onde Nínive foi construída por Senaqueribe e Assurbanipal revelaram palácios, templos e obras de arte que superavam aquelas da época de Sargão. A área onde se acredita que se encontram as ruínas dos palácios de Esarhaddon não pode ser escavada, pois no local hoje se encontra uma mesquita islâmica erguida sobre o suposto local do túmulo do profeta Jonas, que foi engolido por uma baleia quando se recusou a levar a mensagem de Yahweh para Nínive.

Layard havia lido nos registros gregos que um oficial do exército de Alexandre, o Grande, tinha visto um "lugar de pirâmides e ruínas de uma antiga cidade" – uma cidade que já estava enterrada desde a época de Alexandre! Layard também escavou o local e descobriu que se tratava de Nimrud, o centro militar da Assíria. Foi ali que Shalmaneser II ergueu um obelisco para registrar suas expedições e conquistas militares. Hoje em exposição no Museu Britânico, o obelisco lista, entre os reis que presta tributo, "Jehu, filho de Omri, rei de Israel".

Novamente, as inscrições mesopotâmicas e os textos bíblicos se complementam!

Impressionados pela frequente e crescente confirmação de narrativas bíblicas nas descobertas arqueológicas, os assiriólogos, como esses acadêmicos, passaram a ser chamados, voltaram-se ao décimo capítulo do Livro do Gênesis. Lá, Nimrud – "um poderoso caçador pela graça de Yahweh" – foi descrito como o fundador de todos os reinos da Mesopotâmia.

E o princípio do seu reino:
Babel, Ereque e Acádia, todos na Terra de Sinar.
Dessa Terra emanou Assur onde
   Nínive foi construída, uma cidade de ruas largas;
E Calá, e Resen – a grande cidade
   Que se situa entre Nínive e Calá.

Havia, de fato, montes que os nativos chamavam de Calá, situado entre Nínive e Nimrud. Quando equipes sob o comando de W. Andrae escavaram a área, de 1903 a 1914, descobriram as ruínas de Assur, o centro religioso assírio e sua primeira capital. De todas as cidades assírias mencionadas na

Bíblia, apenas Resen ainda não foi encontrada. O nome significa "as rédeas do cavalo"; talvez ali fosse a localização dos estábulos reais da Assíria.

Aproximadamente na mesma época em que Assur era escavada, as equipes comandadas por R. Koldewey concluíam a escavação da Babilônia, a Babel bíblica – um vasto local repleto de palácios, templos, jardins suspensos e o inevitável zigurate. Não demorou muito para que os artefatos e as inscrições revelassem a história de dois competidores da Mesopotâmia: Babilônia e Assíria, um situado no Sul e o outro no Norte.

No auge e na decadência, nas lutas e na coexistência, as duas constituíram uma avançada civilização que abrangeu cerca de 1.500 anos, ambas atingindo o apogeu por volta de 1900 a.C. Assur e Nínive foram finalmente tomadas e destruídas pelos babilônios em 614 e 612 a.C., respectivamente. Como previsto pelos profetas bíblicos, a própria Babilônia chegou a um final inglório quando Ciro, o Aquemênida a conquistou em 539 a.C.

Embora fossem rivais no decorrer da história, ainda seria difícil encontrar qualquer diferença significante entre a Assíria e a Babilônia, em termos culturais e materiais. Apesar de a Assíria chamar a sua divindade chefe de Assur ("tudo o que é visto") e a Babilônia glorificar Marduk ("o filho do monte puro"), os panteões eram extremamente parecidos.

Muitos museus do mundo contam como destaques em suas exibições com portões cerimoniais, touros alados, baixos relevos, carruagens, ferramentas, utensílios, joias, estátuas e outros objetos feitos de todo o tipo de material que foram escavados dos montes da Assíria e Babilônia. Porém, os verdadeiros tesouros desses reinos são seus registros escritos: milhares de inscrições em escrita cuneiforme, incluindo contos cosmológicos, poemas épicos, histórias de reis, registros dos templos, contratos comerciais, registros matrimoniais e de divórcio, tabelas astronômicas, previsões astrológicas, fórmulas matemáticas, listas geográficas, textos escolares de gramática e vocabulário e, em particular, textos que tratam de nomes, genealogias, epítetos, documentos de posse, poderes e obrigações dos deuses.

O idioma que fazia a ligação cultural, histórica e religiosa entre a Assíria e a Babilônia era o acadiano. Foi a primeira língua semita conhecida, parente, porém precursora do hebraico, aramaico, fenício e canaanita. No entanto, os assírios e os babilônios não reivindicavam que tivessem inventado o idioma e sua escrita; de fato, muitas de suas tábuas revelavam no pós-escrito que eles haviam copiado de originais antigos.

Então, quem foi que inventou a escrita cuneiforme e desenvolveu a linguagem com uma gramática precisa e rica em vocabulários? Quem escreveu os "originais antigos"? E por que os assírios e babilônios chamam a língua de acadiana?

Devemos focar nossa atenção, mais uma vez, no Livro do Gênesis. "E no princípio de seu reino: Babel, Ereque e Acádia". Acádia – será que realmente havia uma capital real que precedia a Babilônia e Nínive?

As ruínas da Mesopotâmia proporcionaram evidências conclusivas que, de fato, uma vez existiu por lá um reino de nome Acádia, estabelecido por um governante muito mais antigo, que se chamava *sharrukin* ("rei íntegro"). Ele afirmava em suas inscrições que o seu império se estendia, pela graça de seu Deus Enlil, do Mar Baixo (o Golfo Pérsico) ao Mar Alto (acredita-se que seja o Mediterrâneo). Ele vangloriava-se de que "no embarcadouro de Acádia, ele construiu navios ancorados" de várias terras distantes.

Os acadêmicos ficaram pasmos: eles se depararam com um império mesopotâmico no terceiro milênio a.C.! Houve um salto – para trás – de cerca de 2 mil anos do Sargão assírio de Dur Sharrukin ao Sargão da Acádia. E ainda assim, os montes que foram escavados revelaram literatura e arte, ciência e política, comércio e comunicação – uma civilização completa – bem antes do surgimento da Babilônia e Assíria. Além disso, revelava-se obviamente se tratar da precursora e da fonte das civilizações mesopotâmicas; a Assíria e a Babilônia eram apenas galhos do tronco acadiano.

O mistério de uma civilização mesopotâmica mais antiga se aprofundava à medida que as inscrições que registravam as realizações e a genealogia de Sargão da Acádia eram descobertas. Eles declaravam que o seu título completo era o "Rei de Acádia, Rei de Kish"; explicaram que antes de assumir o trono, ele havia sido conselheiro dos "governantes de Kish". Havia então – os acadêmicos perguntavam-se – um reino mais antigo, o de Kish, que precedia Acádia?

De novo, os versículos bíblicos ganham importância.

> Cuxe gerou Nimrod;
> Ele foi o primeiro a ser um Herói na Terra (...)
> E no início de seu reino:
> Babel, Ereque e Acádia.

Muitos acadêmicos especularam que Sargão da Acádia era o bíblico Nimrod. Se nós trocarmos "Kish" por "Kush" nos versículos bíblicos citados acima, significaria que Nimrud de fato era precedido por Kish, como reivindicava Sargão. Os acadêmicos começaram então a aceitar literalmente o resto de suas inscrições: "Ele derrotou Uruk e derrubou sua muralha (...) ele foi vitorioso na batalha com os habitantes de Ur (...) ele derrotou todo o território de Lagash até o mar".

A Ereque bíblica era idêntica à Uruk das inscrições de Sargão? Quando o sítio arqueológico, hoje chamado de Warka, foi escavado, descobriu-se que se tratava da mesma. E a Ur, à qual se referia Sargão, não era outra coisa senão a bíblica Ur, o local mesopotâmico de nascimento de Abraão.

As descobertas arqueológicas não apenas justificaram os registros bíblicos; também parece correto afirmar que poderiam ter existido reinos, cidades e civilizações na Mesopotâmia bem antes do terceiro milênio a.C. A única questão é: Até que ponto deveríamos retornar ao passado para encontrar o *primeiro* reino civilizado?

A chave que desvendaria esse enigma se encontra em outra língua.

*

Os acadêmicos rapidamente perceberam que os nomes não continham o seu significado apenas em hebraico e no Antigo Testamento, e sim em todo o mundo antigo do Oriente Médio. Todos os nomes de pessoas acadianas, babilônicas e assírias tinham um significado. No entanto, os nomes dos governantes que precederam Sargão da Acádia não faziam sentido algum: O rei, em cuja corte Sargão era um conselheiro, era chamado de Urzababa; o rei que governou em Ereque era chamado Lugalzagesi; e assim por diante.

Palestrando diante da Sociedade Real Asiática, em 1893, *sir* Henry Rawlinson indicou que tais nomes não eram indo-europeus nem semitas; de fato, "eles pareciam pertencer a algum grupo desconhecido de línguas ou povos". Mas, se os nomes apresentavam significados, qual era a língua misteriosa que ocultava os seus significados?

Os acadêmicos deram outra olhada nas inscrições acadianas. Basicamente, a escrita cuneiforme acadiana era silábica: cada sinal representava uma sílaba completa (*ab, ba, bat,* etc.). Mesmo assim, a escrita fazia uso excessivo de sinais que não eram sílabas fonéticas, mas que transmitiam os significados de "deus", "cidade", "país", ou "vida", "exaltada" e coisas do gênero. A única explicação possível para esse fenômeno era que esses sinais eram vestígios de um método antigo de escrita que aplicava pictografias. A língua acadiana, então deveria ter sido precedida de outra língua, usada como um método de escrita similar aos hieróglifos egípcios.

Logo se tornaria óbvio que uma língua antiga, e não apenas uma forma antiga de escrita, estaria envolvida nesse processo. Os acadêmicos descobriram que as inscrições e os textos acadianos faziam o uso excessivo de palavras emprestadas – palavras intactas e importadas de outra língua (do mesmo modo que o francês moderno emprestou a palavra inglesa *weekend*). Isso seria o caso em que a terminologia científica ou técnica estivesse envolvida, como também em assuntos relacionados com os deuses e os céus.

Uma das grandes descobertas de textos acadianos foram as ruínas de uma biblioteca construída em Nínive por Assurbanipal; Layard e seus colegas retiraram do sítio arqueológico 25 mil tábuas, muitas das quais eram descritas pelos antigos escribas como sendo cópias de "textos mais antigos". Um conjunto de 23 tábuas declarava no final: "23ª tábua: língua da Suméria não alterada". Outro texto trazia uma declaração enigmática do próprio Assurbanipal:

> O Deus dos escribas me incumbiu a dádiva do conhecimento de sua arte.
> Fui iniciado nos segredos da escrita.
> Posso ler inclusive as intrincadas tábuas em sumério;
> Compreendo as palavras enigmáticas nos entalhes da pedra sobre os dias
>   antes do Dilúvio.

A afirmação de Assurbanipal de que podia ler as intrincadas tábuas em "sumério" e entender as palavras escritas sobre "os dias antes do Dilúvio" ajudam a aumentar ainda mais o mistério. Mas, em janeiro de 1869, Jules Oppert sugeriu à Sociedade Francesa de Numismática e Arqueologia que a existência de uma língua e um povo pré-acadiano deveria ser reconhecida. Ao indicar que os primeiros governantes da Mesopotâmia proclamaram sua legitimação ao assumirem o título de "rei de Suméria e Acádia", ele sugeriu que o povo fosse chamado de "sumério" e sua terra de "Suméria".

Exceto pela pronúncia incorreta – deveria se chamar S*h*uméria, não Suméria – Oppert estava correto. A Suméria não era uma terra distante e misteriosa, mas o antigo nome do Sul da Mesopotâmia, exatamente como o Livro do Gênesis havia afirmado de forma clara: as cidades reais da Babilônia, Acádia e Ereque se localizavam na "terra de Shin'ar" (Sinar era o nome bíblico da Suméria).

Assim que os acadêmicos passaram a aceitar essas conclusões, os portões do dilúvio foram abertos. As referências acadianas quanto aos "textos mais antigos" passaram a se tornar significantes e os acadêmicos logo perceberam que as tábuas com as colunas compridas de palavras, na verdade, se tratavam de léxicos e dicionários acadiano-sumérios, preparados na Assíria e na Babilônia para o seu próprio estudo da primeira língua escrita, a língua suméria.

Sem esses dicionários antigos, nós ainda estaríamos muito longe de compreender e ler o sumério. Com o auxílio deles, um vasto tesouro literário e cultural foi aberto. Tornou-se claro também que a escrita suméria, originalmente pictográfica e talhada em pedra em colunas verticais, foi então girada horizontalmente e, mais tarde, foi estilizada para hieróglifos em tábuas de argila para se tornar a escrita cuneiforme que foi adotada pelos acadianos, babilônios, assírios e outras nações do antigo Oriente Médio. (Fig. 7)

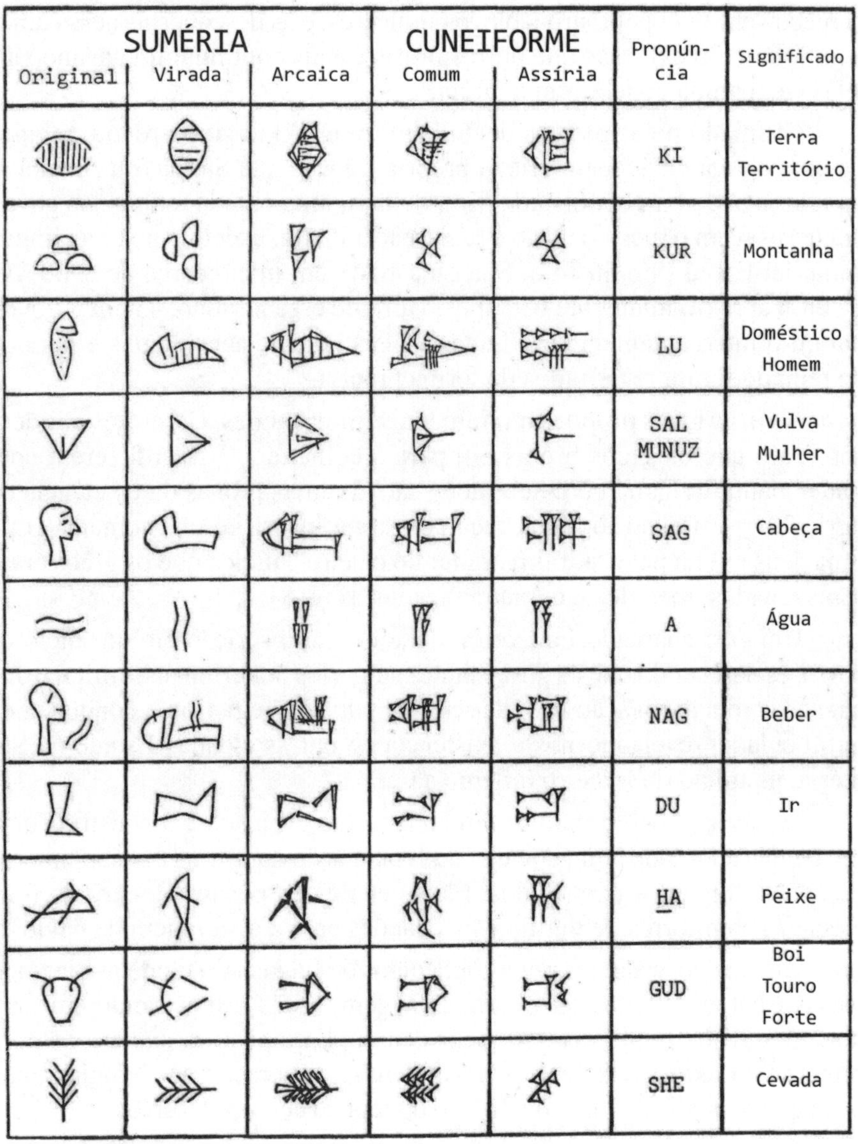

SUMÉRIA			CUNEIFORME		Pronún-cia	Significado
Original	Virada	Arcaica	Comum	Assíria		
					KI	Terra Território
					KUR	Montanha
					LU	Doméstico Homem
					SAL MUNUZ	Vulva Mulher
					SAG	Cabeça
					A	Água
					NAG	Beber
					DU	Ir
					HA	Peixe
					GUD	Boi Touro Forte
					SHE	Cevada

Figura 7

A decifração da língua e da escrita sumérias, como a percepção de que os sumérios e sua cultura representavam a origem das realizações acadianas, babilônicas e assírias desencadeou em buscas arqueológicas no sul da Mesopotâmia. Todas as evidências agora indicavam que o princípio se encontrava ali.

A primeira escavação substancial de um sítio arqueológico sumério começou em 1877 pelos arqueólogos franceses; e as descobertas nesse único sítio foram tão extensas que outros profissionais continuaram cavando até 1933, sem ainda concluírem a tarefa.

Chamado pelos nativos de Telloh ("monte"), o sítio provou tratar-se de uma antiga cidade suméria, a própria Lagash que Sargão da Acádia se vangloriava de ter conquistado. Era, de fato, uma cidade real, cujos governantes usavam o mesmo título que Sargão adotara, exceto por ser na língua suméria: EN.SI ("rei justo"). Sua dinastia tivera início cerca de 2900 a.C. e durou aproximadamente 650 anos. Durante esse período, 43 *ensis* governaram ininterruptamente em Lagash. Seus nomes, genealogias e período de reinado foram registrados de forma precisa.

As inscrições proporcionaram mais informações. Clamores aos deuses "para que os grãos brotassem para a colheita (...) para fazerem com que a planta irrigada gerasse grãos", são algumas provas da existência da agricultura e irrigação. Uma taça com uma inscrição em homenagem a uma deusa, feita pelo "administrador do celeiro", indica que os grãos eram armazenados, medidos e comercializados. (Fig. 8)

Um *ensi* chamado Eannatum deixou uma inscrição em um tijolo de barro, esclarecendo que os governantes sumérios poderiam assumir o trono apenas com a aprovação dos deuses. Ele também registrou a conquista de outra cidade, revelando-nos a existência de outras cidades-Estado na Suméria, no início do terceiro milênio a.C.

O sucessor de Eannatum, Entemena, escreveu sobre a construção de um templo adornado com ouro e prata, a plantação de jardins e o alargamento de poços alinhados com tijolos. Ele se enalteceu por ter construído uma fortaleza com torres de vigília e instalações para a ancoragem de navios.

Um dos governantes mais conhecidos de Lagash foi Gudeia. Ele tinha várias estatuetas feitas em sua homenagem, todas o mostrando em uma postura devota, orando para os seus deuses. Essa postura não era de pura pretensão: Gudeia era, de fato, devoto em sua adoração por Ningirsu, sua principal divindade, e na construção e reconstrução de templos.

Suas várias inscrições revelaram que, na busca pelos melhores materiais de construção, ele obtinha o ouro da África e da Anatólia, a prata dos montes Tauro, os cedros do Líbano, outras madeiras raras do Monte Ararat, o cobre da cordilheira de Zagros, o diorito do Egito, a cornalina da Etiópia e outros materiais de terras ainda não identificadas pelos acadêmicos.

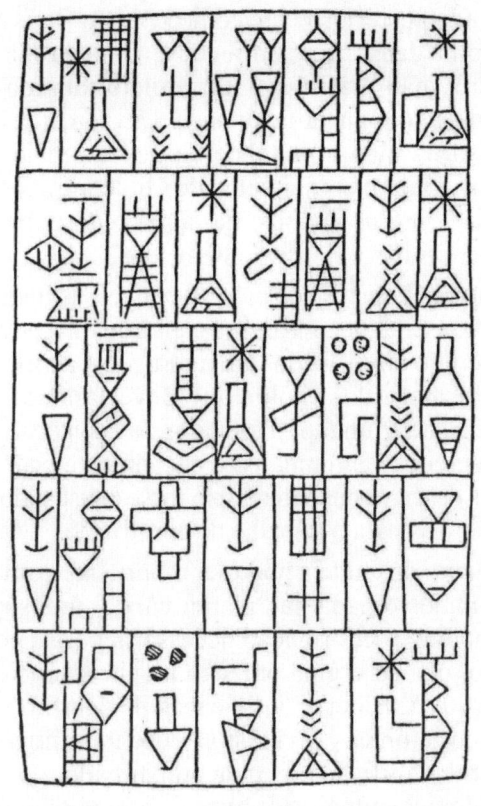

Figura 8

Quando Moisés construiu no deserto uma "residência" para o Senhor Deus, ele o fez de acordo com as instruções detalhadas enviadas por Deus. Quando o rei Salomão construiu o primeiro templo em Jerusalém, ele o fez depois que o Senhor lhe havia "dado a sabedoria". O profeta Ezequiel recebeu as plantas detalhadas para o segundo templo por meio de "uma visão celeste" transmitida por uma "pessoa que tinha uma aparência de bronze e que colocou em sua mão uma corda de linho e uma régua". Ur-Nammu, o governante de Ur, descreveu no milênio anterior como o seu Deus, ao ordená-lo a construir um templo para ele dando-lhe as instruções pertinentes, entregou-lhe uma régua e uma corda enrolada para executar a tarefa. (Fig. 9)

Mil e duzentos anos antes de Moisés, Gudeia reivindicara o mesmo feito. Ele registrou em uma longa inscrição as instruções que lhe foram dadas em uma visão. "Um homem que brilhava como o céu", ao lado de quem se encontrava "um pássaro divino", "comandou-me para que construísse o seu templo". Esse "homem", cuja "coroa na sua cabeça indica tratar-se de um deus" foi identificado posteriormente como sendo o Deus Ningirsu. Junto a ele se encontrava uma deusa, que "entregou a tábua da sua estrela favorável dos céus"; sua outra mão "carregava um estilete sagrado" com o qual ela indicava para Gudeia "o planeta favorável". Um terceiro homem, também um deus, carregava na mão uma tábua de pedra preciosa "que continha o plano do templo". Uma das estatuetas de Gudeia o mostra sentado com essa tábua apoiada sobre os joelhos; na tábua o desenho divino pode ser claramente visto. (Fig. 10)

Apesar de sábio, Gudeia ficou atônito com essas instruções arquitetônicas e foi pedir o conselho de uma deusa capaz de interpretar as mensagens divinas. Ela explicou o significado das instruções, as medidas do plano e a dimensão e o formato dos tijolos que deveriam ser usados. Gudeia então empregou um "adivinhador e tomador de decisões" masculino e uma "procuradora de segredos" feminina para encontrar o local nos arredores da cidade onde o Deus desejava que seu templo fosse construído. Em seguida, ele recrutou 216 mil pessoas para o trabalho de construção.

O estranhamento de Gudeia pode ser totalmente compreensível quando damos uma simples olhada na "planta baixa" que supostamente fora entregue a ele contendo a informação necessária para a construção de um zigurate complexo, que se erguia em sete níveis. Escrevendo para o *Der Alte Orient*, em 1900, A. Billerbeck foi capaz de decifrar pelo menos parte das instruções arquitetônicas divinas. O desenho antigo, mesmo com a estátua parcialmente danificada, vem acompanhado, no topo, por grupos de linhas verticais cujos números diminuem à medida que o espaço entre elas aumenta. Ao que tudo indica, os arquitetos divinos eram capazes de montar, com uma única planta baixa acompanhada por sete escalas variadas, as construções completas de um templo de sete andares.

Dizem que a guerra incita o Homem aos avanços científicos e materiais. Ao que parece, na antiga Suméria, a construção de templos incitou o povo e seus governantes às grandes realizações tecnológicas. A habilidade de realizar grandes obras de construção a partir de plantas arquitetônicas elaboradas, organizar e prover uma enorme força de trabalho, aplanar o solo e erguer montes, moldar tijolos e transportar pedras, trazer metais raros e outros materiais de lugares distantes, fundir metais e modelar utensílios e ornamentos de decoração – tudo isso fala claramente de uma civilização avançada, já preparada e a todo vapor em pleno terceiro milênio a.C. (Fig. 11)

*

Apesar da maestria na construção dos primeiros templos sumérios, eles apenas representavam a ponta do *iceberg* em termos de escopo e de riqueza das realizações materiais da primeira grande civilização que o Homem conheceu.

Figura 9

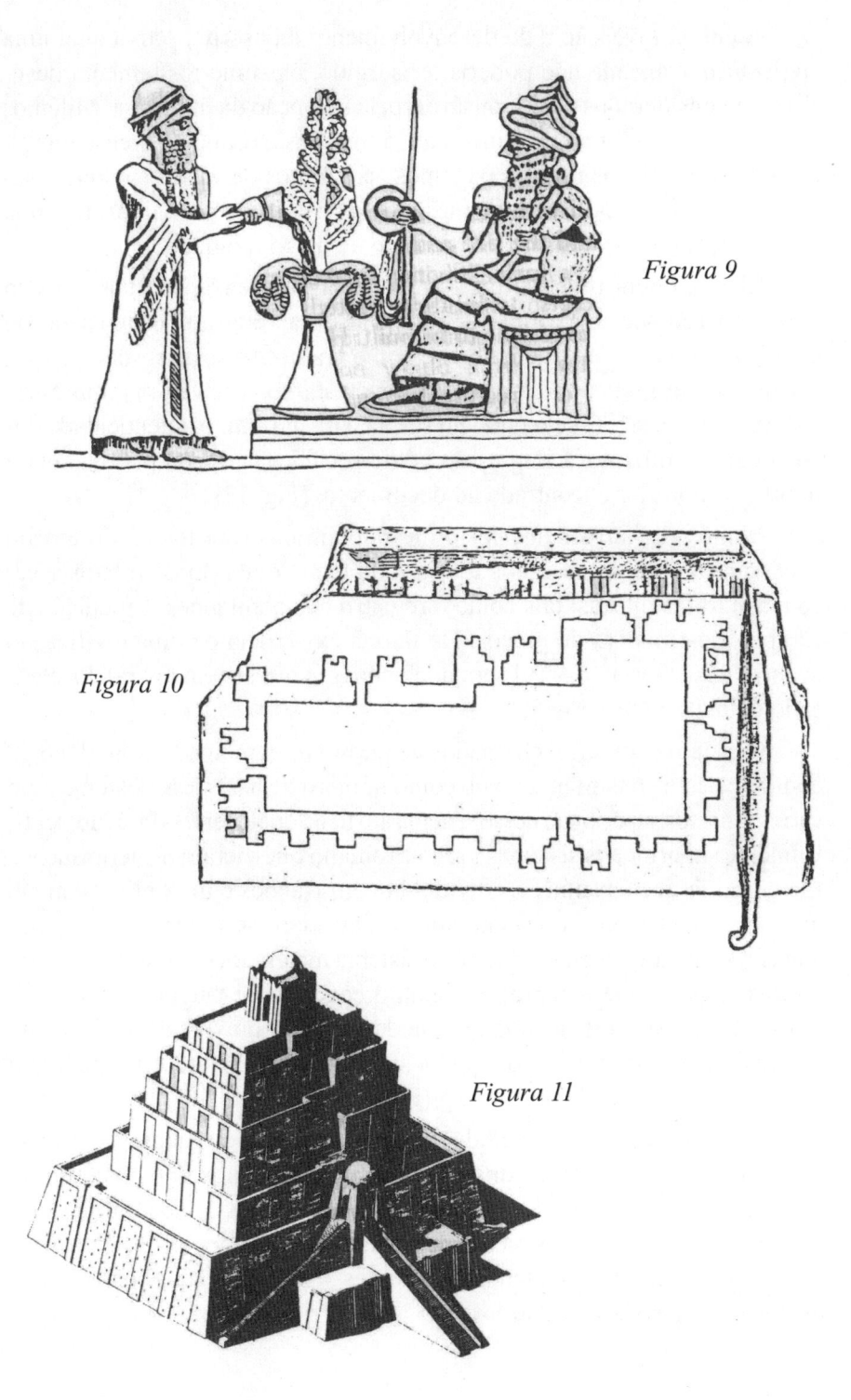

Figura 10

Figura 11

Além da invenção e do desenvolvimento da escrita, sem a qual uma civilização avançada não poderia ter surgido, os sumérios também deveriam ser considerados os responsáveis pela invenção da imprensa. Milênios antes de Johann Gutenberg "inventar" a imprensa, usando a prensa móvel, os escribas sumérios usavam os "tipos" já prontos de vários símbolos pictográficos do mesmo modo que usamos os carimbos para imprimir uma sequência desejada de símbolos no bloco de barro molhado.

Eles também inventaram a precursora da prensa rotativa – o selo cilíndrico. Feito de uma pedra extremamente dura, tratava-se de um pequeno cilindro no qual a mensagem ou o desenho era impresso ao reverso; toda a vez que o selo girava no barro molhado, a estampa criava uma impressão "positiva" no barro. O selo também servia para garantir a autenticidade dos documentos; uma nova impressão podia ser feita para compará-la com a impressão anterior encontrada no documento. (Fig. 12)

Muitos registros sumérios e mesopotâmicos escritos não tratavam necessariamente de assuntos divinos ou espirituais, mas tinham a ver com as tarefas diárias, tais como o registro das plantações, a medição de campos e estimativa de preços. De fato, a existência de uma civilização avançada não seria possível sem que houvesse um sistema paralelo avançado da matemática.

O sistema sumério, chamado sexagesimal, combinou o mundano 10 com o "celeste" 6 para obter o 60 como número de base. Esse sistema é em vários aspectos superior ao nosso sistema atual; de qualquer modo, é indiscutivelmente superior aos sistemas grego e romano que vieram posteriormente. Ele permitia que os sumérios dividissem em frações e multiplicassem em milhões, calculassem a raiz quadrada ou elevassem os números a várias potências. Esse não é apenas o primeiro sistema matemático conhecido, como também aquele que nos proporcionou o conceito de "lugar": Do mesmo modo que, no sistema decimal, o 2 pode ser 2, 20 ou 200, dependendo do lugar do dígito, no sumério o 2 podia significar 2 ou 120 (2 × 60), e assim por diante, dependendo do "lugar". (Fig. 13)

O círculo de 360°, a medida de pés e suas 12 polegadas e a "dúzia" como uma unidade são alguns exemplos dos vestígios que restaram da matemática suméria que ainda estão presentes na nossa vida diária. Suas realizações concomitantes na astronomia, o estabelecimento de um calendário e feitos similares matemático-celestes serão abordados com maiores detalhes nos próximos capítulos.

A Civilização Repentina 41

Figura 12

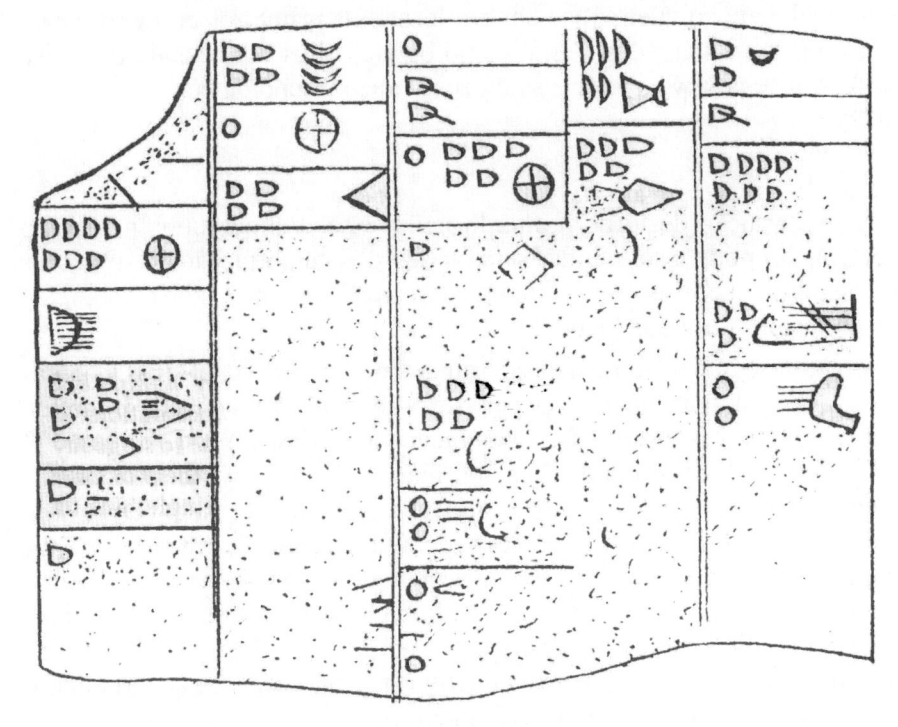

Figura 13

Do mesmo modo que o nosso sistema econômico e social – nossos livros, registros jurídicos e tributários – dependem do papel, a vida suméria/mesopotâmica dependia do barro. Templos, cortes judiciais e casas de câmbio e comércio tinham seus escribas prontos com suas tábuas de argila para inscrever as decisões, acordos, cartas ou calcular preços, salários, a área do campo ou a quantidade de tijolos necessários em uma construção.

O barro era também uma matéria bruta crucial para a fabricação de utensílios de uso diário e contêineres para a armazenagem e transporte de bens de consumo. Era também utilizado para fazer tijolos – outra "inovação" suméria, que tornou possível a construção de casas para o povo, palácios para os reis e imponentes templos para os deuses.

Os sumérios são responsáveis por dois avanços tecnológicos que fizeram com que fosse possível combinar a leveza com a força de tensão em todos os produtos feitos de barro: a fundição e a queima. Os arquitetos modernos descobriram que o concreto reforçado, um material de construção extremamente forte, pode ser criado ao derramar o cimento em formas contendo varas de ferro; muito antes disso, os sumérios reforçavam seus tijolos misturando o barro molhado com pedaços de juncos ou talos. Eles também sabiam que os produtos de barro teriam maior força de tensão e durabilidade ao queimá-los em um forno. Os primeiros edifícios elevados e passagens arcadas, assim como os utensílios duráveis de cerâmica tornaram-se possíveis por causa desses avanços tecnológicos.

*

A invenção do forno – uma fornalha cujas temperaturas intensas e controladas podem ser obtidas sem o risco de contaminação dos produtos com poeira ou cinzas – fez com que fosse possível um avanço tecnológico ainda maior: a Era dos Metais.

Sabe-se que o Homem descobriu que poderia martelar "pedras brandas" – naturalmente gerando pepitas de ouro, como também compostos de cobre e prata – para criar formatos úteis e agradáveis, por volta de 6000 a.C. Os primeiros artefatos de metal martelados foram encontrados nos planaltos das cordilheiras de Zagros e Tauro. No entanto, R. J. Forbes (*The Birthplace of Old World Metallurgy*) apontou que, "no Oriente Médio antigo, o abastecimento de cobre nativo acabou de forma rápida e os mineiros tiveram que recorrer aos minérios". Isso exigia conhecimento e capacidade para encontrar e extrair os minérios, quebrá-los e, em seguida, derretê-los e refiná-los – processos que não podiam ser realizados sem as fornalhas e uma tecnologia avançada em termos gerais.

A arte da metalurgia logo abrangeria a capacidade de combinar o cobre com outros metais, resultando em um metal sólido, fundível e, no entanto, maleável que nós chamamos de bronze. A Idade do Bronze, nossa primeira era metalúrgica, foi também uma contribuição mesopotâmica para a civilização moderna. Muito do comércio antigo era voltado à negociação de metais; como também serviu de base para o desenvolvimento na Mesopotâmia do sistema bancário e da primeira moeda corrente – o *shekel* de prata ("lingote medido").

As grandes variedades de metais e mistura de minerais, cujos nomes e extensa terminologia tecnológica foram encontrados em sumério e acadiano, confirmam o alto nível da metalurgia que existia na antiga Mesopotâmia. Durante algum tempo isso intrigou os acadêmicos, tendo em vista que a Suméria era desprovida de minerais e, mesmo assim, foi ali que, mais precisamente, a metalurgia se desenvolveria.

A resposta está na energia. Derretimento, refinaria e fundição, assim como a moldagem, não poderiam ter sido feitos sem que houvesse um amplo fornecimento de combustíveis para queimar nos fornos, cadinhos e fornalhas. Talvez faltassem minérios na Mesopotâmia, mas o combustível existia em abundância. Desse modo, os minérios eram levados aos combustíveis, o que explica por que muitas inscrições antigas descreviam a chegada de minérios trazidos de longe.

Os combustíveis que fizeram da Suméria um lugar tecnologicamente supremo eram betumes e asfalto, ou seja, produtos petrolíferos que brotavam naturalmente à superfície em várias regiões da Mesopotâmia. R. J. Forbes (*Betumen and Petroleum in Antiquity*) explica que os depósitos na superfície da Mesopotâmia foram a fonte mais antiga de combustíveis desde os períodos mais remotos até a época romana. Sua conclusão é que o uso tecnológico desses produtos derivados de petróleo surgiu na Suméria por volta de 3500 a.C.; ele mostra, de fato, que o uso e conhecimento dos combustíveis e suas propriedades eram mais importantes no período sumério do que nas civilizações posteriores.

A utilização desses produtos derivados de petróleo – não apenas como combustível, mas também como material na construção de rodovias, impermeabilizante, vedação, pintura, cimentagem e modelagem – era tão frequente entre os sumérios que, enquanto os arqueólogos procuravam pela antiga Ur, eles a encontraram enterrada no monte em que os árabes locais chamavam de "Monte do Betume". Forbes mostra que a língua suméria incluía termos para cada tipo e variante de substâncias betuminosas encontradas na Mesopotâmia. De fato, os nomes dos materiais betuminosos e petrolíferos em outras línguas – acadiana, hebraica, egípcia, copta, grega, latina e sânscrita – podem claramente ser traçados às origens sumérias; por exemplo, a palavra mais comum para o petróleo – *naphta* – deriva de *napatu* ("pedras que se incendeiam").

O uso que os sumérios faziam dos produtos derivados do petróleo era também baseado em química avançada. Nós podemos julgar o alto nível do conhecimento sumério não apenas pela variedade de tintas e pigmentos usados em processos como a vitrificação, mas também pela incrível produção artificial de pedras semipreciosas, incluindo um substituto para o lápis-lazúli (pedra celeste).

*

Os betumes eram também aplicados na medicina suméria, outro campo em que os padrões eram impressionantemente elevados. As centenas de textos acadianos que foram encontradas empregavam de forma extensa as frases e termos médicos sumérios, indicando se tratar de origem suméria toda a medicina mesopotâmica.

A biblioteca de Assurbanipal, em Nínive, incluía uma seção médica. Os textos eram divididos em três grupos – *bultitu* ("terapia"), *shipir bel imti* ("cirurgia") e *urti mashmashshe* ("comandos e encantamentos"). Os primeiros códigos legais incluíam seções que tratavam dos pagamentos feitos aos cirurgiões por operações bem sucedidas e multas que eram impostas a eles em caso de erro médico: por exemplo, ao usar uma lanceta para abrir a têmpora do paciente, o cirurgião perderia uma mão caso acidentalmente destruísse o olho do paciente.

Alguns esqueletos encontrados nas tumbas mesopotâmicas apresentavam marcas inconfundíveis de cirurgia cerebral. Um texto parcialmente danificado fala de uma remoção cirúrgica de uma "sombra que cobria o olho de um homem", provavelmente uma catarata; outro texto menciona o uso de um instrumento de corte, declarando que "se a doença já atingiu a parte interna do osso, deve-se lixá-lo e removê-lo".

Na época suméria, as pessoas enfermas podiam escolher entre um A.ZU ("médico da água") ou um IA.ZU ("médico do óleo"). Uma tábua escavada em Ur, com cerca de 5 mil anos de idade, fala de um médico chamado "Lulu, o doutor". Havia também veterinários – conhecidos como "doutores de bois" ou "doutores de asnos".

Um par de pinças cirúrgicas é descrito em um selo cilíndrico muito antigo encontrado em Lagash, que pertencia a "Urlugaledina, o doutor". O selo mostra também a serpente em uma árvore – o símbolo da medicina até os dias de hoje. (Fig. 14) Um instrumento usado pelas parteiras para cortar o cordão umbilical era algo retratado de maneira frequente.

Figura 14

Os textos médicos sumérios tratavam de diagnósticos e de prescrições. Eles não deixam dúvidas de que o médico sumério não recorria às magias ou bruxarias. Ele recomendava a limpeza e a lavagem; imersão em banhos de água quente e solventes minerais; aplicação de derivativos vegetais; esfregação com compostos de petróleo.

Os medicamentos eram feitos de plantas e compostos minerais, misturados com líquidos ou solventes adequados ao método de aplicação. Se eram para ser tomados via oral, os pós era misturados com vinho, cerveja ou mel; se eram para ser "despejados no reto" – aplicado em um enema – eles eram misturados com plantas ou óleos vegetais. O álcool, que tem um papel importante na desinfecção cirúrgica e que serve como base para vários medicamentos, chegou às nossas línguas por meio da palavra árabe *kohl*, derivada do acadiano *kuhlu*.

Modelos de fígados indicam que a medicina era ensinada nas escolas médicas com o auxílio de modelos de órgãos humanos feitos de barro. A anatomia devia ser uma ciência avançada, tendo em vista que os rituais no templo exigiam dissecações elaboradas para o sacrifício de animais – apenas um passo distante do conhecimento comparável com a anatomia humana.

Várias descrições em selos cilíndricos ou tábuas de argila mostram pessoas deitadas em algo parecido com uma mesa cirúrgica, rodeadas por equipes de deuses ou pessoas. Sabemos, em função de epopeias e outros tipos de textos épicos, que os sumérios e seus sucessores na Mesopotâmia eram preocupados com os assuntos referentes à vida, à doença e à morte. Homens, como Gilgamesh, um rei de Ereque, foram em busca da "Árvore da Vida" ou algum tipo de mineral (uma "pedra") que pudesse proporcionar a juventude eterna. Havia também referências relacionadas aos esforços para ressuscitar os mortos, especialmente se eles fossem considerados deuses:

> Sobre o cadáver, pendurado no poste,
> eles apontaram a Vibração e a Radiação;
> Sessenta vezes a Água da Vida,
> Sessenta vezes o Alimento da Vida,
> eles borrifaram sobre ele;
> E Inanna se ergueu.

Será que havia algum tipo de método ultramoderno conhecido e que era usado em tais tentativas de ressurreição, sobre os quais podemos apenas especular? Que materiais radioativos eram conhecidos e usados para tratar algumas enfermidades é algo que certamente sugere uma cena de tratamento médico retratada em um selo cilíndrico datado bem no início da civilização suméria. Ele mostra, sem sombra de dúvida, um homem deitado em uma cama especial; seu rosto está protegido por uma máscara e ele está sendo sujeitado a algum tipo de radiação. (Fig. 15)

*

Uma das primeiras realizações da Suméria foi o desenvolvimento das indústrias têxteis e de vestuários.

A nossa própria Revolução Industrial é considerada como tendo início com a introdução das máquinas de fiação e tecelagem, que ocorreu na Inglaterra, nos anos de 1760. Desde então, a maioria das nações emergentes se inspirou no desenvolvimento da indústria têxtil como sendo o primeiro passo para a industrialização. A evidência mostra que esse processo não começou apenas no século XVIII, mas desde a primeira grande civilização do Homem. Ele não teria como fazer os tecidos antes do advento da agricultura, que lhe proporcionava o linho e a domesticação de animais, que lhe serviam como fonte de lã. Grace M. Crowfoot (*Textiles, Basketry and Mats in Antiquity*) expressa o consenso acadêmico ao declarar que a fiação de tecidos surgiu primeiro na Mesopotâmia, por volta de 3800 a.C.

Figura 15

Além disso, a Suméria era reconhecida na Antiguidade não apenas por suas tecelagens, mas também por suas indumentárias. O Livro de Josué (7: 21) relata que, durante o ataque a Jericó, uma pessoa não podia resistir à tentação de levar "um bom casaco de Shin'ar" que havia encontrado na cidade, mesmo sabendo que a punição era a morte. Eram tão valorizadas as vestimentas de Shinar (Suméria) que as pessoas eram capazes de arriscar até suas próprias vidas para obtê-las.

Uma terminologia rica já existia na época suméria para descrever tanto os itens de vestuário como seus criadores. A vestimenta básica era chamada de TUG – sem dúvida alguma, a precursora, tanto no estilo como no nome da toga romana. Essas vestimentas eram chamadas de TUG.TU.SHE, que, em sumério, significava "vestimenta para ser usada ao redor do corpo". (Fig. 16)

As descrições antigas não revelam apenas uma incrível variedade e opulência em termos de roupas, mas também a elegância, na qual o bom gosto e a coordenação entre vestimentas, penteados, toucas e joias prevaleciam. (Figs. 17 e 18)

*

Outra importante realização suméria foi a sua agricultura. Em uma terra que dependia apenas de chuvas sazonais, os rios eram preparados para irrigar as lavouras durante o ano todo com o auxílio de um vasto sistema de canais de irrigação.

A Mesopotâmia – Terra Entre Rios – era uma verdadeira cesta de alimentos na Antiguidade. O damasqueiro, cuja palavra em espanhol é *damasco* ("pé de damasco"), leva o nome latino de *armeniaca*, uma palavra importada do acadiano *armanu*. A cereja – *kerasos* em grego, *kirsche* em alemão – é derivada do acadiano *karshu*. Todas as evidências sugerem que essas e outras frutas e legumes chegaram à Europa vindas da Mesopotâmia. Como ocorreu com muitas especiarias e sementes especiais. Nossa palavra *açafrão* vem do acadiano *azupiranu*, *crocus* do *kurkanu* (por meio de *krokos* em grego), *cominho* de *kamanu*, *hissopo* de *zupu*, *mirra* de *murru*. A lista é longa; em alguns casos, a Grécia serviu como ponte física e etimológica, pela qual esses produtos da terra chegaram à Europa. Cebolas, lentilhas, feijões, pepinos, repolho e alface eram ingredientes comuns da dieta suméria.

O que também impressiona é o nível e a variedade de métodos de preparo de alimento na antiga Mesopotâmia, ou seja, sua culinária. Os textos e os desenhos confirmam o conhecimento sumério na conversão de cereais que eles cultivavam em farinhas, das quais faziam uma variedade de pães fermentados e não fermentados, mingaus, massas, bolos e biscoitos. A cevada era também fermentada para produzir a cerveja; "manuais técnicos" para a produção de cerveja foram encontrados entre os textos. O vinho era obtido das uvas e de tamareiras. O leite era fornecido pelas ovelhas, cabras e vacas; era usado como bebida, para cozinhar e para ser convertido em iogurte, manteiga, creme e queijos. O peixe era uma parte comum da dieta. A carne de carneiro estava sempre disponível, sendo que a carne de porco, que os sumérios mantinham em grandes rebanhos, era considerada uma *delicatesse*. Gansos e patos eram reservados para as mesas dos deuses.

Figura 16

Figura 17

Figura 18

Os textos antigos não deixam dúvida que a *haute cuisine* da antiga Mesopotâmia foi desenvolvida nos templos e a serviço dos deuses. Um texto descreve a oferenda aos deuses de "pedaços de pão de cevada (...) pedaços de pão de trigo; um patê de mel e creme; tâmaras, torta (...) cerveja, vinho, leite (...) seiva de cedro, creme". Carne assada era oferecida com libação da "melhor cerveja, vinho e leite". Um corte específico de touro era preparado de acordo com uma receita seguida à risca, que exigia "uma fina farinha (...) levada a uma massa usando água, a melhor cerveja e vinho", e mistura com gordura animal, "ingredientes aromáticos extraídos dos corações da plantas", nozes, malte e temperos. Instruções para o "sacrifício diário aos deuses da cidade de Uruk" exigiam que se servisse cinco tipos de bebidas diferentes com carnes, além de especificar o que "os moleiros na cozinha" e "o chefe de cozinha que trabalhava com a mistura" deveriam fazer.

Nossa admiração pela arte da culinária suméria aumenta ainda mais quando deparamos com os poemas que cantam os louvores aos finos alimentos. De fato, o que podemos dizer quando vemos uma receita de *coq au vin* de um milênio de idade:

> Com o vinho de beber,
> Com a água aromatizada,
> Com o óleo de ungir –
> Este pássaro eu cozinhei,
> e comi.

Uma economia e uma sociedade prósperas não poderiam ter desenvolvido grandes empreendimentos materiais sem um sistema eficiente de transporte. Os sumérios usavam seus dois grandes rios e uma rede de canais artificiais para o transporte marítimo de pessoas, bens de consumo e gado. Algumas das primeiras descrições retratam o que seriam, sem dúvida alguma, os primeiros barcos do mundo.

Sabemos, a partir de textos antigos, que os sumérios também se aventuraram em águas profundas, usando uma variedade de embarcações para chegar às terras mais longínquas, em busca de metais, madeiras e pedras raras e outros materiais que não dispunham na Suméria. Um dicionário acadiano de língua suméria que foi encontrado continha uma seção em navegação, com uma lista de 105 termos sumérios para vários tipos de navios, de acordo com o tamanho, destinação ou propósito (para transporte de carga, passageiros ou ao uso exclusivo de certos bens de consumo). Outros 69 termos sumérios relacionados com tripulação e construção de navios foram traduzidos para o acadiano. Apenas uma sociedade com uma longa tradição marítima seria capaz de produzir navios especializados com toda sua terminologia técnica.

Para o transporte terrestre, a primeira roda foi usada na Suméria. A sua invenção e introdução na vida diária possibilitou o surgimento de uma variedade de veículos, das carroças às carruagens e, sem dúvida alguma, concedeu à Suméria a distinção de ter sido a primeira a empregar o "carro de boi", assim como "força a cavalo" para locomoção. (Fig. 19)

*

Em 1956, o professor Samuel N. Kramer, um dos grandes sumerólogos da nossa época, analisou o legado literário encontrado sob os montes da Suméria. O índice de *From the Tablets of Sumer* já é uma joia por si só, pois, cada um dos 25 capítulos descreve a Suméria como "a primeira" em tudo, incluindo as primeiras escolas, o primeiro congresso bicameral, o primeiro historiador, a primeira farmacopeia, o primeiro "almanaque do agricultor", primeiras cosmogonia e cosmologia, o primeiro "Jó", os primeiros provérbios e frases, os primeiros debates literários, o primeiro "Noé", o primeiro catálogo bibliotecário e a primeira Era Heroica do Homem, bem como seus primeiros códigos jurídicos e de reformas sociais, seu primeiro medicamento, agricultura e busca pela paz e harmonia mundial.

Figura 19

Isso não é exagero.

As primeiras escolas foram estabelecidas na Suméria, como consequência natural e direta da invenção e introdução da escrita. A evidência (tanto arqueológica, tais como os próprios edifícios escolares, quanto escrita, tais como as tábuas de exercícios) aponta para a existência de um sistema formal de educação já no início do terceiro milênio a.C. Literalmente, havia milhares de escribas na Suméria, desde escribas juniores até os de alto grau, escribas da realeza, escribas do templo e escribas que assumiam o alto escalão do Estado. Alguns atuavam como professores nas escolas e nós ainda podemos ler seus ensaios nas escolas, seus objetivos e interesses, seus currículos escolares e métodos de ensino.

As escolas não ensinavam somente a ler e escrever, mas também as ciências dos dias de hoje – botânica, zoologia, geografia, matemática e teologia. As obras literárias do passado eram estudadas e copiadas, enquanto as novas eram compostas.

As escolas eram dirigidas pelo *ummia* ("professor experiente") e o corpo docente, invariavelmente, incluía não apenas uma "pessoa responsável pelo desenho" e uma "pessoa responsável pelo sumério", mas também uma "pessoa responsável pelo chicote". Aparentemente, a disciplina era estrita;

um estudante colegial descreveu em uma tábua de barro como ele foi açoitado por ter perdido a aula, por falta de asseio, por vadiagem e barulho na sala de aula, por desobediência e até por não ter uma boa caligrafia.

Um poema épico que fala da história de Ereque mostra uma preocupação com a rivalidade que existia entre Ereque e a cidade-Estado de Kish. O texto épico relata como os enviados de Kish foram a Ereque para oferecer um acordo pacífico para sua disputa. No entanto, o governante de Ereque na época, Gilgamesh, preferiu lutar a negociar. O interessante é que ele tinha proposto que o assunto fosse votado na Assembleia dos Anciãos, o "Senado" local:

O senhor Gilgamesh,
Diante dos anciãos de sua cidade apresenta o assunto,
Em busca da decisão:
"Permiti que não nos sujeitemos à casa de Kish,
Permiti que respondamos com as armas".

A Assembleia dos Anciãos, no entanto, era favorável à negociação. Destemido, Gilgamesh levou o assunto para ser discutido com os jovens, a Assembleia dos Homens Guerreiros, que votaram a favor da guerra. A importância desse conto reside na revelação de que o governante sumério tinha que submeter o assunto de guerra ou paz ao primeiro Congresso bicameral, cerca de 5 mil anos atrás.

O título de primeiro historiador foi concedido por Kramer para Entemena, o rei de Lagash, que registrou nos cilindros de barro sua primeira guerra com a cidade vizinha de Umma. Enquanto outros textos se tratavam de obras literárias ou poemas épicos, cujos temas se referiam a eventos históricos, as inscrições de Entemena eram uma prosa direta, escrita exclusivamente como um registro factual histórico.

O fato de as inscrições da Assíria e da Babilônia terem sido decifradas bem antes dos registros sumérios, fez com que se acreditasse, durante um bom tempo, que o primeiro código legal foi compilado e decretado pelo rei babilônico Hammurabi, por volta de 1900 a.C. Mas, à medida que a civilização suméria era descoberta, tornava-se evidente que "os primeiros" sistemas de leis, conceitos de ordem social e administração adequada da justiça pertenciam à Suméria.

Bem antes, Hammurabi, um governante sumério da cidade-Estado de Eshnunna (nordeste da Babilônia) havia promulgado leis que fixavam os preços máximos para os alimentos e para o aluguel de carroças e barcos para que os pobres não fossem oprimidos. Também havia leis voltadas às ofensas contra o indivíduo e a propriedade, e regulamentos relacionados aos assuntos familiares e à relação entre chefes e servidores.

Ainda antes disso, uma lei foi promulgada por Lipit-Ishtar, um governante de Isin. As 38 leis que permaneceram legíveis em uma tábua parcialmente preservada (uma cópia do original que foi gravada em uma estela de pedra) lidam com bens imobiliários, escravos e servos, matrimônio e herança, contratação de barcos, aluguel de bois e não pagamentos de impostos. Do mesmo modo que Hammurabi fez depois dele, Lipit-Ishtar explicou no prólogo da sua lei que ele agiu seguindo as instruções dos "grandes deuses", que o haviam ordenado que "cuidasse do bem-estar dos sumérios e aos acadianos".

Ainda assim, Lipit-Ishtar não foi o primeiro criador das leis sumérias. Fragmentos de tábuas de argila descobertos continham cópias de leis criadas por Urnammu, um governante de Ur, de cerca de 2350 a.C. – mais de meio milênio antes de Hammurabi. As leis, decretadas sob a autoridade do Deus Nannar, tinham como objetivo parar e punir os "sequestradores de boi, ovelha e asno dos cidadãos" para que "o órfão não se torne vítima do rico, a viúva não se torne vítima do poderoso, o homem que possui um *shekel* não se torne vítima do homem de 60 *shekels*". Urnammu também decretou "pesos e medidas imutáveis e honestos".

Entretanto, o sistema jurídico sumério e a observância da justiça, retrocedem ainda mais no tempo.

Por volta de 2600 a.C. tanta coisa já devia ter acontecido na Suméria que o *ensi* Urukagina se viu obrigado a instituir reformas. Uma longa inscrição deixada por ele é considerada por muitos acadêmicos um registro precioso da primeira reforma social feita pelo homem, baseada na liberdade, igualdade e justiça – uma "Revolução Francesa" imposta por um rei 4.400 anos antes da revolução de 14 de julho de 1789.

O decreto da reforma de Urukagina listava primeiro os males da sua época e, em seguida, as reformas. Os males consistiam, primeiramente, no uso indevido que os supervisores faziam de seus poderes em prol de seus próprios interesses; o abuso do *status* de oficial; a extorsão de preços elevados aplicada por grupos monopolísticos.

Todas essas injustiças, e muitas outras, foram proibidas pelo decreto de reforma. Um oficial não podia mais fixar seu próprio preço "por um bom asno ou uma casa". Um "homem poderoso" não podia mais coagir um cidadão comum. Os direitos dos cegos, pobres, viúvas e órfãos foram restaurados. Uma mulher divorciada – cerca de 5 mil anos atrás – recebia a proteção da lei.

Há quanto tempo a civilização suméria já existia a ponto de exigir uma reforma tão significativa? Certamente, muito tempo, tendo em vista que Urukagina declarou que fora o seu Deus Ningirsu que o convocou para que "restaurasse os decretos de épocas passadas". A implicação clara é que houve um retorno aos sistemas ainda mais antigos e de leis anteriores que deviam ser novamente aplicadas.

As leis sumérias eram aplicadas pelo sistema da corte jurídica na qual os procedimentos e julgamentos, como também os contratos, eram meticulosamente registrados e preservados. Os juízes agiam mais como jurados do que juízes, dos quais um era um "juiz real" profissional e os outros eram escolhidos de uma lista de jurados composta por 36 homens.

Enquanto os babilônios faziam regras e regulamentos, os sumérios estavam mais preocupados com a justiça, pois acreditavam que os deuses escolhiam os reis primariamente para garantir a justiça na Terra.

Mais de uma comparação pode-se extrair daqui relacionada com os conceitos de justiça e moralidade do Antigo Testamento. Bem antes de os hebreus terem reis, eles eram governados por juízes; os reis não eram julgados por suas conquistas e riquezas, mas pela maneira com que "faziam a coisa certa". Na religião judaica, o Ano-Novo marca um período de dez dias durante o qual os feitos dos homens são medidos e avaliados para determinar seu destino no ano que entra. Provavelmente, é mais do que uma coincidência que os sumérios acreditavam que uma divindade chamada Nanshe julgava anualmente a Humanidade da mesma maneira que os judeus; apesar de tudo isso, o primeiro patriarca hebraico – Abraão – veio da cidade suméria de Ur, a cidade de Ur-Nammu e sua lei.

A preocupação suméria com a justiça, ou a falta dela, também foi manifestada naquilo que Kramer chamou de "o primeiro 'Jó'". Juntando fragmentos de tábuas de argila no Museu de Antiguidades de Istambul, Kramer foi capaz de ler uma boa parte de um poema sumério que, como o Livro de Jó, falava sobre a reclamação de um homem justo que, em vez de ser abençoado pelos deuses, teve que passar por todo o tipo de sofrimento, perda e desrespeito. "Minha palavra justa foi transformada em uma mentira", lamentava com toda a sua angústia.

Na segunda parte, o sofredor anônimo suplica ao seu Deus de forma parecida com alguns versos no Livro dos Salmos:

> Meu Deus, vós que sois o meu pai,
> que me gerastes – erguei minha face (...)
> Quanto tempo mais vós me negligenciareis,
> deixando-me desprotegido (...)
> deixando-me sem orientação?

Em seguida, surge um final feliz. "As palavras justas, as palavras puras pronunciadas por ele, seu Deus as aceitou (...) seu Deus retirou sua mão do pronunciamento malévolo".

Antecedendo o bíblico Livro de Eclesiastes por mais de dois milênios, os provérbios sumérios transmitem vários dos mesmos conceitos e ditados espirituosos.

Se formos condenados a morrer – vamos gastar;
Se vivermos muito – vamos economizar.

Quando um pobre morre, não tente revivê-lo.

Aquele que possui muita prata, pode ser feliz;
Aquele que possui muita cevada, pode ser feliz;
Mas, aquele que não possui nada, pode dormir!

Homem: para o seu prazer: matrimônio;
Quando refletir bem sobre o assunto: divórcio.

Não é o coração que conduz à inimizade;
É a língua que conduz à inimizade.

Em uma cidade sem cães de guarda,
a raposa é a administradora.

As realizações materiais e espirituais da civilização suméria foram também acompanhadas por um grande desenvolvimento das artes cênicas. Uma equipe de pesquisadores da Universidade da Califórnia, em Berkeley, foi notícia em março de 1974, quando eles anunciaram que haviam decifrado a canção mais antiga do mundo. O que os professores Richard L. Crocker, Anne D. Kilmer e Robert R. Brown conseguiram foi, na realidade, ler e tocar as notas musicais escritas em uma tábua cuneiforme de cerca de 1800 a.C. descoberta em Ugarit, na costa mediterrânea (atual Síria).

"Nós sempre soubemos", explicou a equipe de Berkeley, "que havia música na antiga civilização assírio-babilônica, mas, até o momento desta decifração, nós não sabíamos que tinha a mesma escala heptatônica-diatônica que é uma característica da música contemporânea ocidental e da música grega do primeiro milênio a.C.". Até agora se pensava que a música ocidental teve origem na Grécia; agora passou a ser estabelecido que a nossa música – como tantas outras coisas da civilização ocidental – se originou na Mesopotâmia. Isso não deveria ser uma surpresa, pois o acadêmico grego Philo já havia declarado que os mesopotâmios eram conhecidos por sua "busca por harmonia e unissonância mundial por meio de notas musicais".

Não há dúvida alguma que a música e a canção devem também ser consideradas as "primeiras" na Suméria. De fato, o professor Crocker conseguiu tocar a canção antiga, construindo apenas uma lira como aquelas que foram descobertas nas ruínas de Ur. Os textos do segundo milênio a.C. falam da existência de "números chave" musicais e de uma coerente teoria musical; e a própria professora Kilmer havia escrito anteriormente (*The Strings of Musical Instruments: Their Names, Numbers and Significance*) que muitos textos sumérios de hinos tinham "o que aparentava ser notações musicais nas margens". "Os sumérios e seus sucessores tinham uma vida musical completa", ela concluiu. Não é à toa que descobrimos então uma grande variedade de instrumentos musicais – assim como de cantores e dançarinas atuando – retratados nos selos cilíndricos e nas tábuas de argila. (Fig. 20)

Figura 20

Como muitas outras realizações sumérias, a música e a canção também se originaram nos templos. No entanto, depois de terem sido iniciadas a serviço dos deuses, essas artes cênicas logo passariam também a prevalecer fora dos templos. Empregando os favoritos jogos de palavras sumérios, um ditado popular começava com a comissão sendo cobrada pelos cantores: "Um cantor cuja voz não é suave, realmente é um 'pobre' cantor".

Muitas cantigas de amor sumérias foram descobertas; de modo indubitável, elas eram cantadas acompanhadas por instrumentos musicais.

A mais emocionante é uma cantiga de ninar que uma mãe compôs e cantou para o seu filho doente:

> Venha sono, venha sono, venha ao meu filho.
> Corra sono até o meu filho;
> Ponha para dormir seus olhos inquietos (...)
>
> Você sente dor, meu filho;
> Eu estou preocupada, estou aflita, sem fala,
> Olho para as estrelas.
> A lua nova brilha no seu rosto;
> Sua sombra derramará as lágrimas por ti.
> Repouse, repouse no seu sono...
>
> Que a Deusa do Crescimento seja sua aliada;
> Que você tenha um guardião eloquente no céu;
> Que você encontre um reino de dias felizes (...)
> Que uma esposa seja o seu apoio;
> Que um filho seja o que o futuro lhe prepara.

O que é incrível sobre a música e essas canções não é apenas a conclusão de que a Suméria fora a fonte da música ocidental, em termos de composição harmônica e estrutura. Mais surpreendente ainda é o fato de que, quando ouvimos a música e lemos os poemas, eles não soam de maneira alguma estranhos ou estrangeiros, mesmo em se tratando de suas emoções e sentimentos mais profundos. De fato, enquanto contemplamos a grande civilização suméria, descobrimos que não são apenas a *nossa* moral, o *nosso* senso de justiça, *nossas* leis, arquitetura, arte e tecnologia que estão enraizadas na Suméria, mas como as instituições sumérias são tão familiares, tão próximas de nós. No fundo, parece que somos todos sumérios.

*

Depois de escavar em Lagash, as pás dos arqueólogos desenterraram Nippur, que, no passado fora o centro religioso da Suméria e da Acádia. Dos 30 mil textos lá descobertos, muitos ainda não foram estudados até hoje. Em Shuruppak, foram encontradas escolas datadas do terceiro milênio a.C. Em Ur, os pesquisadores descobriram magníficos vasos, joias, armamentos, carruagens, capacetes feitos de ouro, prata, cobre e bronze, como também as ruínas de uma fábrica de tecelagem, registros jurídicos – e um zigurate bem alto cujas ruínas ainda dominam a paisagem. Em Eshnunna e

Adab, os arqueólogos descobriram templos e estátuas artísticas do período pré-sargônico. Umma produziu inscrições que falavam de antigos impérios. Em Kish, foram desenterradas construções monumentais e um zigurate de cerca de 3000 a.C.

Uruk (Ereque) levou os arqueólogos de volta ao quarto milênio a.C. Lá, eles encontraram a primeira cerâmica colorida feita no forno e a evidência do primeiro uso da roda de oleiro. Um pavimento de blocos de pedra calcária é a construção de pedra mais antiga descoberta até hoje. Em Uruk, os arqueólogos também descobriram o primeiro zigurate – um vasto monte feito pelo homem, onde no topo ficava um templo branco e um templo vermelho. Os primeiros textos inscritos do mundo também foram descobertos ali, assim como os primeiros selos de cilindro. Quanto aos selos, Jack Finegan (*Light from the Ancient Past*) disse: "A excelente qualidade dos selos quando surgiram pela primeira vez, no período de Uruk, é incrível". Outros sítios arqueológicos do período de Uruk apoiam a evidência do surgimento da Era do Metal.

Em 1919, H. R. Hall se deparou com ruínas antigas em uma vila que atualmente é chamada de El-Ubaid. O local emprestou o seu nome ao que os acadêmicos, hoje, consideram como sendo a primeira fase da grande civilização suméria. As cidades sumérias daquele período – que abrangia do norte da Mesopotâmia ao sul, aos pés da cordilheira de Zagros – produziram o primeiro uso de tijolos de barro, paredes rebocadas, decorações de mosaico, cemitérios com tumbas alinhadas e feitas de tijolos, utensílios de cerâmica pintados e decorados com desenhos geométricos, espelhos de cobre, miçangas com turquesas importadas, tintura para as pálpebras, tacapes com ponta de cobre, tecido, casas e, acima de tudo, edifícios e templos monumentais.

Mais ao sul, os arqueólogos descobriram Eridu – a primeira cidade suméria, de acordo com os textos antigos. Quando os escavadores cavaram mais a fundo, eles encontraram um templo dedicado a Enki, o Deus do Conhecimento da Suméria, que parecia ter sido construído e reconstruído diversas vezes. Cada camada claramente levava os pesquisadores de volta aos princípios da civilização suméria: 2500 a.C., 2800 a.C., 3000 a.C., 3500 a.C.

Em seguida, as pás chegaram às fundações do primeiro templo dedicado à Enki. Abaixo dela, havia o solo virgem – onde nada fora construído antes. A época era cerca de 3800 a.C. Foi quando a civilização teve início.

Não se tratava apenas da primeira civilização no sentido real do termo. Foi a civilização mais abrangente, universal e, de várias maneiras, mais avançada que qualquer outra cultura antiga que veio em seguida. Foi sem dúvida alguma, a civilização na qual a nossa está embasada.

Tendo começado a usar as pedras como ferramentas, por volta de 2 milhões de anos antes, o Homem alcançaria uma civilização sem precedentes com a Suméria em torno de 3800 a.C. E o fato mais intrigante sobre isso é que, até os dias de hoje, os pesquisadores ainda não têm a mínima noção sobre quem os sumérios realmente eram, de onde vieram e como e por que sua civilização apareceu.

Aparentemente, o seu surgimento foi repentino, inesperado e do nada.

H. Frankfort (*Tell Uqair*) considera-a "impressionante". Pierre Amiet (*Elam*) usou o termo de "extraordinária". A. Parrot (*Sumer*) descreve-a como "uma chama que se acendeu muito repentinamente". Leo Oppenheim (*Ancient Mesopotâmia*) enfatizou "o período incrivelmente curto" em que essa civilização surgiu. Joseph Campbell (*As Máscaras de Deus*) resumiu da seguinte forma: "Com impressionante brusquidão(...) eis que surge nesse pequeno jardim lamacento sumério(...) toda uma síndrome cultural, que, desde então, passou a constituir a unidade germinal de todas as civilizações mais avançadas do mundo".

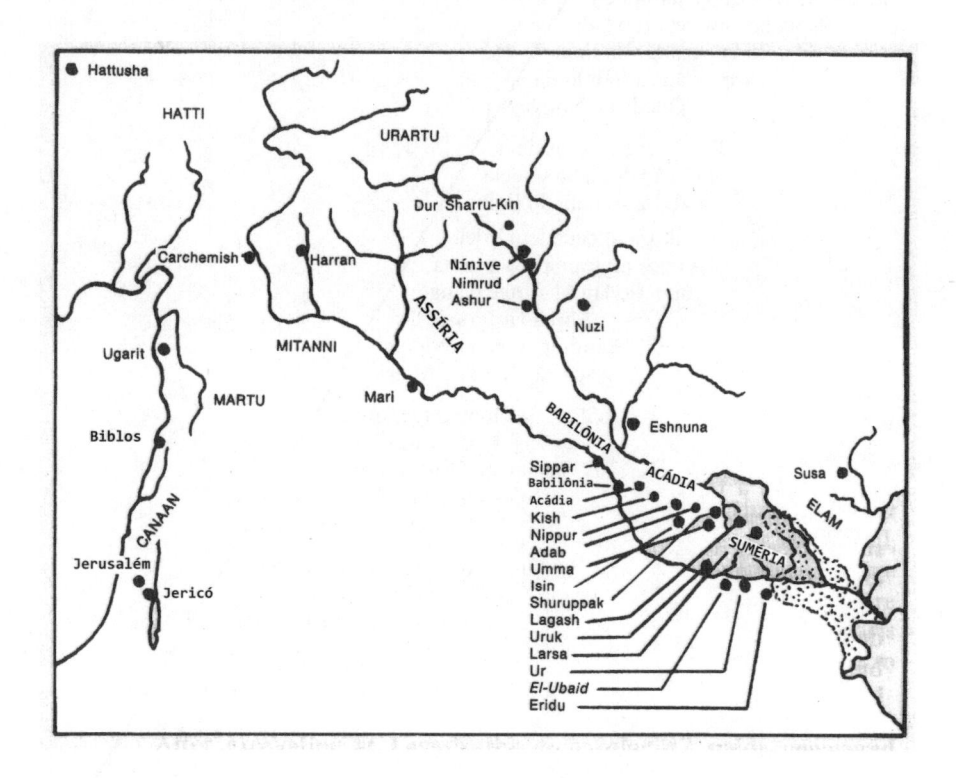

60 O 12º PLANETA

- Napoleão conquista a Europa
- Revolução Americana
- Colombo descobre a América
- Queda do Império Bizantino sob o ataque dos turcos
- Auge do Império Inca na América do Sul
- Civilização asteca no México
- Carta Magna concedida pelo rei João
- Os normandos conquistam a Inglaterra
- Carlos Magno forma o Sacro Império Romano
- Maomé proclama o Islã
- Saque de Roma
- Civilização maia na América Central
- Queda de Jerusalém nas mãos das legiões romanas
- Jesus de Nazaré
- Aníbal desafia Roma
- Grande Muralha da China iniciada
- Alexandre derrota Dário
- Idade Clássica grega tem início
- República romana fundada
- Buda em auge na Índia
- Ciro invade a Babilônia
- Queda de Nínive
- Rei Davi em Jerusalém
- Invasão dória na Grécia
- Êxodo israelita do Egito
- Cultura micena tem início
- Arianos migram para a Índia
- Império Hitita atinge o auge
- Abraão migra de Ur
- Rei Hammurabi na Babilônia
- Auge da Babilônia e Assíria
- Civilização chinesa tem início
- Civilização do Vale do Indo
- Hurritas chegam ao Oriente Próximo
- Gudeia reina em Lagash
- Ur-Nammu reina em Ur
- Sargão é o primeiro rei da Acádia
- Civilização minoica em Creta
- Gilgamesh reina em Ereque
- Etana reina em Kish
- Início da civilização egípcia
- Início do reino em Kish
- Civilização suméria tem início em Eridu

2000 d.C.   1000 d.C.   0   1000 a.C.   2000 a.C.   3000 a.C.   4000 a.C.

3
Deuses do Céu e da Terra

O QUE ACONTECEU PARA que, depois de centenas de milhares de anos de desenvolvimento humano lento e doloroso, houvesse uma mudança completa e tão abrupta – cerca de 11000-7400-3800 a.C. – transformando caçadores e coletores de alimento nômades primitivos em agricultores e ceramistas e, em seguida, em construtores de cidades, engenheiros, matemáticos, astrônomos, metalúrgicos, comerciantes, músicos, juízes, doutores, autores, bibliotecários, padres? Pode-se ir mais longe e perguntar uma questão ainda mais básica, como bem declarou o professor Robert J. Braidwood (*Homens Pré-históricos*): "Por que isso aconteceu? Por que todos os seres humanos não continuam vivendo do mesmo jeito que viviam os maglemosianos?".

Os sumérios, povo cuja civilização surgiu de forma tão repentina, tinham uma resposta pronta. Encontrava-se resumida em uma das dezenas de milhares de inscrições da antiga Mesopotâmia que havia sido descoberta: "Tudo o que parece belo, nós fizemos pela graça dos deuses".

Os deuses da Suméria. Quem eram eles?

Os deuses dos sumérios eram como os deuses gregos, retratados como seres vivendo em uma grande corte real, desfrutando banquetes no Grande Salão de Zeus nos céus – o Olimpo, cuja reprodução, na Terra, era o pico mais elevado da Grécia, o Monte Olimpo?

Os gregos descreviam seus deuses como antropomórficos, ou seja, fisicamente similares aos homens e mulheres mortais, e humanos no caráter: eles podiam ficar alegres, furiosos e invejosos; eles amavam, discutiam e brigavam; bem como, procriavam como os humanos, gerando descendentes por meio de relações sexuais – entre eles ou com os humanos.

Eles eram inatingíveis e, mesmo assim, estavam constantemente envolvidos nos assuntos humanos. podiam viajar a incríveis velocidades, aparecer e desaparecer; tinham armas incomuns e de poderes imensos. Cada um tinha uma função específica e, como resultado, uma atividade humana específica poderia ser prejudicada ou beneficiada pela atitude do Deus responsável por aquela atividade específica; logo, os rituais de devoção e oferenda aos deuses serviam para conquistar as suas preferências.

A principal divindade dos gregos durante o período de sua civilização helênica era Zeus, o "Pai dos Deuses e dos Homens", o "Mestre do Fogo Celestial". Seu símbolo e arma principal era o relâmpago. Ele era um "rei" que governava sobre a Terra e havia descido dos céus; um tomador de decisões e o distribuidor do bem e do mal aos mortais, mesmo que o seu domínio original fosse o céu.

Ele não foi o primeiro Deus na Terra e nem a primeira divindade a habitar nos céus. Mesclando Teologia com Cosmologia, para se chegar ao que os acadêmicos tratam como sendo mitologia, os gregos acreditavam que primeiro veio o Caos; em seguida, Gaia (Terra) e seu consorte Urano (os céus) apareceram. Gaia e Urano geraram 12 titãs, seis masculinos e seis femininos. Embora seus feitos lendários tenham ocorrido na Terra, assumiu-se que eles tinham reproduções astrais.

Cronos, o titã masculino mais jovem, surgiu como a figura principal na mitologia olímpica. Ele atingiu a supremacia entre os titãs por meio da usurpação, depois de ter castrado seu pai Urano. Temendo os outros titãs, Cronos os aprisionou e os baniu. Por esse motivo, ele foi amaldiçoado por sua mãe: ele sofreria o mesmo destino que seu pai e acabaria sendo destronado por um de seus próprios filhos.

Cronos se casou com própria irmã, Reia, que gerou três filhos e três filhas; Hades, Poseidon e Zeus; Hestia, Deméter e Hera. Novamente, o destino fizera com que seu filho mais novo fosse aquele a destituir seu pai, e a maldição de Gaia se realizou quando Zeus depôs Cronos, seu pai.

O golpe, ao que tudo indica, não se deu sem percalços. Por muitos anos, sucederam-se diversas batalhas entre os deuses e uma variedade de seres monstruosos. A batalha decisiva deu-se entre Zeus e Tifão, uma divindade na forma de serpente. A luta estendeu-se sobre vastas áreas, cobrindo a Terra e os céus. A batalha final ocorreu no Monte Casius, próximo à fronteira do Egito com a Arábia – aparentemente em algum lugar na Península do Sinai. (Fig. 21)

Figura 21

Tendo vencido a peleja, Zeus foi reconhecido como a divindade suprema. Mesmo assim, ele teve de dividir o controle com seus irmãos. Por escolha (ou, de acordo com uma versão, tirando a sorte), Zeus recebeu o controle dos céus, o irmão mais velho Hades se conformou com o Mundo Inferior e o irmão do meio Poseidon ficou com o domínio dos mares.

Embora, com o passar do tempo, Hades e sua região tenham se tornado um sinônimo de Inferno, seu domínio original era um território que se encontrava em algum lugar "bem mais abaixo", abrangendo pântanos, áreas desoladas e terras inundadas por poderosos rios. Hades era descrito como "o invisível" – insensível, sombrio e ameaçador; indiferente com as orações e sacrifícios. Poseidon, por outro lado, era visto frequentemente segurando o seu símbolo (o tridente). Apesar de ser o rei dos mares, ele também era o mestre da arte da metalurgia e da escultura, assim como um habilidoso mágico ou ilusionista. Enquanto Zeus era retratado na lenda e tradição grega como sendo severo com a Humanidade – inclusive chegando ao ponto de planejar um esquema para aniquilá-la –, Poseidon era considerado um amigo da Humanidade e um Deus que se empenhava em grandes feitos para conquistar o elogio dos mortais.

Os três irmãos e suas três irmãs, todos filhos de Cronos com sua irmã Reia, formavam a parte mais velha do Círculo Olímpico, o grupo dos 12 Grandes Deuses. Os outros seis eram todos os descendentes de Zeus, sendo que os contos gregos tratam na maioria das vezes de suas genealogias e relacionamentos.

As divindades masculinas e femininas filhas de Zeus foram geradas por deusas diferentes. Relacionando-se primeiro com uma deusa chamada Métis, Zeus teve uma filha, a grande Deusa Atena. Ela era responsável pelo senso comum e o trabalho manual e, portanto, considerada a Deusa da

Sabedoria. No entanto, como foi a única divindade importante a ficar para lutar ao lado de Zeus, durante o seu confronto com Tifão (todos os outros deuses fugiram), Atena adquiriu qualidades marciais e passou também a ser considerada a Deusa da Guerra. Ela era a "dama perfeita" e não se tornou esposa de ninguém; mas, muitos contos a relacionam com frequência com seu tio Poseidon e, apesar de sua esposa oficial ter sido a deusa que era considerada a Dama do Labirinto da Ilha de Creta, sua sobrinha era vista como sua amante.

Em seguida, Zeus se envolveu com outras deusas, mas seus descendentes não se qualificavam para o Círculo Olímpico. Com isso, Zeus passou a se empenhar de forma séria para gerar um herdeiro e se voltou para uma de suas próprias irmãs. Héstia era a mais velha. Ela era, de toda forma, uma reclusa – talvez muito velha ou muito doente para ser o objeto das atividades matrimoniais – e Zeus precisava apenas de uma desculpa para voltar sua atenção a Deméter, a irmã do meio, Deusa da Fertilidade. Mas, em vez de gerar um filho, ela deu à luz uma filha, Perséfone, que se tornaria a esposa do seu tio Hades e passaria a dividir seu domínio no Mundo Inferior.

Desapontado por não ter conseguido um filho, Zeus foi atrás de outra deusa em busca de consolo e amor. Com Harmonia, ele teve nove filhas. Até que Leto lhe gerou uma filha e um filho, Ártemis e Apolo, que foram logo aceitos no grupo das divindades superiores.

Primogênito de Zeus, Apolo se tornou um dos deuses mais importantes do panteão helênico, temido tanto pelos homens como pelos deuses. Ele interpretava aos mortais as vontades de seu pai e, consequentemente, era o responsável pelos assuntos relacionados às leis religiosas e à devoção nos templos. Representando as leis divinas e morais, defendeu a purificação e a perfeição, tanto espiritual quanto física.

O segundo filho de Zeus, nascido da deusa Maia, foi Hermes, patrono do pastores e guardião dos rebanhos. Menos importante e poderoso que seu irmão Apolo, ele cuidava dos interesses humanos; qualquer golpe de sorte era atribuído a ele. Como Provedor das Coisas Boas, ele era a divindade responsável pelo comércio, patrono dos comerciantes e dos viajantes. Mas, o seu papel principal no mito e na história épica era o de arauto de Zeus, o Mensageiro dos Deuses.

Instigado por certas tradições dinásticas, era exigido que Zeus tivesse um filho com uma de suas irmãs – e ele recorreu à mais jovem de todas, Hera. Casando-se com ela nos rituais do Sagrado Matrimônio, Zeus proclamou-a rainha dos deuses, a Deusa Mãe. Seu casamento foi abençoado com um filho, Ares, e outras duas filhas, mas foi abalado por constantes infidelidades por parte de Zeus, como também por rumores de infidelidade por parte de Hera, pondo em dúvida a verdadeira paternidade de seu outro filho, Hefesto.

Ares foi logo incorporado ao Círculo Olímpico dos 12 grandes deuses e designado tenente geral de Zeus, um Deus da Guerra. Ele era descrito como o Espírito da Carnificina; embora estivesse longe de ser invencível – lutando na batalha de Troia, ao lado dos troianos, sofreria de um ferimento que apenas Zeus poderia curar.

Por outro lado, Hefesto teve que batalhar muito para conseguir ser aceito no Monte Olimpo. Ele era o Deus da Criatividade; atribuíram a ele o fogo da forja e a arte da metalurgia. Ele era um mestre divino, um artesão dos objetos mágicos e práticos para os homens e para os deuses. Reza a lenda que ele nasceu aleijado e fora abandonado pela fúria de sua mãe, Hera. Outra versão mais crível conta que fora Zeus quem baniu Hefesto – por causa da dúvida que tinha quanto à sua paternidade – mas, Hefesto usou seus poderes mágicos e criativos para forçar Zeus a ceder-lhe um lugar junto aos Grandes Deuses.

A lenda também relata que Hefesto teria feito uma rede invisível que cobriria a cama de sua esposa, caso fosse esquentada por um amante intruso. Ele talvez tivesse realmente precisado de tal proteção, pois sua esposa não era nada mais e nada menos que a própria Afrodite, Deusa do Amor e da Beleza. Era natural que muitos contos sobre casos de amor acontecessem envolvendo-a; em muitos deles o sedutor era Ares, o irmão de Hefesto (um fruto desse ilícito caso amoroso foi Eros, o Deus do Amor).

Afrodite foi incluída no Círculo Olímpico dos 12 e as circunstâncias da sua inclusão têm a ver com o nosso assunto. Ela não era irmã de Zeus nem sua filha, mesmo assim não pôde ser ignorada. Ela era da costa asiática do Mediterrâneo, que dava de frente para a Grécia (de acordo com o poeta grego Hesíodo, ela chegara pelo caminho de Chipre) e, alegando ser muito antiga, descreveu sua origem como sendo das genitálias de Urano. Ela era então, genealogicamente, de uma geração anterior à de Zeus, sendo assim (por assim dizer) irmã de seu pai e a materialização do castrado Antepassado dos Deuses. (Fig. 22)

Portanto, Afrodite tinha de ser incluída entre os deuses olímpicos. Mas, aparentemente, o número total não podia exceder os 12. A solução foi engenhosa: acrescentar um, subtraindo outro. Tendo em vista que Hades havia recebido os domínios do Mundo Inferior e não permanecia entre os Grandes Deuses no Monte Olimpo, significava que uma vaga havia sido criada, admiravelmente de forma conveniente para empossar Afrodite, no exclusivo Círculo dos 12.

Ao que tudo indica, o número 12 era também uma exigência que funcionava de duas formas: não podia haver mais de 12 olímpicos, como não podia também haver menos de 12. Isso torna-se evidente, considerando as circunstâncias que levaram à inclusão de Dionísio no Círculo Olímpico. Ele era um filho de Zeus, nascido quando Zeus engravidou sua própria filha, Sêmele. Dionísio, que fora escondido da ira de Hera, foi enviado para terras longínquas (chegando inclusive até a Índia), introduzindo a vinicultura e a vinificação por onde quer que passasse. Enquanto isso, uma vaga era disponibilizada no Olimpo. Héstia, a irmã mais velha de Zeus, debilitada e envelhecida, foi totalmente excluída do Círculo dos 12. Dionísio então retornou à Grécia e foi aceito para ocupar a vaga. Novamente, havia 12 olímpicos.

Apesar de a mitologia grega não ser clara quanto às origens da Humanidade, as lendas e tradições invocam a origem dos heróis e reis nos deuses. Esses semideuses faziam a ligação entre o destino humano – tarefas diárias, dependência dos elementos, pragas, doenças e morte – e um passado dourado, em que apenas os deuses transitavam pela Terra. E apesar de muitos deuses terem nascido na Terra, o seleto Círculo dos 12 Olímpicos representava o aspecto celeste dos deuses. O Olimpo original foi descrito pela Odisseia como localizado no "ar puro superior". Os 12 Grandes Deuses eram Deuses do Céu que desceram à Terra; e eles representavam os 12 corpos celestes na "abóboda do Céu".

Os nomes em latim dos Grandes Deuses, determinados quando os romanos adotaram o panteão grego, esclarecem essas associações astrais: Gaia era a Terra; Hermes, Mercúrio; Afrodite, Vênus; Ares, Marte; Cronos, Saturno; e Zeus, Júpiter. Dando continuidade à tradição grega, os romanos visualizavam Júpiter como um deus do trovão, cuja arma que carregava era um relâmpago; como os gregos, os romanos o associaram com o touro. (Fig. 23)

Hoje existe um consenso de que os alicerces da distinta civilização grega foram erguidos na ilha de Creta, onde a cultura minoica floresceu, por volta de 2700 a.C. a 1400 a.C. No mito e na lenda minoica, o conto do minotauro é muito importante. Esse ser, metade touro, foi o fruto do relacionamento de Pasífae, esposa do rei Minos, com um touro. As descobertas arqueológicas confirmam uma grande devoção minoica com o touro, sendo que alguns selos cilíndricos retratam o touro como um ser divino, acompanhado pelo símbolo da cruz, que representava algum tipo de estrela ou planeta não identificado. Portanto, supõe-se que o touro venerado pelos minoicos não se tratava apenas de uma criatura terrestre, e sim o Touro Celestial – a constelação de Taurus –, em comemoração a algum evento que tivesse ocorrido quando o equinócio vernal do Sol surgiu naquela constelação, cerca de 4000 a.C. (Fig. 24)

Pela tradição grega, Zeus chegou ao continente grego via Creta, de onde havia fugido (a nado pelo Mediterrâneo) depois de ter abduzido Europa, a bela filha do rei da cidade fenícia de Tiro. De fato, quando o primeiro escrito minoico foi finalmente decifrado por Cyrus H. Gordon, indicava se tratar de "um dialeto semítico das costas do Mediterrâneo Oriental".

DEUSES DO CÉU E DA TERRA 67

Figura 22

Figura 23

Figura 24

De fato, os gregos nunca afirmaram que os deuses olímpicos foram diretamente dos céus à Grécia. Zeus chegou atravessando o Mediterrâneo via Creta. Afrodite parece ter viajado do Oriente Médio, por mar, via Chipre. Poseidon (Netuno para os romanos) levou com ele um cavalo da Ásia Menor. Atena levou "a oliva fértil e que se semeava naturalmente" à Grécia pelas terras da Bíblia.

Não resta dúvida alguma de que as tradições e a religião gregas chegaram ao continente vindas do Oriente Médio, atravessando a Ásia Menor e as ilhas mediterrâneas. Foi ali que o panteão iniciou suas raízes; é para lá que devemos voltar nossas atenções às origens dos deuses gregos e seu relacionamento astral com o número 12.

*

O Hinduísmo, a religião antiga da Índia, considera os *Vedas* – composições de hinos, fórmulas de sacrifício e outros dizeres pertencentes aos deuses – como escrituras sagradas "de origem não humana". Os próprios deuses compuseram-nas, afirmam as tradições hindus, na época que precede a atual. Mas, à medida que o tempo passava, mais de 100 mil versos originais, transmitidos de geração em geração de forma oral, foram confundidos e perdidos. No final, um sábio escreveu os versos restantes, dividindo-os em quatro livros e confiando-os aos seus discípulos mais importantes, para que, cada um preservasse um *Veda*.

No século XIX, quando os acadêmicos começaram a decifrar e compreender as línguas esquecidas e traçar as ligações entre elas, eles perceberam que os *Vedas* foram escritos em uma língua indo-europeia muito antiga, a precursora da raiz da língua indiana sânscrito, da grega, latina e outras línguas europeias. Quando eles finalmente foram capazes de ler e analisar os *Vedas*, ficaram surpresos ao ver uma similaridade assombrosa entre os contos védicos sobre os deuses e os contos gregos.

De acordo com os *Vedas*, todos os deuses eram membros de uma grande família, mas não necessariamente pacífica. Entre os contos sobre ascensões aos céus e descidas à Terra, batalhas aéreas, armas impressionantes, amizades e rivalidades, matrimônios e infidelidades, parece que havia uma preocupação fundamental com a questão do registro genealógico – quem era o pai de quem, e quem era o primogênito de quem. Os deuses na Terra que eram originários dos céus; as principais divindades, mesmo na Terra, continuavam a representar os corpos celestes.

Nos primórdios, os Rishis ("os primeiros fluentes") que "fluíam" de forma celeste, possuíam poderes irresistíveis. De todos eles, sete eram considerados os Grandes Progenitores. Os Deuses Rahu ("demônio") e

Ketu ("desconectado") representavam, em uma época, um único corpo celeste, cuja função era a de unir os deuses sem permissão; mas, o Deus das Tempestades atirou sua arma flamejante contra ele, cortando-o em duas partes – Rahu, a "Cabeça de Dragão", que cruza o céu incessantemente em busca de vingança, e Ketu, a "Cauda de Dragão". Mar-Ishi, o progenitor da Dinastia Solar, gerou Kash-Yapa ("aquele que é o trono"). Os *Vedas* descrevem-no como um tanto prolífico, mas a sucessão dinástica continuou apenas por meio de seus dez filhos com Prit-Hivi ("mãe celeste").

Como chefe da disnatia, Kash-Yapa era também considerado o chefe dos devas ("os iluminados") e recebeu o título de Dyaus-Pitar ("pai iluminado"). Junto com sua companheira e os dez filhos, a família divina compunha os 12 Adityas, sendo que a cada um desses deuses era atribuído um signo do Zodíaco e um corpo celeste. O corpo celeste de Kash-Yapa era a "estrela brilhante"; Prit-Hivi representava a Terra. Então, havia os deuses cujas reproduções incluíam o Sol, a Lua, Marte, Mercúrio, Júpiter, Vênus e Saturno.

Com o tempo, a liderança do panteão de 12 foi transferida para Varuna, o Deus do Espaço Celestial. Ele era onipresente e onividente; um dos hinos dedicado a ele pode ser lido quase como um salmo bíblico:

> É ele quem faz com que o sol brilhe nos céus,
> E os ventos que sopram são o ar que ele respira.
> Foi ele quem abriu os canais dos rios;
> Eles fluem de acordo com sua vontade.
> Foi ele quem criou as profundezas dos mares.

Seu reinado também chegaria, mais cedo ou mais tarde, a um fim. Indra, o Deus que matou o "Dragão" celeste, reivindicou o trono por ter assassinado seu pai. Ele se tornaria o novo Senhor dos Céus e Deus das Tempestades. O relâmpago e o trovão eram suas armas e seu epíteto era Senhor das Hostes. No entanto, ele tinha que dividir seu domínio com seus dois irmãos. Um deles era Vivashvat, que foi o progenitor de Manu, o primeiro homem. O outro era Agni ("acendedor"), que enviou o fogo dos céus para a Terra, para que a Humanidade pudesse usá-lo de forma industrial.

*

As similaridades entre os panteões védico e grego são claras. Os contos relacionados às divindades principais, assim como os versos que tratam de uma gama de outras divindades menos importantes – filhos, esposas, filhas, amantes – são duplicatas (ou originais?) dos contos gregos. Não há dúvida alguma de que Dyaus representa Zeus; Dyaus-Pitar, Júpiter; Varuna, Urano; e assim por diante. Logo, em ambos os casos, o Círculo dos Grandes Deuses sempre foi de 12, não importa quais mudanças ocorreram na sucessão divina.

Como pode tamanha similaridade ter ocorrido em duas regiões tão distantes uma da outra em termos geográficos e no tempo?

Os pesquisadores acreditam que em algum momento, durante o segundo milênio a.C., um povo que falava uma língua indo-europeia e habitava o norte do Irã ou em uma região do Cáucaso, embarcou em grandes migrações. Um grupo foi para sudeste, para a Índia. Os hindus os chamavam de arianos ("homens nobres"). Eles levaram com eles os *Vedas* como contos orais, cerca de 1500 a.C. Outra onda de migração indo-europeia seguiu em direção ao Ocidente, para a Europa. Alguns circundaram o Mar Negro e chegaram à Europa pelas estepes da Rússia. Mas, a rota principal, pela qual esses povos, com suas tradições e religiões alcançaram a Grécia foi pelo caminho mais curto: a Ásia Menor. Algumas das cidades gregas mais antigas, de fato, não se situam na Grécia continental, e sim na extremidade ocidental da Ásia Menor.

Mas, quem eram esses indo-europeus que escolheram a Anatólia como sua morada? Muito pouco conhecimento ocidental ajuda a esclarecer esse assunto.

Novamente, a única fonte disponível – e confiável – provou ser o Antigo Testamento. Foi nele que os acadêmicos encontraram várias referências relacionadas aos hititas, como sendo um povo que habitava as montanhas da Anatólia. Contrário à inimizade refletida no Antigo Testamento em relação aos canaanitas e outros povos vizinhos, cujos costumes eram considerados uma "abominação", os hititas eram considerados amigáveis e aliados de Israel. Betsabé, que foi cobiçada pelo rei Davi, era a esposa de Uriah, o Hitita, um oficial do exército do rei Davi. O rei Salomão, que forjou alianças ao se casar com filhas de reis estrangeiros, esposou tanto a filha de um faraó egípcio como a filha de um rei hitita. Em outra época, um exército sírio invasor fugiu ao ouvir rumores de que "o rei de Israel tinha contratado os serviços dos reis dos hititas e dos reis dos egípcios contra nós". Essas breves alusões sobre os hititas revelam o quanto suas capacidades militares eram altamente respeitadas por outros povos do antigo Oriente Médio.

Com a decifração dos hieróglifos egípcios – e, posteriormente, as inscrições mesopotâmicas –, os acadêmicos depararam-se com várias referências à "Terra de Hatti" como um vasto e poderoso reino na Anatólia. Como poderia uma potência tão importante como essa não ter deixado um rastro?

Armados com as pistas deixadas pelos egípcios e mesopotâmios, os acadêmicos partiram para as escavações nos sítios arqueológicos antigos das regiões montanhosas da Anatólia. Os esforços recompensaram: eles descobriram cidades, palácios, tesouros reais, tumbas reais, templos, objetos religiosos, ferramentas, armamentos e objetos de arte hititas. Acima de tudo, eles descobriram várias inscrições – tanto em escritas pictográficas como em cuneiforme. Os hititas bíblicos emergiram à vida.

Um momento único que nos foi deixado de herança pelo antigo Oriente Médio era uma rocha talhada encontrada nos arredores da capital hitita (o sítio é chamado nos dias de hoje de Yazalikaya, que, em turco, significa "pedra inscrita"). Depois de atravessar portais e santuários, os devotos antigos chegavam a uma galeria a céu aberto, uma abertura entre um semicírculo de rochas, nas quais todos os deuses dos hititas eram retratados na procissão.

Prosseguindo à esquerda, se encontra uma longa procissão das principais divindades masculinas, claramente organizadas em "formações" de 12. Na extrema esquerda e, consequentemente, a última a marchar nessa incrível parada, estão as 12 divindades que se parecem idênticas, todas carregando a mesma arma. (Fig. 25)

O grupo central de 12 seres marchando inclui algumas divindades que parecem mais velhas, algumas portando armas diversificadas, sendo que duas são realçadas por um símbolo divino. (Fig. 26)

O terceiro grupo (frontal) de 12 é claramente formado por divindades masculinas e femininas mais importantes. Suas armas e emblemas são mais variados; quatro apresentam o símbolo divino celeste sobre elas; duas são aladas. Esse grupo também inclui participantes não divinos: dois touros segurando um globo, e o rei dos hititas, usando um topo de crânio e posicionados sob um emblema do Disco Alado. (Fig. 27)

Marchando da direita havia dois grupos de divindades femininas; os entalhes na rocha, no entanto, se encontravam muito mutilados para se averiguar a quantidade original e total de figuras. Não estaríamos equivocados se assumíssemos que eram, também, compostos por duas "formações" de 12 cada um.

As duas procissões, da esquerda e da direita, se unem no painel central, claramente descrevendo os Grandes Deuses, pois todos são mostrados de forma elevada, parados em topos de montanhas, animais, pássaros ou mesmo sobre os ombros de acompanhantes divinos. (Fig. 28)

Muitos esforços foram empregados por acadêmicos (por exemplo, E. Laroche, *Le Panthéon de Yazilikaya*) para determinar, a partir das descrições, os símbolos hieroglíficos, assim como de textos parcialmente legíveis, os nomes de deuses que eram talhados nas rochas, bem como os nomes, títulos e papéis desempenhados pelas divindades incluídas na procissão. Mas, torna-se claro que o panteão hitita também era governado pelos 12 "olímpicos". Os deuses menos importantes eram organizados em grupos de 12 e os Grandes Deuses na Terra eram associados com os 12 corpos celestes.

Que o panteão era governado pelo "número sagrado" de 12 é algo que fica ainda mais claro em outro monumento hitita, um santuário encontrado próximo à atual Beit-Zehir. Retrata claramente o casal divino, rodeado por outros dez deuses – somando um total de 12. (Fig. 29)

As descobertas arqueológicas mostraram de forma conclusiva que os hititas veneravam os deuses que pertenciam "ao Céu e à Terra", todos interligados e organizados em uma hierarquia genealógica. Alguns eram grandes deuses "anciãos" originários dos céus. O símbolo deles – que na escrita pictográfica hitita significava "divino" ou "deus celeste" – parecia com um par de óculos (Fig. 30). Apareciam de forma frequente em selos redondos, como parte de um objeto similar a um foguete. (Fig. 31)

Os outros deuses, que na realidade estavam presentes não apenas na Terra, mas entre os hititas, agiam como governantes supremos da Terra, nomeando os reis humanos e instruindo-os nas questões de guerra, tratados e outros assuntos internacionais.

Liderando os deuses hititas fisicamente presentes, encontrava-se uma divindade chamada de Teshub, que significa "assoprador do vento". Ele era o que, consequentemente, os acadêmicos chamam de um Deus da Tempestade, associado com os ventos, o trovão e os relâmpagos. Ele também recebeu o codinome de Taru ("touro"). Como os gregos, os hititas retratavam a adoração ao touro; como Júpiter, que veio depois, Teshub era retratado como sendo o Deus do Trovão e do Relâmpago, montado em um touro. (Fig. 32)

Os textos hititas, igualmente às lendas gregas posteriores, relatam como sua divindade chefe teve de lutar contra um monstro para consolidar sua supremacia. Um texto chamado pelos acadêmicos de "O Mito da Matança do Dragão" identifica o adversário de Teshub como o Deus Yanka. Não conseguindo derrotá-lo na batalha, Teshub apelou pela ajuda de outros deuses, mas apenas uma deusa veio ao seu auxílio e livrou-se de Yanka ao embebedá-lo em uma festa.

Reconhecendo em tais contos as origens da lenda de São Jorge e o dragão, os acadêmicos referem-se ao adversário morto por Deus "bom" como sendo "o dragão". Mas o fato é que Yanka significava "serpente", e os povos antigos retratavam o Deus "malévolo" como sendo a tal – como vista no baixo relevo do sítio arqueológico hitita (Fig. 33). Zeus também, como foi mencionado anteriormente, não lutou contra um "dragão", e sim com um deus-serpente. Como veremos mais adiante, havia um significado profundo, ligado a essas tradições antigas que falam da luta entre um deus dos ventos e uma divindade em forma de serpente. Aqui, no entanto, podemos apenas enfatizar que essas batalhas pelo reino divino entre os deuses eram relatadas nos textos antigos como eventos que, inquestionavelmente, ocorreram de verdade.

DEUSES DO CÉU E DA TERRA   73

Figura 25

Figura 26

Figura 27

Figura 28

Figura 29

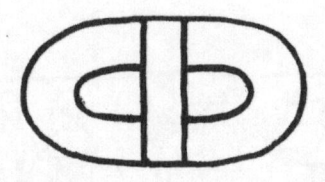

Figura 30

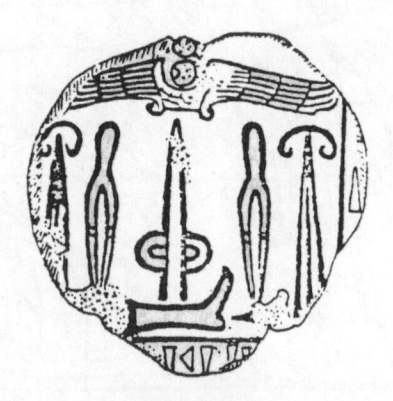

Figura 31

Deuses do Céu e da Terra   75

Figura 32

Figura 33

Um longo e bem preservado conto épico hitita, intitulado "Reino no Céu", trata exatamente desse assunto – a origem celeste dos deuses. O narrador desses eventos pré-mortais primeiro convocava os 12 "deuses anciãos poderosos" para ouvir o seu conto e para serem testemunhas da sua veracidade:

> Que se façam ouvir os deuses que habitam o Céu,
> E aqueles que se encontram sobre as trevas da Terra!
> Que se façam ouvir os deuses anciãos poderosos.

Logo, estabelecendo que os deuses anciãos habitavam tanto o Céu quanto a Terra, o épico lista os 12 "anciãos poderosos", os pais ancestrais dos deuses; e para prender suas atenções, o narrador prosseguiu contando como o Deus que era o "rei no Céu" veio às "trevas da Terra":

> Antigamente, nos tempos remotos, Alalu era o rei no Céu;
> Ele, Alalu, estava sentado no trono.
> O poderoso Anu, o primeiro entre os deuses, apresentou-se diante dele,
> Curvou-se aos seus pés, colocou a taça de beber em sua mão.
> Por nove períodos contados, Alalu foi o rei no Céu.
> No nono período, Anu se rebelou contra Alalu.
> Alalu foi derrotado, ele fugiu diante de Anu –
> Ele desceu às trevas da Terra.
> Para baixo, às trevas da Terra ele foi;
> No trono se sentou Anu.

O épico, que logo foi atribuído como a chegada de um "rei no Céu" à Terra pela usurpação do trono: um Deus chamado Alalu foi forçosamente deposto de seu trono (em algum lugar nos céus) e, fugindo para proteger sua própria vida, "desceu às trevas da Terra". Mas, esse não era o final. O texto prosseguia narrando como Anu, por sua vez, também fora deposto por um Deus chamado Kumarbi (o próprio irmão de Anu, de acordo com algumas interpretações).

Não há dúvida alguma de que esse épico, escrito mil anos antes que as lendas gregas fossem compostas, era o precursor do conto da destituição de Urano por Cronos e de Cronos por Zeus. Inclusive, o detalhe relacionado à castração de Cronos por Zeus encontra-se no texto hitita, pois foi exatamente o que Kumarbi fez com Anu:

> Por nove períodos contados, Anu foi o rei no Céu;
> No nono período, Anu teve de enfrentar uma batalha com Kumarbi.
> Anu escapou do cerco de Kumarbi e fugiu –
> Fugir foi o que fez Anu, subindo ao céu.
> Atrás dele apressou-se Kumarbi, pegando-o pelos pés;
> Ele puxou-o para baixo dos céus.
> Ele mordeu seu púbis; e a "Virilidade" de Anu
> com as entranhas de Kumarbi justapostas, fundiram-se como o bronze.

De acordo com esse conto antigo, a batalha não resultou em uma vitória total. Apesar de castrado, Anu conseguiu voar de volta para a sua Morada Celestial, deixando a Terra sob o comando de Kumarbi. Enquanto isso, a "Virilidade" de Anu gerou várias divindades dentro das entranhas de Kumarbi, que ele (como Cronos nas lendas gregas) foi forçado a parir. Uma delas era Teshub, a divindade chefe hitita.

Porém, haveria mais uma batalha épica antes que Teshub pudesse reinar em paz.

Sabendo do surgimento de um herdeiro de Anu em Kummiya ("moradia celeste"), Kumarbi preparou um plano para "gerar uma rivalidade com o Deus das Tempestades". "Com a mão, pegou seu cajado e partiu de sua cidade Ur-Kish até a morada da Dama da Grande Montanha. Ao se aproximar dela,

> Seu desejo foi despertado;
> Ele dormiu com a Dama da Montanha;
> Sua virilidade fluiu nela.
> Cinco vezes ele a tomou...
> Dez vezes ele a tomou.

Kumarbi estava apenas desejoso? Temos motivo para acreditar que havia muito mais do que isso. Nosso palpite seria que as regras de sucessão dos deuses era a de que um filho de Kumarbi, gerado pela Dama da Grande Montanha, poderia ser reivindicado como sendo o herdeiro legítimo para o Trono Celestial; e que Kumarbi "tomou" a deusa cinco e dez vezes para garantir que ela conceberia, como de fato fez: ela gerou um filho, que Kumarbi simbolicamente chamou de Ulli-Kummi ("supressor de Kummiya" – a morada de Teshub).

A batalha pela sucessão foi prevista por Kumarbi como sendo aquela que resultaria em uma luta nos céus. Tendo destinado o seu filho para oprimir os incumbidos em Kummiya, Kumarbi proclamou ainda mais para o seu filho:

> Que ele ascenda ao Céu como reino!
> Que ele conquiste Kummiya, a bela cidade!
> Que ele ataque o Deus da Tempestade
> E o rasgue em pedaços, como um mortal!
> Que ele atire para baixo todos os deuses do céu.

Essas batalhas, em particular, lutadas por Teshub sobre a Terra e nos céus ocorreram quando a Era de Touro havia começado, por volta de 4 mil a.C.? Por que motivo o vencedor seria associado com o touro? E os eventos de alguma forma estavam relacionados com o início, exatamente na mesma época, da civilização repentina da Suméria?

*

Não resta a menor dúvida de que o panteão hitita e os contos dos deuses tiveram de fato suas raízes na Suméria, na sua civilização e nos seus deuses. O conto do desafio ao Trono Divino por Ulli-Kummi continua a relatar as batalhas heroicas, mas de natureza indecisa. Em um momento, o fracasso de Teshub em derrotar seu adversário fez até com que sua esposa, Hebat, tentasse cometer suicídio. Finalmente, foi feito um apelo aos deuses para que mediassem a disputa e uma Assembleia de Deuses foi convocada. Foi liderada por um "Deus ancião" chamado Enlil, e outro "Deus ancião" chamado Ea, que foi convocado para criar "as tábuas antigas com as palavras do destino" – alguns registros antigos que poderiam aparentemente ajudar a resolver a disputa relacionada à sucessão divina.

Quando esses registros fracassaram em resolver a disputa, Enlil aconselhou que houvesse outra batalha com o desafiador, mas, com a ajuda de armas muito antigas. "Escutai vós, deuses anciãos, vós que sois conhecedores das palavras antigas", disse Enlil aos seus seguidores:

> Abri vossos depósitos antigos
> Dos pais e dos antepassados!
> Trazei a lança de Cobre Dourada
> Com a qual o Céu foi separado da Terra;
> E deixai-os decepar os pés de Ulli-Kummi.

Quem eram esses "deuses anciãos"? A resposta é óbvia, pois todos eles – Anu, Antu, Enlil, Ninlil, Ea, Ishkur – levavam nomes sumérios. Inclusive, o nome de Teshub, como também os nomes de outros deuses "hititas" geralmente eram escritos na escrita suméria para denotar suas identidades. Assim como alguns dos lugares nomeados durante o evento eram aqueles que foram encontrados nos antigos sítios arqueológicos sumérios.

Os acadêmicos passaram a entender que, de fato, os hititas veneravam um panteão de origem suméria e que o palco dos contos dos "deuses anciãos" era a Suméria. No entanto, isso seria apenas uma pequena parte de uma descoberta ainda maior. A língua hitita não servia apenas de base para vários dialetos indo-europeus, como também se descobriu que era o resultado de uma influência acadiana substancial, tanto na fala, como muito mais na escrita. Tendo em vista que o acadiano era a língua internacional do mundo antigo, no segundo milênio a.C., a sua influência na língua hitita é algo que pode ser compreendido.

Porém, houve um verdadeiro motivo de surpresa no processo de decifração da língua hitita, quando os pesquisadores descobriram que se empregavam de forma intensa sinais pictográficos sumérios, sílabas e até palavras inteiras! Além disso, ficou evidente que a língua suméria era a sua língua de alto aprendizado. A língua suméria, nas palavras de O. R. Gurney (*The Hitites*), "era estudada de forma intensa em Hattu-Shash [a cidade capital], onde foram encontrados vocabulários sumério-hititas (...) Muitas das sílabas associadas com os sinais em cuneiforme, no período hitita, são na realidade palavras sumérias cujos significados haviam sido esquecidos [pelos hititas] (...) Nos textos hititas, os escribas geralmente trocavam as palavras comuns hititas pela palavra correspondente em sumério ou babilônico".

Quando os hititas chegaram à Babilônia, em alguma época depois de 1600 a.C., os sumérios já haviam desaparecido há muito tempo do cenário do Oriente Próximo. Como foi então que a sua língua, literatura e religião acabaram por dominar um outro reino, em outro milênio e em outra parte da Ásia?

A ponte, os acadêmicos descobriram recentemente, era um povo chamado hurritas.

Criados no Antigo Testamento como horeus ("povo livre"), eles dominaram uma vasta região entre a Suméria e a Acádia, na Mesopotâmia, e o reino hitita, na Anatólia. Ao norte, suas terras eram as antigas "terras do cedro", de onde os países vizinhos e de regiões distantes extraíam suas melhores madeiras. A leste, os seus centros englobavam os atuais campos de petróleo do Iraque; em uma única cidade, Nuzi, os arqueólogos descobriram não apenas estruturas e artefatos comuns, mas também milhares de documentos jurídicos e sociais de grande valor. A oeste, o reino e influência hurritas se estendiam até a costa mediterrânea, abrangendo grandes centros antigos de comércio, indústria e aprendizado, tais como Carquemish e Alalakh.

Entretanto, as bases de seu poder, os principais centros das antigas rotas de comércio e os locais onde se encontravam os santuários mais venerados, situavam-se no coração que ficava "entre os dois rios", a bíblica Naharayim. Sua capital mais antiga (ainda para ser descoberta) estava localizada em algum lugar às margens do Rio Khabur. Seu grande centro de comércio, no Rio Balikh, era a bíblica Harã – a cidade onde a família do patriarca Abraão residiu temporariamente durante a sua jornada de Ur, no sul da Mesopotâmia, para a Terra de Canaã.

Documentos reais egípcios e mesopotâmicos referiam-se ao reino hurrita como Mitanni e o tratavam de igual para igual – um vasto poder cuja influência ultrapassou suas fronteiras mais próximas. Os hititas chamavam os hurritas de "Hurri". Alguns pesquisadores, no entanto, indicaram que a palavra poderia também ser lida como "Har", e (como G. Contenau em *La Civilisation des Hittites et des Hurrites du Mitanni*) destacaram a possibilidade de que, no nome "Harri", "se pode ver o nome 'Ari' ou arianos referente a esses povos".

Não há dúvida de que os hurritas eram de origem ariana ou indo-europeia. Suas inscrições evocavam várias divindades usando seus nomes "arianos" védicos, seus reis levavam nomes indo-europeus e sua terminologia militar e de cavalaria derivava do indo-europeu. B. Hrozny, que, nos anos de 1920, liderou um esforço conjunto para decifrar os registros hititas e hurritas, chegou ao ponto, inclusive, de dizer que os hurritas eram os "hindus mais antigos".

Os hurritas dominaram os hititas tanto cultural quanto religiosamente. Os textos mitológicos hititas demonstraram ser de origem hurrita e mesmo os contos épicos sobre os heróis semideuses da Pré-História eram de origem hurrita. Hoje, não resta dúvida de que os hititas adquiriram sua cosmologia, seus "mitos", seus deuses e seu panteão de 12 dos hurritas.

A tripla conexão – entre as origens arianas, a devoção hitita e as fontes hurritas dessas crenças – foi incrivelmente bem documentada em uma oração hitita feita por uma mulher que implora pela vida de seu marido enfermo. Dirigindo sua oração à Deusa Hebat, esposa de Teshub, a mulher entoa:

Ó Deusa do Disco Ascendente de Arynna,
Minha Senhora, Mestra das Terras de Hatti,
Rainha do Céu e da Terra (...)
Em terras Hatti, vosso nome é
"Deusa do Disco Ascendente de Arynna";

> Porém, nas terras que vós fizestes,
> Na Terra do Cedro,
> Vós levais o nome de "Hebat".

Apesar disso tudo, a cultura e a religião adotadas e transmitidas pelos hurritas não eram indo-europeias. Mesmo a língua não era na realidade indo-europeia. Sem dúvida alguma, havia elementos acadianos na língua, cultura e tradições hurritas. O nome da sua capital, Washugeni, era uma variante da semita *resh-eni* ("onde começam as águas"). O Rio Tigre era chamado de Aranzakh, que (acreditamos) derivar das palavras acadianas e significa "rio dos cedros puros". Os Deuses Shamash e Tashmetum se tornaram os hurritas Shimiki e Tashimmetish – e assim por diante.

Mas, tendo em vista que a cultura e religião acadianas consistiam apenas em um desenvolvimento das tradições e crenças originais sumérias, os hurritas foram de fato aqueles que absorveram e transmitiram a religião na Suméria. Tanto que é também evidenciado pelo uso frequente dos nomes divinos sumérios originais, epítetos e símbolos de escrita.

Tornou-se claro que os contos épicos eram contos sumérios; os "locais de moradia" dos deuses mais antigos eram as cidades sumérias; a "língua mais antiga" era a língua suméria. Inclusive, a arte hurrita duplicava a arte suméria – suas formas, seus temas e seus símbolos.

Quando e como os hurritas sofreram uma "mutação" pelos "genes" sumérios?

As evidências sugerem que os hurritas, vizinhos do norte da Suméria e Acádia, no segundo milênio a.C., haviam se mesclado com os sumérios no milênio anterior. É um fato estabelecido que os hurritas estavam presentes e ativos na Suméria no terceiro milênio a.C., que ocupavam cargos importantes na Suméria durante o seu último período de glória, aquele da terceira dinastia de Ur. Há evidências indicando que os hurritas controlavam e mantinham a indústria de vestuário, pela qual a Suméria (e especialmente Ur) era conhecida na Antiguidade. Os renomados comerciantes de Ur eram provavelmente na maioria hurritas.

No século XIII a.C., pressionados pelas vastas migrações e invasões (incluindo a retirada israelita do Egito para Canaã), os hurritas recuaram para a parte nordeste do seu reino. Estabelecendo sua nova capital, próxima ao Lago Van, eles passaram a chamar seu reino de Urartu ("Ararat"). Lá, eles veneraram um panteão encabeçado por Tesheba (Teshub), retratando-o como um vigoroso Deus trajando um capacete com chifre e mantendo o símbolo do seu culto, o touro (Fig. 34). Eles chamavam o seu principal santuário de Bitanu ("casa de Anu") e dedicavam-se a fazer com que seu reino fosse "a fortaleza do vale de Anu".

E, como veremos em seguida, Anu era considerado o Pai Sumério dos Deuses.

*

Qual era a outra via pela qual os contos e devoção aos deuses alcançaram a Grécia – da costa leste do Mediterrâneo, passando por Creta e Chipre?

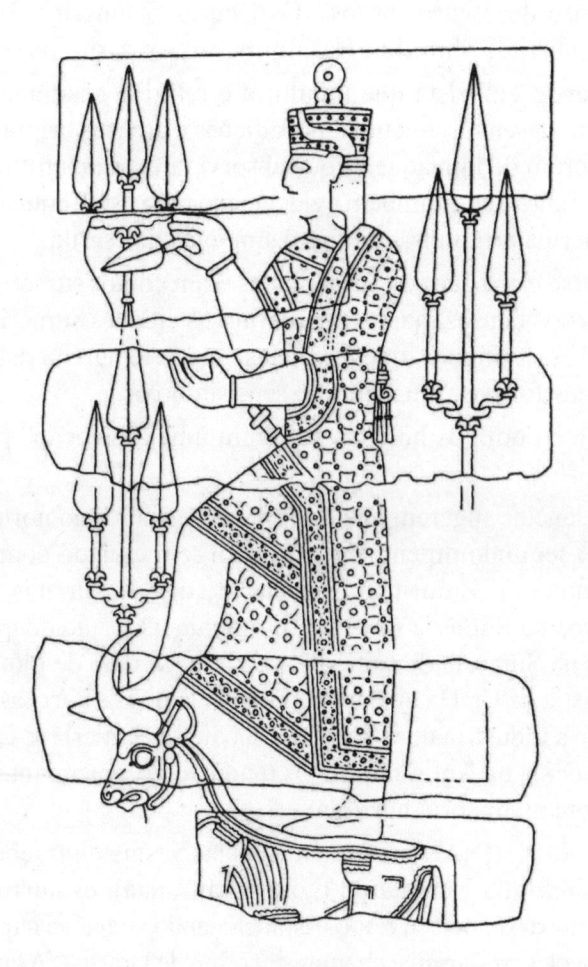

Figura 34

As terras onde hoje se encontram Israel, Líbano e o sul da Síria – que formavam a banda sudoeste da antiga Crescente Fértil – eram na época o *habitat* dos povos que, juntos, eram considerados os canaanitas. Novamente, tudo que se sabia sobre eles, até recentemente, eram as referências encontradas (a maioria de forma adversa) no Antigo Testamento e nas esparsas inscrições fenícias. Os arqueólogos apenas começaram a entender os canaanitas quando se depararam com duas descobertas: alguns textos egípcios, em Luxor e Saqqara e, mais importante ainda, os textos religiosos, históricos e literários desenterrados de um importante centro canaanita. O local, hoje chamado de Ras Shamra, localizado na costa síria, era a antiga cidade de Ugarit.

A língua das inscrições de Ugarit, a língua canaanita, era o que os acadêmicos chamam de Semita Ocidental, um ramo do grupo de línguas que também inclui as primeiras línguas acadianas e a atual hebraica. De fato, qualquer pessoa que conheça o hebraico será capaz de entender as inscrições canaanitas com certa facilidade. A língua, o estilo literário e a terminologia são reminiscentes do Antigo Testamento.

O panteão que se releva nos textos canaanitas apresenta muitas similaridades com o grego que surgiu posteriormente. Encabeçando o panteão canaanita, havia também uma divindade suprema chamada *El*, uma palavra que significava tanto o nome pessoal do Deus, como o termo genérico significando "suprema divindade". Ele era a autoridade final em todos os assuntos, fossem humanos ou divinos. Ab Adam ("pai do homem") era o seu título; o Generoso, o Misericordioso, era o seu epíteto. Ele era o "criador das coisas criadas e aquele que sozinho podia conceber o reino".

Os textos canaanitas ("mitos" para alguns acadêmicos) retratavam El como um sábio, uma divindade anciã que se mantinha distante dos assuntos diários. Sua morada era um lugar remoto, na "cabeceira dos dois rios" – o Tigre e o Eufrates. Lá, ele permanecia sentado no seu trono, recebia os emissários e ponderava os problemas e as disputas que os outros deuses levavam a ele.

Uma estela encontrada na Palestina descreve uma divindade anciã sentada em um trono e recebendo uma bebida servida por uma divindade mais jovem. A divindade sentada usa uma touca cônica adornada com chifres – uma marca dos deuses, como vimos anteriormente, no período pré-histórico – e a cena é dominada pelo símbolo de uma estrela alada – o emblema comum que encontraremos com maior frequência. Em geral, é aceito pelos acadêmicos que esse relevo esculpido retrata El, a divindade canaanita anciã. (Fig. 35)

Figura 35

Entretanto, El nem sempre foi um senhor ancião. Um de seus epítetos era Tor (que significa "touro"), representando o que alguns acadêmicos acreditam ser sua proeza sexual e seu papel como sendo o Pai dos Deuses. Um poema canaanita, chamado "Nascimento dos Deuses Generosos", descrevia El na praia (provavelmente nu), onde duas mulheres estavam completamente encantadas com o tamanho do seu pênis. Enquanto um pássaro era assado na praia, El teve relações sexuais com as duas mulheres. Logo nasceram dois Deuses, Shahar ("aurora") e Shalem ("auge" ou "anoitecer").

Esses não foram seus únicos filhos (os quais ele teve, aparentemente, sete) nem seus filhos mais importantes. Seu filho mais importante foi Baal – novamente o nome pessoal da divindade, como também o termo geral para "senhor". Como os gregos fizeram em seus contos, os canaanitas falaram dos desafios enfrentados pelo filho com a autoridade e o domínio de seu pai. Como seu pai, El, Baal era o que os acadêmicos chamam de Deus da Tempestade, um Deus do Trovão e do Relâmpago. Um codinome de Baal era Hadad ("o Afiado"). Suas armas eram o machado de guerra e a lança de relâmpago; seu animal de culto era o mesmo de El, o touro, e, como El, ele era retratado trajando sua touca cônica adornada com um par de chifres.

Baal era também chamado de Elyon ("o Supremo"), isto é, o príncipe reconhecido, o evidente herdeiro. Mas, ele não receberia esse título sem uma luta, primeiro com seu irmão, Yam ("Príncipe do Mar") e, em seguida, com seu irmão Mot. Um longo e emocionante poema, compilado de várias tábuas fragmentadas, começa com um chamado do "Mestre Artesão" à morada de El, "nas fontes das águas, em meio à cabeceira dos dois rios":

> Atravessando os campos de El ele chega
> Ele entra no pavilhão do Pai dos Anos.
> Aos pés de El ele se curva, cai,
> Prostra-se, presta homenagem.

O Mestre Artesão recebe a ordem para erguer um palácio para Yam, como o marco de sua subida ao poder. Motivado por isso, Yam envia seus mensageiros à Assembleia dos Deuses para pedir que Baal se entregue a ele. Yam instrui seus emissários para que sejam desafiadores, e os deuses reunidos cedem. Inclusive, El aceita a nova formação entre seus filhos. "Baal é teu escravo, Ó Yam", ele declara.

A supremacia de Yam, no entanto, dura pouco. Equipado com duas "armas divinas", Baal enfrentou Yam e o derrotou – apenas para ser desafiado por Mot (o nome significava "exterminador"). Nessa luta, Baal foi logo derrotado; mas, sua irmã Anat se recusou a aceitar esse destino de Baal como sendo derradeiro. "Ela atacou Mot, o filho de El e, com uma lâmina, partiu-o".

De acordo com o conto canaanita, a destruição de Mot levou à ressurreição milagrosa de Baal. Os acadêmicos tentaram entender o relato sugerindo que toda a narrativa era apenas alegórica, representando nada mais que um conto sobre a luta anual no Oriente Médio, entre os verões quentes e sem chuvas, que secavam a vegetação, e a chegada da estação chuvosa no outono, que revivia ou "ressuscitava" a vegetação. Mas, não há dúvida de que o conto canaanita não tinha a intenção de apresentar uma alegoria, e que eles realmente acreditavam, na época, que esses eventos eram verdadeiros: como os filhos da divindade chefe lutaram entre eles e um deles desafiou a derrota, reaparecendo e se tornando o herdeiro legítimo, fazendo com que El rejubilasse:

> El, o Generoso, o Misericordioso, rejubilou.
> Seus pés no escabelo ele repousou.
> Abriu sua garganta e gargalhou;
> Elevou o tom da voz e exclamou:
> "Devo me sentar e relaxar,
> A alma repousará no meu peito;
> Pois Baal, o Poderoso, ainda vive,
> Pois o Príncipe da Terra ainda existe!"

De acordo com as tradições canaanitas, Anat ficou, então ao lado, de seu irmão (Baal) na batalha de vida e morte com o malévolo Mot; e a analogia entre esse conto e a tradição grega da Deusa Atena, que fica ao lado do supremo Deus Zeus na sua luta de vida e morte contra o Tifão, torna-se evidente demais. Como vimos anteriormente, Atena era chamada de "a dama perfeita", apesar de seus muitos e ilícitos casos amorosos. Do mesmo modo, as tradições canaanitas (que antecedem as gregas) empregam o epíteto "a Dama de Anat" e, apesar disso, continuavam a relatar seus vários casos amorosos, especialmente com seu próprio irmão Baal. Um texto descreve a chegada de Anat na morada de Baal, no Monte Zafon, o que fez Baal se apressar para se livrar de suas esposas. Então ele atirou-se aos pés da irmã; eles olharam-se nos olhos; ungiram os "chifres" um do outro –

> Ele agarrou e segurou seu ventre (...)
> Ela agarrou e segurou suas "pedras" (...)
> A dama Anat (...) foi feita para conceber e gerar.

Não é de se estranhar, então, que Anat fosse frequentemente retratada completamente nua, para realçar seus atributos sexuais – como na impressão deste selo que ilustra Baal de capacete lutando contra outro Deus. (Fig. 36)

Como na religião grega e seus precursores diretos, o panteão canaanita incluía uma Deusa Mãe, a companheira da divindade chefe. Eles a chamavam de Ashera; ela é comparada com a Hera grega. Astarte (a bíblica Ashtoreth) é comparada com Afrodite; seu companheiro mais frequente era Athtar, associado a um planeta brilhante, provavelmente comparado com Ares, o irmão de Afrodite. Havia outras divindades jovens, masculinas e femininas, cujas comparações gregas ou astrais podem ser facilmente traçadas.

Mas, além dessas divindades jovens, havia os "deuses anciãos", distantes dos assuntos mundanos, porém disponíveis quando os próprios deuses correm sérios apuros. Algumas de suas esculturas, mesmo parcialmente danificadas, retratam seus atributos de comando e como deuses reconhecíveis, em função de seus capacetes com chifres. (Fig. 37)

De onde os canaanitas, por sua vez, extraíam sua cultura e religião?

O Antigo Testamento os considerava como uma parte da família hamítica de nações, com raízes nas terras quentes (é o que *ham* significa) da África, irmãos dos egípcios. Os artefatos e registros escritos escavados pelos arqueólogos confirmam a grande afinidade entre os dois, assim como as muitas similaridades entre as divindades canaanitas e egípcias.

Os vários deuses nacionais e locais, a grande quantidade de nomes e epítetos, a diversidade de suas funções, emblemas e mascotes animais, à primeira vista apresentam os deuses do Egito como uma incomensurável multidão de atores representando sobre um estranho palco. Porém, um exame minucioso revela que essencialmente eles não eram diferentes daqueles de outras terras do mundo antigo.

Os egípcios acreditavam em Deuses do Céu e da Terra, Grandes Deuses que eram claramente distintos das multidões de divindades menos importantes. G. A. Wainwright (*The Sky-Religion in Egypt*) resume essa evidência mostrando que a crença egípcia em Deuses do Céu que desciam à Terra era "extremamente antiga". Alguns dos epítetos desses Grandes Deuses – Grandioso Deus, Touro do Céu, Senhor/Dama das Montanhas – soam familiares.

Figura 36

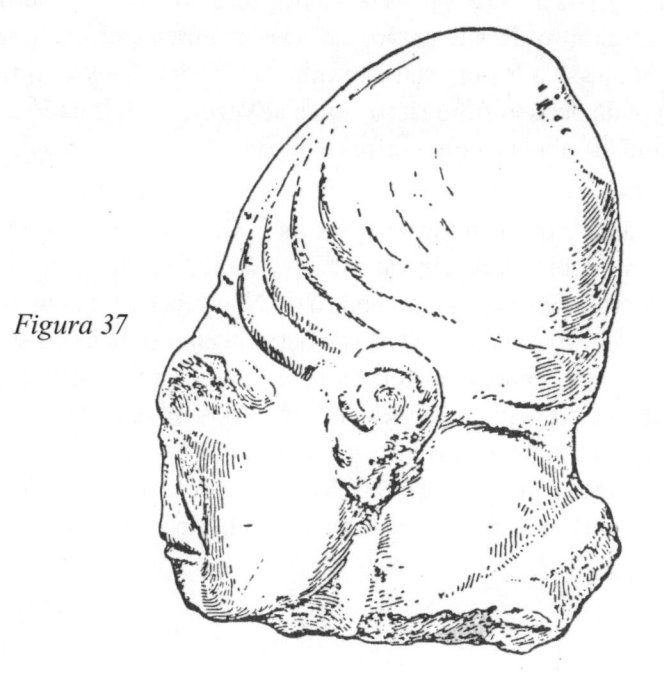

Figura 37

Apesar de os egípcios usarem o sistema decimal, seus assuntos religiosos eram governados pelo sexagesimal *60* sumério, e os assuntos celestes eram submetidos ao número *12* divino. O céu era dividido em três partes, cada uma contendo 12 corpos celestes. O mundo depois da morte era dividido em 12 partes. O dia e a noite eram divididos em 12 horas cada um. E todas essas divisões eram comparadas com as "companhias" de deuses que, por sua vez, consistiam de 12 deuses cada.

Liderando o panteão egípcio estava Rá ("o Criador"), que presidia uma Assembleia de Deuses que totalizava 12. Ele executou suas impressionantes obras de criação nos primórdios dos tempos, gerando Geb ("Terra") e Nut ("céu"). Em seguida, ele fez com que as plantas crescessem na Terra, junto com as criaturas terrestres e, finalmente, o Homem. Rá era um Deus celeste invisível que se manifestava apenas periodicamente. Sua manifestação era o Aton – o Disco Celestial, descrito como um Globo Alado. (Fig. 38)

De acordo com a tradição egípcia, a aparição e as atividades de Rá, na Terra, estavam diretamente ligadas com o reino do Egito. Conforme essa tradição, os primeiros governantes do Egito não eram homens, e sim deuses, e o primeiro Deus a governar o Egito foi Rá. Ele então dividiu o reino, dando o Baixo Egito ao seu filho Osíris e o Alto Egito ao seu filho Seth. Porém, Seth tramou um golpe contra Osíris, fazendo com que fosse finalmente afogado. Ísis, irmã e esposa de Osíris, resgatou o corpo mutilado de Osíris e ressuscitou-o. Desde então, ele teve de atravessar os "portais secretos" para juntar-se a Rá em seu caminho celeste; seu lugar no trono do Egito foi ocupado por seu filho Hórus, que, às vezes, era retratado como sendo uma divindade alada e com chifres. (Fig.39)

Apesar de Rá ter sido supremo nos céus, na Terra ele era o filho do Deus Ptah ("criador", "aquele que deu forma às coisas"). Os egípcios acreditavam que Ptah foi quem na realidade elevou as terras do Egito, submersas pelas enchentes ao construir diques no ponto onde o rio Nilo subia. Eles diziam que esse Grande Deus chegou ao Egito vindo de outro lugar; estabeleceu-se não apenas no Egito, como também na "terra montanhosa e na terra estrangeira distante". De fato, os egípcios reconheciam que todos os seus "deuses anciãos" vieram do sul de barco; e muitos desenhos pré-históricos em pedra que foram descobertos revelam que esses deuses anciãos – distinguidos por seus capacetes de chifres – chegaram de barco ao Egito. (Fig. 40)

Figura 38

Figura 39

Figura 40

A única rota marítima que leva ao Egito, vinda do sul, é o Mar Vermelho, e o interessante é que o nome egípcio para ele é Mar de Ur. Na forma hieroglífica, o símbolo para Ur significava "a [terra] estrangeira distante no Leste"; que na realidade pode também estar se referindo à Ur suméria, situada exatamente naquela direção, algo que não pode ser ignorado.

A palavra egípcia para "ser divino" ou "Deus" era NTR, que significava "aquele que observa". De modo significante, esse é exatamente o significado do nome Shumer: a terra "daquele que observa".

A primeira noção de que a civilização tenha começado no Egito já foi descartada nos dias de hoje. Há claras evidências atuais que mostram que a civilização e a sociedade organizada egípcia, que começaram mais de meio milênio *depois* da suméria, receberam sua cultura, arquitetura, tecnologia, arte da escrita e muitos outros aspectos da avançada civilização da Suméria. As evidências mostram que os deuses também tiveram origem na Suméria.

Parentes sanguíneos e culturais dos egípcios, os canaanitas partilhavam com eles os mesmos deuses. Porém, situados na faixa de terra que fazia a ponte entre a Ásia e a África, desde os primórdios, os canaanitas também sofreram fortes influências semitas ou mesopotâmicas. Como os hititas, ao norte, os canaanitas não tinham como se vangloriar de um panteão original. Eles também extraíram a cosmogonia, as divindades e os contos lendários de outra fonte. Seus contatos diretos com as fontes sumérias eram os amoritas.

*

A terra dos amoritas situava-se entre a Mesopotâmia e as terras mediterrâneas do ocidente da Ásia. Seu nome deriva do acadiano *amurru* e do sumério *martu* ("ocidentais"). Eles não eram tratados como estrangeiros, mas como o povo que habitava as províncias ocidentais da Suméria e Acádia.

As pessoas que levavam nomes amoritas foram registradas como funcionários dos templos na Suméria. Quando Ur caiu nas mãos dos invasores elamitas, por volta de 2000 a.C., um martu chamado Ishbi-Irra restabeleceu o reino sumério em Larsa e, como primeira tarefa, se empenhou na reconquista de Ur e na restauração, naquele local, do grande santuário dedicado ao Deus Sin. Os "líderes" amoritas estabeleceram a primeira dinastia independente na Assíria, por volta de 1900 a.C. E Hammurabi, que havia gerado a grandeza de Babilônia, cerca de 1800 a.C., foi o sexto sucessor da primeira dinastia amorita da Babilônia.

Em 1930, os arqueólogos descobriram o centro da capital dos amoritas, conhecida como Mari. Na curva do rio Eufrates, onde atualmente a fronteira da Síria corta o rio, os escavadores desenterraram uma cidade grande, cujos prédios foram erguidos, e continuavam sendo reerguidos, entre 3000 a.C. e 2000 a.C., sobre estruturas que datavam de séculos antes. Essas primeiras ruínas incluíam uma pirâmide de degraus e templos dedicados às divindades sumérias Inanna, Ninhursag e Enlil.

Apenas o palácio de Mari ocupava cerca de cinco acres e incluía um salão do trono pintado com incríveis murais, mais umas 300 salas, câmaras para os escribas e (o mais importante para qualquer historiador) mais de 20 mil tábuas em escrita cuneiforme, relacionadas à economia, comércio, política e vida social daquela época, incluindo assuntos de estado e militares e, é claro, a religião da terra e de seu povo. Uma das pinturas na parede do grande palácio de Mari retrata a posse do rei Zimri-Lim pela Deusa Inanna (que os amoritas chamavam de Ishtar). (Fig. 41)

Figura 41

Como em outros panteões, a divindade chefe fisicamente presente entre os amurrus era um Deus do Tempo ou da Tempestade. Eles o chamavam de Adad – o equivalente do canaanita Baal ("senhor") – e que eles apelidaram de Hadad. O seu símbolo, como é de se prever, era um relâmpago em forma de tridente.

Nos textos canaanitas, Baal é geralmente chamado de "Filho do Dragão". Os textos de Mari também falam de uma divindade anciã chamada de Dagan, um "Senhor da Abundância" – como El –, retratado como uma divindade aposentada, que reclamou em uma ocasião que não estava mais sendo consultado sobre a condução de uma determinada guerra.

Outros membros do panteão incluíam o Deus Lua, que os canaanitas chamavam de Yerah, os acadianos de Sin e os sumérios de Nannar; o Deus Sol, geralmente chamado de Shamash; e outras divindades, cujas identidades não deixam dúvida alguma de que Mari era uma ponte (geografica e cronologicamente) que ligava as terras e os povos do Mediterrâneo oriental com as fontes mesopotâmicas.

Entre as descobertas em Mari, como em outros lugares nas terras sumérias, havia dezenas de estátuas do próprio povo: reis, nobres, sacerdotes, cantores. Eles eram retratados com as mãos fechadas em forma de oração e com os olhares fixos e congelados no tempo voltados aos seus deuses. (Fig. 42)

Figura 42

Quem eram esses Deuses do Céu e da Terra, divinos, porém humanos, e sempre liderados por um panteão ou um círculo fechado de 12 divindades?

Nós adentramos nos templos dos gregos e dos arianos, dos hititas e dos hurritas, canaanitas, egípcios e amoritas. Seguimos os caminhos que nos levaram a cruzar continentes e mares, e pistas que nos levaram a atravessar vários milênios.

E todos os corredores de todos os templos nos conduziram a uma única fonte: a *Suméria*.

4
Suméria: A Terra dos Deuses

NÃO HÁ DÚVIDA de que as "palavras antigas", que, por milhares de anos, constituíram a língua de aprendizado avançado e de escrituras religiosas, eram a língua da Suméria. Como também não há dúvida de que os "deuses antigos" eram os deuses da Suméria; registros, contos, genealogias e histórias de deuses mais antigos como aqueles pertencentes aos deuses da Suméria nunca foram encontrados em lugar algum.

Quando esses deuses (em suas formas originais sumérias ou, posteriormente, acadianas, babilônicas ou assírias) são nomeados e contados, a lista chega a centenas. Mas, uma vez que são classificados, torna-se claro que não se tratava de uma mistura de divindades. Eles eram liderados por um panteão de Grandes Deuses, governados por uma Assembleia de Divindades e relacionavam-se uns com os outros. Quando se exclui as várias divindades inferiores, compostas por sobrinhas, sobrinhos, netos e outras do gênero, é que surge então um grupo bem menor e coerente de divindades – cada uma com um papel a cumprir, cada uma com certos poderes e responsabilidades.

Eram deuses que vieram "dos céus", como acreditavam os sumérios. Textos que lidavam com o tempo "antes das coisas terem sido criadas", falam de deuses celestes como Apsu, Tiamat, Anshar, Kishar. Nunca houve alegação alguma de que os deuses dessa categoria apareceram na Terra. Quando examinamos esses "deuses" de perto, que existiram antes de a Terra ter sido criada, nós percebemos que eles eram corpos celestes que compunham o nosso Sistema Solar; e, como veremos a seguir, os supostos mitos sumérios relacionados a esses seres celestes são, de fato, conceitos cosmológicos precisos e cientificamente plausíveis, relativos à criação do nosso Sistema Solar.

Havia também deuses inferiores que eram "da Terra". Seus centros de culto eram, na maioria das vezes, em cidades provincianas; eles não passavam de divindades locais. Na melhor das hipóteses, eram considerados responsáveis por uma função limitada – como, por exemplo, a Deusa NIN.KASHI ("dama-cerveja"), que supervisionava o preparo das bebidas. Sobre eles não se narrava contos heroicos. Eles não possuíam armas incríveis e os outros deuses não temiam suas ordens. Eles lembram muito a companhia de deuses jovens que marchavam no final da procissão retratada nas pedras de Yazilikaya hitita.

Entre os dois grupos havia os Deuses do Céu e da Terra, aqueles chamados de "deuses antigos". Eles eram os "deuses do passado" relatados nos contos épicos e, na crença suméria, eles desceram à Terra vindos dos céus.

Eles não eram meras divindades locais. Eram deuses nacionais – na realidade, deuses internacionais. Alguns deles eram presentes e ativos na Terra, inclusive antes de existirem os Homens. De fato, a própria existência do Homem era algo considerado como resultado de um empreendimento criativo deliberadamente realizado por esses deuses. Eles eram poderosos, capazes de executar façanhas que iam além da compreensão ou habilidade mortal. Apesar disso, esses deuses não eram apenas parecidos com os humanos, como também comiam e bebiam como eles e, virtualmente, demonstravam cada tipo de emoção humana, como amor e ódio, lealdade e infidelidade.

Embora os papéis e a posição hierárquica de algumas das principais divindades mudassem no decorrer de milênios, uma parcela delas nunca perderia seu posto supremo e sua reverência nacional e internacional. À medida que fazemos um exame minucioso desse grupo central, vemos emergir um quadro de uma dinastia de deuses, uma família divina, de parentesco próximo e dividida de maneira amarga.

*

O chefe dessa família de Deuses do Céu e da Terra era AN (ou Anu nos textos babilônicos/assírios). Ele era o Grande Pai dos Deuses, o rei dos Deuses. Seu reino era a imensidão dos céus e seu símbolo era uma estrela. Na escrita pictográfica suméria, o símbolo de uma estrela representava An, os "céus", o "ser divino" ou "Deus" (descendente de An). Esses quatro significados do símbolo permaneceram durante muito tempo como a escrita extraída da pictografia suméria para o cuneiforme acadiano, para estilizar o babilônico e o assírio. (Fig. 43)

AN = Estrela = Céus = "deus"

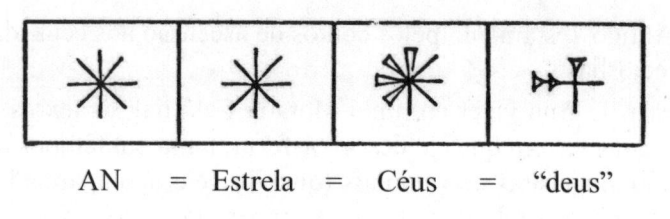

Figura 43

Desde os tempos mais remotos até o desaparecimento da escrita cuneiforme – do quarto milênio a.C. até quase a época de Cristo –, o símbolo precedia os nomes dos deuses, indicando que o nome escrito no texto não era de um mortal, mas de uma divindade de origem celeste.

A morada de Anu e o trono de seu reino eram nos céus. Era para lá que os outros Deuses do Céu e da Terra iam quando precisavam de conselhos ou favores pessoais, ou onde se reuniam em assembleia para resolver suas disputas entre eles ou tomar decisões importantes. Vários textos descrevem o palácio de Anu (cujos portões eram protegidos por um Deus da Árvore da Verdade e um Deus da Árvore da Vida), seu trono, a maneira com que os deuses o abordavam e como eles se sentavam na sua presença.

Os textos sumérios também recordam momentos em que não apenas outros deuses, mas até alguns seletos mortais eram permitidos subir à morada de Anu, a maioria com o objetivo de alcançar a imortalidade. Um conto fala de Adapa ("modelo de Homem"). Ele era tão perfeito e tão leal ao Deus Ea, que o havia criado e arranjou uma forma para que fosse levado até Anu. Ea então explicou para Adapa o que esperar da visita.

> Adapa,
> tu vais se apresentar diante de Anu, o rei;
> a estrada para o Céu tu irás seguir.
> Quando ao Céu tu ascenderes,
> e aproximares-te do portão de Anu,
> o "Criador da Vida" e o "Cultivador da Verdade"
> no portão de Anu estarão aguardando.

Orientado por seu criador, Adapa "ao Céu foi (...) ascendeu ao Céu e se aproximou do portão de Anu". Mas, quando lhe foi oferecida a chance de tornar-se imortal, Adapa recusou-se a comer o Pão da Vida, achando que o furioso Anu lhe havia oferecido alimento envenenado. Em seguida, ele retornou à Terra como um sacerdote ungido, porém ainda como um mortal.

A afirmação suméria de que não apenas os deuses, mas também os mortais selecionados poderiam ascender até a Morada Divina nos céus, ecoa no Antigo Testamento pelos contos de ascensão aos céus, de Enoque e do profeta Elias.

Apesar de Anu viver em uma Morada Celestial, os textos sumérios relatam momentos em que ele desceu à Terra, tanto em tempos de grande crise, como em visitas cerimoniais (quando veio acompanhado por sua esposa ANTU) ou (pelo menos uma vez) para fazer com que sua bisneta IN.ANNA se tornasse sua esposa na Terra.

Tendo em vista que ele não residia de forma permanente na Terra, não havia aparentemente necessidade de concedê-lo exclusividade sobre sua própria cidade ou sobre o centro de culto; e a morada, ou "grande morada", construída para ele se localizava em Uruk (a bíblica Ereque), o domínio da Deusa Inanna. As ruínas de Uruk incluem até os dias de hoje um vasto monte feito pelo Homem, onde os arqueólogos encontraram evidência da construção e reconstrução do grande templo – o templo de Anu; nada menos do que 18 camadas ou fases distintas de construção foram descobertas ali, indicando a existência de motivos convincentes para que o templo fosse mantido naquele local sagrado.

O templo de Anu era chamado de E.ANNA ("casa de An"). Mas, esse simples nome foi aplicado a uma estrutura que, pelo menos em algumas fases, tinha uma vista maravilhosa para contemplar-se. De acordo com os textos sumérios, era o "sagrado E-Anna, o puro santuário". As tradições alegam que foram os próprios Grandes Deuses que "haviam criado suas partes". "Suas cornijas eram como o cobre", "sua grande muralha tocava as nuvens – um soberbo lugar de moradia"; "era a Casa cujo charme era irresistível, cuja beleza era infinita". E os textos também deixaram claro sobre o propósito do templo, pois eles o chamavam de "a Casa para se descer do Céu".

Uma tábua que pertencia a um arquivo, em Uruk, nos ajuda a entender toda a pompa e ostentação que acompanhou a chegada de Anu com sua esposa em uma "visita de Estado". Em função dos danos sofridos pela tábua, podemos ler apenas as partes do meio que falam das cerimônias, quando Anu e Antu já estavam sentados no pátio do templo. Os deuses, "exatamente na mesma ordem de antes", formaram então uma procissão diante e atrás do portador do cetro. O protocolo, em seguida, instruía:

> Eles deverão então descer à Corte Elevada,
> e deverão virar em direção ao Deus Anu.
> O Sacerdote da Purificação deverá receber o Cetro,
> e o portador do Cetro deverá entrar e se sentar.
> As divindades Papsukal, Nusku e Shala
> deverão então se sentar na corte do Deus Anu.

Enquanto isso, a Deusa, "A Divina Descendente de Anu, Filha Divina de Uruk", entrega um segundo objeto, cujo nome ou propósito não estão claros, para E.NIR, "A Casa da Cama Dourada da Deusa Antu". Em seguida, eles retornam em procissão ao pátio, ao local onde Antu está sentada. Enquanto o jantar estava sendo preparado, de acordo com um ritual estrito, um sacerdote especial ungia uma mistura de "bom óleo" e vinho nas dobradiças da porta do santuário em que Anu e Antu iriam dormir mais tarde – de fato um toque cuidadoso, ao que tudo indica, para eliminar o ranger das portas enquanto as duas divindades dormiam.

Enquanto um "jantar" – várias bebidas e aperitivos – estava sendo servido, um sacerdote-astrônomo subia ao "ponto mais elevado da torre do templo principal" para observar os céus. Ele tinha de olhar para uma elevação de uma parte específica do céu do planeta, chamado de Grande Anu do Céu. Lá em cima, ele tinha que recitar as composições chamadas "Àquele que brilha, o planeta celeste do Senhor Anu" e "A imagem do Criador se ergueu".

Assim que o planeta era visto e os poemas recitados, Anu e Antu lavavam suas mãos com água, em uma bacia dourada, e a primeira parte da ceia começava. Em seguida, os sete Grandes Deuses também lavavam as mãos, em sete bandejas douradas grandes, e a segunda parte da ceia era servida. Executava-se, então, o "ritual de lavar a boca"; os sacerdotes recitavam o hino "O planeta de Anu é o herói do Céu". Acendia-se as tochas e os deuses, sacerdotes, cantores e os carregadores de carruagens posicionavam-se em procissão, acompanhando os dois visitantes ao seu santuário para que fossem dormir.

Quatro divindades importantes eram designadas para permanecer no pátio e fazer a vigília até o amanhecer. Outras eram posicionadas em vários portões designados. Enquanto isso, todo o país seguia animado, celebrando a presença dos dois visitantes divinos. Ao sinal do templo principal, os sacerdotes de todos os outros templos de Uruk tinham de "acender as tochas e dar início às fogueiras"; e os sacerdotes de outras cidades, ao ver as fogueiras em Uruk, faziam o mesmo. E então:

> O povo da Nação deverá acender fogueiras em suas casas,
> e deverão oferecer banquetes a todos os deuses (...)
> Os guardas das cidades deverão acender fogueiras
> nas ruas e nas quadras.

A despedida dos dois Grandes Deuses também foi planejada; não apenas o dia, mas inclusive os minutos.

No décimo sétimo dia,
quarenta minutos após a aurora,
o portão deverá ser aberto diante dos Deuses Anu e Antu,
encerrando assim sua estadia noturna.

Tendo em vista que o final dessa tábua estava quebrado, outro texto muito provavelmente descreve a partida: a refeição matinal, os encantamentos, os apertos de mão ("o segurar das mãos") feitos com os outros deuses. Os Grandes Deuses eram então levados até o ponto de partida, em macas parecidas com tronos, carregadas nos ombros pelos funcionários do templo. Uma descrição assíria de uma procissão de divindades (apesar de pertencer a uma época bem posterior) provavelmente nos oferece uma boa ideia da maneira que Anu e Antu foram carregados durante a sua procissão em Uruk. (Fig. 44)

Encantamentos especiais eram recitados enquanto a procissão passava pela "rua dos deuses"; outros salmos e hinos eram cantados à medida que a procissão se aproximava do "sagrado desembarcadouro" e alcançava "o canal do navio de Anu". Todos, então, se despediam enquanto mais encantamentos eram recitados e cantados "com gestos de acenar os braços".

Figura 44

Em seguida, todos os sacerdotes e funcionários do templo que carregaram os Deuses, liderados pelo grande sacerdote, ofereciam uma "oração de partida" especial. "Grande Anu, que o Céu e a Terra vos abençoem!", e eles entoavam sete vezes. Eles oravam pela benção dos sete deuses celestes e invocavam os deuses que se encontravam no Céu e os deuses que estavam sobre a Terra. Concluindo, eles davam adeus a Anu e Antu dessa forma:

Que os Deuses das Profundezas,
e os Deuses da Divina Morada,
vos abençoem!
Que eles vos abençoem todos os dias –
cada dia de cada mês de cada ano!

Entre milhares de descrições dos deuses antigos que foram descobertas, nenhuma descreve Anu. Mesmo assim, ele espreita sobre nós em cada estátua e cada quadro de cada rei que ele representou, desde a Antiguidade até os nossos dias. Pois Anu não foi apenas um Grande Rei, o Rei dos Deuses, mas, também, aquele cuja graça permitia que outros fossem coroados reis. Pela tradição suméria, o reinado fluiu com Anu; e o próprio termo para "Realeza" era *Anutu* ("Realeza-Anu"). A insígnia de Anu era a tiara (a touca divina), o cetro (símbolo de poder) e o cajado (simbolizando a orientação oferecida pelo pastor).

O cajado do pastor pode ser visto hoje mais nas mãos dos bispos do que dos reis. Mas, a coroa e o cetro ainda pertencem aos reis que sobraram em alguns tronos da Humanidade.

*

A segunda divindade mais poderosa do panteão sumério era EN.LIL. Seu nome significava o "senhor do espaço aéreo" – o protótipo e pai dos Deuses da Tempestade que viriam depois e que seriam os chefes dos panteões do mundo antigo.

Ele era o filho mais velho de Anu, nascido na Morada Celestial de seu pai. Mas, em algum momento nos tempos primordiais, ele desceu à Terra e tornou-se o principal Deus do Céu *e* da Terra. Quando os deuses se reuniram em assembleia, na Morada Celestial, Enlil presidiu as reuniões junto com seu pai. Quando os deuses se reuniram em assembleia, na Terra, eles se encontraram na corte de Enlil, na divina jurisdição de Nippur, a cidade dedicada a Enlil e o local de seu templo principal, o E.KUR ("casa que se parece com uma montanha").

Não eram apenas os sumérios que consideravam Enlil um ser supremo, como também os próprios deuses da Suméria. Eles chamavam-no de o Governante de Todas as Terras e deixavam claro que "no Céu – ele é o Príncipe; na Terra – ele é o Chefe". Sua "palavra [comando], lá de cima, fazia os Céus tremerem; lá embaixo, fazia a Terra estremecer":

> Enlil,
> Cujos comandos são de longo alcance;
> Cuja "palavra" é sábia e sagrada;
> Cujo pronunciamento é inalterável;
> Que decreta os destinos até o futuro distante (...)
> Os Deuses da Terra curvam-se sinceramente diante dele;
> Os Deuses Celestiais que estão na Terra
> Humildemente curvam-se diante dele;
> Eles, de modo fiel, permanecem em estado de alerta, aguardando as instruções.

De acordo com as crenças sumérias, Enlil chegou à Terra bem antes de ela ter sido colonizada e se tornado civilizada. Um "Hino a Enlil, o Todo-Benfeitor" relata os vários aspectos da sociedade e da civilização que não teriam existido se não fosse pelas instruções de Enlil, para que "executassem suas ordens de maneira ampla e irrestrita".

> Nenhuma cidade seria construída, nem povoações fundadas;
> Nenhum estábulo seria construído, nem currais montados;
> Nenhum rei seria criado, nem alto sacerdote nascido.

Os textos sumérios também declaram que Enlil chegou à Terra antes que o "Povo de Cabeças Negras" – o codinome sumério para Humanidade – fosse criado. Durante esse período da pré-Humanidade, Enlil construiu Nippur como sendo o seu centro, ou "posto de comando", onde o Céu e a Terra eram conectados, por meio de algum tipo de "ligação". Os textos sumérios chamavam essa ligação de DUR.AN.KI ("ligação céu-terra") e usavam a língua poética para descrever as primeiras ações de Enlil na Terra:

> Enlil,
> Quando tu delineaste os assentamentos divinos na Terra,
> Nippur tu montaste como tua própria cidade.
> A Cidade da Terra, a soberba,
> Teu lugar puro cuja água é doce.
> Tu fundaste Dur-An-Ki
> No centro dos quatros cantos do mundo.

Naqueles primeiros dias, quando apenas os deuses habitavam Nippur e o Homem ainda não fora criado, Enlil conheceria a Deusa que se tornaria sua esposa. De acordo com uma versão, Enlil viu sua futura noiva enquanto ela se banhava – nua – em um riacho de Nippur. Foi amor à primeira vista, mas não necessariamente com a intenção de matrimônio em mente:

O pastor Enlil, que decreta os destinos,
Aquele dos Olhos Brilhantes, viu-a.
O senhor lhe propõe uma relação sexual;
ela recusa-se.
Enlil lhe propõe uma relação sexual;
ela recusa-se:
"Minha vagina é muito pequena [disse ela],
Não conhece a cópula;
Meus lábios são muito pequenos,
Não conhecem o beijo".

Mas Enlil não aceitava um não como resposta. Ele revelou à sua camareira Nushku seu desejo ardente pela "jovem dama", que se chamava SUD ("a enfermeira") e vivia com sua mãe em E.RESH ("casa perfumada"). Nushku sugeriu um passeio de barco e foi providenciá-lo. Enlil persuadiu Sud para que fosse navegar com ele. Quando já estavam no barco, ele a estuprou.

O antigo conto, em seguida, narra que, embora Enlil fosse o chefe dos deuses, eles ficaram tão irados que o pegaram e o baniram para o Mundo Inferior. "Enlil, seu imoral!", gritavam a ele. "Caia já fora da cidade!" Essa versão conta que Sud, grávida do filho de Enlil, seguiu-lhe e casou-se com ele. Outra versão conta que o arrependido Enlil saiu em busca da garota e enviou sua camareira até a mãe dela para pedir sua mão em casamento. De uma forma ou de outra, Sud se tornaria a esposa de Enlil e ele lhe concederia o título de NIN.LIL ("a dama do espaço aéreo").

Porém, pouco sabiam ele e os deuses que o baniram que não fora Enlil que seduzira Ninlil, mas o contrário. A verdade era que Ninlil foi se banhar nua no riacho, seguindo as instruções de sua mãe, com a esperança de que Enlil – que costumava sair para caminhar perto do riacho – percebesse Ninlil e desejasse "imediatamente abraçá-la e beijá-la".

Apesar da maneira como os dois se apaixonaram, Ninlil passaria a ser altamente respeitada, uma vez que recebera de Enlil o "status de dama". Com uma exceção, que (acreditamos) ter a ver com a sucessão dinástica, ao que tudo indica, Enlil nunca mais se envolveu em outras leviandades. Uma tábua comemorativa, descoberta em Nippur, mostra Enlil e Ninlil sendo servidos com alimento e bebida em seu templo. A tábua foi comissionada por Ur-Enlil, o "Interno de Enlil". (Fig. 45)

Além de ser o chefe dos deuses, Enlil era também considerado o supremo senhor da Suméria (às vezes simplesmente chamada "A Nação") e seu "Povo de Cabeça Negra". Um salmo sumério falava da veneração desse Deus:

Senhor que conhece o destino da Nação,
confiável em seu chamado;
Enlil que conhece o destino da Suméria,
confiável em seu chamado;
Pai Enlil,
Senhor de todas as terras;
Pai Enlil,
Senhor do Comando Justo;
Pai Enlil,
Pastor Daqueles de Cabeças Negras (...)
Da Montanha da Aurora,
à Montanha do Entardecer,
Não há outro Senhor na terra;
vós sois o único rei.

Figura 45

Os sumérios reverenciavam Enlil tanto por medo como por gratidão. Foi ele quem garantiu que os decretos outorgados pela Assembleia dos Deuses fossem levados a cabo contra a Humanidade; foi o seu "vento" que soprou tempestades destruidoras contra as cidades ofensivas. Foi ele quem, na época do Dilúvio, almejou a destruição da Humanidade. No entanto, quando estava em paz com a Humanidade, ele foi um Deus amigável que concedeu favores; de acordo com o texto sumério, o conhecimento da agricultura, junto com o arado e a enxada, foi concedido por Enlil à Humanidade.

Enlil era também quem escolhia os reis que iriam governar a Humanidade, não como soberanos, mas como servos de Deus que recebiam a confiança para administrar as leis divinas da justiça. Consequentemente, os reis sumérios, acadianos e babilônicos abriam suas inscrições de autoadoração descrevendo como Enlil os havia convocado para o reinado. Essas "convocações", emitidas em nome dele mesmo e de seu pai, Anu, concediam a legitimidade ao governante e delineavam suas funções. Até Hammurabi, que reconheceu um Deus chamado Marduk como sendo o Deus nacional da Babilônia, prefaciou seu código de leis, declarando que "Anu e Enlil me nomearam para promover o bem-estar do povo; (...) fazer com que a justiça prevaleça na Terra".

Deus do Céu e da Terra, primogênito de Anu, distribuidor de reino, chefe executivo da Assembleia dos Deuses, pai dos Deuses e dos Homens, concessor da Agricultura, Senhor do Espaço Aéreo – esses são alguns dos atributos de Enlil que evidenciam sua grandeza e poderes. Seu "comando era de longo alcance", seus "pronunciamentos inalteráveis"; ele "decretava os destinos". Ele possuía a "ligação céu-terra" e, de sua "incrível cidade de Nippur", ele podia "emitir os raios de luzes que alcançavam o coração de todas as terras" – "com olhos que podiam rastrear todas as terras".

Ainda assim, ele era tão humano como qualquer jovem seduzido por uma beleza nua; sujeito às leis morais impostas pela comunidade de deuses, transgressões que eram puníveis com a expulsão; e muito menos imune às reclamações morais. Pelos menos em uma situação conhecida, um rei sumério de Ur reclamou diretamente à Assembleia de Deuses que uma série de problemas que havia afligido Ur e seu povo poderia ser apontada ao malfadado fato de que "Enlil havia concedido o reino a um homem não digno, (...) que não era de origem suméria".

À medida que prosseguirmos, veremos o papel central que Enlil representava nos assuntos divinos e mortais na Terra, e como seus vários filhos lutaram entre eles e com outros pela sucessão divina, indubitavelmente dando lugar aos contos posteriores sobre batalhas entre deuses.

*

O terceiro Grande Deus da Suméria era outro filho de Anu; ele levava dois nomes, E.A e EN.KI. Como seu irmão Enlil, ele era também um Deus do Céu e da Terra, uma divindade originária dos céus, que havia descido à Terra.

A sua chegada à Terra é associada, nos textos sumérios, com um período em que as águas do Golfo Pérsico haviam invadido o continente, avançando muito mais do que os dias de hoje, transformando a parte sul do país em pântanos. Ea (o nome significava literalmente "casa-água"), que era um engenheiro chefe, planejou e supervisionou a construção dos canais, os diques dos rios e o sistema de drenagem dos pântanos. Ele adorava sair para navegar por esses canais e, especialmente, nos pântanos. As águas, como o seu nome denotava, eram na realidade sua casa. Ele construiu sua "grandiosa casa" na cidade que havia fundado às margens do pântano, uma cidade apropriadamente chamada HA.A.KI ("lugar de água-peixes"); era também conhecida como E.RI.DU ("morada longínqua").

Ea era o "Senhor das Águas Salgadas", dos mares e dos oceanos. Os textos sumérios falam repetidamente de uma época tão antiga em que os três Grandes Deuses dividiram os reinos entre eles. "Os mares, eles deram a Enki, o Príncipe da Terra", logo Enki receberia "o reino de Apsu" (a "Profundeza"). Como Senhor dos Mares, Ea construiu navios que navegaram para terras longínquas e, especialmente, para lugares dos quais os metais preciosos e as pedras semipreciosas eram trazidos à Suméria.

Os selos cilíndricos sumérios mais antigos descrevem Ea como uma divindade rodeada por riachos correntes que às vezes mostravam conter peixes. Os selos associavam Ea, como mostrado aqui, com a Lua (indicada pela sua crescente); uma associação talvez derivada do fato de que a Lua causava as marés nos oceanos. Não há dúvida, baseada nessa imagem astral, de que Ea havia recebido o epíteto de NIN.IGI.KU ("senhor do olho-brilhante"). (Fig. 46)

Figura 46

De acordo com os textos sumérios, incluindo uma incrível autobiografia do próprio Ea, ele nasceu nos céus e desceu à Terra antes que qualquer colonização ou civilização fosse instaurada na Terra. "Quando eu me aproximei da terra, havia muita inundação", ele declarou. Em seguida, passou a descrever as séries de ações tomadas por ele para fazer com que a Terra se tornasse habitável: ele encheu o rio Tigre com "águas revigorantes" e frescas; nomeou um deus para supervisionar a construção dos canais, para que o Tigre e o Eufrates se tornassem navegáveis; e desobstruiu os pântanos, enchendo-os com peixes e fazendo com que se tornassem um refúgio para os pássaros de todos os tipos, permitindo que crescessem juncos que serviam como um material útil de construção.

Saindo dos mares e dos rios à terra seca, Ea reivindicou que fora ele que "orientou o arado e a parelha (...) abriu as fendas sagradas do arado (...) construiu os estábulos (...) montou os currais das ovelhas". Continuando, o texto de autolisonja (intitulado pelos acadêmicos de "Enki e a Ordem Mundial") creditava o Deus por ter trazido à Terra a arte da olaria, a construção de moradias e cidades, a metalurgia e assim por diante.

Apresentando a divindade como o maior benfeitor da Humanidade, o Deus que criou a civilização, muitos textos também o descrevem como sendo o protagonista que representava a Humanidade no conselho dos deuses. Os textos sumérios e acadianos sobre o Dilúvio, nos quais o relato bíblico deve ter sido baseado, descrevem Ea como o Deus que – desafiando a decisão da Assembleia dos Deuses – permitiu que um seguidor de confiança (o "Noé" mesopotâmico) escapasse do desastre.

De fato, os textos sumérios e acadianos, que (como o Antigo Testamento) aderem à crença de que um deus, ou deuses, criou o Homem a partir de um ato consciente e deliberado, atribui à Ea um papel principal: como o cientista chefe dos deuses, ele delineou o método e o processo pelo qual o Homem pudesse ser criado. Com tal afinidade à "criação" ou ao surgimento do Homem, não é de se estranhar que fora Ea que orientou Adapa – "o homem-modelo" criado pela "sabedoria" de Ea – para que fosse à morada de Anu nos céus, desafiando a determinação dos deuses para obter a "vida eterna" da Humanidade.

Ea estava no lado do Homem, simplesmente por que tinha sido responsável pela criação ou por que ele tinha outros motivos mais subjetivos? À medida que rastreamos o registro, descobrimos que, invariavelmente, o desafio de Ea, tanto em assuntos mortais como divinos, tinha como objetivo principal atingir as decisões ou planos frustrantes que emanavam de Enlil.

O registro está repleto de indicativos que apontam para uma inveja ardente que Ea sentia de seu irmão Enlil. De fato, o outro nome de Ea (e talvez o primeiro) era EN.KI ("senhor da Terra"), e os textos que tratavam da partilha do mundo entre os três deuses dão pistas de que tenha sido feita através de um sorteio e que Ea perdera a soberania da Terra para o seu irmão Enlil.

Os Deuses aplaudiram juntos,
Lançaram o sorteio e partilharam.
Anu voltou então ao Céu;
À Enlil a Terra fora sujeitada.
Os mares, confinados como em um laço,
Eles foram dados a Enki, o Príncipe da Terra.

Amargurado, como deve ter ficado, com o resultado desse sorteio, Ea/Enki aparenta ter nutrido um ressentimento mais profundo. A razão disso é fornecida pelo próprio Enki em sua autobiografia: fora ele, e não Enlil, que nascera primogênito, reivindicava Enki; era ele, e não Enlil, que tinha o direito de ser o herdeiro legítimo de Anu:

"Meu pai, o rei do universo,
me gerou no universo (...)
Sou uma semente fecunda,
Procriado pelo Grande Touro Selvagem;
Eu sou o filho primogênito de Anu.
Eu sou o Grande Irmão dos deuses (...)
Eu sou aquele que nasceu
como sendo o primeiro filho do divino Anu".

Tendo em vista que os códigos de leis, pelos quais os homens viviam no Oriente Próximo antigo, eram fornecidos pelos deuses, torna-se evidente que as leis sociais e familiares aplicadas aos homens eram cópias daquelas aplicadas aos deuses. Registros da corte judicial para assuntos familiares descobertos em sítios como em Mari e Nuzi, confirmam que as leis e os costumes bíblicos pelos quais os patriarcas hebreus viveram, eram as mesmas leis que os reis e os nobres eram obrigados a cumprir no Oriente Próximo antigo. Os problemas sucessivos que os patriarcas enfrentaram são, portanto, educativos.

Desprovido de um filho pela aparente infertilidade de sua esposa Sara, Abraão teve um filho primogênito gerado pela empregada dela. Mesmo assim, seu filho (Ismael) foi excluído da sucessão patriarcal assim que a própria Sara gerou um filho para Abraão, Isaac.

A esposa de Isaac, Rebeca, ficou grávida de gêmeos. Aquele que, tecnicamente, seria o primogênito era Esaú – um rapaz ruivo, cabeludo e rude. Seguindo os passos de Esaú, veio o mais refinado Jacó, que Rebeca tratava com carinho. Quando o envelhecido e já meio cego Isaac estava prestes a proclamar seu testamento, Rebeca usou de um artifício para fazer com que a benção da sucessão fosse concedida a Jacó, em vez de Esaú.

No final das contas, os problemas de sucessão de Jacó resultaram do fato de que, embora ele tenha servido Labão por 20 anos para conseguir a mão de Raquel em casamento, Labão o forçou a se casar primeiro com sua irmã mais velha, Léa, que geraria o primeiro filho de Jacó (Rubens), e ele acabaria tendo mais filhos e uma filha com ela e com mais duas concubinas. Mesmo assim, quando Raquel finalmente gerou a ele o primogênito *dela* (José), Jacó daria a preferência a ele em vez de seus irmãos.

Contra o histórico de tais costumes e leis de sucessão, é possível compreender as conflitantes reivindicações entre Enlil e Ea/Enki. Enlil, de acordo com todos os registros, o filho de Anu com sua esposa oficial Antu, era o primogênito *legítimo*. Mas, o angustiado clamor de Enki: *"Eu sou a semente fecunda (...) Eu sou o filho primogênito de Anu"* devia ter sido uma declaração factual. Seria ele então o primogênito de Anu, mas gerado por outra deusa que era apenas uma concubina? O conto de Isaac e Ismael, ou a história dos gêmeos Esaú e Jacó, pode ter tido o seu paralelo anterior na Morada Celestial.

Apesar de Enki, aparentemente, ter aceitado as prerrogativas de sucessão de Enlil, alguns acadêmicos veem evidências suficientes que apontam para uma contínua luta pelo poder entre os dois deuses. Samuel N. Kramer intitulou um dos textos antigos de "Enki e Seu Complexo de Inferioridade". Como veremos mais adiante, várias narrativas bíblicas – de Eva com a serpente no Jardim do Éden, ou o conto do Dilúvio – envolvem em suas versões originais sumérias ocorrências de desacatos expressados por Enki contra os decretos outorgados por seu irmão.

Em algum momento, Enki havia decidido que não tinha mais sentido toda essa sua luta pelo Trono Divino e empenhou-se em fazer com que seu próprio filho – em vez do filho de Enlil – fosse o sucessor da terceira geração. Ele tentou fazer isso, pelo menos a princípio, com a ajuda de sua irmã NIN.HUR.SAG ("dama do pico da montanha").

Ela também era filha de Anu, mas, evidentemente, não de Antu e, com isso, poderia traçar outra regra de sucessão. Os acadêmicos perguntam-se há anos por que, tanto Abraão como Isaac, divulgaram o fato de que suas respectivas esposas eram também suas irmãs – uma declaração intrigante diante da proibição bíblica sobre relações sexuais entre irmãos. Mas, à medida que documentos legais eram desenterrados em Mari e Nuzi, tornou-se cada vez mais claro que um homem poderia se casar com uma meia-irmã. Além disso, quando todos os filhos de todas as esposas eram levados em consideração, o filho nascido de tal esposa – sendo 50 por cento de "semente pura" a mais do que um filho de uma esposa sem parentesco – seria o herdeiro legítimo, independentemente de ter nascido primogênito ou não. Incidentalmente, isso levou à prática (em Mari e Nuzi) da adoção da esposa escolhida ser uma "irmã", para que seu filho fosse o herdeiro legítimo incontestável.

Por isso, foi com a meia-irmã, Ninhursag, que Enki tentou ter um filho. Ela também era "dos céus", tendo vindo à Terra nos tempos primordiais. Vários textos declaram que, quando os deuses estavam dividindo os domínios da Terra entre eles, ela recebeu a Terra de Dilmun – "um lugar puro (...) uma terra pura (...) um lugar que era o mais brilhante". Um texto intitulado pelos acadêmicos como "Enki e Ninhursag – o Mito do Paraíso" fala da viagem de Enki para Dilmun por motivos conjugais. O texto, repetidamente, enfatiza que Ninhursag "vivia sozinha" – independente e solteirona. Apesar de, em períodos posteriores, ela ter sido retratada como uma velha matrona, devia ter sido muito atraente quando jovem, pois o texto nos informa sem pudor algum que, quando Enki se aproximava dela, a sua visão "fazia seu pênis aguar os diques".

Instruindo para que fossem deixados sozinhos, Enki "derramou seu sêmen no ventre de Ninhursag. Ela recebeu o sêmen no ventre, o sêmen de Enki"; e, em seguida, "depois de nove meses de Estado de Mulher (...) ela deu à luz às margens das águas". Mas, a criança era uma menina.

Tendo fracassado em conseguir um herdeiro masculino, Enki passou então a fazer amor com sua própria filha. "Ele abraçou-a, ele beijou-a; Enki derramou o sêmen no seu ventre." Mas, ela também gerou-lhe uma filha. Enki foi, então, atrás da sua neta, engravidando-a também; no entanto, mais uma vez o fruto era uma fêmea. Determinado a por um fim nesses esforços, Ninhursag jogou uma maldição que fez com que Enki, depois de ter ingerido algumas plantas, ficasse mortalmente doente. Os outros deuses, no entanto, forçaram Ninhursag a retirar a maldição.

Enquanto esses eventos tinham grande peso nos assuntos divinos, outros contos relacionados a Enki e Ninhursag têm grande importância nos assuntos humanos, pois de acordo com os textos sumérios, o Homem foi criado por Ninhursag segundo os processos e fórmulas desenvolvidos por Enki. Ela era a enfermeira chefe, aquela que era responsável pelas instalações médicas; foi nessa função que a Deusa era chamada de NIN.TI ("dama-vida"). (Fig. 47)

Alguns acadêmicos veem em *Adapa* (o "homem modelo" de Enki) o Adama bíblico, ou Adão. O duplo significado do TI sumério levanta também comparações bíblicas. Pois *ti* pode tanto significar "vida" como "costela", do mesmo modo que o nome de Ninti significaria tanto "dama da vida" como "dama da costela". A Eva bíblica – cujo nome significava "vida" – foi criada da costela de Adão, para que Eva também fosse, de alguma forma, uma "dama da vida" e uma "dama da costela".

Como provedora da vida para os deuses e para o Homem, Ninhursag era citada como sendo a Deusa Mãe. Ela recebeu o codinome de "Mammu" – a precursora da nossa "mãe" ou "mamãe" – e o seu símbolo era o "cortador" – a ferramenta usada na Antiguidade pelas parteiras para cortar o cordão umbilical após o parto. (Fig. 48)

*

Enlil, irmão e rival de Enki, teve sorte em conseguir um "herdeiro legítimo" com sua irmã Ninhursag. O mais jovem dos deuses sobre a Terra que nasceram nos céus, seu nome era NIN.UR.TA ("senhor que conclui a fundação"). Ele era o "filho heroico de Enlil, que saiu com rede e raios de luz" para lutar por seu pai; "o filho vingativo (...) que lançou raios de luz" (Fig. 49). Sua esposa, BA.U, também era enfermeira ou médica; o seu epíteto era "a dama que o morto traz de volta à vida".

Os retratos antigos de Ninurta o mostram portando uma arma especial – não é à toa que o próprio conseguisse atirar "raios de luz". Os textos antigos saudavam-no como sendo um poderoso caçador, um Deus guerreiro conhecido por suas habilidades marciais. Mas sua batalha mais heroica não foi em nome do seu pai e, sim, por sua própria causa. Foi uma longa batalha contra um Deus malévolo chamado ZU ("sábio"), e o prêmio não era nada mais nada menos do que a liderança dos deuses na Terra; pois Zu tinha se apossado ilegalmente da insígnia e dos objetos que pertenciam a Enlil como chefe dos Deuses.

Figura 47

Figura 48

Figura 49

Os textos que descrevem esses eventos estão danificados logo no início e a história torna-se legível apenas no momento em que Zu chega a E-Kur, o templo de Enlil. Ele é aparentemente conhecido, e de posto elevado, pois Enlil lhe dá as boas-vindas, "confiando a ele a guarda da entrada de seu santuário". Porém, o "malévolo Zu" iria retribuir com a traição, pois foi "a remoção da liderança de Enlil" – apossando-se dos poderes divinos – que "ele idealizou em seu coração".

Para fazer isso, Zu teve de se apossar de certos objetos, incluindo a mágica Tábua dos Destinos. O capcioso Zu aproveitou a oportunidade enquanto Enlil despia-se e ia para a piscina para sua natação diária, deixando sua parafernália desprotegida.

> Na entrada do santuário,
> que ele mantinha vigiando,
> Zu esperou o início do dia.
> Enquanto Enlil se banhava com a água pura –
> sua coroa havia sido tirada
> e depositada no trono –
> Zu pegou a Tábua dos Destinos com as mãos,
> tirando a liderança de Enlil.

Enquanto Zu fugia em sua MU (traduzida pelo "nome", mas indicando uma máquina voadora) para um esconderijo distante, as consequências de seu ato ousado já estavam começando a surtir efeito.

> Suspensas estavam as Fórmulas Divinas;
> Imobilidade espalhou-se por toda a parte; o silêncio prevaleceu (...)
> O resplendor do santuário fora perdido.

"Pai Enlil ficou calado." "Os Deuses da terra foram se reunindo um a um ao receberem a notícia." O assunto era tão grave que até Anu fora informado em sua Morada Celestial. Ele analisou a situação e concluiu que Zu deveria ser repreendido, para que as "fórmulas" pudessem ser restauradas. Voltando-se "aos Deuses, seus filhos", Anu perguntou, "Quem em meio aos Deuses irá destruir Zu? Seu nome será o mais o importante de todos!".

Vários Deuses conhecidos por seus valores foram convocados. Porém, todos eles indicaram que ao se apossar da Tábua dos Destinos, Zu agora possuía os mesmos poderes que Enlil, logo "aquele que se opusesse a ele, seria transformado em barro". Nesse momento, Ea teve uma grande ideia: Por que não convocar Ninurta para enfrentar essa luta perdida?

Os Deuses reunidos não deixaram passar despercebida a conduta engenhosa de Ea. Claramente, as chances de a sucessão cair nas mãos de seu filho aumentariam se Zu fosse derrotado; do mesmo modo que ele se beneficiaria caso Ninurta fosse morto no processo. Para surpresa dos Deuses, Ninhursag (nesse texto chamada de NIN.MAH – "a grande dama") concordou. Voltando-se ao seu filho Ninurta, ela explicou-lhe que Zu não havia roubado apenas a liderança de Enlil, mas Ninurta também. "Com gritos de dor eu dei à luz", ela exclamou, e foi ela que "assegurou para o meu irmão e para Anu" a continuação do "reino do Céu". Para que sua dor não fosse em vão, ela instruiu Ninurta para que fosse até lá e lutasse para vencer:

> Lança tua ofensiva (...) pega o fugitivo Zu (...)
> Joga tua terrível ira ofensiva contra ele (...)
> Corta a garganta dele! Derrota Zu! (...)
> Joga teus sete Ventos hostis contra ele (...)
> Faça todo o Redemoinho atacá-lo (...)
> Permita que tua Radiação vá de encontro a ele (...)
> Permita que teus Ventos carreguem suas Asas a um local secreto (...)
> Faça com que a soberania retorne a Ekur;
> Faça com que as Fórmulas Divinas retornem
> ao pai que te criou.

Logo, as várias versões proporcionam eletrizantes descrições da batalha que se sucedeu. Ninurta atirou "flechas" em Zu, mas "as flechas não conseguiam se aproximar do corpo de Zu(...) enquanto ele tinha nas mãos a Tábua dos Destinos dos deuses". As "armas" lançadas "eram paradas no meio do caminho" em pleno voo. À medida que a batalha inconclusiva progredia, Ea aconselhou Ninurta a acrescentar *til-lum* em suas armas e atirá-las nos "pinhões" ou pequenas rodas dentadas das "asas" de Zu. Seguindo o conselho, e gritando: "De asa para asa", Ninurta atirou o *til-lum* nos pinhões de Zu. Uma vez atingidos, os pinhões começaram a se dispersar e as "asas" de Zu caíram em redemoinho. Zu fora derrotado e as Tábuas do Destino devolvidas a Enlil.

*

Quem era Zu? Ele era, de acordo com alguns acadêmicos, um "pássaro mitológico"?

Evidentemente, ele podia voar. Como qualquer pessoa nos dias de hoje que viaja de avião ou qualquer astronauta que viaja em uma nave espacial. Ninurta também podia voar, tão bem quanto Zu (ou talvez melhor). Mas, ele não era nenhum tipo de pássaro, como as várias descrições feitas por ele mesmo ou por sua companheira BA.U (também chamada de GU.LA) deixam plenamente claro. Ao contrário, ele voava com a ajuda de um incrível "pássaro", que ficava guardado em seu local sagrado (o GIR.SU), na cidade de Lagash.

Zu também não era um "pássaro"; aparentemente, ele tinha um "pássaro" à disposição, no qual ele voava para o seu esconderijo. Foi dentro desses "pássaros" que a batalha aérea aconteceu entre os dois deuses. E não há dúvida alguma quanto à natureza da arma que, no final, destruiu o "pássaro" de Zu. Chamado de TIL, em sumério, e *til-lum*, em assírio, ela era escrita pictoricamente desta forma: ⟩──▷─ , e devia significar na época o que *til* significa, em hebraico, nos dias de hoje: "míssil".

Logo, Zu era um Deus – um dos deuses que teve um motivo para tramar a usurpação da liderança de Enlil, um Deus que Ninurta, sendo o legítimo sucessor, teve motivo para lutar.

Será que ele talvez fosse o MAR.DUK ("filho do monte puro"), o primogênito de Enki com sua esposa DAM.KI.NA, impaciente e tentando se apossar daquilo que não era legalmente seu?

Há motivos para acreditar que, tendo fracassado em conseguir um filho com sua irmã e gerar assim um candidato legítimo para obter a liderança de Enlil, Enki contou com seu filho Marduk. De fato, quando o Oriente Próximo antigo foi tomado por grandes revoltas sociais e militares, no começo do segundo milênio a.C., Marduk foi elevado na Babilônia ao *status* de Deus nacional da Suméria e Acádia. Marduk foi proclamado rei dos Deuses, substituindo Enlil, e os outros deuses tiveram de fazer o juramento de lealdade a ele e ir morar na Babilônia, onde suas atividades poderiam ser facilmente supervisionadas. (Fig. 50)

Figura 50

A usurpação da liderança de Enlil (muito tempo depois do incidente com Zu) foi acompanhada por um abrangente esforço babilônico para forjar os textos antigos. Os textos mais importantes foram reescritos e alterados para fazer com que Marduk fosse o senhor dos Céus, o criador, o benfeitor, o herói, em vez de Anu ou Enlil, ou mesmo Ninurta. Entre os textos alterados estava o "Conto de Zu"; e, de acordo com a versão babilônica, foi Marduk (não Ninurta) que lutou contra Zu. Nessa versão, Marduk vangloria-se: *"Mahasti moh Il Zu* ("Eu esmaguei a cabeça do Deus Zu"). Fica claro, portanto, que Zu não poderia ter sido Marduk.

Como também não dá para ser aceito que Enki, "Deus das Ciências", teria treinado Ninurta com a escolha e o uso das armas bem-sucedidas contra o seu próprio filho Marduk. Julgando pelo seu comportamento e por seu desejo de que Ninurta "cortasse a garganta de Zu", Enki esperava ganhar mais com a luta, não importa quem perdesse. A única conclusão lógica é que Zu era também, de alguma forma, um candidato *legítimo* à liderança de Enlil.

Isso sugere apenas um Deus: Nanna, o primogênito de Enlil com sua esposa oficial Ninlil. Pois se Ninurta fosse eliminado, Nanna estaria na linha direta da sucessão.

Nanna (abreviatura de NAN.NAR – "o radiante") chegou até nosso conhecimento através dos tempos mais conhecido pelo seu nome acadiano (ou "semita") de Sin.

Como primogênito de Enlil, ele recebeu a soberania da cidade-Estado mais conhecida da Suméria, UR ("a cidade"). O seu templo era chamado E.GISH.NU.GAL ("casa da semente do trono"). Da sua morada, Nanna e sua esposa NIN.GAL ("grande dama") conduziam os assuntos da cidade e do seu povo com grande benevolência. O povo de Ur retribuía com grande afeto aos seus governantes divinos, chamando carinhosamente seu deus de "Pai Nanna" e outros codinomes carinhosos.

O povo atribuía a prosperidade de Ur diretamente a Nanna. Shulgi, um governante de Ur (pela graça de Deus), no final do terceiro milênio a.C., descreveu a "casa" de Nanna como sendo "um grande celeiro repleto de fartura", um "lugar generoso com oferendas de pão", onde as ovelhas se multiplicavam e os bois eram abatidos, um lugar de música suave onde soavam o tambor e o tamborim.

Sob a administração de seu Deus-protetor Nanna, Ur se tornou o celeiro da Suméria, fornecedora de grãos, ovelhas e gado para templos de outros lugares. Um "Lamento sobre a Destruição de Ur" nos informa, de forma negativa, como era Ur antes de sua ruína:

> Nos celeiros de Nanna não havia mais grãos.
> As refeições noturnas dos deuses foram suprimidas;
> em suas suntuosas salas de jantar, o vinho e o mel acabaram (...)
> No grande forno do templo, boi e ovelha não eram preparados;
> O cantarolar parou na grande Casa das Correntes de Nanna:
> aquele lugar onde se gritava os comandos aos bois –
> seu silêncio é assustador (...)
> Seu pilão e almofariz de triturar repousam inertes (...)
> Os barcos de oferendas não carregam oferendas (...)
> Não trazem oferendas de pão a Enlil em Nippur.
> O rio de Ur está seco, não há barcas se movendo sobre ele (...)
> Nem um pé pisa sua margem; o capim alto cresceu por lá.

Outro lamento, queixando-se dos "currais de ovelhas que foram entregues ao vento", dos estábulos abandonados, dos pastores e seus rebanhos que desapareceram, é o mais estranho: não foi escrito pelo povo de Ur, mas pelo próprio Deus Nanna e sua esposa Ningal. Esses e outros lamentos que falam da queda de Ur revelam o trauma relacionado a algum evento raro. Os textos sumérios nos informam que Nanna e Ningal deixaram a cidade antes de a ruína ter se consumado. Foi uma partida apressada, descrita de forma comovente.

> Nanna, que amava sua cidade,
> partiu da cidade,
> Sin, que amava Ur,
> não se encontra mais na sua Casa.
> Ningal (...)
> fugindo de sua cidade atravessou o território inimigo,
> apressadamente vestiu sua roupa,
> partiu de sua Casa.

A queda de Ur e o exílio de seus deuses foram descritos nos lamentos como resultado de uma decisão deliberada feita por Anu e Enlil. Foi a esses dois que Nanna apelou para que a punição fosse cancelada.

> Que Anu, o rei dos Deuses,
> pronuncie: "É o suficiente";
> Que Enlil, o rei das terras,
> decrete um destino favorável!

Apelando diretamente a Enlil, "Sin trouxe o seu coração sofrido ao seu pai; fez reverência diante de Enlil, o pai que o havia gerado", e implorou a ele:

> Ó meu pai que me geraste,
> Até quando tu irás olhar de forma hostil
> para a minha aflição?
> Até quando? (...)
> No coração oprimido que tu
> Acendeste como uma chama –
> Por favor, lance o seu olhar amistoso.

Em nenhum lugar os lamentos revelam a *causa* da ira de Anu e de Enlil. Mas, se Nanna fosse de fato Zu, a punição seria justificada pelo seu crime de usurpação. *Seria* ele Zu?

Na realidade, ele poderia ser Zu, porque Zu possuía uma máquina de voar – o "pássaro" com o qual fugiu e lutou contra Ninurta. Os salmos sumérios falavam da adoração de seu "Barco do Céu".

> Pai Nannar, Senhor de Ur (...)
> Cuja glória no sagrado Barco do Céu é (...)
> Senhor, filho primogênito de Enlil,

Quando no Barco do Céu tu ascendes,
Tu és glorioso.
Enlil adornou tua mão
Com um cetro eterno
Quando sobre Ur no Sagrado Barco tu pairaste.

Há uma evidência adicional. O outro nome de Nanna, Sin, deriva do SU.EN, que era outra maneira de se pronunciar ZU.EN. O mesmo significado complexo de uma palavra com duas sílabas podia ser obtido ao colocar as sílabas em qualquer ordem: ZU.EN. e EN.ZU eram palavras "espelhos" uma da outra. Do mesmo modo que ZU.EN, Nanna/Sin não era outra coisa senão EN.ZU ("senhor Zu"). Devemos concluir então que fora ele quem se apossara da liderança de Enlil.

Agora, nós podemos entender porque, apesar da sugestão de Ea, o senhor Zu (Sin) foi punido, não com a execução, mas com o exílio. Ambos os textos sumérios, junto com a evidência arqueológica, indicam que Sin e sua esposa fugiram para Harã, a cidade hurrita protegida por vários rios e terrenos montanhosos. É importante ressaltar que, quando o clã de Abraão, liderado por seu pai Terá, deixou Ur, eles também se dirigiram para Harã, onde ficaram por muitos anos na rota para a Terra Prometida.

Apesar de Ur ter permanecido por muito tempo como uma cidade dedicada a Nanna/Sin, Harã deve ter sido sua residência por um período muito longo, pois ela foi construída para se parecer com Ur – seus templos, construções e vias – quase que de forma exata. André Parrot (*Abraham et son temps*) explica as similaridades, dizendo que "há todo o tipo de evidência de que o culto de Harã não passava de uma réplica fiel do culto de Ur".

Quando o templo de Sin– construído e reconstruído no decorrer de milênios –, em Harã, foi descoberto durante escavações que duraram mais de 50 anos, as descobertas incluíam duas estelas (pilares de pedra memoriais), nas quais haviam um registro único inscrito. Era um registro ditado por Adadguppi, uma suprema sacerdotisa de Sin, que contava como ela orava e se preparava para o retorno de Sin, em alguma época anterior desconhecida.

Sin, o rei dos Deuses,
Ficou furioso com sua cidade e com seu templo,
e foi embora para o Céu.

Que o enojado ou desesperado Sin apenas "juntou suas coisas" e "foi embora para o Céu" é algo corroborado por outras inscrições. Elas nos contam que o rei assírio Assurbanipal recuperou de certos inimigos um "selo cilíndrico sagrado feito do jaspe mais caro" e que "o havia melhorado ao desenhar uma foto de Sin". Ele ainda escreveria na pedra sagrada "um elogio de Sin, e pendurou no pescoço a imagem de Sin". Esse selo de pedra de Sin deveria ter sido uma relíquia naquela época, pois ainda declara que "é aquela cuja face foi danificada naquela época, durante a ira de destruição infringida pelo inimigo".

A suprema sacerdotisa, que nascera durante o reino de Assurbanipal, deveria ter sido de linhagem real. Em seus apelos a Sin, ela propôs um "negócio" prático: a restauração de seus poderes sobre os adversários em troca de uma ajuda para que seu filho Nabunaid se tornasse o rei da Suméria e Acádia. Os registros históricos confirmam que, no ano de 555 a.C., Nabunaid, na época comandante dos exércitos babilônicos, foi nomeado ao trono por seus companheiros oficiais. Quanto a isso, foi declarado que ele fora ajudado diretamente por Sin. As inscrições feitas por Nabunaid nos informam que foi "no primeiro dia da sua aparição" que Sin, usando "a arma de Anu", foi capaz de "tocar com um raio de luz" os céus e trucidar os inimigos lá embaixo na Terra.

Nabunaid cumpriu a promessa de sua mãe com o Deus. Ele reconstruiu o templo de Sin, E.HUL.HUL ("casa da grande alegria") e declarou Sin como o Deus Supremo. Foi nessa época que Sin conseguiu assumir "o poder de Anu, exercer todo o poder de Enlil, tomar o poder de Ea – retendo em suas próprias mãos todos os Poderes Celestiais". Logo, ao derrotar o usurpador Marduk, e até reaver os poderes do pai de Marduk, Ea, Sin conseguiu assumir o título de "Crescente Divino", estabelecendo sua reputação como sendo o Deus da Lua.

Como foi que Sin, depois de ter voltado irado ao Céu, foi capaz de executar tais façanhas de volta à Terra?

Confirmando que, de fato, Sin "tinha deixado de lado sua ira(...) e decidido retornar ao templo Ehulhul", Nabunaid declarou que se tratava de um milagre. Um milagre "que não acontecia na Terra desde tempos remotos": uma divindade "desceu do Céu".

> Este é o grande milagre de Sin,
> Que não acontecia na Terra
> Desde os tempos remotos;
> Que o povo da Terra
> Nunca tinha visto, nem escrito
> Nas tábuas de argila, para que se preservasse para sempre,
> Que Sin,
> Senhor de todos os deuses e deusas,
> Que habita no Céu,
> Descera do Céu.

Lamentavelmente, não há detalhes disponíveis sobre o local e o motivo pelos quais Sin pousou na Terra. Mas, sabemos que nos campos no subúrbio de Harã, onde Jacó, indo de Canaã, encontrou uma noiva no "velho país", viu "uma escada montada na terra e com o topo alcançando o céu, e havia anjos do Senhor ascendendo e descendo por ela".

*

Na mesma época em que Nabunaid restaurou os poderes e os templos de Nanna/Sin, ele também reformaria os templos e a veneração aos dois filhos de Sin, IN.ANNA ("dama de Anu") e UTU ("o iluminado").

Os dois eram filhos de Sin com sua esposa oficial Ningal e, portanto, por nascimento eram membros da Dinastia Divina. Inanna era tecnicamente a primogênita, mas o seu irmão gêmeo Utu era o primogênito *masculino* e, consequentemente, o herdeiro dinástico legítimo. Diferentemente da rivalidade que existia em uma situação similar como a de Esaú e Jacó, os dois irmãos divinos cresceram muito ligados um com o outro. Eles dividiam experiências e aventuras, iam ao auxílio mútuo e, quando Ianna teve de escolher um marido entre dois deuses, ela recorreu aos conselhos do irmão.

Inanna e Utu nasceram em uma época imemorável, quando somente os deuses habitavam a Terra. A cidade de domínio de Utu, Sippar, era marcada como uma das primeiras cidades a serem estabelecidas pelos deuses na Suméria. Nabunaid declarou em uma inscrição que quando se empenhou na reconstrução do templo de Utu, E.BABBARA ("casa iluminada"), em Sippar:

Procurava sua fundação-plataforma antiga,
e desci 18 cúbitos no solo.
Utu, o Grande Senhor de Ebabbara (...)
Indicou-me pessoalmente a fundação-plataforma
de Naram-Sin, filho de Sargão, que por 3.200 anos
nenhum rei antes de mim jamais vira.

Quando a civilização floresceu na Suméria e o Homem se juntou aos Deuses na Terra Entre os Rios, Utu seria primeiramente associado à justiça e à lei. Vários códigos de leis antigos, à parte aos que invocavam Anu e Enlil, eram também apresentados como um pedido de aceitação e aderência, porque eles eram promulgados "em conformidade com a palavra verdadeira de Utu". O rei babilônico Hammurabi inscreveu seu código de leis em uma estela, onde, no cabeçalho da mesma, o rei era retratado recebendo as leis de Deus. (Fig. 51)

As tábuas desenterradas em Sippar confirmam a sua reputação na Antiguidade como um lugar de leis justas e imparciais. Alguns textos descrevem o próprio Utu ocupando o assento de julgamento tanto dos deuses como dos homens; Sippar era de fato o assento da "Corte Suprema" da Suméria.

Figura 51

A justiça pregada por Utu é reminiscente do Sermão da Montanha, registrado no Novo Testamento. Uma "tábua de sabedoria" sugeria o seguinte comportamento para agradar Utu:

Diante de teu oponente não faças o mal;
Teu malfeitor, tu recompensas com a bondade.
Diante de teu inimigo, permiti que a justiça seja feita (...)
Não permitas que teu coração seja induzido a fazer o mal (...)
Àquele que implora pelas almas –
oferece alimento para comer, oferece vinho para beber (...)
Sê prestativo; faze o bem.

Por ter garantido a justiça e impedido a opressão – e talvez por outros motivos que também veremos mais adiante – Utu era considerado o protetor dos viajantes. Ainda assim, os epítetos mais comuns e duradouros aplicados a Utu falavam sobre o seu brilhantismo. Desde os períodos mais remotos, ele era chamado de Babbar ("o iluminado"). Ele era "Utu, aquele que emana uma vasta luz", aquele que "brilha no Céu e na Terra".

Em sua inscrição, Hammurabi chamava o Deus pelo seu nome acadiano, Shamash, que nas línguas semitas significava "Sol". Portanto, os acadêmicos assumiram que Utu/Shamash era o Deus Sol mesopotâmico. Iremos mostrar, à medida que avançamos, que enquanto a esse Deus era atribuído o Sol como seu companheiro celeste, havia outro aspecto apresentado nas declarações de que ele "emanava uma luz brilhante" quando executava tarefas especiais designadas a ele pelo seu avô Enlil.

*

Do mesmo modo que os códigos de leis e os registros judiciais representam testemunhos humanos que atestam a presença, entre os povos antigos da Mesopotâmia, de uma divindade chamada Utu/Shamash, existe também infindáveis inscrições, textos, encantamentos, oráculos, orações e descrições que atestam a presença e existência física da Deusa Inanna, cujo nome acadiano era Ishtar. Um rei mesopotâmico, do século XIII a.C., declarou que havia reconstruído o templo dela na cidade de seu irmão, em Sippar, nas fundações que tinham 800 anos, na sua época. Mas, na cidade central de Inanna, Uruk, as narrativas sobre ela datavam de tempos muito remotos.

Conhecida pelos romanos como Vênus; pelos gregos como Afrodite; pelos canaanitas e hebreus como Astarte; pelos assírios, babilônicos, hititas e outros povos antigos como Ishtar ou Eshdar; pelos acadianos e sumérios como Inanna ou Innin ou Ninni, ou por outros vários codinomes e epítetos, ela era, de todas as formas, a Deusa da Guerra e a Deusa do Amor, uma feroz e bela fêmea que, apesar de ter sido a única bisneta de Anu, forjou para si mesma, por ela mesma, um lugar importante entre os Grandes Deuses do Céu e da Terra.

Quando era uma jovem deusa, ela, aparentemente, havia recebido o domínio de uma terra distante ao leste da Suméria, a Terra de Aratta. Foi lá que "a eminente, Inanna, rainha de toda a terra", conseguiu sua "casa". Mas Inanna tinha maiores ambições. Na cidade de Uruk havia o grande templo de Anu, ocupado apenas durante suas visitas de estado ocasionais na Terra; e Inanna tinha seus olhos voltados a esse trono do poder.

As listas de reis sumérios declaram que o primeiro governante não divino de Uruk foi Meshkiaggasher, um filho do Deus Utu nascido de uma mãe humana. Ele foi sucedido pelo seu filho Enmerkar, um grande rei sumério. Inanna, então, era a tia-avó de Enmerkar e encontrou pouca resistência em persuadi-lo para que ela realmente fosse a Deusa de Uruk, em vez da remota Aratta.

Um longo e fascinante texto chamado "Enmerkar e o Senhor de Aratta" descreve como Enmerkar enviou seus emissários a Aratta, usando todo o tipo possível de argumento em uma "guerra de nervos" para forçar Aratta a se submeter porque "o senhor Enmerkar, que era o servo de Inanna, fez dela a rainha da Casa de Anu". O final inconclusivo do épico dá pista de um final feliz: enquanto Inanna se mudava para Uruk, ela não "abandonaria sua Casa em Aratta". Que ela tenha se tornado uma "Deusa em trânsito" não é algo improvável, pois Inanna/Ishtar era conhecida de outros textos como uma viajante aventureira.

Sua ocupação do templo de Anu, em Uruk, não teria ocorrido sem o seu conhecimento e consentimento; e os textos nos oferecem fortes indícios de como tal consentimento foi obtido. Logo, Inanna passaria a ser conhecida como "Anunitum", um codinome que significava a "querida de Anu". Os textos faziam referência a ela como sendo "a amante sagrada de Anu"; e tudo indicava que Inanna dividia não apenas o templo de Anu, como também a sua cama – sempre que ele vinha a Uruk ou em ocasiões relatadas em que ela subia até a sua Morada Celestial.

Tendo, portanto, forjado sua posição como Deusa de Uruk e amante do templo de Anu, Ishtar continuou usando trapaças para elevar a posição de Uruk e de seus próprios poderes. Descendo mais adiante no rio Eufrates, ficava a antiga cidade de Eridu – o centro de Enki. Sabendo de todo o seu grande conhecimento relacionado às artes, ciências e civilização, Inanna resolveu implorar, emprestar ou roubar esses segredos. Obviamente, atirando todo o seu "charme pessoal" para cima de Enki (seu tio-avô), Inanna arranjou para que se reunissem sozinhos. Esse fato não passou despercebido por Enki, que instruiu sua governanta para que preparasse um jantar a dois.

> Entra minha governanta Isimud, ouve minhas instruções;
> uma palavra eu te direi, presta atenção nas minhas palavras:
> A dama, sozinha, dirige seus passos a Abzu (...)
> Faze com que a dama entre o Abzu de Eridu,
> Oferece para comer pão de cevada com manteiga,
> Serve água gelada para refrescar-lhe o coração,
> Dá cerveja para que ela beba...

Feliz e embriagado, Enki já estava pronto para fazer qualquer coisa por Inanna. De forma ousada, ela pediu pelas fórmulas divinas, que serviam de base para a civilização avançada. Enki lhe concedeu cerca de cem delas, incluindo as fórmulas divinas relacionadas à liderança suprema, realeza, funções sacerdotais, armas, procedimentos jurídicos, cargos de escribas, marcenaria, inclusive o conhecimento de instrumentos musicais e de prostituição do templo. Quando finalmente Enki acordou e percebeu o que tinha feito, Inanna já estava longe a caminho de Uruk. Enki ordenou que suas "incríveis armas" fossem lançadas contra ela, mas sem surtir efeito algum, pois Inanna havia disparado a Uruk em seu "Barco do Céu".

De forma frequente, Ishtar era retratada como uma Deusa nua; exibindo sua beleza, às vezes ela era retratada levantando sua saia para revelar as partes íntimas do corpo. (Fig. 52)

Gilgamesh, um governante de Uruk de cerca de 2900 a.C., e que era parcialmente divino (tendo sido gerado por uma deusa com um pai humano), relatou como Inanna o seduziu – mesmo depois de ela já ter um esposo oficial. Tendo se lavado depois de uma batalha e já trajando um "manto bordado, amarrado com uma faixa":

Figura 52

A gloriosa Ishtar pôs os olhos em sua beleza.
"Vem, Gilgamesh, seja meu amante!
Vem, concede-me a tua fruta.
Tu deverás ser meu parceiro macho, eu serei tua fêmea".

Mas Gilgamesh sabia do que se tratava. "Quais de teus amantes tu amaste para sempre?", ele perguntou. "Quantos de teus pastores te agradaram a vida toda?" Recitando uma longa lista de seus casos amorosos, ele se recusou.

À medida que o tempo passava – enquanto ela assumia postos mais elevados no panteão, incluindo a responsabilidade dos assuntos de Estado – Inanna/Ishtar começou a exibir mais qualidades marciais e passou a ser retratada com frequência como uma Deusa da Guerra, armada até os dentes. (Fig. 53)

As inscrições deixadas pelos reis assírios descrevem como eles entraram na guerra por sua causa e sob o seu comando, como ela aconselhava diretamente quando era o momento para aguardar e quando era para atacar, como, às vezes, ela marchava na frente dos exércitos e como, em pelo menos uma ocasião, ela manifestou uma teofania e apareceu diante de todas as tropas. Em troca de sua lealdade, ela prometia aos reis assírios uma vida longa e próspera. "De uma Câmara Dourada no céu, eu cuidarei de vós", ela lhes garantia.

Ela havia se transformado em uma guerreira amargurada porque, também, enfrentava tempos difíceis com a subida de Marduk à supremacia? Em uma de suas inscrições, Nabunaid escreveu: "Inanna de Uruk, a princesa exaltada que habitava uma abóbada dourada, que se locomovia sobre uma carruagem puxada por sete leões – os habitantes de Uruk trocaram o seu culto durante o reinado do rei Erba-Marduk, removeram sua abóbada e soltaram seus leões". Inanna, relatou Nabunaid, "havia, portanto, deixado E-Anna de forma furiosa, e assim ficou em um lugar inadequado" (que ele não diz o nome). (Fig. 54)

Talvez tentando combinar o amor com o poder, a tão cobiçada Inanna escolheu DU.MU.ZI como seu marido, um dos filhos mais jovem de Enki. Vários textos antigos falam dos amores e das brigas do casal. Alguns são cantigas de amor de imensa beleza e sexualidade vívida. Outros narram como Ishtar, ao retornar de uma de suas jornadas, encontrou Dumuzi celebrando em sua ausência. Ela arranjou para que ele fosse pego e desaparecesse no Mundo Inferior – um domínio governado por sua irmã E.RESH.KI.GAL e seu esposo NER.GAL. Alguns dos textos sumérios mais celebrados falam da jornada que Ishtar fez ao Mundo Inferior em busca de seu banido amado.

*

Figura 53

Figura 54

Dos seis filhos conhecidos de Enki, três foram destacados nos contos sumérios: o primogênito Marduk, que eventualmente usurparia a supremacia; Nergal, que se tornou o governante do Mundo Inferior; e Dumuzi, que se casou com Inanna/Ishtar.

Enlil também tinha três filhos que desempenharam papéis principais tanto nos assuntos divinos como nos humanos: Ninurta, que, por ser filho de Enlil com sua irmã Ninhursag, era o sucessor legítimo; Nanna/Sin, primogênito de Enlil com sua esposa oficial Ninlil; e um filho mais jovem com Ninlil chamado ISH.KUR ("montanhoso", "terra da montanha longínqua"), que era frequentemente chamado de Adad ("amado").

Como irmão de Sin e tio de Utu e Inanna, Adad aparentava sentir-se mais em casa com eles do que em sua própria casa. Os textos sumérios constantemente colocam os quatro juntos. As cerimônias relacionadas com a visita de Anu a Uruk também falam dos quatro como sendo um grupo. Um texto, descrevendo a entrada da corte de Anu, declara que a sala do trono era alcançada pelo "portão de Sin, Shamash, Adad e Ishtar". Outro texto, publicado pela primeira vez por V. K. Shileiko (Academia Russa de História das Culturas Materiais) descreve, de forma poética, os quatro indo dormir juntos.

A maior afinidade parece ter existido entre Adad e Ishtar, sendo que os dois eram até retratados um ao lado do outro, como no relevo que mostra um governante assírio sendo abençoado por Adad (segurando um anel e um relâmpago) e por Ishtar, segurando seu arco e flecha (a terceira divindade está muito mutilada para ser identificada). (Fig. 55)

Havia mais nessa "afinidade" do que apenas um relacionamento platônico, especialmente levando em conta o "histórico" de Ishtar? É importante ressaltar que, no Cântico dos Cânticos bíblico, a alegre garota chama o seu amado de *dod* – uma palavra que significa tanto "amante" como "tio". Agora, Ishkur era chamado de Adad – uma derivação do sumério DA.DA – porque ele era o tio que era o amante?

No entanto, Ishkur não era apenas um *playboy*; ele era um Deus poderoso, que seu pai Enlil dotara com poderes e prerrogativas de um deus da tempestade. Como tal, ele era reverenciado como Teshub hurrita/hititia e Teshubu urartiano ("soprador do vento"), o Ramanu amorita ("fazedor de trovões"), Ragimu canaanita ("atirador de chuva de granizo"), Buriash indo-europeu ("fazedor de luz"), Meir semítico ("aquele que brilha acima" no céu). (Fig. 56)

Uma lista de deuses mantida no Museu Britânico, como indicada por Hans Schlobies (*Der Akkadische Wettergott in Mesopotamen*), esclarece que Ishkur era, de fato, o senhor divino nas terras distantes da Suméria e Acádia. Como os textos sumérios revelam, isso não se trata de um mero acidente. Ao que tudo indica, Enlil despachou de forma deliberada o seu filho mais jovem para que se tornasse uma "divindade residente" nas terras montanhosas ao norte e ao oeste da Mesopotâmia.

Por que Enlil enviaria seu filho mais jovem e mais amado para longe de Nippur?

Vários contos épicos sumérios narram sobre os argumentos e até sobre as lutas sangrentas entre os deuses jovens. Muitos selos cilíndricos mostram cenas de deuses lutando contra deuses (Fig. 57); ao que tudo indica, a rivalidade original entre Enki e Enlil continuou e intensificou-se entre seus filhos, e às vezes com irmão se voltando contra irmão – um conto na versão divina de Caim e Abel. Algumas dessas batalhas eram travadas contra uma divindade identificada como Kur – muito provavelmente, Ishkur/Adad. Isso poderia explicar porque Enlil considerava aconselhável conceder um domínio distante ao seu filho mais jovem, para mantê-lo longe das perigosas batalhas pela sucessão.

A posição dos filhos de Anu, Enlil e Enki, e de seus descendentes, na linhagem dinástica emerge de forma clara mediante um dispositivo sumério único: a atribuição de um *grau numérico* a determinados deuses. A descoberta desse sistema gera também uma participação como membro no Grande Círculo dos Deuses do Céu e da Terra, na época em que a civilização suméria florescia. Iremos descobrir que esse Panteão Supremo era composto por *12* divindades.

Figura 55

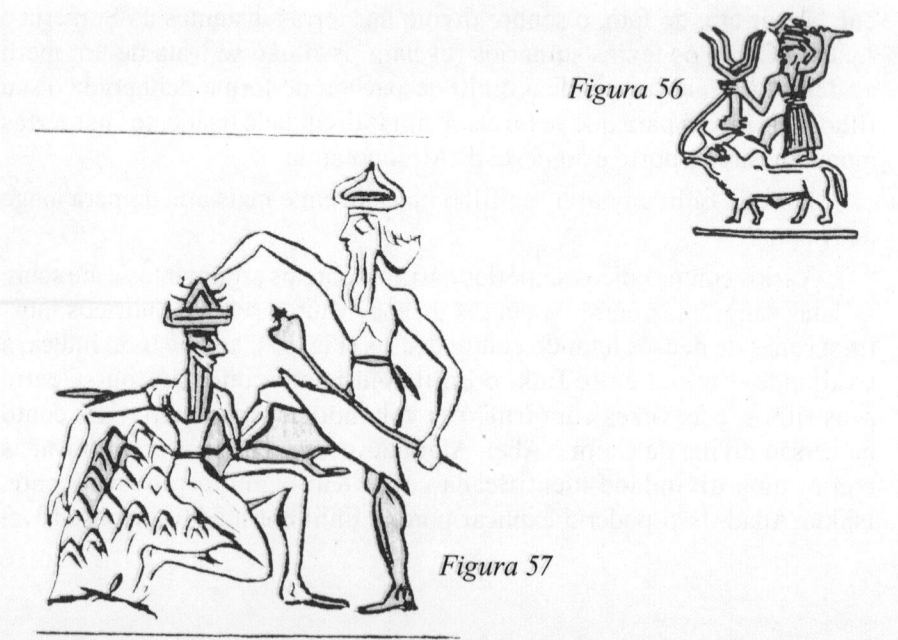

Figura 56

Figura 57

A primeira pista, que indica que um sistema de número criptográfico era aplicado aos Grandes Deuses, apareceu com a descoberta de que os nomes de Deuses Sin, Shamash e Ishtar eram, às vezes, substituídos nos textos pelos números 30, 20 e 15, respectivamente. A unidade mais elevada do sistema sexagesimal sumério – 60 – era atribuída a Anu; Enlil "era" 50; Enki, 40; e Adad, 10. O número 10 e seus seis múltiplos dentro do número 60 eram, consequentemente, atribuídos às divindades *masculinas*, e seria plausível que os números terminados em 5 fossem atribuídos às divindades femininas. Desse modo, surge a seguinte tabela criptográfica:

Masculino	*Feminino*
60 – Anu	55 – Antu
50 – Enlil	45 – Ninlil
40 – Ea/Enki	35 – Ninki
30 – Nanna/Sin	25 – Ningal
20 – Utu/Shamash	15 – Inanna/Ishtar
10 – Ishkur/Adad	5 – Ninhursag
6 divindades masculinas	6 divindades femininas

Não nos surpreende saber que Ninurta recebia o número 50, como seu pai. Em outras palavras, seu grau dinástico era transmitido em uma mensagem criptográfica: "se Enlil sair, tu, Ninurta, entra no seu lugar; mas, enquanto isso não acontecer, tu não farás parte dos 12, pois o grau '50' está ocupado".

Também não deveria nos surpreender se quando Marduk usurpou a liderança de Enlil, ele insistiu que os deuses o concedessem "os *cinquenta* nomes" para indicar que o grau "50" havia sido passado para ele.

Havia muitos outros deuses na Suméria – crianças, netos, sobrinhas e sobrinhos dos Grandes Deuses; havia também várias centenas de Deuses subalternos, chamados de Anunnaki, que eram designados (por assim dizer) para fazerem as "tarefas gerais". Mas, apenas *12* compunham o Grande Círculo. Eles, seus relacionamentos familiares e, acima de tudo, a linhagem de sucessão dinástica podem ser mais bem compreendidas quando mostradas em um gráfico:

128 O 12º Planeta

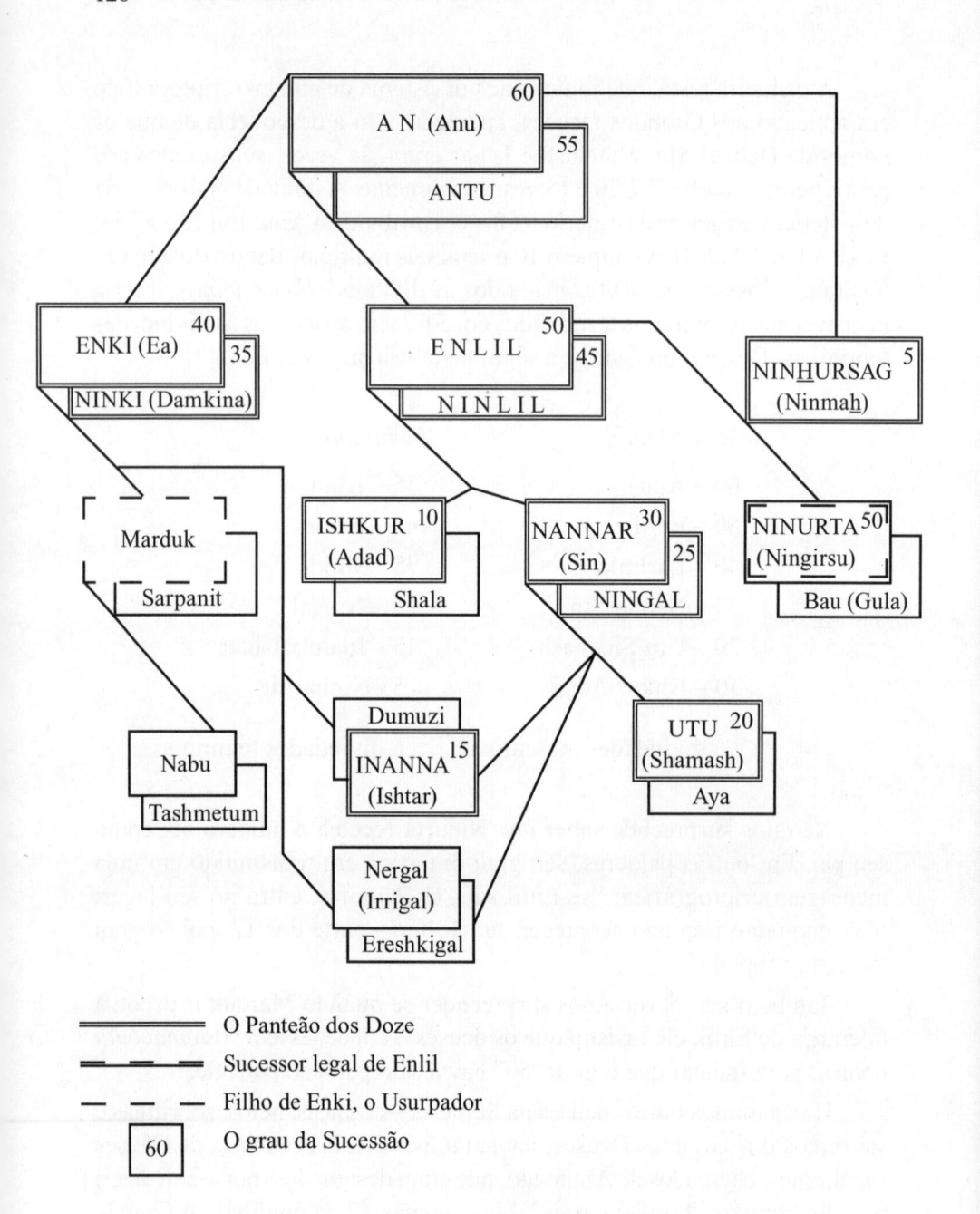

```
                    ┌─────────────────┐
                    │  A N (Anu)   60 │
                    │           ┌─────┤
                    │           │  55 │
                    │   ANTU        │
                    └─────────────────┘
         ┌────────────────┼──────────────────────┐
┌──────────────┐   ┌──────────────┐       ┌──────────────────┐
│ ENKI (Ea) 40 │   │ E N L I L 50 │       │ NINHURSAG      5 │
│         ┌────┤   │         ┌────┤       │  (Ninmah)        │
│         │ 35 │   │         │ 45 │       └──────────────────┘
│ NINKI (Damkina)│ │  N I N L I L  │
└──────────────┘   └──────────────┘
    │                  │                          │
┌─────────┐   ┌───────────┐  ┌───────────┐  ┌──────────────┐
│ Marduk  │   │ ISHKUR 10 │  │ NANNAR 30 │  │ NINURTA   50 │
│         │   │  (Adad)   │  │  (Sin) 25 │  │  (Ningirsu)  │
│ Sarpanit│   │   Shala   │  │   NINGAL  │  │   Bau (Gula) │
└─────────┘   └───────────┘  └───────────┘  └──────────────┘
```

Sucessor legal de Enlil
Filho de Enki, o Usurpador

```
            Dumuzi                UTU    20
  Nabu      INANNA 15           (Shamash)
            (Ishtar)               Aya
 Tashmetum

            Nergal
           (Irrigal)
           Ereshkigal
```

═══════ O Panteão dos Doze
━━━━━━━ Sucessor legal de Enlil
─ ─ ─ ─ Filho de Enki, o Usurpador
│ 60 │   O grau da Sucessão

5

O Nefilim: Povo dos Foguetes Inflamáveis

OS TEXTOS SUMÉRIOS E ACADIANOS não deixam dúvida de que os povos do Oriente Próximo antigo tinham certeza de que os Deuses do Céu e da Terra eram capazes de subirem da Terra e ascenderem até os céus, como também cruzar o céu da Terra de acordo com suas vontades.

Em um texto que trata do estupro de Inanna/Ishtar por uma pessoa não identificada, o autor justifica seu ato da seguinte forma:

> Um dia minha rainha,
> Após cruzar o céu, cruzando a terra –
> Inanna,
> Após cruzar o céu, cruzando a terra –
> Após cruzar Elam e Shubur,
> Após cruzar (...)
> A hieródula aproximou-se cansada, caiu no sono.
> Eu a vi da margem do meu jardim;
> Beijei-a, copulei com ela.

Inanna, aqui descrita cruzando os céus sobre várias terras que se situam distantes umas das outras – façanha apenas possível se for *voando* – falou ela mesma sobre o seu voo. Em um texto que S. Langdon (em *Revue d'Assyriologie et d'Archéologie Orientale*) intitulou de "Uma Clássica Liturgia a Innini", a Deusa lamenta sua expulsão de sua cidade. Agindo sob as instruções de Enlil, um emissário, que "me trouxe a palavra do Céu", entrou em sua sala do trono, "suas mãos não lavadas foram postas sobre mim" e depois de outros ultrajes,

> Eu, do meu templo,
> eles me forçaram a voar;
> Uma rainha que sou, da minha cidade,
> como um pássaro eles me forçaram a voar.

Tal capacidade, tanto de Inanna como também de outros deuses importantes, eram mostradas com frequência pelos artistas antigos quando retratavam os deuses – antropomórficos em todos os outros aspectos, como já vimos – com asas. Como podemos ver em várias descrições, as asas não faziam parte do corpo – não eram asas naturais – eram um acessório decorativo na vestimenta dos deuses. (Fig. 58)

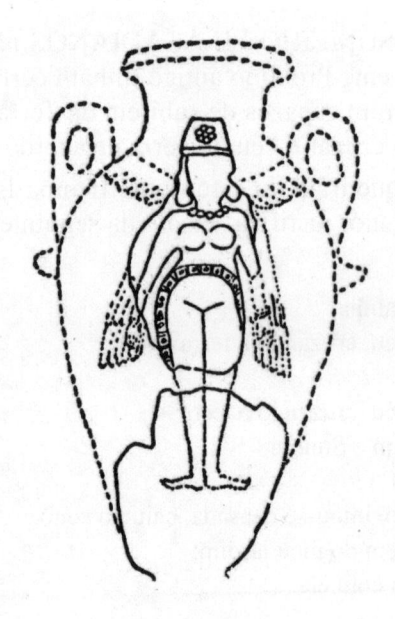

Figura 58

Inanna/Ishtar, cujas viagens longínquas são mencionadas em muitos textos antigos, comutava entre seu primeiro domínio distante, em Aratta, e sua cobiçada moradia, em Uruk. Ela fazia visitas breves a Enki, em Eridu, e a Enlil, em Nippur, e visitava seu irmão Utu em sua base, em Sippar. Mas, sua jornada mais famosa foi ao Mundo Inferior, o domínio de sua irmã Ereshkigal.

A jornada não serviu de base apenas para contos épicos, mas também para descrições artísticas em selos cilíndricos – o último mostrando a Deusa com asas, para enfatizar o fato de que ela voou da Suméria ao Mundo Inferior. (Fig. 59)

Figura 59

Os textos que tratam de sua arriscada jornada descrevem como, de forma extremamente meticulosa, Inanna muniu-se com sete objetos antes do início da jornada, e como ela teve de se desfazer deles à medida que atravessava os sete portões que conduziam à morada de sua irmã. Esses sete objetos também são mencionados em outros textos que lidam com as viagens aéreas de Inanna:

1. O SHU.GAR.RA ela pôs na cabeça.
2. "Os pingentes de medição" nas orelhas.
3. Correntes de pequenas pedras azuis, ao redor do pescoço.
4. "Pedras" idênticas, sobre os ombros.
5. Um cilindro dourado, nas mãos.
6. Faixas, prendendo seu peito.
7. O traje de PALA cobria todo o seu corpo.

Embora ninguém tenha conseguido ainda explicar a natureza e o significado desses sete objetos, achamos que a resposta está disponível há muito tempo. Ao escavar a capital assíria de Assur, de 1903 a 1914, Walter Andrae e seus colegas encontraram, no Templo de Ishtar, uma estátua danificada da Deusa, mostrando-a com vários "aparatos" amarrados no seu peito e nas costas. Em 1934, arqueólogos escavando em Mari depararam-se com uma estátua similar, mas intacta, enterrada no solo. Era uma imagem do tamanho natural de uma bela mulher. Sua vestimenta diferenciada na cabeça era adornada com um par de chifres, indicando que ela era uma Deusa. Parados ao redor da estátua de 4 mil anos, os arqueólogos ficaram maravilhados com sua aparência natural de vida (em uma foto, seria difícil distinguir a estátua de um ser natural). Eles a chamaram de *A Deusa com um Vaso*, porque ela estava segurando um objeto cilíndrico. (Fig. 60)

Diferentemente das esculturas planas ou baixo-relevos, essa representação tridimensional em tamanho natural da Deusa revela características interessantes sobre o seu traje. Na cabeça, ela não veste um chapéu de senhora, mas um capacete especial; projetando-se em ambos os lados e ajustado sobre os ouvidos estão objetos que lembram fones de ouvidos de pilotos. No pescoço, acima do peito, a Deusa usa um colar com várias pedras pequenas (e provavelmente preciosas); nas mãos ela segura um objeto cilíndrico que aparenta ser muito grosso e pesado para ser um vaso de água.

Sobre a blusa de material transparente, duas faixas paralelas cruzam-se na altura do peito, indo para as costas, onde são presos por uma caixa incomum de formato retangular. A caixa é apertada na parte detrás do pescoço da Deusa e presa de forma segura ao capacete com uma faixa horizontal. Seja o que for que continha a caixa, deveria ser muito pesado, pois o aparato é ainda reforçado por duas ombreiras bem largas. O peso da caixa é aumentado por uma mangueira que está ligada em sua base por um fecho circular. O pacote completo de instrumentos – pois é isso que eles, sem dúvida, eram – está fixado com a ajuda de dois conjuntos de faixas entrelaçadas nas costas e no peito da Deusa.

A comparação entre os sete objetos exigidos por Inanna para suas jornadas aéreas e o traje e os objetos usados pela estátua de Mari (e provavelmente aquele que também foi encontrado mutilado no templo de Ishtar em Ashur) é algo fácil de ser comprovado. Vemos os "pingentes de medição" – os fones de ouvido – nos seus ouvidos; as fileiras ou "correntes" de pequenas pedras ao redor do pescoço; as "pedras idênticas" – as duas ombreiras – nos ombros; o "cilindro dourado" nas mãos e faixas com fechos que se entrelaçam no peito. Ela está, de fato, vestida em um "traje de PALA" ("traje de governante") e, na cabeça, ela usa o capacete SHU.GAR.RA – um termo que literalmente significa "aquilo que faz ir longe no universo".

Tudo isso nos sugere que o traje de Inanna era aquele de uma aeronauta ou astronauta.

O NEFILIM: POVO DOS FOGUETES INFLAMÁVEIS 133

Figura 60

O Antigo Testamento chamava os "anjos" do Senhor *malachim* – literalmente, "emissários" que carregavam mensagens e executavam ordens divinas. Como muitas situações revelam, eles eram pilotos divinos: Jacó os viu subir ao céu em uma escada, Hagar (concubina de Abraão) os ouviu do céu, e foram eles que causaram a destruição aérea de Sodoma e Gomorra.

O relato bíblico sobre os eventos que antecederam a destruição das duas cidades pecadoras ilustra o fato de que esses emissários eram, por um lado, antropomórficos em todos os aspectos e, por outro, podiam ser identificados como "anjos" assim que eram observados. Aprendemos que suas aparições eram repentinas. Abraão "ergueu os olhos e, eis que, havia três *homens* ao seu lado". Curvando-se diante deles e os chamando de "Meus Senhores", ele implorou, "Não ignoreis o vosso servo", e os comandou para que lavassem os pés, repousassem e comessem.

Tendo feito o que Abraão havia pedido, dois dos anjos (o terceiro "homem", acabaria mostrando ser o próprio Senhor) então seguiram para Sodoma. Ló, o sobrinho de Abraão, "estava sentado ao lado do portão de entrada de Sodoma; e quando ele os viu, se levantou, foi ao encontro deles, curvou-se e disse: Se agrada, meus senhores, rogo que venhais à casa do vosso servo lavar os pés e passar a noite". Em seguida, "ele lhes fez um banquete e eles comeram". Quando a notícia da chegada dos dois se espalhou pela cidade, "todo o povo da cidade, jovens e idosos, rodearam a casa, gritaram por Ló e disseram: Onde estão os *homens* que vieram esta noite para ti?".

Como esses homens – que comeram, beberam, dormiram e lavaram os pés – ainda assim eram reconhecidos instantaneamente como anjos do Senhor? A única explicação plausível é que o que eles trajavam – seus capacetes ou uniformes – ou o que carregavam – suas armas – faziam com que fossem imediatamente reconhecíveis. Que eles portavam armas distintas é uma grande possibilidade: os dois "homens", em Sodoma, prestes a serem linchados pela multidão, "feriram as pessoas na entrada da casa com a cegueira(...) e elas não conseguiam encontrar a porta". E outro anjo, desta vez aparecendo para Gideão, quando ele foi escolhido para ser juiz em Israel, transmitiu-lhe um sinal divino ao tocar uma rocha com seu bastão, fazendo com que, em seguida, surgisse fogo da rocha.

A equipe, liderada por Andrae, encontrou outra descrição incomum de Ishtar em seu templo em Assur. Mais parecendo uma escultura na parede do que um relevo normal, a descrição mostra a Deusa com um capacete justo, decorado com os "fones de ouvido", estendidos como se tivessem suas próprias antenas, e usando óculos muito distintos que faziam parte do capacete. (Fig. 61)

É óbvio que qualquer um que vê uma pessoa – masculina ou feminina – tão bem vestida assim, notaria à primeira vista que estaria diante de uma aeronauta divina.

Figuras de argila encontradas nos sítios arqueológicos sumérios e consideradas como tendo cerca de 5.500 anos podem muito bem ser representações grosseiras de um *malachim* portando armas semelhantes a um bastão. Em uma situação, o rosto é visto através de um visor de capacete. Em outra circunstância, o "emissário" usa o distinto capacete cônico divino e um uniforme ornados com objetos circulares de função desconhecida. (Figs. 62, 63)

As fendas dos olhos ou "óculos" das figuras são as características mais interessantes porque o Oriente Próximo, no quarto milênio a.C., estava repleto dessas figuras esquálidas que eram retratadas de maneira estilizada na parte superior das divindades, exagerando em suas características mais proeminentes: um capacete cônico com visores ou óculos elípticos. (Fig. 64) Um tesouro que continha tais figuras foi encontrado em Tell Brak, um sítio pré-histórico às margens do rio Khabur, o rio sobre cujas margens Ezequiel veria a carruagem divina, um milênio depois.

Indubitavelmente, não é mera coincidência que os hititas, ligados a Suméria e Acádia pela região de Khabur, tenham adotado como seu sinal escrito para "Deuses" o símbolo ⟨φ⟩, claramente emprestado da figura dos "olhos". Não é também de se estranhar que esse símbolo, ou hieróglifo, representando "ser divino", expressado em estilos artísticos, passasse a dominar a arte não apenas da Ásia Menor, mas também dos antigos gregos durante os períodos minoicos e micênicos. (Fig. 65)

Os textos antigos indicam que os Deuses colocavam esses trajes especiais não apenas para voar pelo céu da Terra, mas também quando ascendiam aos céus distantes. Falando de suas visitas ocasionais a Anu, em sua Morada Celestial, a própria Inanna explicou que ela podia se empenhar nessas jornadas, porque "o próprio Enlil fixava o traje ME divino no meu corpo". O texto cita Enlil dizendo a ela:

> Tu suspendeste o ME,
> Tu prendeste o ME nas mãos,
> Tu juntaste o ME,
> Tu fixaste o ME no peito (...)
> Ó Rainha de todo o ME, Ó radiante luz
> Que com tuas mãos seguras os sete ME.

Um dos primeiros governantes sumérios convidado pelos Deuses a ascender aos céus se chamava EN.ME.DUR.AN.KI, que significava literalmente "governante cujo *me* conecta o Céu e a Terra". Uma inscrição de Nabucodonosor II, descrevendo a reconstrução de um pavilhão especial para a "carruagem celeste" de Marduk, declara que fazia parte da "casa fortificada dos sete *me* do Céu e da Terra".

Os acadêmicos referem-se ao *me* como "objetos de poderes divinos". Literalmente, o termo deriva do conceito de "nadando em águas celestes". Inanna os descrevia como peças do "traje celeste" que ela vestia para suas jornadas no Barco do Céu. Os *me* eram, portanto, partes da roupa especial usada para voar nos céus da Terra e no espaço exterior.

A lenda grega de Ícaro conta que ele tentou voar prendendo asas emplumadas ao corpo com cera. A evidência do Oriente Próximo antigo mostra que, apesar de os deuses serem retratados com asas, para indicar sua capacidade de voar – ou, às vezes, colocando seus uniformes alados como um sinal de sua habilidade de pilotar –, eles nunca tentaram usar asas fixadas para voar. Em vez disso, eles usavam veículos para tais viagens.

O Antigo Testamento nos informa que o patriarca Jacó, ao passar a noite no campo, aos arredores de Harã, viu "uma escada montada na Terra com a ponta indo em direção ao céu", na qual "anjos do Senhor" estavam apressadamente subindo e descendo. O próprio Senhor se encontrava no topo da escada. E o admirado Jacó "estava assustado e disse":

> De fato, um Deus está presente neste lugar,
> e isso eu não sabia (...)
> Que incrível é este lugar!
> De fato, não existe outra senão a Morada do Senhor
> e sua Passagem para o Céu.

Há dois pontos interessantes nesse conto. O primeiro é que os seres divinos, que subiam e desciam nessa "Passagem para o Céu", usavam uma instalação mecânica – uma "escada". O segundo é que a visão pegou Jacó completamente de surpresa. A "Morada do Senhor", a "escada" e os "anjos do Senhor" usando-a não estavam lá quando Jacó se deitou para dormir no campo. De repente, lá estava aquela incrível "visão". E pela manhã, a "Morada", a "escada" e seus ocupantes haviam desaparecido.

Podemos concluir que o equipamento usado pelos seres divinos era algum tipo de nave que podia surgir sobre um lugar, pairar por algum tempo e desaparecer de vista de novo.

O Nefilim: Povo dos Foguetes Inflamáveis   137

Figura 61

Figura 62

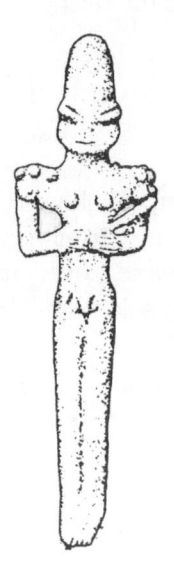

Figura 63

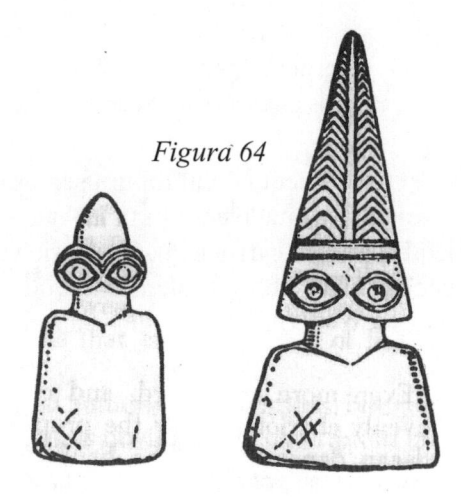

Figura 64

Figura 65

O Antigo Testamento também relata que o profeta Elias não morreu na Terra, mas "foi elevado ao Céu por um redemoinho". Esse não era um evento repentino e inesperado: a ascensão de Elias aos céus foi pré-arranjada. Ele foi avisado que deveria ir ao Beth-El ("a casa do Senhor") em um dia específico. Rumores já haviam sido espalhados entre seus discípulos de que ele estava prestes a ser levado aos céus. Quando questionaram seu líder para saber se o rumor era verdadeiro; ele confirmou que, de fato, "o Senhor levará hoje o mestre". E nisso:

> Surgiu uma carruagem de fogo,
> e cavalos de fogo (...)
> E Elias foi levado ao Céu
> por um redemoinho.

Mais famosa ainda e, certamente, descrita com melhores detalhes, foi a carruagem celeste vista pelo profeta Ezequiel, que habitava entre os judeus deportados às margens do rio Khabul, no norte da Mesopotâmia.

> Os Céus abriram-se,
> e eu vi as aparições do Senhor.

O que Ezequiel viu foi um ser similar ao Homem, envolto por brilho e claridade, sentado em um trono que se apoiava em um "firmamento" de metal dentro da carruagem. O próprio veículo, que podia se mover em qualquer direção com rodas dentro de rodas e se erguer do solo verticalmente, foi descrito pelo profeta como um redemoinho brilhante.

> E eu vi
> um redemoinho se aproximando do Norte,
> como uma grande nuvem com faíscas de fogo
> e todo envolto em brilho.
> E dentro dele, de dentro do fogo,
> havia uma radiação como uma auréola brilhante.

Alguns estudantes recentes da descrição bíblica (tais como Josef F. Blumrich, da Agência Espacial Americana – NASA) concluíram que a "carruagem" vista por Ezequiel era um helicóptero que consistia em uma cabine apoiada em quatro suportes, cada uma equipada com asas giratórias – de fato, um verdadeiro "redemoinho".

Cerca de dois milênios mais tarde, enquanto o governante sumério Gudeia comemorava a construção do templo para o seu Deus Ninurta, ele escreveu que apareceu diante dele "um homem que brilhava como o Céu(...) pelo capacete na cabeça, ele era um Deus". Quando Ninurta e dois acompanhantes divinos apareceram para Gudeia, eles estavam parados ao lado do "pássaro preto do vento divino" de Ninurta. Ao que tudo indica, o objetivo principal para a construção do templo era proporcionar uma zona segura, uma área interna restrita dentro das instalações do templo, para guardar esse "pássaro divino".

Para a construção dessa área interna restrita, relatou Gudeia, eram necessárias enormes vigas e pedras maciças importadas de longe. Somente quando o "pássaro divino" fosse colocado dentro da área interna restrita, a construção do templo poderia ser considerada concluída. E, assim que ficasse posicionado, o "pássaro divino" "poderia alcançar o céu" e seria capaz de "unir o Céu e a Terra". O objeto era tão importante – "sagrado" – que era protegido o tempo todo com duas "armas divinas", o "caçador supremo" e o "matador supremo" – armas que emitiam feixes de luz e raios mortais.

A similaridade encontrada entre as descrições bíblicas e sumérias, tanto dos veículos como dos seres dentro deles, é óbvia. A descrição dos veículos como "pássaros", "pássaro de vento" e "redemoinho", que levantam em direção ao céu enquanto emitem um brilho, não deixa dúvida de que eles são algum tipo de máquina voadora.

Murais enigmáticos descobertos em Tell Ghassul, um sítio arqueológico ao leste do Mar Morto, cujo nome antigo é desconhecido, pode ajudar a esclarecer o assunto. Datados de cerca de 3500 a.C., os murais descrevem um enorme "compasso" de oito pontas, a cabeça de uma pessoa, usando capacete dentro de uma câmara com o formato de sino, e dois desenhos de nave mecânica que poderia muito bem ter sido os "redemoinhos" da Antiguidade. (Fig. 66)

Figura 66

Os textos antigos também descrevem algum tipo de veículo usado para levar aeronautas ao céu. Gudeia declarou que, à medida que o "pássaro divino" subia para circular as terras, ele "brilhava sobre os tijolos erguidos". A área protegida dentro do templo era descrita como MU.NA.DA.TUR.TUR ("pedra forte lugar de repouso do MU"). Urakagina, que reinou em Lagash, disse em relação ao "pássaro preto de vento divino": "o MU que brilha como um fogo, eu fiz grande e forte". Da mesma forma, Lu-Utu, que reinou em Umma, no terceiro milênio a.C., construiu um lugar para um *mu*, "em que surge um fogo", do Deus Utu, "no local designado dentro de seu templo".

O rei babilônico Nabucodonosor II, registrando sua reconstrução do distrito sagrado de Marduk, disse que dentro das paredes fortificadas feitas de tijolo queimado e mármore de ônix:

> Ergui a cabeça do barco ID.GE.UL
> a Carruagem da majestade de Marduk;
> O barco ZAG.MU.KU, cuja aproximação é observada,
> o viajante supremo entre o Céu e a Terra,
> no meio do pavilhão eu o confinei,
> protegendo suas laterais.

ID.GE.UL, o primeiro epíteto empregado para descrever esse "viajante supremo", ou "Carruagem de Marduk", literalmente significa "acima ao céu, brilhante à noite". ZAG.MU.KU, o segundo epíteto descrevendo o veículo – de forma clara um "barco" repousando em um pavilhão especial – significa "o brilhante MU que é para ir longe".

Que um *mu* – um objeto cônico com o topo oval – se encontrava de fato instalado na área sagrada interna dos templos dos Grandes Deuses do Céu e da Terra, é algo que, afortunadamente, pode ser comprovado. Uma moeda antiga encontrada em Biblos (a bíblica Gebal), na costa mediterrânea do atual Líbano, descreve o Grande Templo de Ishtar. Embora seja mostrada como era no primeiro milênio a.C., a exigência para que os templos fossem construídos e reconstruídos no mesmo local, de acordo com o plano original, sem dúvida alguma, demonstra que estamos diante dos elementos básicos do templo original de Biblos, traçado aos milênios anteriores.

A moeda retrata um templo com duas partes. Na frente, encontra-se a estrutura principal do templo, impondo-se com sua passagem de colunas. Atrás, encontra-se o pátio interno, ou a "área secreta", escondida e protegida por uma parede alta e massiva. É, de fato, uma área elevada que pode ser alcançada apenas subindo várias escadas. (Fig. 67)

No centro dessa área sagrada fica uma plataforma especial, sua construção com vigas cruzadas lembra aquela da Torre Eiffel, como se fosse construída para suportar grande peso. E na plataforma fica o objeto mantido com toda a segurança e proteção: um objeto que só pode ser um *mu*.

Figura 67

Como a maioria das palavras silábicas sumérias, *mu* tinha um significado primário; no caso de *mu*, era "aquilo que sobe em linha reta". Suas trinta e tantas matizes abrangem significados como "alturas", "fogo", "comando", "um período contado", como também (em períodos posteriores) "aquilo pelo qual alguém é lembrado". Ao rastrearmos o símbolo escrito que representa *mu,* desde suas estilizações cuneiformes assírias e babilônicas até as suas pictografias originais sumérias, surge a seguinte evidência gráfica:

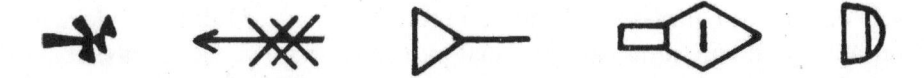

Podemos ver, claramente, uma câmara cônica, retratada por si mesma ou com uma seção estreita anexada a ela. "De uma câmara no céu dourada eu vos observarei", Inanna prometia ao rei assírio. Seria esse *mu* a "câmara celeste"?

Um hino dedicado à Inanna/Ishtar e suas jornadas no Barco do Céu indica, de forma clara, que o *mu* era o veículo no qual os deuses cruzavam os céus ao longe e nas alturas:

Dama do Céu:
Ela veste o Traje do Céu;
Com coragem ela ascende em direção ao Céu.

Sobre todas as terras povoadas
ela voa em seu MU.
Dama, que em seu MU
nas alturas do Céu alegremente voa.
Sobre todos os cemitérios
ela voa em seu MU.

Há evidências que mostram que o povo do leste mediterrâneo já havia visto um objeto parecido com um foguete não apenas em uma área restrita do templo, mas na realidade em pleno voo. Os hieróglifos hititas, por exemplo, mostraram – contra um fundo de céu estrelado – mísseis cruzando, foguetes montados em plataformas de lançamento e um deus dentro de uma câmara radiante. (Fig. 68)

Figura 68

O professor H. Frankfort (*Cylinder Seals*), demonstrando como tanto a arte de fazer selos cilíndricos mesopotâmicos como os assuntos neles descritos e espalhados por toda a Antiguidade, reproduz o desenho de um selo encontrado em Creta, datado do século XIII a.C. O desenho do selo retrata claramente uma nave espacial movendo-se no céu e impulsionada por chamas saindo da sua parte traseira. (Fig. 69)

Os cavalos alados, os animais entrelaçados, o globo celeste alado e a divindade com chifres saindo de seus capacetes são todos temas mesopotâmicos conhecidos. Podemos assumir, com toda a convicção, que o foguete inflamável mostrado no selo cretense era também um objeto conhecido por todo o Oriente Próximo antigo.

De fato, um foguete com "asas" ou barbatanas – acessível por uma escada – pode ser visto em uma tábua descoberta em Gezer, uma cidade na antiga Canaã, a oeste de Jerusalém. A impressão dupla do mesmo selo também mostra um foguete parado no chão ao lado de uma palmeira. A natureza celeste ou a destinação dos objetos é comprovada pelos símbolos do Sol, Lua e outras constelações zodiacais que adornam o selo. (Fig. 70)

O Nefilim: Povo dos Foguetes Inflamáveis 143

*

Figura 69

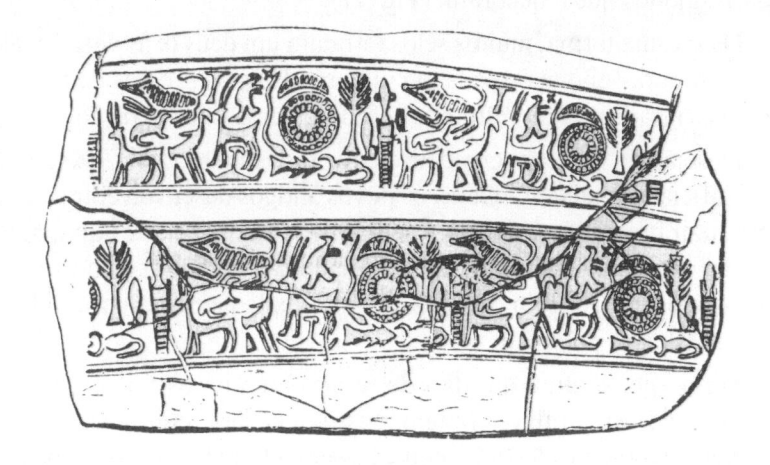

Figura 70

Os textos mesopotâmicos que se referem às áreas internas restritas dos templos, ou às jornadas celestes dos deuses, ou mesmo sobre situações em que os mortais ascenderam aos céus, empregam o termo sumério *mu* ou seus derivativos semitas *shu-mu* ("aquilo que é um *mu*"), *sham*, ou *shem*. Tendo em vista que o termo também conota "aquilo pelo qual alguém é lembrado", a palavra tem sido aplicada para significar "nome". Mas, a aplicação universal de "nome" nos textos antigos que falavam de um objeto usado para voar, acabou por ofuscar o verdadeiro significado dos registros antigos.

Com isso, G. A. Barton (*The Royal Inscriptions of Sumer and Akkad*) estabeleceu a tradução incontestável da inscrição do templo de Gudeia – que "o seu MU deve abraçar as terras do horizonte ao horizonte" – como "Seu *nome* deverá preencher as terras". Um hino dedicado a Ishkur, exaltando seu "MU emissor de raio" que podia alcançar as alturas do Céu, foi traduzido do mesmo modo: "Teu *nome* é radiante, alcança o zênite do Céu". Percebendo, no entanto, que *mu* ou *shem* pode significar um objeto e não "nome", alguns acadêmicos têm tratado o termo como um sufixo ou um fenômeno gramatical que não requer tradução e que, portanto, deve-se evitar o assunto por completo.

Não é tão difícil assim rastrear a etimologia do termo e a rota pela qual a "câmara celeste" assumiu o significado de "nome". Esculturas encontradas mostram um deus dentro de uma câmara com um formato de foguete, como neste objeto de extrema antiguidade (agora em posse do Museu da Universidade, Filadélfia) onde a natureza celeste da câmara é comprovada pelos 12 globos que a decoram. (Fig. 71)

Da mesma forma, muitos selos retratam um deus (e às vezes dois) dentro de "câmaras divinas" ovais; na maioria das vezes, esses deuses, dentro de ovais sagrados, eram retratados como objetos de veneração.

Desejando venerar seus deuses por todas as terras, e não apenas na "casa" oficial de cada divindade, os povos antigos desenvolveram o costume de produzir imitações dos deuses dentro da "câmara celeste" divina. Pilares de pedra moldados para simular o veículo oval eram erguidos em locais selecionados e a imagem do deus era entalhada na pedra para indicar que ele estava dentro do objeto.

Seria apenas uma questão de tempo até que os reis e governantes – associando esses pilares (chamados de estelas), com a capacidade de ascender à Morada Celestial – começassem a talhar suas próprias imagens sobre a estela como uma maneira de se associarem com a Morada Celestial. Se não tinham como escapar do esquecimento físico, era importante que, pelo menos, seus "nomes" fossem para sempre celebrados. (Fig. 72)

O NEFILIM: POVO DOS FOGUETES INFLAMÁVEIS   145

Figura 71

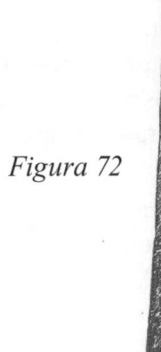

Figura 72

Que o propósito dos pilares de pedra comemorativos era para simular um foguete inflamável pode ainda ser obtido do termo pelo qual a pedra estela era conhecida na Antiguidade. Os sumérios a chamavam de NA.RU ("pedras que sobem"). Os acadianos, babilônios e assírios a chamavam de *naru* ("objetos que irradiam luz"). Os amoritas a chamavam de *nuras* ("objetos inflamáveis", em hebraico, *ner* ainda significa um pilar que emite luz e, portanto, conhecido nos dias de hoje como "vela"). Nas línguas indo-europeias dos hurritas e hititas, as estelas eram chamadas de *hu-u-ashi* ("pássaro de fogo de pedra").

As referências bíblicas mostram familiaridade com os dois tipos de momentos comemorativos, um *yad* e um *shem*. O profeta Isaías, ao explicar ao povo sofrido da Judeia a promessa do Senhor de um futuro melhor e mais seguro, disse:

E eu lhes darei,
Na minha Casa e dentro de minhas muralhas,
Um *yad* e um *shem*.

Literalmente traduzido, isso significaria que a promessa do Senhor era a de prover seu povo com uma "mão" e um "nome". Afortunadamente, no entanto, dos monumentos antigos chamados de *yads* que ainda se encontram na Terra Santa, aprendemos que eles eram diferenciados pelos topos com formatos parecidos com piramidais. O *shem*, por outro lado, era um memorial com um topo de formato oval. Parece evidente que ambos começaram como simulações da "câmara celeste", o veículo dos deuses para ascender à Morada Eterna. No Egito antigo, de fato, os devotos faziam peregrinações a um templo especial em Heliópolis para ver e venerar o *ben-ben* – um objeto com formato piramidal no qual os deuses haviam chegado à Terra em tempos primordiais. Os faraós egípcios, quando morriam, eram submetidos a uma cerimônia de "abertura da boca", na qual eles eram supostamente transportados por um *yad* ou *shem* similar até a divina Morada da Vida Eterna. (Fig. 73)

A persistência das traduções bíblicas em empregar "nome" sempre que se depara com *shem* tem ignorado um estudo perspicaz publicado há mais de um século por G. M. Redslob (em *Zeitschrift der Deutschen Morgenlandischen Gesellschaft*), no qual ele corretamente indica que o termo *shem* e o termo *shamaim* ("céu") derivam da raiz *shamah*, que significa "aquilo que está apontado para o céu". Quando o Antigo Testamento relata que o rei Davi "construiu um *shem*" para marcar sua vitória sobre os arameus, Redslob disse que ele não "construiu um nome", mas montou um monumento apontando para o céu.

Figura 73

A realização de que *mu* ou *shem* em muitos textos mesopotâmicos não deveriam ser lidos como sendo "nome", e sim "veículo do céu", abre caminho à compreensão do verdadeiro significado de muitos contos antigos, que incluem a versão bíblica sobre a Torre de Babel.

Em seu 11º capítulo, o Livro do Gênesis relata a tentativa dos humanos em erguer um *shem*. O relato bíblico é fornecido em uma linguagem concisa (e precisa), que evidencia o fato histórico. Mesmo assim, gerações de acadêmicos e tradutores insistem em transmitir o conto apenas pelo seu significado alegórico, porque – a forma como eles entenderam – trata-se de um conto relacionado com o desejo da Humanidade em "fazer um nome" para si mesmo. Esse tipo de abordagem minou o conto de todo o seu significado factual; a nossa conclusão relacionada ao verdadeiro significado de *shem* faz com que o conto readquira todo o significado que devia ter para o próprio povo da Antiguidade.

O conto bíblico da Torre de Babel lida com os eventos que se seguiram com o repovoamento da Terra após o Dilúvio, quando alguns povos "viajaram do leste, encontraram uma planície na terra de Shin'ar e estabeleceram-se por lá".

A Terra de Shin'ar é a própria Terra da Suméria, situada na planície entre os dois rios, ao sul da Mesopotâmia. E o povo, já conhecedor da arte de olaria e construções de prédios para a civilização urbana, disse:

"Vamos construir uma cidade para nós,
e uma torre cujo topo alcançará os céus;
e vamos fazer um *shem* para nós,
para que não fiquemos espalhados na face da Terra".

Mas, esse plano humano não era do agrado de Deus.

E o Senhor desceu,
para ver a cidade e a torre
que os Filhos de Adão haviam erguido.
E ele disse: "Observai!
todos são como um único povo com uma única língua,
e este é apenas o começo das realizações deles;
Agora, tudo o que eles planejarem fazer
não será mais impossível para eles".

E o Senhor disse – a alguns colegas que o Antigo Testamento não dá nome:

"Venham, vamos descer,
e confundir a língua deles;
Para que não consigam entender a linguagem uns aos outros".
E o Senhor os espalhou de lá
sobre a face de toda a Terra,
e eles pararam de construir a cidade.
Portanto, o seu nome era chamado de Babel,
Pois o Senhor misturou a língua da Terra.

A tradução tradicional de *shem* como sendo "nome" ajudou a manter o conto inteligível durante gerações. Por que os antigos residentes de Babel – Babilônia – se empenharam em "fazer um nome", por que o "nome" deveria ser colocado sobre "uma torre cujo topo alcançará os céus" e como o ato de "fazer um nome" cancelaria os efeitos da dispersão da Humanidade sobre a Terra?

Se tudo o que aquele povo queria era fazer (como explicam os acadêmicos) uma "reputação" para si mesmos, por que essa tentativa contrariou tanto assim o Senhor? Por que o erguer de um "nome" era considerado pela Divindade como sendo um feito em que "tudo o que eles planejarem fazer não será mais impossível para eles"? As explicações tradicionais certamente são insuficientes para esclarecer porque o Senhor achou necessário convocar outras divindades sem nomes para descerem e porem um fim nessa tentativa humana.

Acreditamos que as respostas para todas essas questões se tornam plausíveis – até óbvias demais – assim que lemos "veículo aéreo" em vez de "nome" no lugar da palavra *shem*, que é o termo empregado no texto original, em hebraico, da Bíblia. A história teria de lidar com a preocupação da Humanidade que, à medida em que povo se espalhasse pela Terra, eles perderiam contato uns com os outros. Então, eles decidiram construir um "veículo aéreo" e erguer uma *torre de lançamento* do veículo para que eles também pudessem – como a Deusa Ishtar, por exemplo – voar em um *mu* "sobre todas as terras povoadas".

A porção do texto babilônico, conhecida como o "Épico da Criação", relata que a primeira "Passagem dos Deuses" foi construída na Babilônia pelos próprios Deuses. Os anunnakis, os Deuses subalternos, receberam ordens:

> Constrói a Passagem dos Deuses (...)
> Fazei com que as olarias sejam montadas.
> Seu *shem* deverá estar no local designado.

Durante dois anos, os anunnakis trabalharam – "aplicaram os implementos(...) moldaram os tijolos" – até que "eles ergueram o topo da Eshagila" ("casa dos Grandes Deuses") e "construíram a torre de estação tão alta quanto o Céu Supremo".

Era algo insolente por parte da Humanidade querer estabelecer sua própria torre de lançamento no local usado originalmente para o propósito dos Deuses, tendo em vista que o nome do local – Babili – significava literalmente "Passagem dos Deuses".

Há outro tipo de evidência para corroborar o conto bíblico com a nossa interpretação?

O sacerdote-historiador babilônico Beloso, que no século III a.C. compilou a história da Humanidade, relatou que os "primeiros habitantes da Terra, gloriosamente, com suas próprias forças(...) empenharam-se em erguer uma torre cujo 'topo' deveria alcançar o céu". Porém, a torre foi derrubada pelos deuses e fortes ventos, "e os deuses introduziram uma diversidade de línguas entre os homens, que até aquela época falavam apenas a mesma língua".

George Smith (*The Chaldean Account of Genesis*) encontrou nos escritos do historiador grego Hestaeus um relatório que, de acordo com as "tradições mais antigas", o povo que escapou do Dilúvio foi para Senaar na Babilônia, mas acabou saindo de lá por causa da diversidade de línguas. O historiador Alexandre Polímata (século I a.C.) escreveu que todos os homens falavam antes a mesma língua. Então, alguns resolveram erguer uma enorme torre para que pudessem "subir ao céu". Mas, o Deus chefe confrontou seu projeto enviando um redemoinho; cada tribo receberia uma língua diferente. "A cidade onde isso aconteceu era a Babilônia."

Há pouca dúvida agora de que os contos bíblicos, assim como os relatos dos historiadores gregos de 2 mil anos atrás e seu predecessor Beroso, todos derivam de origens –sumérias – mais antigas. A. H. Sayce (*The Religion of the Babylonians*) relatou ter lido em uma tábua fragmentada, no Museu Britânico, "a versão babilônica da construção da Torre de Babel". Em todas as circunstâncias, a tentativa de alcançar os céus e a sucessiva confusão de línguas são elementos básicos da versão. Há outros textos sumérios que registram a confusão deliberada que houve na língua do Homem feita por um Deus enfurecido.

Presumidamente, a Humanidade não possuía naquela época a tecnologia exigida para tal projeto aeroespacial; a orientação e colaboração de um Deus com esse tipo de conhecimento seria algo essencial. Será que tal Deus teria desafiado os outros para ajudar a Humanidade? Um selo sumério retrata um confronto entre deuses armados, aparentemente, por causa da disputada construção de uma torre de estação feita pelos homens. (Fig. 74)

Uma estela suméria, atualmente em exibição no Louvre de Paris, descreve muito bem o incidente narrado no Livro do Gênesis. Montada por volta de 2300 a.C., por Naram-Sin, rei da Acádia, os acadêmicos assumiram que ela retrata a vitória do rei sobre seus inimigos. No entanto, a grande figura central é aquela de uma divindade e não de um rei humano, pois a pessoa está usando um capacete adornado com chifres – uma marca de identificação exclusiva dos deuses. Além disso, essa figura central não aparenta ser o líder de humanos de tamanho bem menor, mas parece estar pisoteando eles. Esses humanos, por sua vez, não parecem estar engajados em qualquer tipo de atividade guerreira, mas marchando em direção e parados em adoração, do mesmo enorme objeto cônico, para o qual a atenção da divindade está também voltada. Armado com um arco e uma lança, a divindade parece observar o objeto de forma ameaçadora em vez de adoração. (Fig. 75)

O objeto cônico é mostrado indo em direção a três corpos celestes. Se o seu tamanho, formato e propósito indicam que se tratava de um *shem*, a cena descreve um Deus furioso e totalmente armado pisoteando as pessoas, enquanto elas celebram o lançamento de um *shem*.

Ambos os textos mesopotâmicos e o relato bíblico transmitem a mesma moral: as máquinas voadoras eram para os deuses e não para a Humanidade.

O Nefilim: Povo dos Foguetes Inflamáveis 151

Figura 74

Figura 75

Ambos os textos mesopotâmicos e bíblicos afirmam que os homens poderiam ascender à Morada Celestial apenas a partir do desejo expresso dos deuses. E neles se encontram mais contos de ascensões aos céus e até voos espaciais.

*

O Antigo Testamento registra a ascensão aos céus de vários seres mortais.

O primeiro foi Enoque, um patriarca pré-diluviano, que Deus protegeu e que "caminhou com o Senhor". Ele era o sétimo patriarca na linhagem de Adão e bisavô de Noé, herói do Dilúvio. O quinto capítulo do Livro do Gênesis lista as genealogias de todos esses patriarcas e as idades em que morreram – exceto Enoque, "que havia ido, pois o Senhor o havia levado". Por implicação e tradição, foi em direção ao céu que Deus levou Enoque para escapar da mortalidade na Terra. O outro mortal foi o profeta Elias, que foi alçado da Terra e levado ao céu em um "redemoinho".

Uma referência pouco conhecida sobre um terceiro mortal que visitou a Morada Divina e que lá recebera grande sabedoria, é fornecida pelo Antigo Testamento e fala do rei de Tiro (um centro fenício situado na costa ocidental mediterrânea). Lemos, no capítulo 28 do Livro do Gênesis, que o Senhor comandou o profeta a lembrar o rei, perfeito e sábio, que ele fora capacitado pela Divindade para visitar os deuses:

> Tu foste moldado por um plano,
> cheio de sabedoria, perfeito em beleza.
> Tu estiveste no Éden, o jardim de Deus;
> cada pedra preciosa era o teu bosque fechado (...)
> Tu és um querubim ungido, protegido;
> e eu te coloquei na montanha sagrada;
> como um deus que tu és,
> movendo-te dentro das Pedras Inflamáveis.

Prevendo que o rei de Tiro iria padecer de uma morte "do não circuncidado" pelas mãos de estranhos, mesmo se ele gritasse a eles "eu sou uma Divindade", o Senhor então contou o motivo a Ezequiel: depois de o rei ter sido levado à Morada Divina e ter recebido acesso a toda sabedoria e riquezas, seu coração "se tornou arrogante", ele usou sua sabedoria de forma inapropriada e manchou os templos.

> Porque teu coração é arrogante, dizendo
> "Um deus sou eu;
> na Morada da Divindade eu sentei,
> no meio das Águas";
> Embora tu sejas um Homem, não um Deus,
> tu usaste teu coração como aquele de uma Divindade.

Os textos sumérios falam de vários homens que tiveram o privilégio de ascender aos céus. Um deles foi Adapa, o "homem modelo" criado por Ea, a quem ele "tinha dado sabedoria; a vida eterna ele não havia lhe dado". À medida que os anos passavam, Ea decidiu evitar o final mortal de Adapa fornecendo-o um *shem*, com o qual ele poderia alcançar a Morada Celestial de Anu e lá partilhar do Pão da Vida e da Água da Vida. Quando Adapa chegou à Morada Celestial de Anu, Anu quis saber quem havia fornecido um *shem* para que Adapa chegasse ao local celeste.

Há várias pistas importantes deixadas tanto pelas narrativas bíblicas como mesopotâmicas sobre raras ascensões de mortais à Morada dos Deuses. Adapa também, como o rei de Tiro, fora feito de um "molde" perfeito. Todos tiveram de alcançar e usar um *shem* – "pedra inflamável" – para chegar ao "Éden" celeste. Alguns foram até lá e retornaram à Terra; outros, como o herói mesopotâmico do Dilúvio, ficaram por lá para desfrutar da companhia dos deuses. Foi para encontrar esse "Noé" mesopotâmico e obter dele o segredo da Árvore da Vida, que o sumério Gilgamesh deu início à sua jornada.

A busca fútil feita por um homem mortal pela Árvore da Vida é o assunto de um dos textos épicos mais longos e poderosos deixados de herança pela civilização suméria para a cultura humana. Intitulado pelos acadêmicos modernos como "O Épico de Gilgamesh", o emocionante conto fala de um rei de Uruk que fora fruto de um pai mortal e uma mãe divina. Como resultado, Gilgamesh era considerado como sendo "dois terços divinos, e um terço humano"; uma circunstância que o incitou a buscar a fuga da morte, destino de todos os mortais.

A tradição informara a ele que um de seus antepassados, Utnapishtim – o herói do Dilúvio –, havia escapado da morte, depois de ter sido levado à Morada Celestial junto com sua esposa. Gilgamesh, portanto, decidiu chegar àquele lugar e obter de seu ancestral o segredo da vida eterna.

O que o estimulou a ir foi pensar que se tratava de um convite de Anu. Os versos são uma descrição de um avistamento da queda de um foguete caindo de volta na Terra. Gilgamesh descreveu isso a sua mãe, a Deusa NIN.SUN:

Minha mãe,
Durante a noite eu me senti alegre
E vaguei entre meus nobres.
As estrelas reunidas nos Céus.
A obra de Anu desceu em minha direção.
Tentei levantá-la; era muito pesada.
Tentei movê-la; movê-la não pude!
O povo de Uruk juntou-se ao redor dela,
Enquanto os nobres beijavam suas pernas.
Quando assentei minha testa, eles me deram suporte.
Eu a ergui. Eu a trouxe a ti.

A interpretação do incidente, feita pela mãe de Gilgamesh, está deteriorada no texto e, portanto, não fica claro. Mas, obviamente, Gilgamesh foi encorajado pelo avistamento do objeto caindo – "a obra de Anu" – para embarcar em sua aventura. Na introdução do épico, o narrador antigo chamava Gilgamesh de "o sábio, aquele que havia experimentado tudo":

Coisas secretas ele viu,
o que é ocultado ao Homem, ele conhece;
ele inclusive trouxe notícias
de uma época antes do Dilúvio.
Ele também fez uma jornada distante,
cansativa e sob dificuldades;
ele retornou e entalhou toda a sua labuta
sobre um pilar de pedra.

A "jornada distante" que Gilgamesh fez era, é claro, a sua jornada à Morada dos Deuses; ele foi acompanhado pelo seu camarada Enkidu. O alvo deles era a Terra de Tilmun, pois era lá que Gilgamesh poderia conseguir um *shem*. A tradução atual emprega o esperado "nome" onde o *mu* sumério, ou o *shumu* acadiano, aparecem nos textos antigos; no entanto, nós devemos empregar *shem* em vez do outro, para que o verdadeiro significado do termo – um "veículo aéreo" – possa cumprir seu dever:

O rei Gilgamesh
rumo à Terra de Tilmun colocou seu pensamento.
Ele diz ao seu colega Enkidu:
"Ó Enkidu (...)
Deverei adentrar a Terra, arranjar meu *shem*.
Nos lugares onde os *shems* eram lançados
Lançarei o meu *shem*."

Incapazes de dissuadi-lo, tanto os anciãos de Uruk como os deuses que Gilgamesh havia consultado, aconselharam-lhe a primeiro obter o consentimento e o auxílio de Utu/Shamash. "Se tu adentrares a Terra – informes Utu", eles o alertaram. "A Terra está sob a responsabilidade de Utu", eles enfatizaram e reforçaram. Logo, prevenido e aconselhado, Gilgamesh apelou pela permissão de Utu:

> Permita que eu entre na Terra,
> Permita que eu arranje meu *shem*.
> Nos lugares onde os *shems* são lançados,
> Permita que eu lance meu *shem* (...)
> Leva-me ao local de aterrissagem (...)
> Estabelece sobre mim tua proteção!

Uma desafortunada quebra na tábua nos deixa desinformados quanto à localização do "local de aterrissagem". Porém, onde quer que fosse, Gilgamesh e seu companheiro chegaram finalmente à sua redondeza. Era uma "zona restrita", protegida por incríveis guardas. Cansados e sonolentos, os dois amigos decidiram descansar durante a noite antes de prosseguirem.

Mal o sono havia se apossado deles, algo os sacudiu e os acordou. "Tu mexeste comigo?", Gilgamesh perguntou ao seu colega. "Eu estou acordado?" ele espantou-se, pois estava testemunhando visões estranhas, tão incríveis que ele se perguntava se estava acordado ou sonhando. Ele disse a Enkidu:

> No meu sonho, meu amigo, o morro havia ruído.
> Levou-me abaixo, preso nos meus pés (...)
> O clarão era muito forte!
> Um homem apareceu;
> o mais belo na terra era ele.
> Sua graça (...)
> De debaixo do solo ruído ele puxou-me para fora.
> Deu-me água para beber; meu coração silenciou.

Quem era esse homem, "o mais belo na terra", que puxou Gilgamesh de debaixo do deslizamento de terra, deu-lhe água, "silenciou seu coração"? E o que era o "clarão forte" que veio depois do inexplicável deslizamento de terra?

Inseguro e incomodado, Gilgamesh voltou a dormir – mas, não por muito tempo.

No meio da vigília seu sono foi interrompido.
Ele começou, dizendo ao seu amigo:
"Meu amigo, tu me chamaste?
Por que estou acordado?
Tu não me tocaste?
Por que estou assustado?
Não foi um deus que passou?
Por que minha pele está dormente?"

Logo, misteriosamente, Gilgamesh despertou outra vez e perguntava-se quem o havia tocado. Se não foi seu colega, teria sido "algum *deus*" que havia passado? Mais uma vez, Gilgamesh adormeceu, apenas para ser acordado pela terceira vez. Ele descreveu o incrível acontecimento ao seu amigo.

A visão que eu tive era totalmente incrível!
Os céus emitiam um som agudo, a terra explodia;
A luz do dia sumiu, a escuridão veio.
Relâmpagos brilhavam, uma chama foi lançada para cima.
As nuvens incharam, chovia morte!
Então o clarão desapareceu; o fogo apagou-se.
E tudo o que havia caído se transformou em cinzas.

Não é necessária muita imaginação para ver nesses poucos versos um antigo relato testemunhando o lançamento de um foguete espacial. Primeiro, a tremenda pancada quando os motores do foguete são colocados em ignição ("os céus emitiam um som agudo"), acompanhados por uma trepidação do solo ("a terra explodiu"). Nuvens de fumaça e poeira envolviam o local de lançamento ("a luz do dia sumiu, a escuridão veio"). Em seguida, veio o brilho dos motores em ignição ("relâmpagos brilhavam"); à medida que o foguete começava a subir ao céu, "uma chama foi lançada acima". A nuvem de poeira e fragmentos "inchava" em todas as direções; logo, quando começava a cair, "chovia morte!". Agora o foguete espacial encontrava-se bem alto no céu, deixando o seu rastro ("o clarão desapareceu, o fogo apagou-se"). O foguete havia sumido de vista e os fragmentos "que caíram se transformaram em cinzas".

Aterrorizado com o que vira, e ainda assim determinado como nunca a chegar ao seu destino, Gilgamesh apelou mais uma vez a Shamash pedindo proteção e apoio. Superando um "guarda monstruoso", ele alcançou a montanha de Mashu, de onde se podia ver Shamash "subir à abóbada do Céu".

Agora ele estava próximo do seu primeiro objetivo – o "local onde os *shems* eram lançados". Mas a entrada do local, aparentemente um corte na montanha, era protegida por guardas ferozes:

Seu terror é impressionante, seu olhar é a morte.
Seu refletor de luz brilhante varre as montanhas.
Eles protegem Shamash
Enquanto ele ascende e desce.

Uma descrição em um selo (Fig. 76) mostrando Gilgamesh (*segundo da esquerda*) e seu companheiro Enkidu (*extrema direita*) retrata bem a intercessão de um deus com um dos guardas parecidos com robôs que podiam varrer a área com refletores de luz e emitir raios mortais. A descrição nos faz lembrar a declaração no Livro do Gênesis de que Deus havia colocado "a espada giratória" na entrada do Jardim de Éden, para bloquear o acesso aos humanos.

Figura 76

Quando Gilgamesh explicou suas origens parcialmente divinas, o objetivo de sua viagem ("sobre a morte e a vida eu desejo perguntar Utnapishtim") e o fato de que estava a caminho com o consentimento de Utu/Shamash, os guardas permitiram que ele seguisse em frente.

Procedendo e "seguindo a rota de Shamash", Gilgamesh viu-se em completa escuridão; "vendo nada adiante ou atrás", ele gritou em desespero. Viajando por vários *beru* (uma unidade de tempo, distância ou o arco dos céus), ele ainda se via envolto pela escuridão. Finalmente, "passou a brilhar quando os 12 *beru* foram alcançados".

O texto danificado e borrado mostra Gilgamesh chegando a um magnífico jardim, onde as frutas e as árvores eram esculpidas de pedras semipreciosas. Era lá que Utnapishtim residia. Expondo o seu problema ao seu ancestral, Gilgamesh se deparou com uma resposta decepcionante: o Homem, disse Utnapishtim, não tem como fugir do seu destino mortal. Entretanto, ofereceu a Gilgamesh uma forma de adiar a morte, revelando o local da Planta da Juventude – "o Homem se torna jovem na velhice", ela era chamada. Triunfante, Gilgamesh obteve a planta. Porém, como o destino aguardava, ele perdeu a planta de maneira estúpida no caminho de volta, e retornou a Uruk de mãos vazias.

Colocando de lado os valores literários e filosóficos do conto épico, a história de Gilgamesh nos interessa aqui, primeiramente, pelos seus aspectos "aeroespaciais". O *shem* que Gilgamesh precisava para poder chegar à Morada dos Deuses era, sem dúvida alguma, uma nave espacial, o lançamento de um dos quais ele havia testemunhado enquanto se aproximava do "local de aterrissagem". Os foguetes, ao que tudo parece, ficavam posicionados dentro de uma montanha e a área era uma zona restrita bem protegida.

Até agora não foi encontrada uma descrição gráfica do que Gilgamesh viu. Mas, foi encontrado um desenho na tumba de um governador egípcio de uma terra distante que mostra a ponta de um foguete, acima do solo, em um lugar onde crescem tamareiras. A coluna do foguete está claramente armazenada no *subterrâneo*, em um silo feito pelo Homem, construído de segmentos tubulares e decorado com peles de leopardo. (Fig. 77)

Figura 77

Muito parecido com o que fariam os desenhistas modernos, os artistas antigos expuseram um corte transversal do silo subterrâneo. Podemos ver que o foguete continha vários compartimentos. O inferior mostra dois homens rodeados por tubos curvados. Acima deles, há três painéis circulares. Comparando o tamanho da cabeça do foguete – o *ben-ben* – com o tamanho dos dois homens dentro do foguete, e as pessoas acima no nível do solo, é evidente que na cabeça do foguete – equivalente ao *mu* sumério, a "câmara celeste" – poderia facilmente caber um ou dois operadores ou passageiros.

TIL.MUN era o nome da terra para onde Gilgamesh havia ido. Literalmente, o nome significa "terra dos mísseis". Era a terra de onde os *shems* eram lançados, uma terra mantida sob autoridade de Utu/Shamash, um lugar onde se dava para ver esse Deus sendo "lançado à abóbada dos céus".

E embora a reprodução celeste desse membro do Panteão dos 12 fosse o Sol, sugerimos que seu nome não significa "Sol", mas era um epíteto descrevendo suas funções e responsabilidades. Seu nome sumério Utu significava "aquele que radiante vai para dentro". Seu nome derivativo acadiano – Shem-Esh – era mais explícito: *Esh* significa "fogo", e nós agora sabemos o que *shem* significava originalmente.

Utu/Shamash era "aquele dos foguetes espaciais inflamáveis". Sugerimos então que ele era o comandante da estação espacial dos Deuses.

*

O papel de comandante de Utu/Shamash, nos assuntos relacionados às viagens à Morada Celestial dos Deuses e as funções realizadas por seus subordinados nessa ligação, são trazidas à tona em detalhes ainda maiores por outro conto sumério sobre uma jornada celeste feita por um mortal.

As listas de reis sumérios nos informam que o 13º rei de Kish foi Etana, "aquele que ao Céu ascendeu". A breve declaração não carece de maiores explicações, pois o conto sobre o rei mortal, que viajou aos céus mais elevados, era bem conhecido por todo o Oriente Próximo antigo e foi o objeto de várias descrições de selos.

Eles nos contam que Etana foi designado pelos deuses para gerar segurança e prosperidade à Humanidade e que o reino – uma organização civilizada – tinha a intenção de proporcioná-los. Mas, ao que parece, Etana não conseguia ter um filho para continuar a dinastia. O único remédio conhecido era uma determinada Planta do Nascimento que Etana poderia obter apenas trazendo dos céus.

Como um Gilgamesh de uma época posterior, Etana foi até Shamash pedir permissão e assistência. À medida que o épico se desdobra, fica claro que Etana estava pedindo um *shem* a Shamash!

> Ó Senhor, que a permissão saia de tua boca!
> Concede-me tu a Planta do Nascimento!
> Mostra-me a Planta do Nascimento!
> Remove minha limitação!
> Produz para mim um *shem*!

Lisonjeado pela oração e nutrido pela ovelha sacrificada, Shamash concordou em conceder o pedido de Etana para que lhe providenciasse um *shem*. Shamash disse a Etana que uma "águia" o levaria ao local celeste desejado.

Conduzindo Etana ao fosso onde a águia havia sido colocada, Shamash também já havia informado à águia sobre o objetivo da missão. Trocando mensagens crípticas com "Shamash, seu senhor", a águia foi informada: "um homem eu te enviarei; ele pegará tua mão(...) conduzi-lhe até aqui(...) faze o que ele disser(...) faze como eu disse".

Chegando à montanha indicada a ele por Shamash, "Etana viu o fosso" e, dentro dele, "estava a águia". "Sob o comando do valente Shamash", a águia entrou em comunicação com Etana. Mais uma vez, Etana explicou seu objetivo e destinação; imediatamente a águia começou a instruir Etana sobre o procedimento para "elevar a águia do seu fosso". As duas primeiras tentativas fracassaram, mas, na terceira, a águia subiu de forma correta. Ao amanhecer, a águia anunciou a Etana: "Meu amigo(...) ao Céu de Anu, eu te levarei!" Instruindo-o em como se segurar, a Águia decolou – e eles alçaram voo, subindo muito rápido.

Do mesmo modo que seria relatado por um astronauta moderno, observando a Terra recuar à medida que o foguete sobe, o antigo contador de histórias descreve como a Terra ficava cada vez menor aos olhos de Etana:

> Quando o levou para cima um *beru*,
> a águia disse a ele, a Etana:
> "Veja, meu amigo, como é a Terra!
> Olhe o mar dos dois lados da Casa da Montanha:
> A Terra havia de fato se tornado um mero monte,
> O vasto mar parece apenas um balde".

Cada vez mais alto a águia subia; cada vez menor a Terra parecia. Quando lançou um segundo *beru*, a águia disse:

> "Meu amigo,
> Dê uma olhada como a Terra parece!
> A Terra transformou-se em uma fenda (...)

O vasto mar parece apenas uma cesta de pão" (...)
Quando lançou um terceiro *beru*,
a águia disse a ele, a Etana:
"Veja, meu amigo, como a Terra parece!
A Terra se transformou em uma vala de jardineiro!"

E então, enquanto continuavam ascendendo, a Terra, de repente, ficou fora do alcance da visão.

Enquanto eu olhava ao redor, a Terra havia desaparecido,
e sobre o vasto mar meus olhos não podiam mais se deleitar.

De acordo com uma versão desse conto, a águia e Etana não conseguiram chegar ao Céu de Anu. No entanto, outra versão declara que Etana ficou com medo quando não pôde mais ver a Terra e ordenou que a águia revertesse o curso e "mergulhasse" de volta à Terra.

Outra vez, encontramos uma comparação bíblica com esse relato raro de ver a Terra de uma grande distância acima dela. Exaltando o Senhor Yahweh, o profeta Isaías falou dele: "É ele que se senta sobre o círculo da Terra e os habitantes, desse modo, são parecidos com insetos".

O conto de Etana nos informa que, ao ir em busca de um *shem*, Etana teve de se comunicar com uma águia dentro de um fosso. A descrição de um selo mostra uma estrutura alta e alada (uma torre de lançamento?) sobre a qual uma águia sai voando. (Fig. 78)

O que ou quem era a águia que levou Etana aos céus distantes?

Não há como não associar o texto antigo com a mensagem enviada à Terra, em julho de 1969, por Neil Armstrong, comandante da nave espacial Apollo 11: "Houston! Aqui Base da Tranquilidade. A *águia* pousou!".

Ele estava relatando a primeira vez que o Homem pousou na Lua. "Base da Tranquilidade" era o local da aterrissagem; *águia* era o nome do módulo lunar que, separado da nave espacial, levou dois astronautas dentro dele até a Lua (e, em seguida, levou-os de volta à nave-mãe). Quando o módulo lunar se separou pela primeira vez e começou seu próprio voo na órbita da Lua, os astronautas disseram ao Controle da Missão em Houston: "A *águia* tem asas".

No entanto, "águia" podia também denotar os astronautas que tripulavam a nave espacial. Na missão da Apollo 11, "águia" era também o símbolo dos próprios astronautas, usados como emblemas em seus trajes. Igual ao conto de Etana, eles também eram "águias" que podiam voar, falar e se comunicar. (Fig. 79)

Como os artistas da Antiguidade retratariam os pilotos das naves espaciais dos Deuses? Eles os retratariam, por acaso, como águias?

Isso é exatamente o que descobrimos. Uma impressão em um selo assírio, de cerca de 1500 a.C., exibe dois "homens-águias" saudando um *shem*! (Fig. 80)

Várias descrições de tais "águias" – os acadêmicos chamam-nas de "homens-pássaros" – foram descobertas. A maioria das descrições mostra-os flanqueando a Árvore da Vida, como se enfatizassem que eles, em seus *shems*, proporcionam a ligação com a Morada Celestial onde o Pão da Vida e a Água da Vida podem ser encontrados. De fato, a descrição comum das águias mostra-as segurando em uma mão a Fruta da Vida e, na outra, a Água da Vida, em total conformidade com os contos de Adapa, Etana e Gilgamesh. (Fig. 81)

As várias descrições de águias mostram claramente que elas não são monstruosos "homens-pássaros", mas seres antropomórficos trajando fantasias ou uniformes que lhes dão a aparência de águias.

O conto hitita relacionado ao Deus Telepinu, que havia sumido, relata que "os grandes Deuses e os Deuses inferiores começaram a procurar por Telepinu" e "Shamash enviou uma águia veloz" para encontrá-lo.

O Livro do Êxodo conta que Deus havia lembrado os Filhos de Israel, "Eu vos carreguei sobre as asas de águias e vos trouxe até mim", confirmando, é o que parece, que o caminho para se alcançar a Morada Divina era por meio das asas das águias – do mesmo modo que o conto de Etana relata. Vários versículos bíblicos, na realidade, descrevem a Divindade como sendo um ser alado. Boaz deu as boas-vindas a Rute na comunidade judia como "vindo sob as asas" do Deus Yahweh. Os salmistas buscavam a segurança "sob a sombra de vossas asas" e descreviam a descida do Senhor dos céus. "Ele montava um querubim e saía voando; ele alçava voo sobre tempestuosas asas." Analisando as similaridades entre o El (empregado como um título ou termo genérico para Divindade) bíblico e o El canaanita, S. Langdon (*Semitic Mythology*) mostrou que ambos eram retratados, em texto e em moedas, como deuses alados.

Figura 78

Figura 79

Figura 80

Figura 81

Figura 82

Os textos mesopotâmicos, invariavelmente, apresentam Utu/Shamash como sendo o Deus responsável pelo local de aterrissagem dos *shems* e das águias. E assim como seus subordinados, ele era, às vezes, mostrado trajando a regalia completa de um traje de águia. (Fig. 82)

Com essa autoridade, ele podia conceder aos reis o privilégio de "voar nas asas dos pássaros" e de "subir dos céus inferiores aos mais supremos". E quando ele era lançado ao céu em um foguete inflamável, era ele "que se expandia em distâncias desconhecidas, por incontáveis horas". De forma apropriada, "sua rede era a Terra, sua armadilha, os céus distantes".

A terminologia suméria para objetos ligados à viagem celeste não era limitada aos *mes,* que os deuses vestiam, ou aos *mus,* que eram suas "carruagens" com formato cônico.

Os textos sumérios que descrevem Sippar relatam que havia uma parte central, escondida e protegida por muralhas poderosas. Dentro dessas muralhas ficava o Templo de Utu, "uma casa parecida com a casa dos Céus". Em um pátio interno do templo, também protegido por muralhas altas, ficava "ereto apontado para o céu, o poderoso APIN" ("um objeto que serve para arar", de acordo com os tradutores).

Um desenho descoberto no morro do templo de Anu, em Uruk, retrata esse objeto. Teríamos dificuldades, há algumas décadas atrás, para adivinhar o que era esse objeto; entretanto, trata-se de um foguete espacial de estágio, em cujo topo repousa o *mu* cônico, ou a cabine de comando. (Fig. 83)

Figura 83

A evidência de que os deuses da Suméria não possuíam apenas "câmaras voadoras" para disparar pelos céus da Terra, mas também foguetes espaciais de estágio, aparece, também, ao examinar os textos que descrevem os objetos sagrados do templo de Ut, em Sippar. Eles nos informam que era exigido às testemunhas, na suprema corte da Suméria, que fizessem o juramento no pátio interno, ao lado de uma passagem da qual eles podiam ver e ficar diante de três "objetos divinos". Eles eram chamados de "esfera dourada" (a cabine da tripulação?), o GIR e o *alikmahrati* – um termo que significa, literalmente, "impulsor que faz a nave ir", ou o que chamaríamos de motor.

O que surge aqui é a referência de um foguete espacial de três partes, com uma cabine ou módulo de comando na extremidade do topo, os motores na extremidade inferior e o *gir* no centro. Esse último é um termo que tem sido muito usado relacionado com voo espacial. Os guardas que Gilgamesh encontrou na entrada do local de aterrissagem de Shamash eram chamados de homens-*gir*. No templo de Ninurta, a área sagrada ou mais protegida era chamada de GIR.SU ("onde o *gir* brota").

Gir era um termo conhecido e usado para descrever um objeto de ponta afiada. Uma olhada minuciosa no sinal gráfico que representa o *gir* nos dá uma compreensão melhor sobre a natureza "divina" do termo; pois o que vemos é um objeto longo, com formato de seta, dividido em várias partes ou componentes:

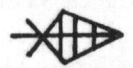

Que o *mu* podia pairar nos céus da Terra por si só, voar sobre as regiões da Terra quando fixado a um *gir* ou se transformar em um módulo de comando no topo de *apin* de estágio é uma prova da capacidade de engenharia dos Deuses da Suméria, os Deuses do Céu e da Terra.

Uma análise das pictografias e dos ideogramas não deixa dúvida de que seja lá quem for que desenhou aqueles sinais estava familiarizado com os formatos e propósitos dos foguetes com caudas explodindo fogo, veículos parecidos com mísseis e "cabines" celestes.

KA.GIR ("boca do foguete") mostra um *gir* equipado com barbatana, ou foguete, dentro de um invólucro subterrâneo parecido com um fosso.

ESH ("Morada Divina"), a câmara ou módulo de comando de um veículo espacial.

ZIK ("ascender"), um módulo de comando sendo lançado?

O Nefilim: Povo dos Foguetes Inflamáveis

Finalmente, vamos dar uma olhada no símbolo pictográfico para "deuses", em sumério. O termo era uma palavra de duas sílabas: DIN.GIR. Nós já vimos o que o símbolo para GIR representa: um foguete de dois estágios com barbatanas. DIN, a primeira sílaba, significava "justo", "puro", "brilhante". Colocados juntos, logo, DIN.GIR como sendo "Deuses" ou "seres divinos" transmitia o significado de "aqueles justos dos objetos brilhantes e pontudos" ou, de forma mais explícita, "os puros dos foguetes flamejantes".

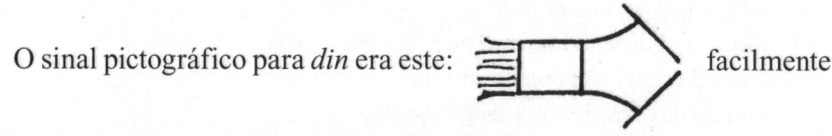

O sinal pictográfico para *din* era este: facilmente nos fazendo lembrar um motor a jato lançando chamas da parte de trás, com uma abertura surpreendente na parte da frente. Mas esse enigma se torna mais incrível se nós "soletrarmos juntos" *dingir,* ao combinar duas pictografias. A cauda do *gir* que parece com barbatana se ajusta perfeitamente na abertura na frente do *din*! (Fig. 84, 85)

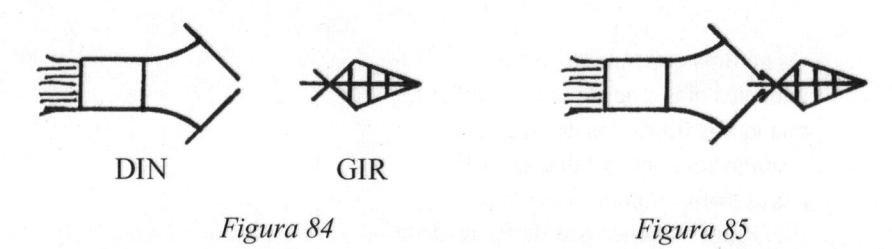

DIN GIR

Figura 84 *Figura 85*

O impressionante resultado é a foto de uma nave espacial impulsionada por um foguete, com uma nave de aterrissagem que se encaixa perfeitamente – do mesmo modo que o módulo lunar se encaixou com a nave espacial Apollo 11! É, de fato, um veículo de três estágios, com cada parte se encaixando perfeitamente uma na outra: a porção de propulsão contendo o motor, a seção central contendo os suprimentos e equipamentos e a "câmara do céu" cilíndrica abrigando as pessoas chamadas de *dingir* – os Deuses da Antiguidade, os astronautas de milênios atrás.

Dá para se ter alguma dúvida de que os povos antigos, ao chamarem suas divindades de "Deuses do Céu e da Terra", queriam dizer, literalmente, que eles eram pessoas de outro lugar que tinham vindo à Terra dos céus?

A evidência até agora apresentada relacionada aos deuses antigos e seus veículos não deve deixar dúvidas de que, de fato, eles já foram seres vivos de carne e sangue, pessoas que literalmente desceram à Terra, vindas dos céus.

Até os primeiros compiladores do Antigo Testamento – que dedicaram a Bíblia a um único Deus – acharam necessário reconhecer a presença sobre a Terra nos primórdios desses seres divinos.

A seção enigmática – uma aberração tanto por parte dos tradutores como dos teólogos – abre o começo do capítulo 6 do Gênesis. Ela faz uma interposição entre uma revisão da dispersão da Humanidade, ao longo das gerações que seguiram Adão e a história do desencantamento divino com a Humanidade que antecedeu o Dilúvio. Ela declara – de forma equivocada – que, naquela época,

>os filhos dos Deuses
>viram as filhas do homem, que elas eram boas;
>e eles as tomavam como esposas,
>entre todas aquelas que escolhessem.

As implicações desses versos e as comparações com os contos sumérios sobre os Deuses, seus filhos e netos e os descendentes semidivinos, resultado da coabitação entre deuses e mortais, enquadram-se ainda mais à medida que continuamos lendo os versículos bíblicos:

>Os nefilins estavam na Terra,
>naqueles dias e desde então também,
>quando os filhos dos deuses
>coabitavam com as filhas de Adão,
>e eles tiverem filhos com elas.
>Eles eram os poderosos da Eternidade –
>O Povo do *shem*.

O verso acima não se trata de uma tradução tradicional. Durante muito tempo, a expressão "os nefilins estão na Terra" era traduzida como "havia gigantes na Terra"; entretanto, tradutores atuais, reconhecendo o erro, resolveram simplesmente deixar o termo *nefilim*, em hebraico, intacto na tradução. O verso "o povo de *shem*", como era de se esperar, passou a significar "o povo que tinha um nome" e, em seguida, "o povo de fama". Mas, como nós já estabelecemos, o termo *shem* deve ser entendido em seu significado original – um foguete, uma nave espacial.

O que significa então o termo *nefilim*? Derivando da raiz semita NFL ("ser lançado para baixo"), significa exatamente o que diz: *aqueles que foram lançados para baixo, para a Terra!*

Teólogos e acadêmicos bíblicos contemporâneos tentam evitar os versos problemáticos, explicando-os de forma alegórica ou simplesmente ignorando-os por completo. Entretanto, as escrituras judaicas da época do Segundo Templo reconheceram nesses versos os ecos das tradições antigas que falam de "anjos caídos". Alguns dos primeiros trabalhos acadêmicos chegaram até a mencionar os nomes desses seres divinos "que caíram do Céu e que estavam na Terra naquela época": Sham-Hazzai ("vigia do *shem*"), Uzza ("poderoso") e Uzi-El ("poder de Deus").

Malbim, um notável comentarista bíblico judeu do século XIX, reconheceu essas raízes antigas e explicou que, "nos tempos antigos, os governantes dos países eram os filhos das divindades que chegava à Terra vindos dos Céus, governavam a Terra e arrumavam esposas entre as filhas do Homem; e seus descendentes incluíam os heróis e poderosos, príncipes e soberanos". Essas histórias, escreveu Malbim, eram sobre os deuses pagãos, "filhos das divindades, que nos primórdios caíram dos Céus na Terra; é por isso que eles se chamavam 'Nefilim', ou seja, Aqueles Que Caíram".

Desprezando as implicações teológicas, o significado literal e original dos versos não pode ser ignorado: os filhos dos deuses que vieram à Terra dos céus eram os nefilins.

E os nefilins eram o Povo do Shem – o Povo das Naves Espaciais. Daqui por diante, devemos chamá-los pelos seus nomes bíblicos.

6
O Décimo Segundo Planeta

A SUGESTÃO de que a Terra foi visitada por seres inteligentes de outro lugar postula a existência de outro corpo celeste, no qual os seres inteligentes estabeleceram uma civilização mais avançada que a nossa.

A especulação relacionada à possibilidade de a Terra ter sido visitada por seres inteligentes, vindos de outro lugar, era centrada, no passado, em planetas como Marte ou Vênus como seu lugar de origem. No entanto, hoje, como é virtualmente certo que esses dois vizinhos planetários da Terra não têm vida inteligente e nem uma civilização avançada sobre eles, aqueles que acreditam em tais visitas à Terra voltam os olhos para outras galáxias e estrelas distantes como a moradia desses astronautas extraterrestres.

A vantagem que essas sugestões trazem é que, enquanto não podem ser provadas, elas também não podem ser refutadas. A desvantagem é que essas "moradias" sugeridas estão fantasticamente distantes da Terra, o que exigiria anos após anos de viagem na velocidade da luz. Os autores de tais sugestões, portanto, postulam viagem apenas de vinda à Terra: uma tripulação de astronautas em uma missão sem retorno ou, talvez, uma tripulação em uma nave espacial perdida e fora de controle, fazendo uma aterrissagem forçada na Terra.

Definitivamente, essa *não* é a noção suméria sobre a Morada Celestial dos Deuses.

Os sumérios aceitavam a existência desta "Morada Celestial", um "lugar primordial", uma "morada primária". Enquanto Enlil, Enki e Ninhursag foram para a Terra e lá fizeram suas moradas, seu pai, Anu, permaneceu na Morada Celestial, como seu governante. Não são apenas referências ocasionais em vários textos, como também "listas de deuses" detalhadas que, de fato, nomeiam 21 casais divinos da dinastia que precederam Anu no trono do "lugar primordial".

O próprio Anu reinou em uma corte de grande esplendor e influência. Como Gilgamesh relatou (e o Livro de Ezequiel confirmou), era um lugar que tinha um jardim artificial, todo esculpido com pedras semipreciosas. Lá, residia Anu com sua esposa oficial Antu e seis concubinas, oito descendentes, três comandantes responsáveis pelos *mu*s (naves espaciais), dois comandantes de armas, dois grandes mestres do conhecimento escrito, um ministro das finanças, dois chefes de Justiça, dois "cujos sons impressionam" e dois chefes escribas com cinco assistentes de escribas.

Os textos mesopotâmicos fazem referências frequentes à suntuosidade da morada de Anu e aos Deuses e armas que protegiam a entrada. O conto de Adapa relata que o Deus Enki, ao providenciar um *shem* para Adapa,

> Fez com que ele pegasse a rota do Céu,
> e para o Céu ele se foi.
> Quando ascendeu ao Céu,
> ele se aproximou do Portão de Anu.
> Tammuz e Gizzida estavam de guarda
> no Portão de Anu.

Protegidos pelas armas divinas SHAR.UR ("caçador real") e SHAR.GAZ ("matador real"), o salão do trono de Anu era o local da Assembleia dos Deuses. Em tais ocasiões, um protocolo restrito regia a ordem de entrada e onde deveriam se sentar:

> Enlil entra no salão do trono de Anu,
> senta-se no local da tiara da direita,
> à direita de Anu.
> Ea entra [no salão do trono de Anu],
> senta-se no local da tiara sagrada,
> à esquerda de Anu.

Os Deuses do Céu e da Terra do Oriente Próximo antigo não eram apenas oriundos dos céus, como também podiam retornar à Morada Celestial. Anu descia, ocasionalmente, à Terra em visitas de Estado; Ishtar subiu até Anu pelo menos duas vezes. O centro de Enlil, em Nippur, era equipado para ser uma "ligação céu-terra". Shamash era responsável pelas águias e pelo local de lançamento dos foguetes espaciais. Gilgamesh subiu ao Lugar da Eternidade e retornou para Uruk; Adapa também fez a viagem e voltou para contar sobre ela; do mesmo modo que fez o rei bíblico de Tiro.

Há vários textos mesopotâmicos que tratam do *Apkallu*, um termo acadiano que deriva do sumério AB.GAL ("o grandioso que lidera" ou "o mestre que aponta o caminho"). Um estudo conduzido por Gustav Guterbock (*Die Historische Tradition und Ihre Literarische Gestaltung bei Babylonier und Hethiten*) assegura que eles eram os "homens-pássaros", descritos como "águias", que nós já havíamos indicado. Os textos que falavam das suas façanhas diziam que um deles "trouxe Inanna do Céu, no templo de E-Anna a fez pousar". Essa e outras referências indicam que esses Apkallu eram os pilotos das naves espaciais dos nefilins.

A viagem de ida e volta não era apenas possível, era, na verdade, contemplada desde o início, tendo em vista que fomos informados que, tendo decidido estabelecer na Suméria uma Passagem dos Deuses (Babili), o líder dos Deuses explicou:

> Quando a Fonte Primária
> para a comunidade que vós devereis ascender,
> Deverá haver um local de repouso noturno
> para receber todos vós.
> Quando dos Céus
> para a comunidade que vós devereis descer,
> Deverá haver um local de repouso noturno
> para receber vós todos.

Percebendo que essa viagem de ida e volta entre a Terra e a Morada Celestial era tanto contemplada como praticada, o povo da Suméria não exilou seus deuses para galáxias distantes. A Morada dos Deuses, como revela o seu legado, ficava dentro do nosso próprio Sistema Solar.

Vimos Shamash em seu uniforme oficial de comandante das águias. Em cada pulso, ele usava um objeto parecido com um relógio, preso por presilhas de metal. Outras descrições das águias revelam que todos que eram importantes usavam tais objetos. Se eles se tratavam de meros objetos decorativos ou serviam a um propósito útil, é algo que não sabemos. No entanto, todos os acadêmicos concordam que os objetos representavam rosetas – um cacho de "pétalas" circular que brilhava no ponto central. (Fig. 86)

A roseta era o símbolo mais comum de decoração dos templos em todas as terras antigas, predominantemente na Mesopotâmia, Ásia Ocidental, Anatólia, Chipre, Creta e Grécia. É uma visão aceita que a roseta, como um símbolo dos templos, era resultado ou estilização de um fenômeno celeste – um sol rodeado por seus satélites. O fato de os astronautas usarem esse símbolo nos pulsos aumenta ainda mais a crença quanto a essa visão.

Uma descrição assíria do portal de Passagem de Anu, na Morada Celestial (Fig. 87), confirma que os antigos tinham familiaridade com o sistema celeste, tais como o nosso Sol e seus planetas. O portão é protegido por duas águias – indicando que seus serviços eram necessários para se chegar até a

Morada Celestial. O globo alado – o supremo emblema divino – sinaliza o portal. É ladeado por símbolos celestes, totalizando sete, e com a crescente, representando (acreditamos) Anu rodeado por Enlil e Enki.

Onde os corpos celestes se encontram representados por esses símbolos? Onde fica a Morada Celestial? O artista da Antiguidade responde com outra descrição, aquela de uma divindade celeste expandindo seus raios em direção aos 11 corpos celestes menores que a circundam. É uma representação do Sol, orbitado por 11 planetas.

O fato de que não se tratava de uma representação isolada pode ser mostrado ao reproduzir outras descrições nos selos cilíndricos, como o do Museu do Antigo Oriente Próximo de Berlim. (Fig. 88)

Quando o Deus central ou corpo celeste no selo de Berlim é ampliado (Fig. 89), podemos ver que ele retrata uma enorme estrela emitindo raios e rodeada por 11 corpos celestes – planetas. Eles, por sua vez, repousam em uma corrente de 24 globos pequenos. Será apenas uma coincidência que o número de todas as "luas", ou satélites, dos planetas no nosso Sistema Solar (os astrônomos excluem aqueles que têm 16 quilômetros ou menos de diâmetro) soma também o exato número de 24?

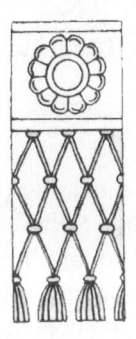

Figura 86

Figura 87

Figura 88

Figura 89

Mas é claro que há um truque que ajuda a confirmar que essas descrições – de um Sol com *11* planetas – representam o *nosso* Sistema Solar, pois os nossos acadêmicos nos contam que o sistema planetário do qual a Terra faz parte consiste do Sol, Terra e Lua, Mercúrio, Vênus, Marte, Júpiter, Saturno, Urano, Netuno e Plutão. Isso totaliza o Sol e apenas dez planetas (quando a Lua é contada como sendo um).

Porém, não é o que os sumérios diziam. Eles afirmavam que o nosso Sistema Solar era composto pelo Sol e 11 planetas (contando com a Lua), e concluíam com firmeza a opinião de que, além dos planetas conhecidos hoje, havia um *12º* membro do Sistema Solar – o planeta de residência dos nefilins.

Nós o chamaremos de *Décimo Segundo Planeta*.

*

Antes de checarmos a precisão da informação suméria, vamos rever a história do nosso próprio conhecimento da Terra e dos céus que a rodeiam.

Hoje, sabemos que além dos planetas gigantes Júpiter e Saturno – em distâncias insignificantes em termos de universo, mas imensas em termos humanos –, mais dois planetas importantes (Urano e Netuno) e um terceiro pequeno (Plutão) pertencem ao nosso Sistema Solar. Entretanto, esse conhecimento é um tanto recente. Urano foi descoberto em 1781, com o uso de telescópios mais avançados. Após observá-lo por 50 anos, alguns astrônomos chegaram à conclusão de que a sua órbita revelava a influência de mais um planeta. Baseando-se em cálculos matemáticos, o planeta que faltava – chamado Netuno – foi apontado por astrônomos em 1846. Naquela época, no final do século XIX, tornou-se evidente que o próprio Netuno estava sendo sujeitado a uma atração gravitacional desconhecida. Havia, então, outro planeta no nosso Sistema Solar? O enigma foi resolvido em 1930 com a observação e localização de Plutão.

Até 1780, e durante séculos antes, as pessoas acreditavam que existiam *sete* membros no nosso Sistema Solar: Sol, Lua, Mercúrio, Vênus, Marte, Júpiter e Saturno. A Terra não era contada como planeta porque se acreditava que esses outros corpos celestes circulavam ao redor da Terra – o corpo celeste mais importante criado por Deus, com a criação mais importante de Deus, o Homem, habitando sobre ela.

De modo geral, nossos livros escolares creditam a Nicolau Copérnico a descoberta de que Terra era apenas um de vários planetas em um sistema heliocêntrico (o Sol no centro). Temendo a ira da Igreja Cristã por desafiar a posição central da Terra, Copérnico publicou o seu estudo (*Da revolução de esferas celestes*) apenas quando se encontrava em seu leito de morte, em 1543.

Incitado a rever os conceitos astronômicos ultrapassados há séculos, primeiramente, por necessidade navegacional da Era dos Descobrimentos e pelas descobertas feitas por Colombo (1492) e Magalhães (1520), e outras que indicavam que a Terra não era achatada e sim esférica, Copérnico dependia dos cálculos matemáticos à procura de respostas nas escritas antigas. Um dos poucos clérigos que apoiou Copérnico, o cardeal Schonberg, escreveu sobre ele, em 1536: "Veio ao meu conhecimento que tu não conheces apenas o fundamento das doutrinas matemáticas antigas, mas que também criaste uma nova teoria, de acordo com a qual a Terra se encontra em movimento e é o Sol que ocupa, portanto, a posição fundamental e cardinal".

Os conceitos aceitos na época eram baseados nas tradições gregas e romanas de que a Terra, que era achatada, coberta por uma "abóbada" de céus distantes, nas quais as estrelas eram fixadas. Em oposição aos céus, com suas estrelas pregadas, os planetas (da palavra grega para "itinerante") moviam-se ao redor da Terra. Havia, portanto, sete corpos celestes, dos quais se originaram os sete dias da semana e seus nomes: Sol (*Sunday*),

Lua (*Monday*), Marte (*mardi*), Mercúrio (*mercredi*), Júpiter (*jeudi*), Vênus (*vendredi*), Saturno (*Saturday*). (Fig. 90)

Essas noções astronômicas derivam dos trabalhos e codificações de Ptolomeu, um astrônomo da cidade de Alexandria, no Egito, do século II d.C. Suas descobertas específicas eram que o Sol, a Lua e cinco planetas se moviam em círculos ao redor da Terra. A astronomia ptolemaica predominou por mais de 1.300 anos – até Copérnico colocar o Sol no centro.

Enquanto alguns chamam Copérnico de "pai da Astronomia moderna", outros veem-no mais como um pesquisador e um reconstrutor de ideias passadas. O fato é que ele se aprofundou nas escritas dos astrônomos gregos que precederam Ptolomeu, tais como Hiparco e Aristarco de Samos. O último sugeria, no século III a.C., que os movimentos dos corpos celestes poderiam ser mais bem explicados se o Sol – e não a Terra – estivesse no centro. De fato, 2 mil anos antes de Copérnico, os astrônomos gregos listavam os planetas em sua ordem correta do Sol, reconhecendo, portanto, que o Sol, e não a Terra, era o ponto focal do Sistema Solar.

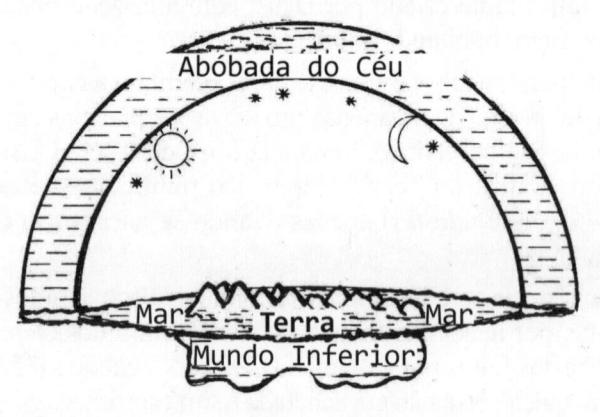

Figura 90

O conceito heliocêntrico foi apenas *re*descoberto por Copérnico; e o fato interessante é que os astrônomos sabiam mais em 500 a.C. do que em 500 d.C. e 1500 d.C.

Na realidade, os acadêmicos de hoje enfrentam dificuldades para explicar por que os gregos tardios e, em seguida, os romanos assumiram que a Terra era achatada, emergindo acima de camadas de águas turvas, sob as quais se situa Hades ou o "Inferno", quando algumas evidências deixadas pelos astrônomos gregos de épocas anteriores indicavam que eles já sabiam o contrário.

Hiparco, que viveu na Ásia Menor no século II a.C., argumentou sobre "o deslocamento do signo solstícial e equinocial", o fenômeno chamado atualmente de precessão dos equinócios. Entretanto, o fenômeno pode ser explicado apenas em termos de uma "astronomia esférica", em que a Terra é rodeada por outros corpos celestes como uma esfera dentro do universo esférico.

Hiparco sabia, então, que a Terra era um globo e fez os seus cálculos nos termos da astronomia esférica? Igualmente importante é ainda outra questão. O fenômeno da precessão podia ser observado com a chegada da primavera na posição do Sol (como visto da Terra) em uma determinada constelação zodiacal. No entanto, a mudança de uma casa zodiacal até a outra requer 2.160 anos. Hiparco, certamente, não poderia ter vivido o tempo suficiente para fazer essa observação astronômica. Onde foi então que ele obteve sua informação?

Eudoxo de Cnido, outro matemático e astrônomo grego, que viveu na Ásia Menor dois séculos antes de Hiparco, desenhou uma esfera celeste, uma cópia daquela que está montada em Roma, como a estátua de Atlas segurando o mundo. Os desenhos na esfera representam as constelações zodiacais. No entanto, se Eudoxo concebeu os céus como sendo uma esfera, onde, em relação aos céus, se encontrava a Terra? Ele achava que o globo celeste repousava em uma Terra *achatada* – um arranjo muito desajeitado – ou ele sabia que havia uma Terra esférica, envolvida por uma esfera celeste? (Fig. 91)

Figura 91

Os trabalhos de Eudoxo, cujos originais estão perdidos, chegaram até nós graças aos poemas de Arato que, no século III a.C., "traduziu" os fatos expressos pelo astrônomo em linguagem poética. Nesse poema (que devia ser de conhecimento de São Paulo, que o citou) as constelações são descritas com grandes detalhes, "todo desenhado ao redor"; e o seu agrupamento e nomenclatura são atribuídos a uma época anterior muito remota. "Alguns homens de outrora pensaram em uma nomenclatura e um modo de agrupamento, e encontraram as formas adequadas."

Quem eram os "homens de outrora" aos quais Eudoxo atribuiu a designação das constelações? Baseados em certas pistas deixadas pelo poema, os astrônomos modernos acreditam que os versos gregos descrevem os céus como eles o observavam na *Mesopotâmia,* por volta de 2200 a.C.

O fato de que, tanto Hiparco como Eudoxo, viveram na Ásia Menor levanta a possibilidade de que eles tenham extraído seus conhecimentos de fontes hititas. Talvez até tenham visitado a capital hitita e visto a procissão divina entalhada nas rochas que por lá se encontravam; pois entre os Deuses marchando, havia dois homens-touros segurando um globo – uma visão que poderia muito bem ter inspirado Eudoxo para esculpir Atlas e a esfera celeste. (Fig. 92)

Figura 92

Os primeiros astrônomos gregos que viviam na Ásia Menor eram mais bem informados do que os seus sucessores, porque podiam se basear em fontes mesopotâmicas?

De fato, Hiparco confirmou em seus escritos que os estudos eram baseados no conhecimento acumulado e verificado durante muitos milênios. Ele nomeou, como seus mentores, os "astrônomos babilônios de Ereque, Borsippa e Babilônia". Gêmino de Rodes nomeou os "caldeus" (antigos babilônios) como os descobridores dos movimentos exatos da Lua. O historiador Diodoro Sículo, escrevendo no século I a.C., confirmou a exatidão da astronomia mesopotâmica; ele declarou que "os caldeus nomearam os planetas e, no centro do seu sistema, situava-se o Sol, a grandiosa luz, da qual os planetas eram 'descendentes', refletindo a posição e o brilho do Sol".

A fonte reconhecida do conhecimento astronômico grego era então caldeia; invariavelmente, esses primeiros caldeus possuíam um conhecimento maior e mais preciso do que os povos que os sucederam. Durante gerações, em todo o mundo antigo, o nome "caldeu" foi sinônimo de astrônomos "observadores de estrelas".

Abraão, que saiu de "Ur dos caldeus", ouviu de Deus para que observasse as estrelas quando as futuras gerações hebraicas fossem discutidas. Na realidade, o Antigo Testamento estava repleto de informação astronômica. José comparou a si mesmo e seus irmãos com os doze corpos celestes e o patriarca Jacó abençoou seus 12 descendentes ao associá-los com as doze constelações do Zodíaco. Os Salmos e o Livro de Jó fazem repetidas referências aos fenômenos celestes, às constelações zodiacais e a outros grupos de estrelas (tais como as Plêiades). O conhecimento do Zodíaco, a divisão científica dos céus e outras informações astronômicas eram, portanto, prevalentes no Oriente Próximo antigo, bem antes da época da Grécia antiga.

O escopo da astronomia mesopotâmica, da qual os primeiros astrônomos gregos extraíram o máximo, tem sido vasto, tendo em vista que os arqueólogos encontraram uma avalanche enorme de textos, inscrições, impressões de selos, relevos, desenhos, listas de corpos celestes, presságios, calendários, tabelas dos horários do alvorecer e do poente do Sol, planetas e previsões de eclipses.

Muito dos textos mais tardios, para ser exato, eram de natureza mais astrológica do que astronômica. Os céus e os movimentos dos corpos celestes aparentavam ser a preocupação mais importante dos reis poderosos, sacerdotes de templos e do povo da Terra em geral: guerra, paz, fartura, fome.

Compilando e analisando centenas de textos do primeiro milênio a.C., R. C. Thompson (*The Reports of the Magicians and Astrologers of Nineveh and Babylon*) foi capaz de mostrar que esses observadores de estrelas estavam preocupados com os destinos da Terra, de seu povo e seu governante, a partir de um ponto de vista nacional, e não com os destinos individuais (como a astrologia de "horóscopo" faz nos dias de hoje):

> Quando a Lua em seu horário calculado não for vista, haverá uma invasão de uma cidade poderosa.

> Quando um cometa entrar no caminho do Sol, a vazão do campo será diminuída; uma revolta ocorrerá duas vezes.

> Quando Júpiter se alinhar com Vênus, as orações da Terra alcançarão os corações dos deuses.

> Se o Sol se posicionar na estação da Lua, o rei da Terra terá seu lugar garantido no trono.

Inclusive esse tipo de astrologia requer conhecimento astronômico abrangente e preciso, sem o qual as previsões não seriam possíveis. Os mesopotâmicos, possuidores de tal conhecimento, faziam a distinção entre as estrelas "fixas" e os planetas que "vagavam", e sabiam que nem o Sol nem a Lua eram estrelas fixas, muito menos planetas ordinários. Eles eram familiarizados com os cometas, meteoros e outros tipos de fenômenos celestes e conseguiam calcular as relações entre os movimentos do Sol, da Lua e da Terra e prever os eclipses. Eles acompanhavam os movimentos dos corpos celestes e os relacionavam com os movimentos da órbita e rotação da Terra por meio do sistema helíaco – o sistema ainda usado nos dias de hoje, que mede o amanhecer e o poente das estrelas e dos planetas nos céus da Terra em relação ao Sol.

Para manter o registro dos movimentos dos corpos celestes e de suas posições nos céus em relação à Terra e um com o outro, os babilônios e os assírios contavam com efemérides precisas. Elas eram tábuas que listavam e previam as posições futuras dos corpos celestes. O professor George Sarton (*Chaldean Astronomy of the Last Three Centuries B.C.*) descobriu que eles eram computados por meio de dois métodos: um posterior, usado na Babilônia, e um mais antigo, de Uruk. Sua inesperada descoberta foi que o mais antigo, o método de Uruk, era mais sofisticado e mais preciso que o sistema posterior. Nessa surpreendente situação, ele concluiu que as noções astronômicas errôneas dos gregos e dos romanos foi o resultado de uma transição para a filosofia que explicava o mundo em termos geométricos, ao passo que os sacerdotes-astrônomos da Caldeia seguiam as fórmulas e tradições prescritas da Suméria.

A descoberta das civilizações mesopotâmicas, nos últimos cem anos, não deixa dúvida que, no campo da astronomia, como também em muitos outros, as raízes do nosso conhecimento encontram suas bases profundas na Mesopotâmia. Nesse campo, também, nós exploramos e damos continuidade à herança da Suméria.

As conclusões de Sarton foram reforçadas por estudos mais abrangentes conduzidos pelo professor O. Neugebauer (*Astronomical Cuneiform Texts – Textos Astronômicos em Escrita Cuneiforme*), que ficou impressionado ao descobrir que as efemérides, precisas como eram, não eram baseadas nas observações feitas pelos astrônomos babilônios que as preparavam. Em vez disso, elas eram calculadas a partir "de alguns esquemas aritméticos fixos(...) que eram dados e que não deveriam ser interferidos" pelos astrônomos que os usavam.

Tal aderência automática com os "esquemas aritméticos" era alcançada com o auxílio de "textos procedimentais" que acompanhavam as efemérides, e que "ditavam as regras, passo a passo, para computar as efemérides", de acordo com algum tipo de "teoria matemática exata". Neugebauer concluiu que os astrônomos babilônios eram ignorantes quanto ao conteúdo das teorias, nas quais as efemérides e seus cálculos matemáticos eram baseados. Ele também admitiria que "a estrutura teórica e empírica" dessas tábuas, precisas em grande parte, foge também do conhecimento de acadêmicos modernos. Mesmo assim, ele está convencido de que as teorias astronômicas antigas "deviam existir, porque é impossível desenvolver esquemas de computação de alta complexidade sem que haja um plano bem elaborado".

O professor Alfred Jeremias (*Handbuch der Altorientalischen Geistkultur*) concluiu que os astrônomos mesopotâmicos estavam familiarizados com o fenômeno do movimento retrógrado aparente, a aparente instabilidade e o curso no formato de cobra dos planetas quando vistos da Terra, causados pelo fato de que a Terra orbita o Sol tanto mais rápido, ou mais lento, que os outros planetas. A importância de tal conhecimento reside não apenas no fato de que o movimento retrógrado é um fenômeno relacionado com as órbitas ao redor do Sol, como também no fato de que vários períodos de observação seriam necessários para compreendê-lo e rastreá-lo.

Onde essas teorias complicadas foram desenvolvidas e quem fez as observações, sem as quais elas não teriam como ser desenvolvidas? Neugebauer indicou que "nos textos de procedimentos, nós nos deparamos com uma grande quantidade de termos técnicos de leitura completamente desconhecida, com significados desconhecidos". Alguém, muito antes dos babilônios, possuía um conhecimento astronômico e matemático muito superior às culturas posteriores da Babilônia, Assíria, Egito, Grécia e Roma.

Os babilônios e assírios dedicaram uma parte substancial de seus esforços astronômicos para manter um calendário preciso. Como o calendário judaico dos dias de hoje, era um calendário solar-lunar, correlacionando ("intercalando") o ano solar de pouco mais de 365 dias com um mês lunar com pouco menos de 30 dias. Tendo em vista que um calendário era importante para os negócios e outras necessidades mundanas, a sua precisão era necessária primeiramente para determinar o dia e o momento exato do Ano-Novo e outros festivais e cultos de devoção aos deuses.

Para medir e correlacionar os movimentos intricados do Sol, Terra, Lua e os planetas, os sacerdotes-astrônomos mesopotâmicos contavam com uma astronomia esférica complexa. A Terra era vista como uma esfera com um equador e polos; os céus também eram divididos por linhas equatoriais e polares imaginárias. A passagem dos corpos celestes era relacionada com a eclíptica, a projeção do plano da órbita da Terra ao redor do Sol na esfera celeste; os equinócios (os pontos e épocas em que o Sol, em seu aparente movimento anual de Norte a Sul, cruza o equador celeste); e os solstícios (a época em que o Sol, durante seu aparente movimento anual junto à eclíptica, se encontra no seu maior ponto de declínio no Norte ou no Sul). Todos eles são conceitos astronômicos usados até os dias de hoje.

No entanto, os babilônios e os assírios não inventaram o calendário ou os métodos engenhosos para fazer o seu cálculo. Seus calendários – como o nosso atual – foram criados na Suméria. Foi lá que os acadêmicos encontraram um calendário, em uso desde os primórdios, e que serviu de base para *todos* os calendários que vieram posteriormente. O modelo do principal calendário era o calendário de Nippur, o local e centro de Enlil. O nosso calendário atual é baseado naquele calendário nipuriano.

Os sumérios consideravam que o Ano-Novo começava no exato momento em que o Sol cruzava o equinócio vernal. O professor Stephen Langdon (*Tablets from the Archives of Drehem*) descobriu que os registros deixados por Dungi, um rei de Ur, de cerca de 2400 a.C, mostram que o calendário nipuriano selecionava um determinado corpo celeste e, a partir do seu poente contra o anoitecer, era possível determinar o momento exato da chegada do Ano-Novo. Ele concluiu que isso foi feito "talvez 2 mil anos antes da época de Dungi" – que era por volta de 4400 a.C.!

Será que os sumérios, sem instrumentos reais, tinham ainda assim um *know-how* astronômico e matemático sofisticado que exige a geometria e a astronomia esférica? De fato, como a sua linguagem mostra, eles tinham.

Eles possuíam um termo – DUB – que significava (em astronomia) a "circunferência do mundo" de 360°, em relação ao que eles chamavam de curvatura ou arco dos céus. Para fazer seus cálculos astronômicos e matemáticos, eles desenhavam o AN.UR – "um horizonte celeste" imaginário, contra o qual conseguiam medir o nascer e o poente dos corpos celestes. Perpendicular a esse horizonte, eles estendiam uma linha vertical imaginária, a NU.BU.SAR.DA; com o auxílio dela, obtinham o ponto superior da esfera celeste e a chamavam de AN.PA. Eles, então, traçavam as linhas que chamamos de meridianos e que eles chamavam de "ligação plana"; as linhas latitudinais eram chamadas de "linhas medianas do céu". A linha latitudinal que marcava o solstício de verão, por exemplo, era chamada de AN.BIL ("o ponto brilhante dos céus").

As obras literárias acadianas, hurritas, hititas e de outras procedências do Oriente Próximo antigo, como traduções ou versões dos originais sumérios, eram repletas de palavras oriundas do sumério, relacionadas a corpos e fenômenos celestes. Acadêmicos babilônios e assírios, que montavam as listas de estrelas e anotavam os cálculos dos movimentos planetários, geralmente interpretavam os originais sumérios nas tábuas que eles copiavam ou traduziam. Os 25 mil textos dedicados à astronomia e à astrologia, que parecem ter sido incluídos na biblioteca de Assurbanipal, em Nínive, apresentam, com frequência, notas de agradecimentos às origens sumérias.

Uma série importante astronômica que os babilônios chamavam de "O Dia do Senhor" apresenta uma declaração de seus escribas dizendo ter sido copiada de uma tábua suméria escrita na época de Sargão da Acádia – no terceiro milênio a.C. Uma tábua datada da terceira dinastia de Ur, também do terceiro milênio a.C., descreve e lista uma série de corpos celestes de forma tão clara que os acadêmicos modernos tiveram pouca dificuldade em reconhecer o texto como sendo uma classificação de constelações, entre elas a Ursa Maior, Dragão, Lyra, Cisne e Cepheus, e Triângulo no hemisfério norte; Orion, Grande Cão, Hidra Fêmea, Corvus e Centauro, no hemisfério sul; e as constelações zodiacais familiares, na banda central celeste.

Na antiga Mesopotâmia, os segredos do conhecimento celeste eram guardados, estudados e transmitidos pelos sacerdotes-astrônomos. Foi, portanto, talvez um fato interessante que três acadêmicos, que receberam os créditos por devolver-nos essa ciência "caldeia" perdida, tenham sido padres jesuítas: Joseph Epping, Johann Strassman e Franz X. Kugler. Kugler, em sua obra (*Sternkunde und Sterndienst in Babel*), analisou, decifrou, classificou e explicou uma vasta quantidade de textos e listas. Em uma ocasião, ao "fazer o céu voltar para trás" de maneira matemática, ele foi capaz de mostrar que uma lista de 33 corpos celestes nos céus da Babilônia em 1800 a.C. foi arranjada de modo organizado e de acordo com os agrupamentos da nossa atualidade!

Depois de muito trabalho para decidir quais eram os grupos verdadeiros e quais eram meros subgrupos, a comunidade astronômica mundial concordou (em 1925) em dividir o céu, como visto da Terra, em *três* regiões – norte, central e sul – e agrupou as estrelas contidas ali em 88 constelações. No final das contas, constatou-se que não havia novidade alguma nesse arranjo, pois os sumérios já haviam sido os primeiros a dividir os céus em três bandas ou "caminhos" – o "caminho" do norte foi chamado pelo nome de Enlil, o sul pelo nome de Ea e a banda central era o "Caminho de Anu" – e designaram várias constelações a eles. Na banda central atual, a banda das 12 constelações do Zodíaco corresponde *exatamente* ao Caminho de Anu, no qual os sumérios agruparam as estrelas em 12 casas.

Na Antiguidade, como nos dias de hoje, o fenômeno era relacionado como o conceito do Zodíaco. O grande círculo da Terra ao redor do Sol foi dividido em 12 partes iguais, com trinta graus cada. As estrelas vistas em cada um desses segmentos, ou "casas", foram agrupadas juntas, formando uma constelação, sendo que cada uma recebia o nome de acordo com o desenho que as estrelas do grupo pareciam formar.

Pelo fato de as constelações e suas subdivisões, incluindo as estrelas individuais dentro das constelações, terem chegado à civilização ocidental com nomes e descrições totalmente emprestados da mitologia grega, o mundo ocidental tende a acreditar por mais de dois milênios que se trata de uma realização grega. No entanto, hoje se torna aparente que os primeiros astrônomos gregos simplesmente adotaram em sua linguagem e mitologia uma astronomia já pronta obtida dos sumérios. Nós já mencionamos como Hiparco, Eudoxo e outros adquiriram seus conhecimentos. Inclusive Tales, o primeiro astrônomo grego que, ao que tudo indica, previu o eclipse total solar do dia 28 de maio de 585 a.C., interrompendo a guerra entre os lídios e os medos, transmitiu que as fontes de seu conhecimento eram de origens mesopotâmicas pré-semitas, ou seja, sumérias.

Adquirimos o nome "Zodíaco" do grego *zodiakos kyklos* ("círculo animal"), porque os desenhos de grupos de estrelas eram parecidos com o formato de um leão, peixes e assim por diante. Entretanto, esses nomes e formas imaginárias, na realidade, foram originados pelos sumérios, que chamavam as 12 constelações zodiacais de UL.HE ("rebanho brilhante"):

1. GU.AN.NA ("touro celeste"), *Touro*.
2. MASH.TAB.BA ("gêmeos"), nosso *Gêmeos*.
3. DUB ("tenazes", "pinças"), o Caranguejo ou *Câncer*.
4. UR.GULA ("leão"), que chamamos de *Leão*.
5. AB.SIN ("o pai dela era Sin"), a Donzela, *Virgem*.
6. ZI.BA.AN.NA ("destino celeste"), a balança de *Libra*.
7. GIR.TAB ("que crava e corta"), *Escorpião*.
8. PA.BIL ("defensor"), o Arqueiro, *Sagitário*.
9. SUHUR.MASH ("peixe-cabra"), *Capricórnio*.
10. GU ("senhor das águas"), o Portador da Água, *Aquário*.
11. SIM.MAH ("peixes"), *Peixes*.
12. KU.MAL ("habitante do campo"), o Carneiro, *Áries*.

As representações gráficas ou signos do Zodíaco, como seus nomes, têm permanecido virtualmente intactos desde sua introdução na Suméria. (Fig. 93)

GIR.TAB
Escorpião

AB. SIN
Virgem

SUHUR. MASH
Capricórnio

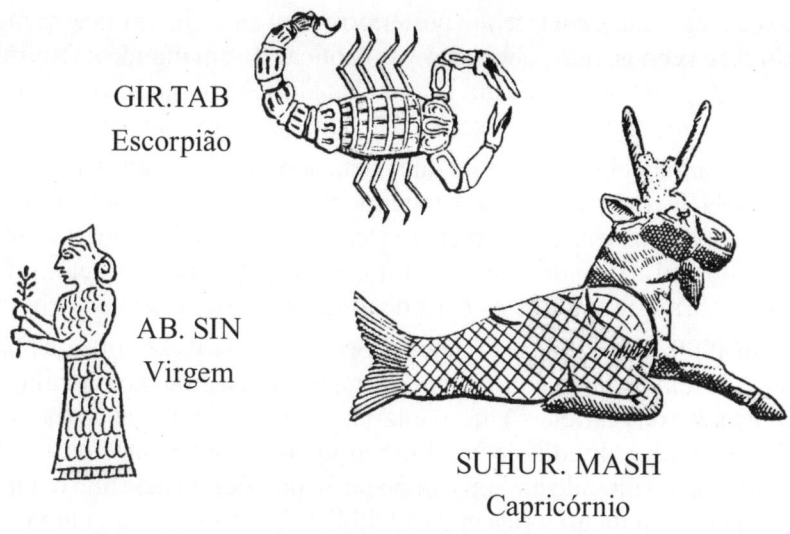

Figura 93

Até a introdução do telescópio, os astrônomos europeus aceitavam a configuração ptolemaica de apenas 19 constelações no hemisfério norte. Já em 1925, quando foi acordada a atual classificação, 28 constelações foram reconhecidas no local em que os sumérios chamavam de Caminho de Enlil. Não nos surpreenderia mais se descobríssemos que, contrário a Ptolomeu, os primeiros sumérios reconheceram, identificaram, agruparam, nomearam e listaram *todas* as constelações do hemisfério norte!

Dos corpos celestes *no* Caminho de Enlil, 12 eram considerados como sendo *de* Enlil – comparando com os 12 corpos celestes zodiacais no Caminho de Anu. Do mesmo modo, na porção sul dos céus – o Caminho de Ea –, 12 constelações são listadas, não apenas presentes *no* hemisfério sul, como também sendo *do* deus Ea. Além dessas 12 constelações principais de Ea, várias outras foram listadas no hemisfério sul – apesar de muitas delas não serem reconhecidas nos dias de hoje.

O Caminho de Ea apresentou sérios problemas aos assiriólogos que se empenham na grande tarefa de solucionar o conhecimento astronômico da Antiguidade, não apenas em termos de conhecimento moderno, como também baseado em como os céus deveriam parecer séculos e milênios atrás. Observando o céu do hemisfério sul de Ur ou da Babilônia, os astrônomos mesopotâmicos podiam ver apenas um pouco mais da metade do hemisfério sul; o resto já se encontrava abaixo da linha do horizonte. Ainda assim, se identificado de forma correta, algumas das constelações do Caminho de Ea encontravam-se bem além do horizonte. No entanto, havia um problema ainda maior: se, como assumiram os acadêmicos, os mesopotâmicos acreditavam (como os gregos também fizeram posteriormente) que a Terra era uma massa de solo seco repousando sobre as trevas caóticas de um mundo subterrâneo (o Hades grego ou inferno) – um disco achatado sobre o qual os céus faziam um arco em um semicírculo – então, não haveria os céus do hemisfério sul!

Limitados pela hipótese de que os mesopotâmicos eram adeptos do conceito da Terra achatada, os acadêmicos modernos não permitem que suas conclusões os levem abaixo, para além da linha do Equador que divide o Norte do Sul. A evidência, portanto, mostra que os três "caminhos" sumérios abrangiam todos os céus de uma Terra global, e não achatada.

Em 1900, T. G. Pinches relatou à Sociedade Real Asiática que havia conseguido remontar e reconstruir por completo um astrolábio (literalmente, "conquistador das estrelas") mesopotâmico. Ele mostrou que se tratava de um disco circular, dividido como uma torta em 12 segmentos e três anéis concêntricos, resultando em um campo de 36 porções. O desenho completo tinha a aparência de uma roseta de 12 "folhas", sendo que cada uma tinha o nome de um mês escrito nela. Pinches marcou-as de I a XII para facilitar, começando com Nisannu, o primeiro mês do calendário mesopotâmico. (Fig. 94)

Cada uma das 36 porções continha também um nome com um pequeno círculo abaixo, significando que era o nome de um corpo celeste. Desde então, os nomes têm sido encontrados em vários textos e "listas de estrelas" que, sem dúvida alguma, representam os nomes das constelações, estrelas ou planetas.

Cada um dos 36 segmentos também incluía um número escrito abaixo do nome do corpo celeste. Na parte mais interna do anel, os números variavam de 30 a 60; no centro do anel, de 60 (escrito como "1") a 120 (este "2" no sistema sexagesimal significava $2 \times 60 = 120$); e na parte mais externa do anel, de 120 a 240. O que representavam esses números?

Escrevendo quase 50 anos depois da apresentação feita por Pinches, o astrônomo e assiriólogo O. Neugebauer (*The History of Ancient Astronomy: Problems and Methods*) podia dizer apenas que "todo o texto constitui algum tipo de mapa celeste esquemático; em cada um dos 36 campos, encontramos o nome de uma constelação e números simples cujo significado ainda não está claro". Um destacado especialista no assunto, B. L. Van der Waerden (*Babylonian Astronomy: The Thirty-Six Stars*), refletindo sobre a aparente subida e descida dos números em algum tipo de ritmo, pôde apenas sugerir que "os números tinham algo a ver com a duração da luz do dia".

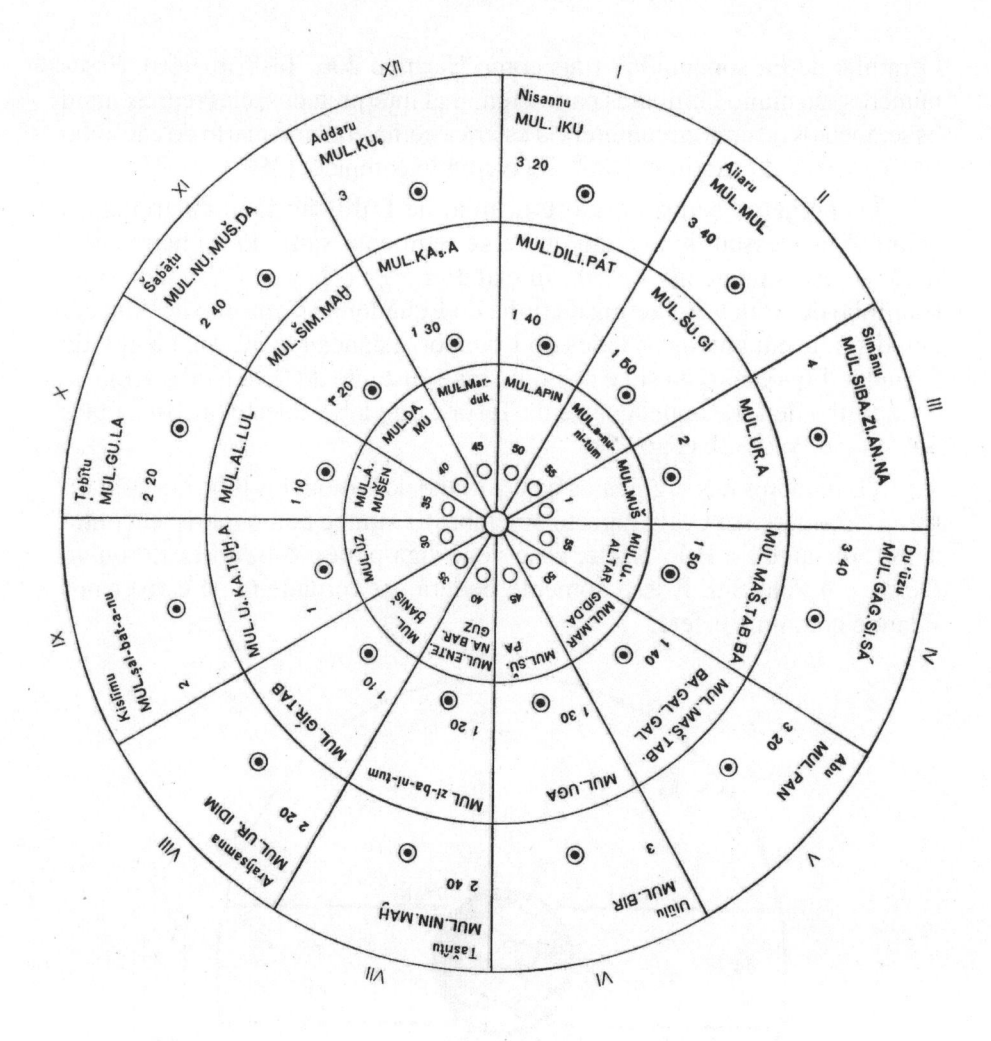

Figura 94

Acreditamos que o enigma possa ser resolvido apenas se descartarmos a noção de que os mesopotâmicos acreditavam em uma Terra achatada e reconhecermos que o conhecimento astronômico deles era tão bom quanto o nosso – não porque eles tinham melhores instrumentos que nós, mas porque sua fonte de informação eram os nefilins.

Sugerimos que os números enigmáticos representam os graus do arco celeste, com o Polo Norte servindo de ponto de partida, e que o astrolábio fosse um planisfério, a representação de uma esfera sobre uma superfície plana.

À medida que os números aumentam e diminuem, aqueles segmentos opostos ao Caminho de Enlil (tais como Nisannu – 50, Tashritu – 40) somam 90; todos aqueles no Caminho de Anu, somam 180; e todos aqueles no

Caminho de Ea somam 360 (tais como Nisannu 200, Tashritu 160). Esses números são muito familiares para serem mal interpretados; eles representam os segmentos de uma circunferência esférica completa: um quarto do caminho (90°), metade do caminho (180°) ou o círculo completo (360°).

Os números dados para o Caminho de Enlil são tão emparelhados como se estivessem indicando que esse segmento sumério do hemisfério norte se estendia acima de 60°, iniciando no Polo Norte, delimitando no Caminho de Anu, a 30° acima da linha do Equador. O Caminho de Anu era equidistante em ambos os lados do Equador, alcançando 30° sul abaixo do Equador. Logo, mais ao sul e no ponto mais distante do Polo Norte, situa-se o Caminho de Ea – aquela parte da Terra e do globo celeste que fica entre 30° sul e o Polo Sul. (Fig. 95)

Os números nos segmentos do Caminho de Ea somam 180°, em Addaru (fevereiro-março) e Ululu (agosto-setembro). O único ponto que se encontra a 180° distante do Polo Norte, caso você siga para o Sul, ao Leste ou ao Oeste, é o Polo Sul. E isso somente poderá ser verdadeiro se estivermos lidando com uma esfera.

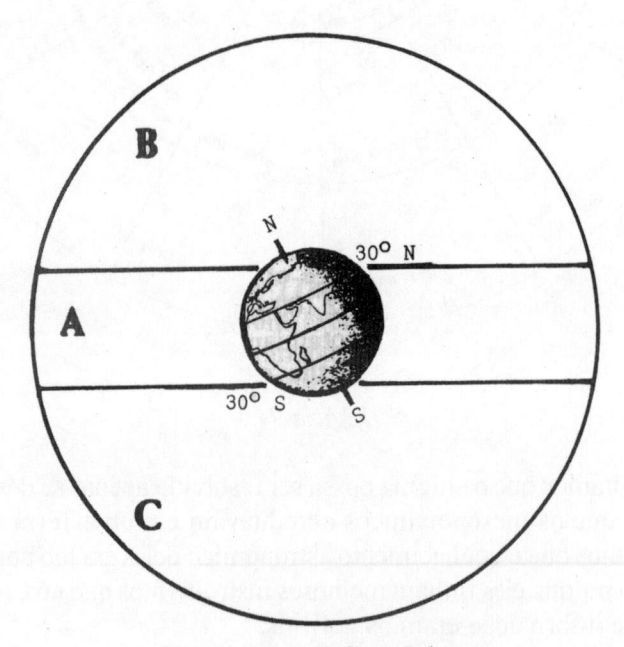

Figura 95. A Esfera Celeste

A. O Caminho de Anu, a banda celeste do Sol, os planetas e as constelações do Zodíaco
B. O Caminho de Enlil, o hemisfério norte
C. O Caminho de Ea, o hemisfério sul

Precessão é o fenômeno causado pela mudança no eixo norte-sul da Terra, fazendo com que o Polo Norte (aquele apontando para a Estrela do Norte) e o Polo Sul tracem um grande círculo no céu. O aparente retrocesso da Terra, em oposição às constelações estreladas, chega a cerca de 50 segundos de um arco em um ano, ou um grau em 72 anos. O grande círculo – o tempo que leva o Polo Norte da Terra para apontar novamente para a mesma Estrela do Norte – dura 25.920 anos (72 × 360), e é isso que os astrônomos chamam de o Grande Ano ou o Ano Platônico (pois foi Platão que, aparentemente, estava ciente do fenômeno).

O pôr e o nascer de várias estrelas, considerados importantes na Antiguidade, e a exata determinação do equinócio vernal (que conduzia ao Ano-Novo) eram relacionados à casa zodiacal em que elas ocorriam. Em função da precessão, o equinócio vernal e outros fenômenos celestes, ao retrocederem de ano para ano, eram finalmente retardados uma vez a cada 2.160 anos, fechando uma casa zodiacal completa. Nossos astrônomos continuam empregando um "ponto zero" ("o primeiro ponto de Áries"), que marcou o equinócio vernal, por volta de 900 a.C., mas esse ponto hoje já foi alterado para bem além de Peixes. Em meados de 2100 d.C., o equinócio vernal começará a ocorrer na casa anterior, a de Aquário. É isso que querem dizer aqueles que afirmam que estamos prestes a entrar na Era de Aquário. (Fig. 96)

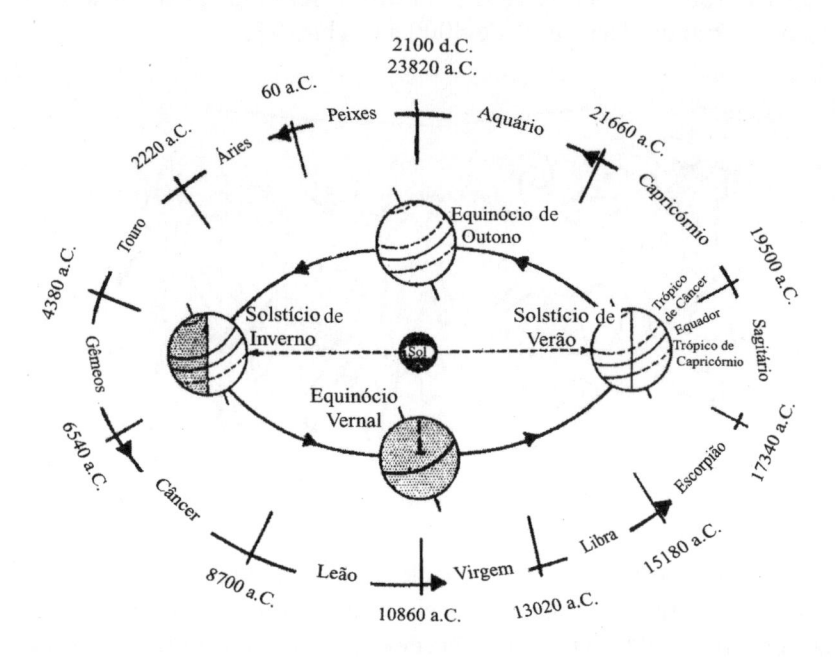

Figura 96

O fato de a mudança de uma casa zodiacal para outra levar mais de dois milênios levou os acadêmicos a se perguntarem como e onde Hiparco teria aprendido sobre a precessão no século II a.C. Agora, torna-se claro que sua fonte era suméria. As descobertas do professor Langdon revelam que o calendário nipuriano, estabelecido por volta de 4400 a.C., na Era de Touro, reflete o conhecimento sobre a precessão e a mudança das casas zodiacais que ocorreram 2.160 anos *antes* da sua época. O professor Jeremias, que comparou os textos astronômicos mesopotâmicos com os textos astronômicos hititas, tinha a mesma opinião de que as tábuas astronômicas antigas registraram a mudança de Touro para Áries; e ele concluiu que os astrônomos mesopotâmicos previram e anteciparam a mudança de Áries para Peixes.

Concordando com essas conclusões, o professor Willy Hartner (*The Earliest History of the Constellations in the Near East*) sugere que os sumérios deixaram para trás uma enorme quantidade de evidências gráficas referentes a esse assunto. Quando o equinócio vernal se encontrava na casa zodiacal de Touro, o solstício de verão ocorreu na casa zodiacal de Leão. Hartner chamou a atenção para o tema recorrente de um "combate" entre o touro e o leão que aparecia nas descrições sumérias da Antiguidade, e sugeriu que esses temas representavam as posições chaves nas constelações de Taurus (Touro) e Leo (Leão) para um observador posicionado a 30° norte (tal como em Ur), cerca de 4000 a.C. (Fig. 97)

Figura 97

A maioria dos acadêmicos considera a ênfase suméria no Touro como sendo sua primeira constelação, prova não apenas da antiguidade do Zodíaco – datado de cerca de 4000 a.C. –, mas servindo também como testemunho de uma época na qual a civilização suméria havia começado de forma tão repentina. O professor Jeremias (*The Old Testament in the Light of the Ancient East*) encontrou evidências indicando que o "ponto zero" zodiacal-cronológico sumério se situava exatamente entre Touro e Gêmeos; usando esse e outros dados, ele concluiu que o Zodíaco fora criado na Era de Gêmeos (Gêmeos) – ou seja, muito *antes* do início da civilização suméria. Uma tábua suméria que se encontra no Museu de Berlim (VAT.7847) começa com uma lista de constelações zodiacais com Leão – levando-nos de volta a cerca de 11000 a.C, quando o Homem começava a arar a terra.

O professor H. V. Hilprecht (*The Babylonian Expedition of the University of Pennsylvania*) foi ainda mais longe. Estudando milhares de tábuas contendo tabelas matemáticas, ele concluiu que "todas as tabelas de multiplicação e de divisão das bibliotecas dos templos de Nippur e Sippar, bem como da biblioteca de Assurbanipal [em Nínive] são baseadas [no número] 12.960.000". Analisando esse número e o seu significado, ele concluiu que poderia estar relacionado apenas com o fenômeno da precessão e que os sumérios sabiam do Grande Ano de 25.920 anos.

É, de fato, uma sofisticação astronômica fantástica em uma época em que isso era impossível.

Do mesmo modo que se torna evidente que os astrônomos sumérios possuíam um conhecimento que, possivelmente, não seriam capazes de adquirir sozinhos, por outro lado, há evidência que mostra que uma boa parte do seu conhecimento não era de uso prático para eles.

Isso não se refere apenas aos métodos astronômicos muito sofisticados que eram usados – quem na Suméria antiga, precisava realmente estabelecer um equador celeste, por exemplo? – como também a uma variedade de textos elaborados que lidam com a medição de distâncias entre estrelas.

Um desses textos, conhecido como AO.6478, lista as 26 estrelas mais importantes visíveis junto à linha que, hoje, conhecemos como Trópico de Câncer e fornece as distâncias entre elas medidas de três modos diferentes. O primeiro texto fornece as distâncias entre essas estrelas, por meio de uma unidade chamada de *mana shukultu* ("medida e pesada"). Acredita-se que esse era um aparelho engenhoso que relacionava o peso da água escoando com a passagem do tempo. Com isso era possível determinar as distâncias entre as duas estrelas em termos de tempo.

A segunda coluna de distâncias era em termos de *graus do arco* dos céus. O dia completo (luz do dia e o período noturno) era dividido em 12 horas duplas. O arco dos céus era composto de um círculo completo de 360°. Desse modo, um *beru* ou "hora dupla" representava 360° de arco dos céus. Usando esse método, a passagem do tempo na Terra proporcionava uma medição das distâncias em graus entre os designados corpos celestes.

O terceiro método de medição era o *beru ina shame* ("comprimento dos céus"). F. Thureau-Dangin (*Distances entre Etoiles Fixes*) indicou que, enquanto os dois primeiros métodos eram relacionados a outros fenômenos, esse terceiro método proporcionava medições absolutas. Ele e outros acreditavam que um "*beru* celeste" era equivalente a 10.692 dos nossos metros atuais (11.693 jardas). A "distância dos céus", entre as 26 estrelas, era calculada no texto adicionando 655.200 "*beru* desenhados nos céus".

A disponibilidade de três métodos diferentes para medir as distâncias entre as estrelas demonstra uma grande importância dedicada ao assunto. Mesmo assim, quem, entre os homens e mulheres da Suméria, precisava de tal conhecimento – e quem, entre eles, poderia desenvolver os métodos e utilizá-los com exatidão? A única resposta possível é: os nefilins tinham esse conhecimento e precisavam de tais medições exatas.

Capazes de fazer viagens espaciais, chegando à Terra de outro planeta, cruzando os céus da Terra – eles eram os únicos que podiam, faziam e possuíam, na época do nascimento da civilização da Humanidade, o conhecimento astronômico que exigia milênios para desenvolver, os métodos sofisticados, matemática e conceitos de uma Astronomia avançada, e a necessidade de ensinar os escribas humanos a copiarem e registrarem meticulosamente inúmeras tabelas de distâncias entre os céus, ordem e grupos de estrelas, pôr e nascer helíacos, um complexo calendário Sol-Lua-Terra e o resto do incrível conhecimento que tinham tanto do Céu como da Terra.

Nesse contexto, é possível ainda supor que os astrônomos mesopotâmicos, guiados pelos nefilins, não conheciam planetas além de Saturno – e que eles não sabiam da existência de Urano, Netuno e Plutão? E que, também, o conhecimento deles sobre a própria familiaridade com a Terra, o Sistema Solar, era menor do que aquele das estrelas distantes e suas distâncias?

A informação astronômica dos tempos antigos contidas em centenas de textos celestes lista os corpos celestes de forma bem organizada, de acordo com sua ordem celeste, deuses, meses, terras ou as constelações com as quais eles estavam associados. Um desses textos, analisado por Ernst F. Weidner (*Handbuch der Babylonischen Astronomie*), passou a ser conhecido como "A Grande Lista de Estrelas". Listava, em cinco colunas, dezenas de corpos celestes relacionados uns aos outros, por meses, territórios e divindades. Outro texto listava corretamente as principais estrelas nas constelações zodiacais. Um texto indexado como B.M.86378 classificava (em sua parte intacta) 71 corpos celestes de acordo com suas localizações nos céus, e assim por diante.

Tentando fazer sentido com essa legião de textos e, em particular, tentando identificar de forma exata os planetas do nosso Sistema Solar, uma sucessão de acadêmicos chegou a conclusões confusas. Como hoje sabemos, seus esforços eram predestinados ao fracasso desde o princípio, porque eles, incorretamente, assumiram que os sumérios e seus sucessores não sabiam que o Sistema Solar era heliocêntrico, que a Terra não era senão outro planeta e que havia mais planetas além de Saturno.

Ignorando a possibilidade de que alguns nomes nas listas de estrelas poderiam ser aplicados à própria Terra e, tentando aplicar uma grande quantidade de outros nomes e epítetos apenas aos cinco planetas que eles acreditavam que os sumérios conheciam, os acadêmicos chegaram a conclusões confusas. Alguns até sugeriram que a confusão não era deles, mas sim, de um emaranhado caldeu – por algum motivo desconhecido, eles diziam, os caldeus tinham trocado os nomes dos cinco planetas "conhecidos".

Os sumérios referiam-se a todos os corpos celestes (planetas, estrelas ou constelações) como MUL ("aquele que brilha nas alturas"). O termo acadiano *kakkab* era aplicado, do mesmo modo, pelos babilônios e assírios como um termo geral para qualquer corpo celeste. Essa prática frustrou ainda mais os acadêmicos que tentavam desvendar os textos astronômicos antigos. No entanto, alguns *mul*s, que eram chamados de LU.BABAD, referiam-se claramente aos planetas do nosso Sistema Solar.

Sabendo que o nome grego para planetas era "itinerante", os acadêmicos leram LU.BABAD como sendo "ovelha itinerante", derivando do LU ("aqueles que são arrebanhados") e BAD ("alto e distante"). Mas, agora que mostramos que os sumérios eram totalmente conscientes da verdadeira natureza do Sistema Solar, os outros significados do termo *bad* ("o mais antigo", "a fundação", "aquele onde a morte se encontra") assumem um significado direto.

Eles são epítetos para o Sol e supõe-se que, ao se referir a *lubad*, os sumérios não falavam de uma mera "ovelha vagando", e sim de "ovelhas" arrebanhadas pelo Sol – os planetas do nosso Sol.

A localização e a relação de uma *lubad* com a outra, e com o Sol, foram descritas em vários textos astronômicos mesopotâmicos. Havia referências aos planetas que estavam "acima" e aqueles que estavam "abaixo", e Kugler conseguiu adivinhar corretamente que o ponto de referência era a própria Terra.

Entretanto, na sua maioria, os planetas eram mencionados nos textos astronômicos como sendo MUL.MUL – um termo que mantinha os acadêmicos à deriva. Na ausência de uma solução melhor, a maioria dos acadêmicos concordaram que o termo *mulmul* se referia às plêiades, um grupo de estrelas da constelação zodiacal de Touro e aquela em que o eixo do equinócio vernal atravessou (como foi visto na Babilônia), por volta de 2200 a.C. De modo geral, os textos mesopotâmicos indicavam que o *mulmul* incluía sete LU.MASH (sete "itinerantes que são familiares") e os acadêmicos assumiram que elas eram os membros mais brilhantes das plêiades que podem ser vistos a olho nu. Dependendo da classificação, o fato de o grupo possuir seis ou nove dessas estrelas brilhantes, e não sete, gerou um problema, mas isso foi deixado de lado por falta de melhores ideias quanto ao significado de *mulmul*.

Franz Kugler (*Sternkunde und Sterndienst in Babel*) aceitou, de forma relutante, as plêiades como sendo a solução, mas expressou seu espanto quando descobriu de forma não ambígua que os textos mesopotâmicos declaravam que *mulmul* não eram apenas "itinerantes" (planetas), mas também o Sol e a Lua – tornando impossível manter a ideia das plêiades. Ele também se deparou com um texto que claramente declarava que *"mulmul ul-shu 12"* (*"mulmul* é uma banda de 12"), do qual dez formavam um grupo.

Sugerimos que o termo *mulmul* se referia ao Sistema Solar, usando a repetição (MUL.MUL) para indicar o grupo como um todo, como sendo "o corpo celeste que inclui todos os corpos celestes".

Charles Virolleaud (*L'Astrologie Chaldéenne*) transliterou um texto mesopotâmico (K.3558) que descreve os membros do grupo *mulmul* ou *kakkabu/kakkabu*. A última linha do texto é explícita:

Kakkabu/kakkabu.
O número de seus corpos celestes é 12.
As estações de seus corpos celestes são 12.
Os meses completos da Lua são 12.

O texto não deixa dúvidas: o *mulmul* – nosso Sistema Solar – era composto de *12* membros. Talvez isso não fosse uma surpresa, pois o estudioso grego Diodoro, ao explicar os três "caminhos" dos caldeus e a subsequente lista de 36 corpos celestes, declarou que "daqueles deuses celestes, 12 tinham autoridade de chefe; a cada um deles, os caldeus designaram um mês e um signo do Zodíaco".

Ernst Weidner (*Der Tierkreis und die Wege am Himmel*) relatou que, além do Caminho de Anu e suas 12 constelações zodiacais, alguns textos se referiam ao "caminho do Sol", que também era composto por 12 corpos celestes: o Sol, a Lua e outros dez. A linha 20 da chamada tábua-TE declara: *"naphar 12 shere-mesh ha.la sha kakkab.lu sha Sin u Shamash ina libbi ittiqu"*, que significa, "ao todo, 12 membros dos quais a Lua e o Sol fazem parte, onde os planetas orbitam".

Agora podemos entender a importância do número *12* no mundo antigo. O Grande Círculo dos Deuses sumérios, e de todos os deuses olímpicos que vieram posteriormente, era composto exatamente por 12; deuses mais jovens somente podiam juntar-se a esse círculo quando os deuses mais velhos se aposentavam. Do mesmo modo, a vaga deveria ser preenchida para manter o número 12 divino. O principal círculo celeste, o caminho do Sol, com seus 12 membros, serve de padrão de acordo com o qual cada outra banda celeste era dividida em 12 segmentos ou recebia 12 principais corpos celestes. Consequentemente, havia 12 meses no ano e 12 horas duplas no dia. Cada divisão da Suméria era atribuída aos 12 corpos celestes como uma medida de boa sorte.

Muitos estudos, como aquele conduzido por S. Langdon (*Babylonian Menologies and the Semitic Calendar*), mostram que a divisão do ano em 12 meses era, desde os primórdios, relacionada aos 12 Grandes Deuses. Fritz Hommel (*Die Astronomie der alten Chaldäer*) e outros que vieram depois mostraram que os 12 meses estavam intimamente ligados como os 12 zodíacos, e que ambos derivavam dos 12 corpos celestes principais. Charles F. Jean (*Lexicologie Sumerienne*) reproduziu uma lista suméria de 24 corpos celestes que emparelhavam 12 constelações zodiacais com 12 membros do nosso Sistema Solar.

Em um texto longo, identificado por F. Thureau-Dangin (*Rituels Accadiens*) como um programa do templo para o Festival do Ano-Novo na Babilônia, a evidência da consagração dos 12 como sendo o fenômeno celeste central é persuasiva. O grande templo, o Esagila, tinha 12 portões. Os poderes de todos os deuses celestes eram garantidos a Marduk, ao recitar 12 vezes o pronunciamento "Meu Senhor, não é Ele o meu Senhor". A misericórdia do Deus era então invocada 12 vezes e 12 vezes também para sua esposa. O total de 24 era, então, igualado com as 12 constelações e os 12 membros do Sistema Solar.

Uma pedra de fronteira entalhada com os símbolos dos corpos celestes pelo rei de Susa descreve esses 24 signos: os conhecidos 12 signos do Zodíaco, os símbolos que representam os 12 membros do Sistema Solar. Eles eram os 12 deuses astrais da Mesopotâmia, como também dos hurritas, hititas, gregos e todos os outros panteões da Antiguidade. (Fig. 98)

Embora o nosso número base natural de contagem seja o número dez, o número 12 permeou todos os assuntos celestes e divinos, muito tempo depois de os sumérios terem desaparecido. Havia 12 Titãs gregos, 12 Tribos de Israel, 12 partes na armadura mágica do Supremo Sacerdote israelita. O poder do número 12 celeste chegou aos apóstolos de Jesus; até no nosso sistema decimal, no caso do inglês, contamos de um a 12, e somente após o 12 é que retornamos ao "dez e três" (treze), "dez e quatro", e assim por diante.

De onde veio esse poderoso e decisivo número *12*? Dos céus.

Pois o Sistema Solar – o *mulmul* – também incluía, além de todos os planetas que conhecemos, o planeta de Anu, aquele, cujo símbolo – um radiante corpo celeste – aparecia na escrita suméria representando o Deus Anu e o "divino". "O *kakkab* do Supremo Cetro é uma das ovelhas no *mulmul*", explicava um texto astronômico. E quando Marduk usurpou a supremacia e substituiu Anu como o Deus associado com esse planeta, os babilônios disseram: "O planeta de Marduk aparece dentro do *mulmul*".

Figura 98

Ensinando à Humanidade a verdadeira natureza da Terra e dos céus, os nefilins não informaram aos antigos sacerdotes-astrônomos apenas sobre os planetas além de Saturno, como também sobre a existência do planeta mais importante, aquele de onde eles vieram:

O DÉCIMO SEGUNDO PLANETA.

7
O Épico da Criação

NA MAIORIA DOS SELOS CILÍNDRICOS antigos que foram descobertos, os símbolos que representam certos corpos celestes, membros do nosso Sistema Solar, aparecem acima das figuras de deuses e humanos.

Um selo acadiano do terceiro milênio a.C., atualmente no Museu do Antigo Oriente Próximo de Berlim (catalogado como VA/243), destaca-se pela maneira com que descreve os corpos celestes. Não os mostra separadamente, e sim como um grupo de 11 globos circundando uma grande estrela radiante. É uma clara descrição do Sistema Solar como era conhecido pelos sumérios: um sistema composto de *12* corpos celestes. (Fig. 99)

De modo geral, nós mostramos, esquematicamente, o nosso Sistema Solar como uma linha de planetas expandindo-se do Sol para intermináveis distâncias. Porém, se retratássemos os planetas não em uma linha, mas um após o outro, em um *círculo* (o mais próximo, Mercúrio, primeiro; em seguida Vênus, depois a Terra e assim por diante), o resultado ficaria semelhante à Figura 100. (Todos os desenhos são esquemáticos e não em escala; as órbitas planetárias nos desenhos seguintes são circulares em vez de elípticas, para fácil apresentação).

Se agora nós dermos uma segunda olhada em uma ampliação do Sistema Solar descrito no selo cilíndrico VA/243, veremos que os "pontos" que circundam a estrela são, na realidade, globos cujos tamanhos e ordem se comparam ao Sistema Solar descrito na Figura 100. O pequeno Mercúrio é seguido pelo grande Vênus. A Terra, do mesmo tamanho de Vênus, é acompanhada pela pequena Lua. Continuando no sentido anti-horário, Marte é mostrado de forma correta como sendo menor que a Terra, mas maior que a Lua ou Mercúrio. (Fig. 101)

198   O 12º PLANETA

Figura 99

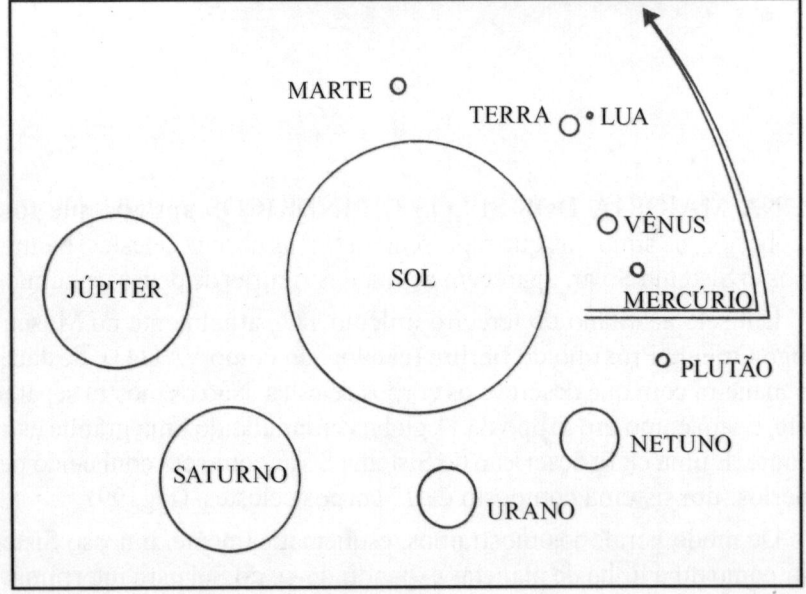

Figura 100

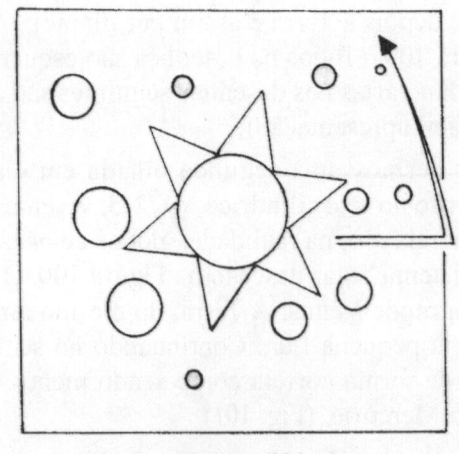

Figura 101

A descrição antiga mostra, em seguida, um planeta desconhecido por nós – consideravelmente maior que a Terra, porém menor que Júpiter e Saturno, que vem logo em seguida. Mais distante ainda, outro par que se iguala perfeitamente com o nosso Urano e Netuno. No final, o minúsculo Plutão também encontra-se lá, mas não na posição que o colocamos hoje (depois de Netuno); em vez disso, aparece entre Saturno e Urano.

Tratando a Lua como um corpo celeste característico, a descrição suméria apresenta todos os nossos planetas conhecidos, coloca-os na ordem correta (com a exceção de Plutão) e mostra-os pelo tamanho.

No entanto, a descrição de 4.500 anos também insiste que havia – ou houve – outro planeta importante entre Marte e Júpiter. Ele é, como veremos a seguir, o Décimo Segundo Planeta, o planeta dos nefilins.

Se esse mapa celeste sumério tivesse sido descoberto e estudado dois séculos atrás, os astrônomos achariam que os sumérios estavam totalmente desinformados, imaginando, de maneira ingênua, que havia mais planetas além de Saturno. Hoje, no entanto, sabemos que Urano, Netuno e Plutão estão realmente lá. Os sumérios imaginaram outras discrepâncias ou foram devidamente informados pelos nefilins que a Lua, de fato, era um membro do Sistema Solar e que havia um Décimo Segundo Planeta entre Marte e Júpiter?

A teoria estabelecida de que a Lua não passava de uma mera "bola de golfe congelada" não foi descartada até a conclusão bem sucedida de várias missões à Lua pelo projeto Apollo, dos Estados Unidos. As melhores hipóteses eram de que a Lua era um pedaço de matéria desprendido da Terra, quando a Terra ainda era derretida e mais flexível. Se não fosse pelo impacto de milhões de meteoritos, que deixaram crateras na face da Lua, ela seria anônima, sem vida e um pedaço de matéria sem história que se solidificou e que sempre segue a Terra.

Observações realizadas por satélites não tripulados, entretanto, começaram a colocar em questionamento essas crenças estabelecidas. Foi determinado que a composição química e material da Lua era suficientemente diferente daquela da Terra, desafiando a teoria da "separação". Os experimentos conduzidos na Lua pelos astronautas norte-americanos e os estudos e análises, feitos com as amostras de solo e de rocha que eles trouxeram de volta, estabeleceram, sem dúvida, que a Lua, apesar de sua aparente aridez, já foi um "planeta vivo". Ela possui camadas como a Terra, o que significa que se solidificou do seu próprio estágio de derretimento. Como a Terra, ela gerava calor, mas enquanto o calor da Terra provém de seus materiais radioativos, "cozidos" dentro da Terra sob tremenda pressão, o calor da Lua, aparentemente, vem de camadas de materiais radioativos encontrados bem próximos da superfície. Esses materiais, no entanto, são muito pesados para se dispersarem para cima. O que foi, então, que os depositou próximo da superfície da Lua?

O campo gravitacional da Lua parece funcionar de forma instável, como se pedaços enormes de matéria pesada (como o ferro) não tivessem afundado de forma nivelada em seu núcleo, ficando espalhados por todo o lado. Mas, qual é esse tipo de processo ou força é o que devemos perguntar? Há evidência de que as rochas antigas da Lua foram magnetizadas. Como há provas também de que os campos magnéticos foram alterados ou revertidos. Isso deu-se por algum tipo de processo interno desconhecido ou foi determinado por uma influência externa?

Os astronautas do Apollo 16 encontraram na Lua rochas (chamadas de brechas) que resultaram da fragmentação de rochas sólidas e sua nova fundição feita pelo calor extremo e repentino. Quando e como essas rochas foram fragmentadas e fundidas de novo? Outros materiais na superfície da Lua são ricos em potássio e fósforo radioativos raros, materiais que, na Terra, se encontram apenas nas profundezas.

Juntando essas descobertas, os cientistas agora estão certos de que a Lua e a Terra, formadas basicamente dos mesmos elementos e na mesma época, desenvolveram-se como corpos celestes independentes. Na opinião dos cientistas da Agência Espacial Americana (NASA), a Lua desenvolveu-se "normalmente" nos seus primeiros 500 milhões de anos. Em seguida, eles disseram (como reportado no *The New York Times*):

> O período mais cataclísmico surgiu há 4 bilhões de anos, quando os corpos celestes do tamanho de cidades grandes e países pequenos começaram a se chocar com a Lua e a formar suas enormes bacias e elevadas montanhas.
> A incrível quantidade de materiais radioativos deixada pelas colisões começou a aquecer a rocha debaixo da superfície, derretendo quantidades massivas e forçando oceanos de lava a sair pelas fendas na superfície.
> O Apollo 15 encontrou um deslizamento de rochas na cratera Tsiolovsky seis vezes maior do que qualquer deslizamento de rocha na Terra. O Apollo 16 descobriu que a colisão que criou o Mar do Néctar depositou fragmentos a uma distância de até 1.600 quilômetros.
> O Apollo 17 aterrissou próximo de uma escarpa oito vezes maior que qualquer uma encontrada na Terra, o que significa que ela foi formada por um tremor lunar oito vezes mais violento que qualquer terremoto da História.

As convulsões que se seguiram depois desse evento cósmico continuaram por cerca de 800 milhões de anos, até que a composição e a superfície da Lua finalmente adquirissem seu formato congelado, a cerca de 3,2 bilhões de anos atrás.

Os sumérios, então, estavam corretos ao descrever a Lua como um corpo celeste por si mesmo. E, como logo veremos, eles também nos deixaram um texto que explica e descreve a catástrofe cósmica, à qual os especialistas da NASA se referem.

O planeta Plutão tem sido chamado de "o enigma". Enquanto as órbitas ao redor do Sol e de outros planetas se desviam um pouco de um círculo perfeito, o desvio ("excentricidade") de Plutão é de tal maneira que apresenta a órbita mais estendida e mais elíptica ao redor do Sol. Enquanto os outros planetas orbitam o Sol, mais ou menos dentro do mesmo plano, Plutão está desajustado em 17 graus. Graças a essas duas características incomuns em sua órbita, Plutão é o único planeta que cruza a órbita de outro planeta, Netuno.

Em termos de tamanho, Plutão, na verdade, encontra-se na classe dos "satélites": o seu diâmetro de 5.793 quilômetros, não é tão maior que Tritão, um satélite de Netuno, ou Titã, um dos dez satélites de Saturno. Por conta de suas características incomuns, sugeriu-se que esse "desajustado" talvez tenha iniciado sua vida celeste como um satélite que, de alguma forma, fugiu do seu mestre e foi parar na órbita ao redor do Sol por conta própria.

Como logo veremos adiante, de fato, foi isso que aconteceu – de acordo com os textos sumérios.

E agora chegamos ao clímax da nossa busca por respostas relacionadas com os primeiros eventos celestes: a existência do Décimo Segundo Planeta. Incrível como possa parecer, nossos astrônomos estão procurando provas de que tal planeta, de fato, já existiu entre Marte e Júpiter.

No final do século XVIII, bem antes de Netuno ter sido descoberto, vários astrônomos demonstraram que "os planetas estavam posicionados em certas distâncias do Sol, de acordo com uma lei definida". A sugestão, que ficou conhecida como a Lei de Bode, convenceu os astrônomos de que um planeta deveria estar girando em um local onde se sabia que nenhum planeta existia – ou seja, entre as órbitas de Marte e Júpiter.

Motivados por esses cálculos matemáticos, os astrônomos começaram a varrer os céus, na zona indicada, em busca do "planeta perdido". No primeiro dia do século XIX, o astrônomo italiano Giuseppe Piazzi descobriu, na exata distância indicada, um planeta muito pequeno (780 quilômetros de extensão), que ele nomeou Ceres. Já em 1804, o número de asteroides ("pequenos planetas") encontrados naquela região subiu para quatro; atualmente, cerca de 3 mil asteroides foram contados orbitando o Sol, no que hoje é chamado de cinturão de asteroides. Sem sombra de dúvida, esses são os fragmentos de um planeta que havia se despedaçado. Os astrônomos russos nomearam-no Phayton ("carruagem").

Enquanto os astrônomos estão seguros de que tal planeta existiu, eles não são capazes de explicar o seu desaparecimento. O planeta se autoimplodiu? Mas, então, os seus pedaços deveriam estar flutuando em todas as direções e não ficarem parados em um único cinturão. Se uma colisão explodiu o planeta que está faltando, onde está o corpo celeste responsável pela colisão? Será que se despedaçou também? No entanto, os fragmentos que circundam o Sol, quando juntados, não são suficientes para montar sequer um planeta inteiro, muito menos dois. Além disso, se os asteroides contêm os fragmentos de dois planetas, eles deveriam manter a rotação axial de dois planetas. No entanto, todos os asteróides têm uma única rotação axial, indicando que vieram de um único corpo celeste. Como foi, então, que o planeta perdido se despedaçou, e o que o despedaçou?

As respostas para esses enigmas foram passadas para nós pela Antiguidade.

*

Cerca de um século atrás, a decifração dos textos descobertos na Mesopotâmia, inesperadamente, mostraram que lá – na Mesopotâmia – os textos não existiam apenas em paralelo com as Escrituras Sagradas, mas que apresentavam porções que as *precediam*. *Die Kielschriften und das alte Testament*, de Eberhard Schräder, de 1872, deu início a uma avalanche de livros, artigos, palestras e debates que duraram meio século. Havia uma ligação, em algum momento anterior, entre a Babilônia e a Bíblia? De forma provocativa, as manchetes de jornais afirmavam ou denunciavam: *BABEL UND BIBEL* (BABEL E A BÍBLIA).

Entre os textos descobertos por Henry Layard, nas ruínas da biblioteca de Assurbanipal, em Nínive, havia um que narrava um conto da Criação não muito diferente daquele encontrado no Livro do Gênesis. As tábuas quebradas, que foram coladas e publicadas, primeiramente, por George Smith, em 1876 (*The Chaldean Genesis*), de forma conclusiva estabeleciam que, de fato, existiu um texto acadiano, escrito no dialeto babilônico antigo, que narrava como uma certa divindade criou o Céu e a Terra, e tudo sobre a Terra, incluindo o Homem.

Hoje, existe uma vasta literatura que compara o texto mesopotâmico com a narrativa bíblica. A obra da divindade babilônica foi concluída, senão em seis "dias", então por um período de seis tábuas. Comparado com o sétimo dia de descanso e alegria do Deus bíblico depois da conclusão da obra, o épico mesopotâmico dedica uma sétima tábua para a exaltação da divindade babilônica e de suas realizações. De forma apropriada, L. W. King nomeou seu texto confiável sobre o assunto de *The Seven Tablets of Creation*.

Hoje chamado de "O Épico da Criação", o texto era conhecido na Antiguidade por sua frase inicial, *Enuma Elish* ("Quando nas alturas"). O conto bíblico da Criação começa com a criação do Céu e da Terra; o conto mesopotâmico é uma pura cosmogonia, tratando dos eventos anteriores e conduzindo-nos ao princípio do tempo:

Enuma elish nabu shamamu
   Quando nas alturas o Céu ainda não tinha nome
Shaplitu ammatum shuma la zakrat
   E abaixo, terra firme [Terra] ainda não era chamada

Foi então, conta o épico, que dois corpos celestes primordiais deram à luz uma série de "deuses" celestes. À medida que os seres celestes aumentavam, eles faziam enorme barulho e comoção, perturbando o Pai Primordial. Seu fiel mensageiro encorajou-o a tomar medidas drásticas para disciplinar seus jovens deuses, mas eles confabularam contra ele e roubaram seus poderes criativos. A Mãe Primordial resolveu vingar-se. O deus que liderou a revolta contra o Pai Primordial fez uma nova sugestão: deixe seu filho mais jovem ser convidado para se juntar à Assembleia dos Deuses e receber a supremacia para que possa lutar com uma mão contra o "monstro" que a mãe deles se transformou.

Ao receber a supremacia, o jovem Deus – Marduk, de acordo com a versão babilônica – saiu para enfrentar o monstro e, depois de uma violenta batalha, ele a destruiu e a dividiu em dois. De uma parte dela fez o Céu, e da outra, a Terra.

Ele, então, proclamou uma ordem fixa nos céus, atribuindo a cada deus celeste uma posição permanente. Na Terra, ele criou as montanhas, mares e rios, estabeleceu as estações e a vegetação e criou o Homem. Copiando a Morada Celestial, a Babilônia e seu templo elevado foram construídos na Terra. Os deuses e os mortais receberam missões, comandos e rituais para serem seguidos. Os deuses, então, proclamaram Marduk como a divindade suprema e concederam-lhe os "50 nomes" – as prerrogativas e a graduação numérica da liderança de Enlil.

À medida que mais tábuas e fragmentos eram descobertos e traduzidos, tornava-se evidente que o texto não se tratava de uma simples obra literária: era o mais consagrado épico histórico-religioso da Babilônia, lido como parte dos rituais do Ano-Novo. Com a intenção de propagar a supremacia de Marduk, a versão babilônica o transformou no herói do conto da Criação. No entanto, isso nem sempre foi assim. Há provas suficientes para mostrar que a versão babilônica do épico se tratava de um plágio religioso-político engenhoso de versões sumérias anteriores, em que Anu, Enlil e Ninurta eram os heróis.

Entretanto, não interessa como se chamavam os atores nesse drama divino e celeste, o conto é certamente tão antigo quanto a civilização suméria. A maioria dos acadêmicos veem-no como uma obra filosófica – a versão mais antiga da eterna luta entre o bem e o mal – ou como um conto alegórico sobre o inverno e o verão, o alvorecer e o anoitecer, a morte e a ressurreição da natureza.

Mas, por que não entender o épico pelo que ele realmente é, nada mais e nada menos que um relato dos fatos cosmológicos conhecidos pelos sumérios, da maneira que lhes foi contado pelos nefilins? Fazendo uso de uma abordagem ousada e nova, descobrimos que o "Épico da Criação" explica de forma perfeita os eventos que provavelmente ocorreram no nosso Sistema Solar.

O palco no qual o drama celeste de *Enuma Elish* se desenrola é o universo primordial. Os atores celestes são aqueles que criaram, como também aqueles que foram criados. Primeiro Ato:

> Quando nas alturas o Céu ainda não tinha nome,
> E abaixo, a Terra ainda não era chamada;
> Nada, senão o primordial APSU, seu Progenitor,
> MUMMU e TIAMAT – ela que gerou a todos;
> Suas águas juntas foram misturadas.
>
> Nem junco ainda havia se formado, nem pântano havia aparecido.
> Nenhum dos deuses ainda havia sido criado,
> Nem sequer um nome, seus destinos não estavam determinados;
> Foi então que os deuses foram criados em seu meio.

Com algumas pinceladas da agulha de pau sobre a primeira tábua de argila – em nove linhas curtas – o antigo poeta-cronista nos conduz a sentar na fileira da frente, ao centro da plateia e, de forma dramática e ousada, ergue a cortina do espetáculo mais majestoso que existiu: a Criação do nosso Sistema Solar.

Na extensão do espaço, os "deuses" – os planetas – ainda estão prestes a aparecer, ser nomeados, receber seus "destinos" fixos – suas órbitas. Apenas três corpos existem: "primordial AP.SU" ("aquele que existe desde o princípio"); MUM.MU ("aquele que nasceu"); e TIAMAT ("dama da vida"). As "águas" de Apsu e de Tiamat misturaram-se, o texto deixa claro que não se refere às águas onde os juncos crescem, mas sim às águas primordiais, os elementos básicos da vida do universo.

Apsu, então, é o Sol, "aquele que existe desde o princípio".

Próximo a ele se encontra Mummu. A narrativa épica deixa claro que mais tarde esse Mummu seria o ajudante e o emissário de confiança de Apsu: uma boa descrição de Mercúrio, o pequeno planeta girando rapidamente ao redor de seu gigante mestre. Na realidade, esse era o conceito que os antigos gregos e romanos tinham do planeta-Deus Mercúrio: o rápido mensageiro dos deuses.

Mais distante se encontrava Tiamat. Ela era o "monstro" que mais tarde Marduk destruiria – o "planeta perdido". Porém, nos primórdios, ela era a primeira Mãe Virgem da Divina Trindade. O espaço entre ela e Apsu não era vazio; era repleto dos elementos primordiais de Apsu e Tiamat. Essas "águas" "misturaram-se" e um par de deuses celestes – planetas – formou-se no espaço entre Apsu e Tiamat.

> Suas águas juntas misturaram-se (...)
> Deuses se formaram em seu meio:
> Deus LA<u>H</u>MU e deus LA<u>H</u>AMU foram gerados;
> E por nomes foram chamados.

Etimologicamente, os nomes desses dois planetas derivam da raiz *LHM* ("fazer guerra"). Os antigos deixaram-nos de herança a tradição de que Marte era o Deus da Guerra e Vênus a Deusa de ambos, do Amor e da Guerra. LA<u>H</u>MU e LA<u>H</u>AMU são, na verdade, nomes masculinos e femininos, respectivamente; e a identidade dos dois deuses do épico e dos planetas Marte e Vênus é, portanto, confirmada tanto etimologicamente como mitologicamente. É também confirmada astronomicamente: como sendo o "planeta perdido", Tiamat localizava-se além de Marte. Marte e Vênus estão, na realidade, localizados no espaço entre o Sol (Apsu) e "Tiamat". Podemos ilustrar isso seguindo o mapa celeste sumério. (Figs. 102 e 103)

O processo de formação do Sistema Solar então prosseguiu. La<u>h</u>mu e La<u>h</u>amu – Marte e Vênus – foram gerados, mas mesmo assim

> Antes de crescer em idade
> E em estatura ao tamanho indicado –
> Deus ANSHAR e Deus KISHAR foram formados,
> Ultrapassando-os [em tamanho].
> Enquanto se prolongavam os dias e se multiplicavam os anos,
> Deus ANU se tornaria seu filho – e de seus ancestrais um rival.
> O primogênito de Anshar, Anu,
> À sua semelhança e sua imagem gerou NUDIMMUD.

Com a capacidade de concisão igualada apenas à precisão da narrativa, o primeiro ato do épico da Criação foi apresentado de forma rápida diante dos nossos próprios olhos. Fomos informados que Marte e Vênus deveriam crescer apenas em um tamanho limitado; mas, mesmo antes de sua formação ser concluída, outro par de planetas era formado. Os dois eram planetas majestosos, evidenciados pelos seus nomes – AN.SHAR ("príncipe, o primeiro dos céus") e KI.SHAR ("o primeiro das terras firmes"). Eles superaram o primeiro par em tamanho, "ultrapassando-os" em estatura. A descrição, epítetos e localização desse segundo par os identifica facilmente como sendo Saturno e Júpiter. (Fig. 104)

Algum tempo passou ("multiplicaram-se os anos") e um terceiro par de planetas foi criado. Primeiro veio ANU, menor que Anshar e Kishar ("filho deles"), porém, maior que os primeiros planetas ("de seus ancestrais, um rival" em tamanho). Em seguida, Anu, por sua vez, criou um planeta gêmeo, "à sua semelhança e sua imagem". A versão babilônica dá o nome ao planeta de NUDIMMUD, um epíteto de Ea/Enki. Novamente, as descrições dos tamanhos e localizações encaixam-se com o próximo par de planetas conhecidos no nosso Sistema Solar, Urano e Netuno.

Havia, ainda, outro planeta faltando entre esses planetas externos, aquele que chamamos de Plutão. O "Épico da Criação" já fez referência a Anu como "o primogênito de Anshar", indicando que ainda havia outro Deus planetário "gerado" por Anshar/Saturno. O épico alcança essa divindade celeste mais adiante, quando relata como Anshar enviou seu emissário, GAGA, em várias missões para outros planetas. Gaga surge em função e estatura, igual ao emissário de Apsu, Mummu; isso nos faz lembrar das várias similaridades entre Mercúrio e Plutão. Gaga, então, era Plutão; no entanto, os sumérios não colocaram Plutão em seu mapa celeste além de Netuno, mas próximo a Saturno, de quem ele era "emissário", ou satélite. (Fig. 105)

À medida que o primeiro ato do "Épico da Criação" chega ao seu desfecho, havia um sistema solar composto pelo Sol e nove planetas:

SOL – *Apsu*, "aquele que existia desde o princípio".

MERCÚRIO – *Mummu*, conselheiro e emissário de Apsu.

VÊNUS – *Lahamu*, "dama das batalhas".

MARTE – *Lahmu*, "divindade da guerra".

?? – *Tiamat*, "dama que gera a vida".

JÚPITER – *Kishar*, "primeiro das terras firmes".

SATURNO – *Anshar*, "primeiro dos céus".

O Épico da Criação 207

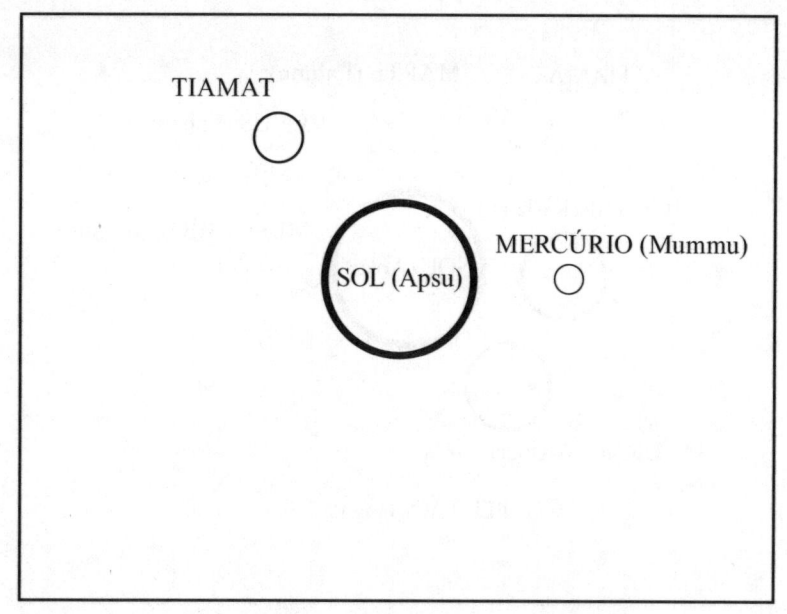

Figura 102. I. No princípio: Sol, Mercúrio, "Tiamat".

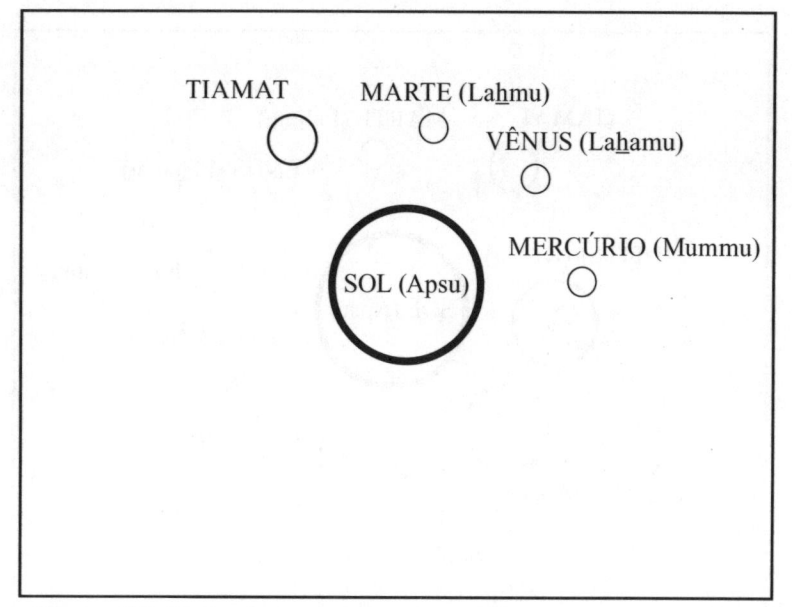

Figura. 103. II. Os planetas internos – os "deuses no meio" – surgem.

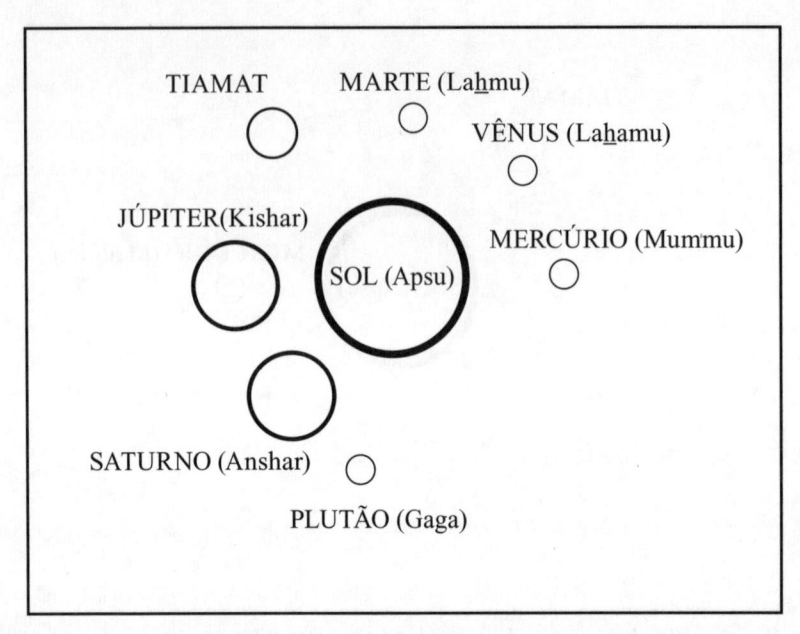

Figura. 104. III. Os SHAR's – os planetas gigantes – são criados, juntos com seus "emissários".

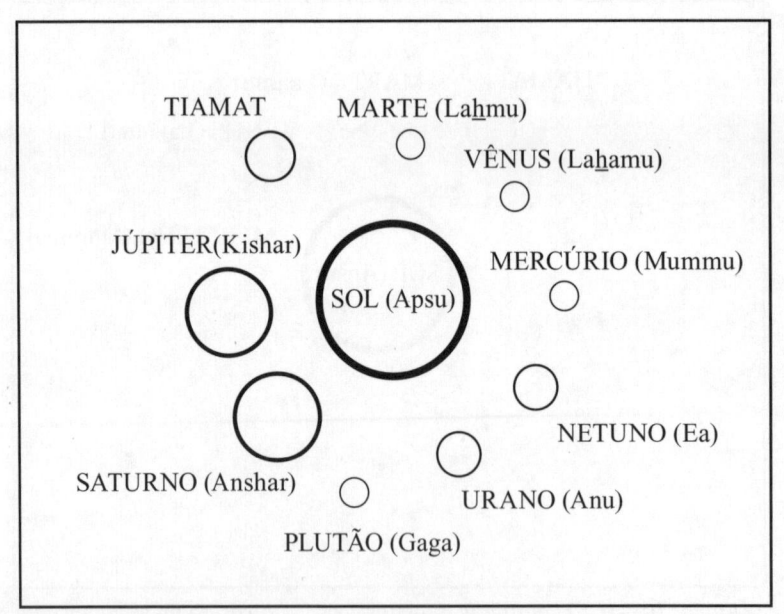

Figura. 105. IV. Os últimos dois planetas são acrescentados – iguais, um a imagem do outro.

PLUTÃO – *Gaga*, conselheiro e emissário de Anshar.
URANO – *Anu*, "aquele dos céus".
NETUNO – *Nudimmud (Ea)*, "criador engenhoso".

Onde estavam a Terra e a Lua? Elas ainda não haviam sido criadas, produtos da futura colisão cósmica.

Com o final do drama majestoso do nascimento dos planetas, os autores do épico da Criação agora erguem a cortina para o segundo ato, em um drama de revolta celeste. A recém-criada família de planetas estava longe de ser estável. Os planetas estavam gravitando em direção um ao outro; eles se convergiam em Tiamat, perturbando e colocando em risco os corpos primordiais.

> Os irmãos divinos juntaram-se;
> Eles perturbaram Tiamat enquanto se ondulavam para frente e para trás.
> Eles estavam incomodando a "barriga" de Tiamat
> Com suas travessuras nas moradas do céu.
> Apsu não conseguia reprimir o clamor deles;
> Tiamat ficou muda com as atitudes deles.
> Seus comportamentos eram repulsivos (...)
> Preocupantes eram suas atitudes.

Temos aqui referências óbvias sobre as órbitas erráticas ou instáveis. Os novos planetas "ondulavam para frente e para trás"; eles chegaram muito perto um do outro ("juntaram-se"); interferiram na órbita de Tiamat; chegaram muito perto de sua "barriga"; suas "atitudes" eram preocupantes. Embora fosse Tiamat que corresse o perigo maior, Apsu achou, também, que as atitudes dos planetas eram "repulsivas". Ele anunciou sua intenção de "destruir, por fim, suas atitudes". Ele reuniu-se com Mummu e conferiram em segredo. Mas, "seja lá o que planejaram entre eles", o assunto acabou chegando aos ouvidos dos Deuses, e o plano para destruí-los deixou-os mudos. O único que não perdeu o bom senso foi Ea. Ele esboçou uma tática para "despejar o sono sobre Apsu". Quando os outros Deuses celestes concordaram com o plano, Ea "desenhou um mapa fiel do universo" e lançou uma maldição divina sobre as águas primordiais do Sistema Solar.

Que "maldição" ou força era essa exercida por "Ea" (o planeta Netuno) – na época, o planeta mais externo do Sistema Solar – enquanto orbitava o Sol e girava ao redor de todos os planetas? Sua própria órbita ao redor do Sol afetou o magnetismo solar e, consequentemente, sua emanação radioativa? Ou foi o próprio Netuno que emitiu, sobre sua criação, vastas radiações de energia? Quaisquer que tenham sido os efeitos, o épico os compara a um "despejar de sono" – um efeito calmante – sobre Apsu (o Sol). Mesmo "Mummu, o Conselheiro, ficou impotente diante da provocação".

Como no conto bíblico de Sansão e Dalila, o herói – tomado pelo sono – foi facilmente roubado de seus poderes. Ea agiu rapidamente e apossou-se do poder criativo de Apsu. Saciando-se da imensa emanação de matéria primordial do Sol, Ea/Netuno "arrancou a coroa de Apsu, removeu seu manto de áurea". Apsu estava "derrotado". Mummu não tinha mais como fugir. Ele foi "amarrado e deixado para trás", um planeta sem vida ao lado de seu mestre.

Ao privar o Sol de sua criatividade – interrompendo o processo de emissão de mais energia e matéria para formar novos planetas – os Deuses trouxeram uma paz temporária ao Sistema Solar. A vitória teve mais importância com a mudança do significado e da localização de Apsu. O epíteto, a partir de agora, seria então aplicado à "Morada de Ea". Qualquer planeta adicional, de agora em diante, somente poderia vir do novo Apsu – da "Profundeza" – do extenso espaço que o planeta mais externo enfrentava.

Quanto tempo se passou até que a paz celeste fosse perturbada novamente? O épico não diz, mas continua, com uma pequena pausa, e ergue a cortina para o terceiro ato:

Na Câmara das Sortes, o lugar dos Destinos,
Um deus foi concebido, o mais hábil e mais sábio dos deuses;
No coração da Profundeza, Marduk foi criado.

Um novo "Deus" celeste – um novo planeta – agora se junta ao elenco. Ele foi formado na Profundeza, longe no espaço, em uma zona em que o movimento orbital – o "destino" do planeta – havia sido transmitido a ele. Ele fora atraído ao Sistema Solar pelo planeta mais externo: "Aquele que o criou foi Ea" (Netuno). O novo planeta era uma visão digna de contemplação:

Encantadora era sua figura, radiante o abrir de seus olhos;
Nobre era o seu caminhar, comandando como se fizera há tempos (...)
O mais exaltado era ele acima dos Deuses, excedendo-os por completo (...)
Ele era o mais soberbo dos Deuses, inigualável era sua estatura;
Seus membros eram enormes, ele era extremamente alto.

Surgindo do espaço exterior, Marduk ainda era um planeta recém-nascido, expelindo fogo e emitindo radiação. "Quando ele movia os seus lábios, o fogo chamejava."

À medida que Marduk se aproximava dos outros planetas, "eles empilhavam-se sobre ele com seus incríveis flashes" e ele brilhou tão irradiante, "coberto com a auréola dos dez Deuses". Sua aproximação logo gerou emissões elétricas, e de outra natureza, dos outros membros do Sistema Solar. E uma única palavra aqui confirma a nossa decifração do épico da Criação: *dez* corpos celestes o aguardavam – o Sol e apenas outros nove planetas.

A narrativa épica agora nos leva junto ao curso veloz de Marduk. Ele passa primeiro pelo planeta que o "gerou", que o atraiu para dentro do Sistema Solar, o planeta Ea/Netuno. À medida que Marduk se aproxima de Netuno, a atração gravitacional desse no recém-chegado aumenta em intensidade. Refina o trajeto de Marduk, "facilitando o seu propósito".

Marduk ainda devia estar em uma fase bastante flexível naquela época. À medida que ele passava por Ea/Netuno, a atração gravitacional fazia com que um lado de Marduk aumentasse como se tivesse "uma segunda cabeça". No entanto, nenhuma parte de Marduk sofreu danos durante essa passagem; mas, à medida que Marduk se aproximava dos arredores de Anu/Urano, fragmentos de matéria começaram a se soltar dele, resultando na formação dos quatro satélites de Marduk. "Anu criou e modelou os quatro lados, consignou seus poderes ao líder do anfitrião." Chamado de "ventos", os quatro foram impulsionados em uma órbita veloz em torno de Marduk, "serpenteando como um redemoinho".

A ordem de passagem – primeiro por Netuno e, em seguida, por Urano – indica que Marduk estava entrando no Sistema Solar não pela direção orbital do sistema (sentido anti-horário), mas pela direção oposta, movendo-se no sentido horário. Movendo-se adiante, o planeta recém-chegado foi logo pego por forças magnéticas e gravitacionais imensas emitidas pelo gigante Anshar/Saturno e, em seguida por Kishar/Júpiter. O seu caminho foi envergado ainda mais para dentro – ao centro do Sistema Solar, em direção à Tiamat. (Fig. 106)

A aproximação de Marduk logo começou a perturbar Tiamat e seus planetas internos (Marte, Vênus e Mercúrio). "Ele gerou correntes, perturbando Tiamat; os Deuses não ficaram parados, arrastados como em uma tempestade."

Figura 106

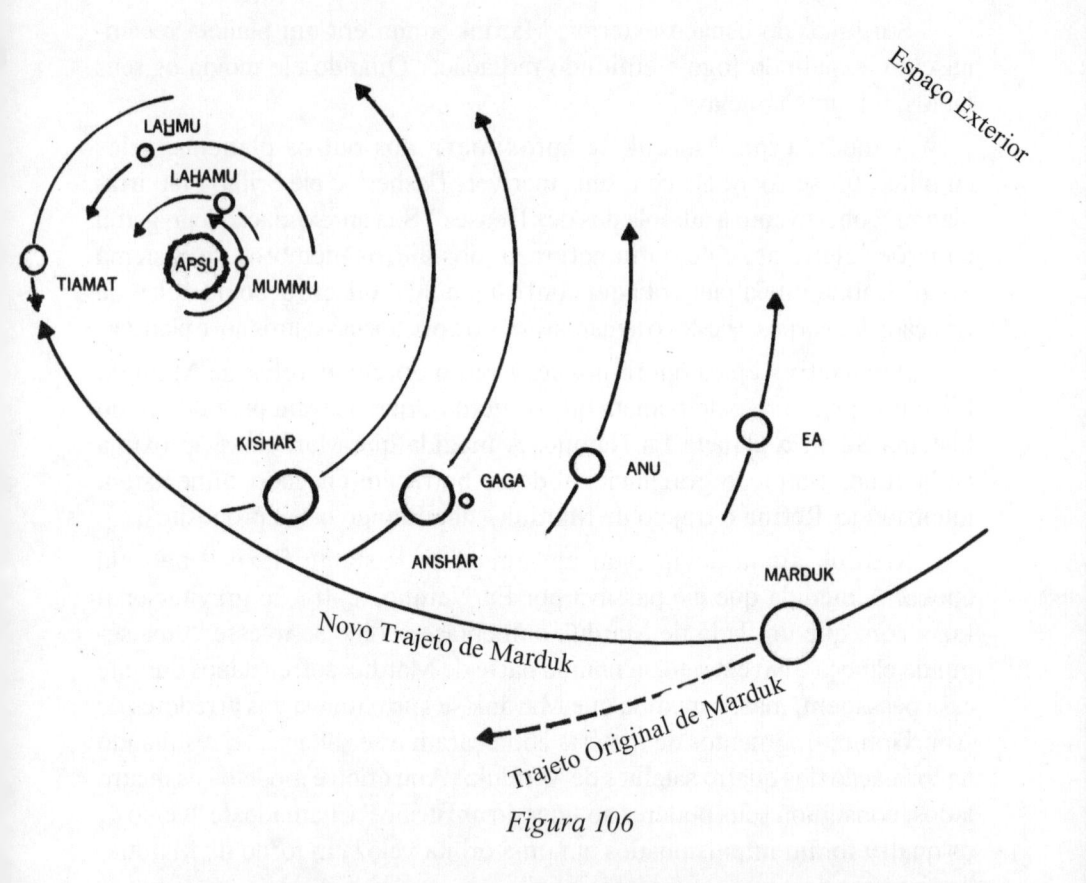

Embora as linhas do texto antigo estejam parcialmente danificadas nessa parte, ainda podemos ler que o itinerante planeta "diluía suas forças vitais(...) incomodava seus olhos". A própria Tiamat "vagava confusa" – sua órbita fora perturbada.

A atração gravitacional do enorme planeta aproximando-se logo começou a arrancar partes de Tiamat. Do seu interior emergiram 11 "monstros", um "rosnar e ranger" de satélites que "se separaram" de seu corpo e "marcharam ao lado de Tiamat". Preparando-se para enfrentar o ataque de Marduk, Tiamat "coroou-lhes com auréolas", dando-lhes a aparência de "deuses" (planetas).

De grande importância para o épico e para a cosmogonia mesopotâmica, era o principal satélite de Tiamat, chamado de KINGU, "o primogênito entre os deuses que formaram sua assembleia".

> Ela exaltou Kingu,
> Entre eles, ela o fez o maior (...)
> O alto comando da batalha
> Ela confiou em suas mãos.

Sujeito às atrações gravitacionais conflitantes, esse grande satélite de Tiamat começou a mudar em direção a Marduk. Foi especialmente essa concessão a Kingu de uma Tábua dos Destinos – um curso planetário próprio – que incomodou os planetas externos. Quem havia concedido à Tiamat o direito de gerar novos planetas? Ea perguntou. Ele levou o problema para Anshar, o gigante Saturno.

> Tudo que Tiamat tramou, ele repetiu:
> "(...) ela montou uma Assembleia e está furiosa, com raiva (...)
> ela acrescentou armas inigualáveis, gerou deuses-monstros (...)
> além disso, 11 desse tipo ela criou;
> entre os deuses que formaram a Assembleia dela,
> ela elevou Kingu, seu primogênito, fez dele um chefe (...)
> ela entregou-lhe a Tábua dos Destinos, prendeu
> em seu peito".

Voltando-se a Ea, Anshar perguntou-lhe se poderia matar Kingu. A resposta está faltando por causa das tábuas danificadas; mas, aparentemente, Ea não satisfez o desejo de Anshar, porque na continuação da narrativa Anshar foi recorrer a Anu (Urano) para saber se poderia "ir e enfrentar Tiamat". Porém, Anu "foi incapaz de enfrentá-la e retornou".

Nos céus agitados, um confronto está se formando; um deus após o outro retira-se. Ninguém irá lutar contra a irada Tiamat?

Depois de ter passado por Netuno e Urano, Marduk agora se aproxima de Anshar (Saturno) e de seus longos anéis. Isso dá uma ideia a Anshar: "aquele que é potente deverá ser o nosso Vingador; aquele que é perspicaz na batalha: Marduk, o Herói! Chegando ao alcance dos anéis de Saturno ("ele beijou os lábios de Anshar"), Marduk responde:

> "Se eu, de fato, como vosso Vingador
> Terei que destruir Tiamat, salvai suas vidas –
> Convocai uma Assembleia para proclamar o meu Destino supremo!"

A condição era audaciosa, porém simples: Marduk e seu "destino" – sua órbita em torno do Sol – deveriam se tornar supremos entre todos os corpos celestes. Foi então que Gaga, o satélite de Anshar/Saturno – e o futuro Plutão – foram liberados de seu curso:

> Anshar abriu sua boca,
> Para Gaga, seu Conselheiro, uma palavra proferiu (...)
> "Segue teu caminho, Gaga,
> Toma uma posição diante dos deuses,
> e toma aquela que te direi
> tu repetes a eles."

Passando pelos outros deuses/planetas, Gaga encorajou-os a "fixar vossos decretos por Marduk". A decisão foi como a antecipada: os deuses estavam mais que ansiosos em ter alguém que fosse resolver o problema para eles. "Marduk é rei!", eles exclamaram e o encorajaram a não perder mais tempo: "Vai e acaba com a vida de Tiamat!".

Agora, a cortina sobe para o quarto ato, a batalha celeste.

Os deuses decretaram o "destino" de Marduk; suas atrações gravitacionais conjuntas determinaram o curso orbital de Marduk, para que pudesse seguir um único trajeto – em direção à "batalha", uma colisão com Tiamat.

Preparado como um guerreiro, Marduk armou-se com uma variedade de armas. Encheu seu corpo com uma "chama flamejante"; "construiu um arco, colocou nele uma flecha, diante dele arrumou o relâmpago"; e "ele, então, fez uma rede para colocar Tiamat dentro". Esses são nomes comuns para o que teria sido apenas um fenômeno celeste – a descarga de relâmpagos elétricos à medida que dois planetas se convergem, a atração gravitacional (a "rede") de um sobre o outro.

Entretanto, as principais armas de Marduk eram os seus satélites, os quatro "ventos" que Urano havia providenciado a ele, quando Marduk passou por aquele planeta: Vento do Sul, Vento do Norte, Vento do Leste e Vento do Oeste. Passando agora pelos gigantes, Saturno e Júpiter, e sujeito às suas tremendas atrações gravitacionais, Marduk "criou" mais três satélites – Vento Malévolo, Redemoinho e Vento Inigualável.

Usando seus satélites como uma "carruagem de tempestade", ele "enviou os ventos que havia gerado, todos os sete". Os adversários já estavam prontos para a batalha.

> O Senhor foi adiante, seguiu seu curso;
> Em direção à furiosa Tiamat, ele consolidou sua posição (...)
> O Senhor aproximou-se para averiguar as entranhas de Tiamat –
> O plano de Kingu, esposo dela, para entender.

Mas, conforme os planetas se aproximavam um do outro, o curso de Marduk tornou-se instável:

> Enquanto ele observa, seu curso torna-se perturbado,
> Sua direção é distraída, seus feitos estão confusos.

Até os satélites de Marduk começam a desviar do curso:

> Quando os deuses, seus auxiliares,
> Que estavam marchando ao seu lado,
> Viram o valente Kingu, ofuscada ficou a visão deles.

Os combatentes iriam se desviar um do outro, no final?

Mas, a sorte havia sido lançada, de maneira irrevogável os cursos apontavam para a colisão. "Tiamat emitiu um rugido"... "o Senhor aumentou a tempestade de enchente, sua poderosa arma". À medida que Marduk se aproximava mais, a "fúria" de Tiamat aumentava; "as bases de suas pernas balançavam para frente e para trás". Ela começou a lançar "maldições" contra Marduk – o mesmo tipo das ondas celestes que Ea tinha usado antes contra Apsu e Mummu. Mas, Marduk continuou em direção a ela.

> Tiamat e Marduk, os mais sábios dos deuses,
> Avançaram um contra o outro;
> Eles prenderam-se em um único combate,
> Eles aproximaram-se para a batalha.

O épico, agora, volta-se para a descrição da batalha celeste, na qual, no final, o Céu e a Terra são criados.

> O Senhor abriu sua rede para envolvê-la;
> O Vento Malévolo, o derradeiro, ele libertou em sua face.
> Enquanto ela abria sua boca, Tiamat, para devorá-lo –
> Ele lançou o Vento Malévolo para que ela não pudesse fechar seus lábios.
> A fúria dos Ventos tempestuosos em seguida atingiu a barriga dela;
> O corpo dela se tornou inchado; sua boca estava bem aberta.
> Ele atirou uma flecha dentro dela, estourou sua barriga;
> Cortou por dentro de suas entranhas, estourou seu ventre.
> Tendo enfim a derrotado, o suspiro de vida dela ele extinguiu.

Temos aqui, então, (Fig. 107) a teoria mais original que explica os enigmas celestes que ainda nos confronta. Um Sistema Solar instável, composto pelo Sol e nove planetas, foi invadido por um enorme planeta, como um cometa vindo do espaço sideral. Primeiro, encontrou Netuno; à medida que passava por Urano, pelo gigante Saturno e Júpiter, seu curso foi profundamente curvado para dentro do centro do Sistema Solar, e gerou sete satélites. Estava inalteradamente apontado no curso de uma colisão com Tiamat, o próximo planeta na linha.

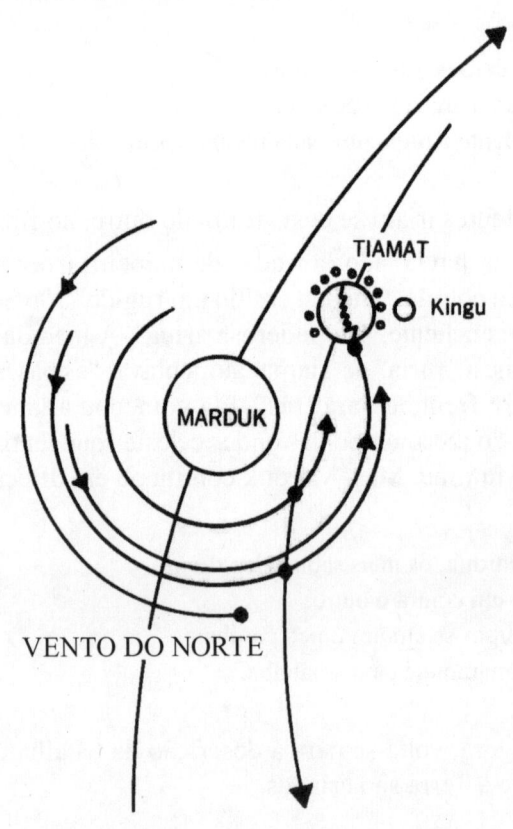

Figura. 107. A Batalha Celestial.

A. Os "ventos" de Marduk colidindo com Tiamat e a "hoste" dela (liderado por Kingu)

Mas os dois planetas *não* colidiram, um fato de importância astronômica fundamental: foram os satélites de Marduk que se chocaram com Tiamat, e não o próprio Marduk. Eles "incharam" o corpo de Tiamat, fizeram nela uma grande segmentação. Através dessas fissuras em

Tiamat, Marduk atirou uma "flecha", um "relâmpago divino", uma imensa descarga de eletricidade que saiu como uma faísca do corpo carregado de energia de Marduk, o planeta que estava "repleto de brilho". Achando sua mira na entranhas de Tiamat, "extinguiu seu suspiro de vida" – neutralizou as próprias forças e campos magnéticos e elétricos de Tiamat e "extinguiu-os".

O primeiro encontro entre Marduk e Tiamat deixou-a fissurada e sem vida; mas, seu destino final ainda seria determinado pelos futuros encontros entre os dois. Kingu, o líder dos satélites de Tiamat, também teria o seu futuro determinado separadamente. Porém, o destino dos outros dez pequenos satélites de Tiamat foi determinado de imediato.

> Depois de ter matado Tiamat, a líder,
> Seu bando foi desmantelado, sua hoste, despedaçada.
> Os deuses, seus auxiliares que marcharam ao lado dela,
> Tremendo de medo,
> Viraram suas costas para que pudessem salvar
> E preservar suas vidas.

Podemos identificar esse "desmantelada(...) despedaçada" hoste, que tremeu e "virou suas costas" – reverteram suas direções?

Ao fazer isso, podemos oferecer uma explicação para ainda outro enigma do nosso Sistema Solar – o fenômeno dos cometas. Minúsculos globos de matéria, eles são geralmente citados como sendo os "membros rebeldes" do Sistema Solar, pois eles parecem não obedecer a nenhuma regra normal de curso. As órbitas dos planetas ao redor do Sol são (com a exceção de Plutão) quase circulares; as órbitas dos cometas são alongadas, e, na maioria das vezes, até demais – ao ponto de alguns deles desaparecem da nossa visão durante centenas ou milhares de anos. Os planetas (com a exceção de Plutão) orbitam o Sol no mesmo plano geral; as órbitas dos cometas se situam em diversos planos. Mais importante ainda, enquanto todos os planetas que conhecemos circulam o Sol na mesma direção anti-horária, muitos cometas se movem na direção oposta.

Os astrônomos são incapazes de dizer qual força, qual evento criou os cometas e os atirou em suas órbitas incomuns. A nossa resposta: Marduk. Varrendo na direção contrária em um plano orbital próprio, ele desmantelou e despedaçou a hoste de Tiamat em pequenos cometas, afetando-os com sua atração gravitacional, a sua chamada rede:

> Atirados na rede, eles viram-se enlaçados (...)
> Todo o bando de demônios que marchava ao lado dela

> Ele prendeu-os em correntes, suas mãos ele atou (...)
> Bem presos, eles não tinham como escapar.

Depois que a batalha acabou, Marduk tirou das mãos de Kingu a Tábua dos Destinos (a órbita independente de Kingu) e prendeu-a em seu próprio peito (de Marduk): seu curso foi curvado para uma permanente órbita solar. Daquele tempo em diante, Marduk seria obrigado a retornar sempre à cena da batalha celeste.

Tendo "destruído" Tiamat, Marduk navegou para os céus, foi para o espaço, em torno do Sol e voltou a retraçar sua passagem pelos planetas externos: Ea/Netuno, "cujo desejo foi alcançado por Marduk", Anshar/Saturno, "cujo triunfo Marduk estabeleceu". Em seguida, seu novo curso orbital fez com que Marduk retornasse à cena de seu triunfo, "para fortalecer seu poderio sobre os deuses destruídos", Tiamat e Kingu.

À medida que a cortina está prestes a se erguer para o quinto ato, será nesse momento – e apenas nesse momento, apesar de não ter sido notado até agora – que o conto bíblico do Gênesis se une ao "Épico da Criação" mesopotâmico; porque é apenas nesse momento que o conto da Criação da Terra e do Céu realmente começa.

Completando sua primeira órbita ao redor do Sol, Marduk "em seguida, retorna a Tiamat, que ele havia derrotado".

> O Senhor pausou para ver o corpo dela sem vida.
> Para dividir o monstro ele então planejou com astúcia.
> Então, como um mexilhão, ele a partiu em duas partes.

É o próprio Marduk que agora se choca com o planeta derrotado, partindo Tiamat em duas partes, arrancando o seu "crânio", ou parte superior. Em seguida, outro satélite de Marduk, aquele chamado de Vento do Norte, choca-se com a metade separada. O golpe pesado carregou essa parte – destinada a se tornar a Terra – a uma órbita onde planeta algum havia orbitado antes:

> O Senhor pisou na parte posterior de Tiamat;
> Com sua arma a cabeça ligada ele decepou;
> Ele separou os canais de seu sangue;
> E fez com que o Vento do Norte a carregasse
> A lugares que são desconhecidos.

A Terra havia sido criada!

A parte inferior teve outro destino: na segunda órbita, o próprio Marduk se chocou com ela, transformando-a em pedaços (Fig. 108):

> A [outra] parte dela ele deixou como uma proteção para os céus:
> Trancando-as juntas, como uma sentinela, ele as posicionou (...)
> Ele envergou a cauda de Tiamat para formar a Grande Faixa como um bracelete.

Os pedaços dessa parte danificada foram martelados para se tornar um "bracelete" nos céus, agindo como uma proteção entre os planetas internos e os planetas externos. Eles foram esticados em uma "grande faixa". O cinturão de asteroides havia sido criado.

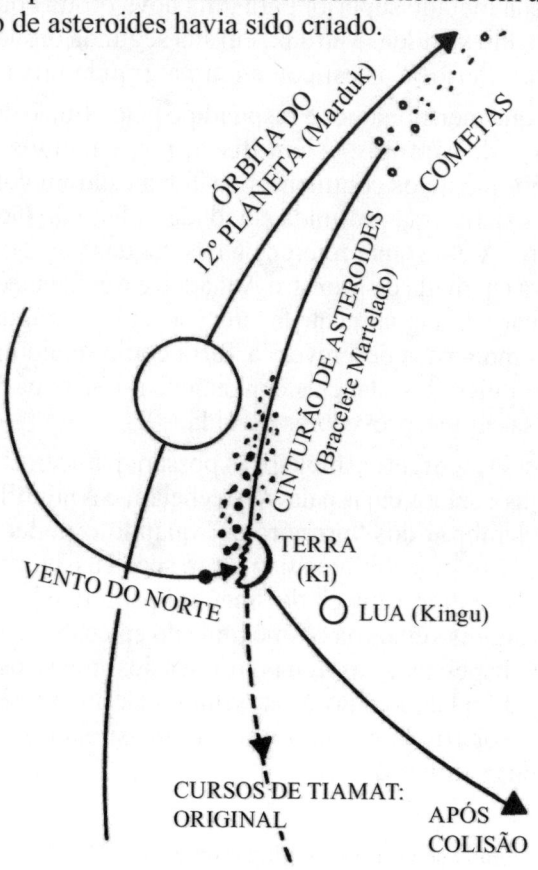

Figura 108. A Batalha Celestial.

B. Tiamat foi dividida: sua parte esmagada está no Céu – o Cinturão de Asteroides; a outra metade, a Terra, é levada para uma nova órbita pelo satélite "Vento do Norte" de Marduk. O principal satélite de Tiamat, Kingu, torna-se a Lua da Terra; seus outros satélites agora compõem os cometas.

Os astrônomos e os físicos reconhecem a existência das grandes diferenças entre os planetas internos (Mercúrio, Vênus, Terra e sua Lua e Marte), ou "terrestres", e os planetas externos (Júpiter e além), dois grupos separados pelo cinturão de asteroides. Agora descobrimos, no épico sumério, o reconhecimento antigo desses fenômenos.

Além disso, recebemos – pela primeira vez – uma explicação cosmogônica-científica coerente dos eventos celestes que levaram ao desaparecimento do "planeta perdido" e à consequente criação do cinturão de asteroides (além dos cometas) e da Terra. Depois de vários de seus satélites e seus relâmpagos elétricos terem separado Tiamat em dois, outro satélite de Marduk carregou sua metade superior para uma nova órbita como sendo o nosso planeta Terra; em seguida, Marduk, em sua segunda órbita, esmagou em pedaços a parte inferior e as esticou em uma grande faixa celeste.

Cada enigma que mencionamos é respondido pelo "Épico da Criação", da maneira como o deciframos. Além disso, respondemos também a pergunta sobre o porquê de os continentes da Terra estarem concentrados em um lado dela e existir uma profunda cavidade (o leito do Oceano Pacífico) no lado oposto. A constante referência das "águas" de Tiamat é algo esclarecedor. Ela era chamada de Monstro Aquático e é evidente que a Terra, como parte de Tiamat, seria igualmente favorecida com essas águas. De fato, alguns acadêmicos modernos descrevem a Terra como sendo um "Planeta Oceano" – pois é o único dos planetas conhecidos no Sistema Solar que é abençoado com essas águas provedoras da vida.

Novas como essas teorias cosmológicas possam parecer, elas era fatos aceitos pelos profetas e sábios cujas palavras recheiam o Antigo Testamento. O profeta Isaías relembrou dos "primórdios" quando o poder do Senhor "talhou o Soberbo, fez o monstro aquático girar, secou as águas de *Tehom-Raba*". Chamando o senhor Yahweh de "meu rei primitivo", o escritor de salmos interpretou alguns versos da cosmogonia do épico da Criação. "Com o vosso poder, vós dispersastes as águas; o líder dos monstros aquáticos, vós os destruístes." Jó relatou como o seu senhor celeste também derrotou "os assistentes do Soberbo"; e como uma impressionante sofisticação astronômica exaltou o senhor que:

A abóbada martelada se estendeu no lugar de *Tehom*,
A Terra ficou suspensa no vazio (...)
Com seus poderes as águas ele prendeu,
Com sua energia o Soberbo ele partiu;
Com seu Vento o Bracelete Martelado ele mediu;
Com sua mão o dragão contorcido ele extinguiu.

Os acadêmicos bíblicos hoje reconhecem que a palavra hebraica *Tehom* ("profundezas aquáticas") deriva de Tiamat; que *Tehom-Raba* significa "grande Tiamat"; e que a compreensão bíblica sobre os primeiros eventos é baseada nos épicos cosmológicos sumérios. Deve também ficar claro que os primeiros e mais importantes desses paralelos sãos os versos iniciais do Livro do Gênesis, descrevendo como o Vento do Senhor pairou sobre as águas de *Tehom*, e como o relâmpago do Senhor (Marduk na versão babilônica) iluminou a escuridão do espaço, enquanto se chocava e partia Tiamat, criando a Terra e a *Rakia* (literalmente, "o bracelete martelado"). Essa faixa celeste (daqui em diante traduzida como "firmamento") é chamada de "o Céu".

O Livro do Gênesis (1:8) afirma de maneira explícita que é esse "bracelete martelado" que o Senhor chamou de "céu" (*shamaim*). Os textos acadianos também chamavam essa zona celeste de "o bracelete martelado" (*rakkis*), e descreviam como Marduk estirou a parte inferior de Tiamat por completo, prendendo-a em um grande círculo permanente. As fontes sumérias não deixam dúvida de que o "céu" específico, diferente do conceito geral de céus e espaço, era o cinturão de asteroides.

Nossa Terra e o cinturão de asteroides são o "Céu e a Terra", tanto das referências mesopotâmicas como bíblicas, criados quando Tiamat foi desmembrada pelo Senhor celeste.

Depois que o Vento do Norte de Marduk empurrou a Terra para a sua nova localização celeste, a Terra obteve sua própria órbita em torno do Sol (resultando nas nossas estações) e recebeu seu giro axial (dando-nos o dia e a noite). Os textos mesopotâmicos afirmam que uma das tarefas de Marduk, depois de ter criado a Terra, foi, na realidade, "designar [à Terra] os dias do Sol e estabelecer os limites do dia e da noite". Os conceitos bíblicos são idênticos:

> E disse Deus:
> "Haja Luzes no Céu martelado,
> para dividir o Dia e a Noite;
> e haja signos celestes
> e as Estações e os Dias e os Anos".

Acadêmicos modernos acreditam que, depois que a Terra se tornou um planeta, ela era uma bola incandescente de vulcões expelindo lava, enchendo os céus de poeira e nuvens. À medida que as temperaturas começaram a esfriar, os vapores se transformaram em água, separando a face da Terra em terra firme e oceanos.

A quinta tábua do *Enuma Elish*, apesar de severamente danificada, transmite com exatidão a mesma informação científica. Ao descrever o jorrar da lava enquanto Tiamat "cuspia", o épico da Criação coloca esse fenômeno de forma correta antes da formação da atmosfera, dos oceanos da Terra e dos continentes. Depois que as "águas das nuvens se juntaram", os oceanos começaram a se formar, e as "fundações" da Terra – seus continentes – foram erguidas. Enquanto "o fazer do frio" – o esfriamento – acontecia, a chuva e as névoas apareciam. Enquanto isso, o "cuspe" continuava a sair, "assentando as camadas" e modelando a topografia da Terra.

Novamente, o paralelo bíblico é claro:

E disse Deus:
"Que as águas debaixo dos céus se unam,
em um único lugar, e que apareça a terra seca".
E assim foi.

A Terra, com oceanos, continentes e atmosfera, agora já estava pronta para a formação das montanhas, rios, nascentes e vales. Atribuindo toda a Criação ao senhor Marduk, *Enuma Elish* continua a narração:

Colocando a cabeça [Terra] de Tiamat na posição,
Ele ergueu então as montanhas.
Ele abriu as nascentes, as torrentes foram lançadas.
Através dos olhos dela ele liberou o Tigre e o Eufrates.
Das tetas dela ele formou as altas montanhas,
Perfurou nascentes para os poços, a água foi carregada.

Em perfeita harmonia com as descobertas modernas, tanto o Livro do Gênesis como o *Enuma Elish*, incluindo outros textos mesopotâmicos relacionados ao assunto, colocam o princípio da vida sobre a Terra nas águas, seguido por "criaturas vivas que se amontoavam" e "aves que voavam". Somente então é que "as criaturas vivas depois de suas espécies: gados, insetos e bestas" apareceram sobre a Terra, culminando com o surgimento do Homem – o ato final da Criação.

*

Como parte da nova ordem celeste sobre a Terra, Marduk "fez a Lua divina aparecer(...) designou-lhe a função de indicar a noite e definir os dias de cada mês".

Quem era esse Deus celeste? O texto chama-o de SHESH.KI ("Deus celeste que protege a Terra"). Não há menção anterior alguma, no épico, de um planeta com esse nome; mesmo assim, ele está lá, "dentro da pressão celeste [campo gravitacional] *dela*". E o que o texto quer dizer com "dela": Tiamat ou Terra?

Os papéis e as referências de Tiamat e da Terra parecem ser trocáveis. A Terra é Tiamat reencarnada. A Lua é chamada de "protetor" da Terra; que era exatamente como Tiamat chamava Kingu, seu principal satélite.

O épico da Criação especificamente exclui Kingu do "grupo" de Tiamat, que foi fragmentado, espalhado e colocado em movimento retrógrado ao redor do Sol, como cometas. Depois que Marduk concluiu sua primeira órbita e retornou à cena da batalha, ele decretou um destino separado para Kingu:

E Kingu, que se tornara o principal entre eles,
Ele encolheu-o;
Como o Deus DUG.GA.E, ele o contou.
Ele tomou dele a Tábua dos Destinos,
Que não lhe era de direito.

Marduk, então, não destruiu Kingu. Ele puniu-o, privando-o de sua órbita independente que Tiamat lhe havia concedido enquanto ele aumentava de tamanho. Encolhido, Kingu continuou sendo um "Deus" – um membro planetário do nosso Sistema Solar. Sem uma órbita própria, ele poderia apenas se tornar um satélite novamente. Como a parte superior de Tiamat foi atirada para uma nova órbita (como sendo o novo planeta Terra), nós sugerimos que Kingu tenha sido empurrado junto. Sugerimos, então, que a nossa Lua é Kingu, o antigo satélite de Tiamat.

Transformado em um *duggae* celeste, Kingu foi desprovido de seus elementos "vitais" – atmosfera, águas, matéria radioativa; ele diminuiu de tamanho e tornou-se "uma massa de argila sem vida". De forma apropriada, esses termos sumérios descrevem a nossa Lua sem vida, sua recente história descoberta e o destino que se sucedeu a esse satélite, que começou como KIN.GU ("grande emissário") e acabou como DUG.GA.E ("pote de chumbo").

L. W. King (*The Seven Tablets of Creation*) relatou a existência de três fragmentos de uma tábua astronômico-mitológica que apresentava outra versão da batalha de Marduk com Tiamat, que incluía versos que contavam a maneira como Marduk despachou Kingu. "Kingu, esposo dela, com uma arma que não era de guerra, ele cortou as Tábuas do Destino, tirou de Kingu e pôs em suas mãos". B. Landesberger (em 1923, no *Archiv für Keilschriftforschung – Arquivo de Pesquisa de Hieróglifos*), em uma nova tentativa de editar e traduzir todo o texto, demonstrou a permutabilidade dos nomes Kingu/Ensu/Lua.

Tais textos não confirmam apenas a nossa conclusão de que o principal satélite de Tiamat se tornara a nossa Lua; eles também explicam as descobertas da NASA relacionadas a uma enorme colisão, "quando corpos celestes do tamanho de cidades grandes se chocaram com a Lua". Tanto as descobertas da NASA, como os textos encontrados por L.W. King, descrevem a Lua como o "planeta que foi arruinado".

Selos cilíndricos que foram descobertos retratam a batalha celeste, mostrando Marduk lutando contra uma feroz divindade feminina. Uma gravura ilustra Marduk lançando seu relâmpago contra Tiamat, com Kingu, claramente identificada como sendo a Lua, tentando proteger Tiamat, sua criadora. (Fig. 109)

Figura 109

Essa evidência gráfica de que a Lua da Terra e Kingu eram o mesmo satélite é mais realçada ainda pelo fato etimológico de o nome do Deus SIN, em épocas posteriores, estar associado com a Lua, derivada de SU.EN ("senhor da terra desolada").

Depois de se livrar de Tiamat e Kingu, Marduk novamente "cruzou os céus e avaliou as regiões". Dessa vez sua atenção estava focada na "morada de Nudimmud" (Netuno), para fixar um "destino" final para Gaga, o antigo satélite de Anshar/Saturno, que havia se tornado um "emissário" para os outros planetas.

O épico nos informa que, como um de seus atos finais nos céus, Marduk designou esse Deus celeste "a um lugar oculto", uma órbita desconhecida de frente para "a profundeza" (espaço sideral), e concedeu a ele a posição de "conselheiro da Profundeza Aquática". De acordo com sua nova posição, o planeta foi renomeado US.MI ("aquele que indica o caminho"), o planeta mais externo, o nosso Plutão.

De acordo com o épico da Criação, Marduk havia se vangloriado em um determinado ponto: "Os caminhos dos deuses celestes eu alterarei de forma engenhosa, em dois grupos eles serão divididos".

De fato, foi o que ele fez. Ele eliminou dos céus a primeira parceira do Sol na Criação, Tiamat. Ele criou a Terra, empurrando-a para uma nova órbita em torno do Sol. Ele martelou um "bracelete" nos céus – o cinturão de asteroides que separa o grupo dos planetas internos do grupo dos planetas externos. Ele transformou a maior parte dos satélites de Tiamat em cometas; o principal satélite dela, Kingu, ele colocou em órbita ao redor da Terra para se tornar a Lua. E mudou um satélite de Saturno, Gaga, para se tornar o planeta Plutão, transmitindo a ele um pouco das próprias características orbitais de Marduk (tais como um plano orbital diferente).

Os enigmas do nosso Sistema Solar – as cavidades oceânicas sobre a Terra, a devastação da Lua, as órbitas retrógradas dos cometas, o enigmático fenômeno de Plutão – todos são respondidos de forma correta pelo épico mesopotâmico da Criação, como foi decifrado por nós.

Tendo, então, "construído as estações" para os planetas, Marduk pegou para si mesmo a "Estação Nibiru" e "cruzou os céus e averiguou" o *novo* Sistema Solar. Agora, ele era composto por 12 corpos celestes, com 12 Grandes Deuses como seus equivalentes. (Fig. 110)

226   O 12º PLANETA

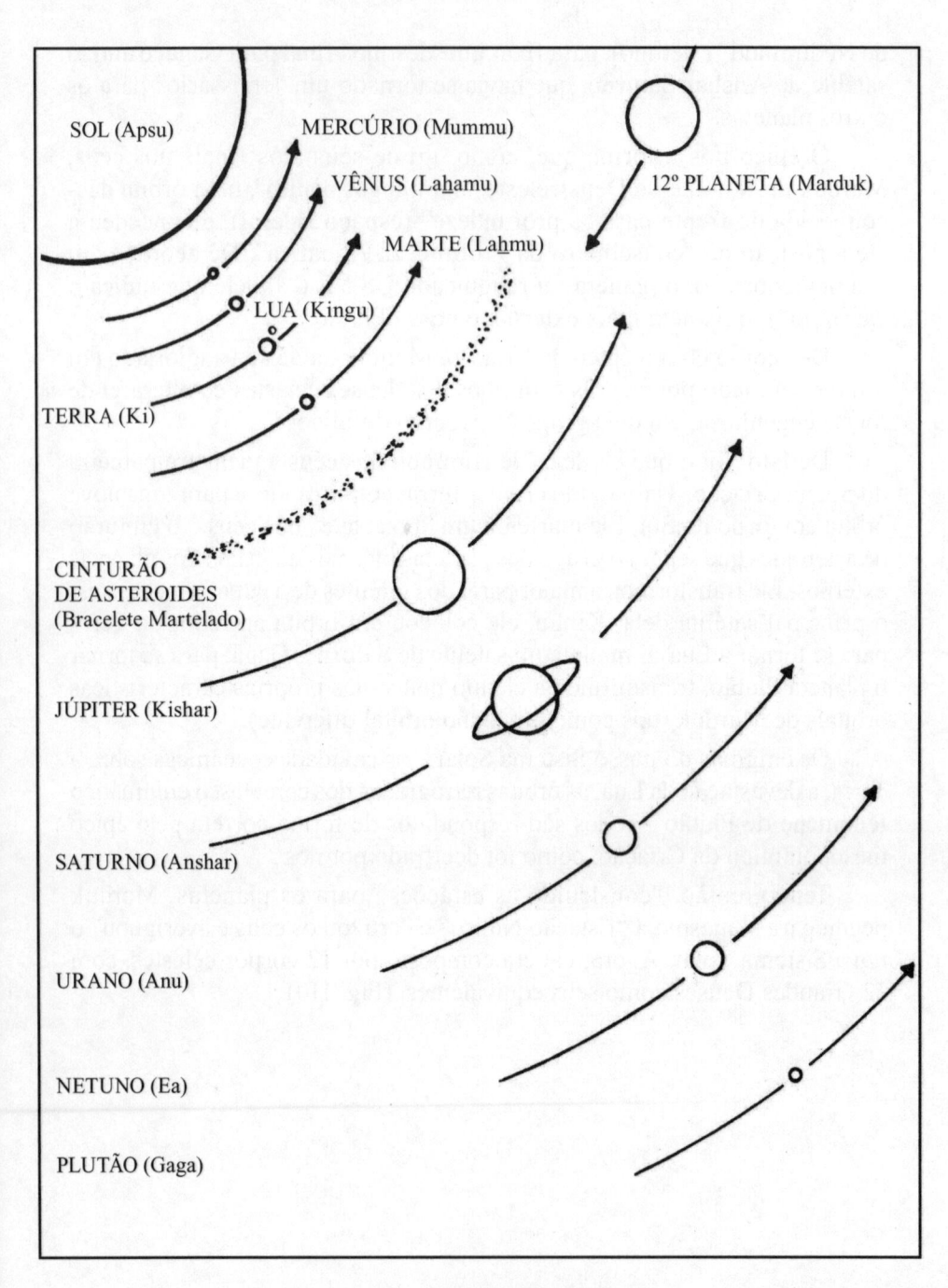

SOL (Apsu)
MERCÚRIO (Mummu)
VÊNUS (Lahamu)
12º PLANETA (Marduk)
MARTE (Lahmu)
LUA (Kingu)
TERRA (Ki)
CINTURÃO DE ASTEROIDES (Bracelete Martelado)
JÚPITER (Kishar)
SATURNO (Anshar)
URANO (Anu)
NETUNO (Ea)
PLUTÃO (Gaga)

Figura 110

8
Reino do Céu

ESTUDOS SOBRE O "ÉPICO DA CRIAÇÃO" e textos paralelos (por exemplo, *The Babylonian Epic of Creation*, de S. Langdon) mostram que, em algum momento após 2000 a.C., Marduk, filho de Enki, foi um vencedor bem-sucedido de uma disputa com Ninurta, filho de Enlil, pela supremacia entre os Deuses. Os babilônios, então, revisaram o "Épico da Criação" original sumério, eliminando todas as referências feitas a Ninurta e a maioria das referências de Enlil, e mudaram o nome do planeta invasor para Marduk.

A elevação de Marduk ao *status* de "rei dos Deuses" sobre a Terra foi seguida, ao designar a ele, como tendo seu equivalente celeste, o planeta dos nefilins, o Décimo Segundo Planeta. Como "senhor dos Deuses [Planetas] Celestiais", Marduk passaria também a ser reconhecido como o "Rei dos Céus".

À primeira vista, alguns acadêmicos acreditavam que "Marduk" era a Estrela do Norte ou algum astro luminoso visto no céu mesopotâmico na época do equinócio vernal, porque o Marduk celeste era descrito como um "corpo celeste luminoso". No entanto, Albert Schott (*Marduk und sein Stern – Marduk e sua Estrela*) e outros acadêmicos indicaram de forma conclusiva que todos os textos astronômicos antigos falavam de Marduk com um membro do Sistema Solar.

Visto que outros epítetos descrevem Marduk como o "Grande Corpo Celestial" e "Aquele Que Ilumina", a teoria proposta sugeria que Marduk era um Deus do Sol babilônico, equivalente ao Deus Rá egípcio, o qual os acadêmicos consideravam um Deus do Sol. Os textos que descrevem Marduk como "aquele que varre as alturas dos céus distantes, trajando uma auréola cujo brilho é imponente" parecem apoiar essa teoria. Entretanto, o mesmo texto segue dizendo que "ele avalia as terras como Shamash [o Sol]". Se, de alguma forma, Marduk estava *ligado* ao Sol, ele não poderia, obviamente, *ser* o Sol.

Se Marduk não era o Sol, qual planeta seria? Os textos astronômicos antigos não apontam para um planeta em particular. Baseando suas teorias em certos epítetos (tais como o filho do Sol), alguns acadêmicos apontam para Saturno. A descrição de Marduk como um planeta avermelhado fez de Marte outro candidato. Porém, os textos colocam Marduk em *markas shame* ("no centro do Céu"), e isso convenceu alguns acadêmicos de que a identificação apropriada devia ser Júpiter, que está localizado no centro da linha dos planetas:

Júpiter

Mercúrio Vênus Terra Marte   Saturno Urano Netuno Plutão

Essa teoria apresenta uma contradição. Os mesmos acadêmicos que a sugeriram são aqueles que apoiam a visão de que os caldeus não sabiam da existência de planetas além de Saturno. Esses acadêmicos listam a Terra como um planeta, ao mesmo tempo em que afirmam que os caldeus pensavam que a Terra fosse o centro achatado do sistema planetário. E eles omitem a Lua, que os mesopotâmicos incluíam, de forma absoluta, entre os "deuses celestes". Colocar o Décimo Segundo Planeta como Júpiter realmente não funciona.

O "Épico da Criação" deixa claro que Marduk era um invasor externo do Sistema Solar, passando pelos planetas externos (incluindo Saturno e Júpiter) antes de colidir com Tiamat. Os sumérios chamavam o planeta de NIBIRU, o "planeta do cruzamento", e a versão babilônica do épico guardava a seguinte informação astronômica:

Planeta NIBIRU:
Os Cruzamentos do Céu e da Terra ele ocupará.
Acima e abaixo, eles não deverão cruzar;
Eles devem por ele aguardar.

Planeta NIBIRU:
Planeta que é o radiante nos céus.
Que ocupa a posição central;
A ele, eles devem prestar homenagem.

Planeta NIBIRU:
É ele que de forma incansável
O meio de Tiamat fica cruzando.
Que seu nome seja "CRUZAMENTO" –
Aquele que ocupa o centro.

Essas linhas fornecem informação adicional e conclusiva de que, ao dividir os outros planetas em dois grupos iguais, o Décimo Segundo Planeta, no "meio de Tiamat, fica cruzando": sua órbita leva-o continuamente ao local da batalha celeste, onde Tiamat costumava ficar.

Descobrimos que textos astronômicos que falavam de maneira altamente sofisticada dos períodos orbitais, incluindo listas de planetas em sua ordem celeste, também sugeriam que Marduk aparecia em algum lugar entre Júpiter e Marte. Visto que os sumérios não conheciam todos os planetas, a aparição do Décimo Segundo Planeta na "posição central" confirma nossas conclusões:

       Marduk
Mercúrio Vênus Lua Terra Marte   Júpiter Saturno Urano Netuno Plutão

Se a órbita de Marduk o leva ao lugar onde Tiamat ficava, relativamente próximo a nós (entre Marte e Júpiter), por que não conseguimos ainda ver esse planeta, que supostamente é brilhante e grande?

Os textos mesopotâmicos falavam de Marduk alcançando regiões desconhecidas dos céus e no extenso universo. "Ele varre o conhecimento oculto, ele vê todas as esquinas do universo". Ele era descrito como o "monitor" de todos os planetas, aquele cuja órbita o torna capaz de circundar todos os demais. "Aquele que segura as suas faixas [órbitas]" e faz um "laço" em volta deles. Sua órbita era "mais distinta" e "grandiosa" que qualquer outro planeta. Ocorreu, então, a Franz Kugler (*Sternkunde und Sterndienst in Babel*) que Marduk era um corpo celeste de grande velocidade, orbitando em uma enorme trajetória elíptica, igual à de um cometa.

Essa trajetória elíptica, focada no Sol como o centro de gravidade, apresenta um apogeu – o ponto mais distante do Sol, onde o voo de retorno começa – e um perigeu – o ponto mais próximo do Sol, onde o retorno ao espaço sideral começa. Descobrimos que essas duas "bases" estão, de fato, associadas a Marduk nos textos mesopotâmicos. Os textos mesopotâmicos descreveram o planeta indo de AN.UR ("a base do Céu") para E.NUN ("a morada do senhor"). O épico da Criação disse sobre Marduk:

Ele cruzou o Céu e avaliou as regiões (...)
A estrutura da Profundeza, o Senhor então mediu.
E-Shara ele estabeleceu como sua notória morada;
E-Shara como sua grande morada no Céu ele estabeleceu.

Uma "morada" era então "notória" – longe, nas regiões mais profundas do espaço. A outra foi estabelecida no "Céu", dentro do cinturão de asteroides, entre Marte e Júpiter. (Fig. 111)

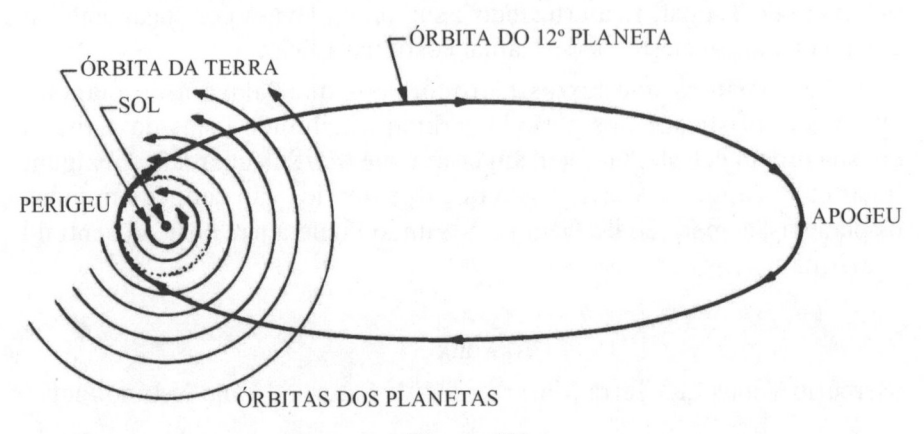

Figura 111

Seguindo os ensinamentos do ancestral sumério, Abraão de Ur, os hebreus antigos também associavam a divindade suprema com o planeta supremo. Como os textos mesopotâmicos, muitos livros do Antigo Testamento descrevem o "Senhor" tendo sua morada nas "alturas do Céu", onde ele "contempla os primeiros planetas à medida que eles surgem"; um Senhor celeste que, invisível, "nos céus se movimenta em um círculo". O Livro de Jó, tendo descrito a colisão celeste, contém estes versos significantes que nos contam para onde o planeta nobre se foi:

Sobre a Profundeza ele demarcou uma órbita;
Onde a luz e as trevas [se fundem]
É o seu limite mais distante.

Sem ser menos explícito, os Salmos delinearam o curso majestoso do planeta:

Os Céus testemunham a glória do Senhor;
O Bracelete Martelado proclama a sua obra (...)
Ele surge da abóbada como um noivo;

> Como um atleta ele regozija para correr seu curso,
> Do final dos céus ele emana,
> E o seu circuito é para o fim deles.

Reconhecido como o grande viajante dos céus, levantando voo em imensas alturas em seu apogeu e, em seguida, "descendo, curvando-se no Céu" em seu perigeu, o planeta era descrito como um globo alado.

Sempre que os arqueólogos desenterravam as ruínas dos povos do Oriente Próximo, o símbolo do globo alado surgia, dominando os templos e palácios, talhado em rochas, gravado nos selos cilíndricos, pintado nas paredes. Acompanhava os reis e sacerdotes, ficava acima dos tronos, "pairava" sobre eles em cenas de batalha, era gravado em suas carruagens. Objetos de argila, metal, pedra e madeira eram adornados com esse símbolo. Os governantes da Suméria e Acádia, Babilônia e Assíria, Elã e Urartu, Mari e Nuzi, Mitanni e Canaã – todos reverenciavam o símbolo. Os reis hititas, faraós egípcios, *shar*'s persas – todos proclamavam o símbolo supremo (e o que ele representava). E foi assim durante milênios. (Fig. 112)

Importante para as crenças religiosas e a astronomia do mundo antigo era a convicção de que o Décimo Segundo Planeta, o "Planeta dos Deuses", permaneceu dentro do Sistema Solar e que sua imensa órbita o fazia retornar às cercanias da Terra. O sinal gráfico para o Décimo Segundo Planeta, o "Planeta do Cruzamento", era uma cruz. Este sinal cuneiforme, ▸▸✝, que também significa "Anu" e "divino", evoluiu nas línguas semitas como a letra *tav*, ✝ ✗ ✝ que significa "o sinal".

Na realidade, todos os povos do mundo antigo consideravam a aproximação periódica do Décimo Segundo Planeta como um sinal de revoltas, grandes mudanças e novas eras. Os textos mesopotâmicos falavam da aparição periódica do planeta como um evento antecipado, previsível e observável:

> O grande planeta:
> Em sua aparição, vermelho escuro.
> O Céu ele divide na metade
> E permanece como Nibiru.

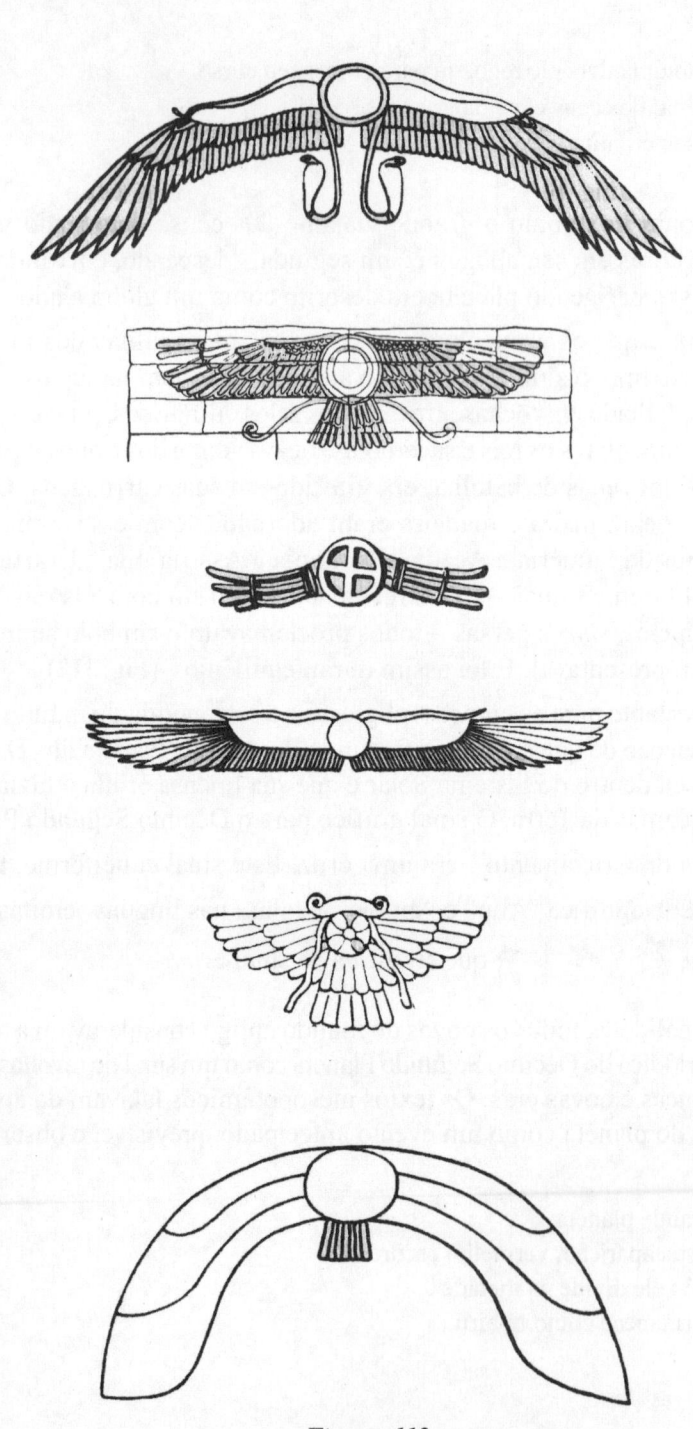

Figura 112

Muitos dos textos que tratam da chegada do planeta eram textos de previsões, profetizando o efeito que o evento teria sobre a Terra e a Humanidade. R. Campbell Thompson (*Reports of the Magicians and Astronomers of Nineveh and Babylon*) reproduziu vários desses textos, que traçam o avanço do planeta, à medida que ele "anelava a estação de Júpiter" e chegava no ponto de cruzamento, Nibiru:

> Quando da estação de Júpiter
> o Planeta passar em direção ao oeste,
> haverá um período de segurança.
> A paz generosa cairá sobre a terra.
> Quando da estação de Júpiter
> o Planeta aumentar seu brilho
> e no Zodíaco de Câncer se tornar Nibiru,
> a Acádia abundará em fartura,
> o rei da Acádia tornar-se-á mais poderoso.
> Quando Nibiru culminar (...)
> As terras viverão com segurança,
> reis hostis se sentirão em paz,
> os Deuses receberão orações e ouvirão as súplicas.

Esperava-se, no entanto, que a aproximação do planeta causaria chuvas e inundações, pois se sabia do que seus fortes efeitos gravitacionais eram capazes:

> Quando o Planeta do Trono do Céu
> aumentar de brilho,
> haverá inundações e chuvas (...)
> Quando Nibiru atingir o seu perigeu,
> os Deuses receberão a paz;
> os problemas serão resolvidos,
> as complicações serão solucionadas.
> Chuvas e inundações virão.

Como os sábios mesopotâmicos, os profetas hebreus calculavam o período da aproximação do planeta na Terra e tornaram claro à Humanidade tratar-se da condução para uma nova era. As similaridades entre as previsões mesopotâmicas de paz e prosperidade, que acompanham o Planeta do Trono do Céu, e as profecias bíblicas de paz e justiça que se estabelecem sobre a

Terra após o Dia do Senhor, podem ser mais bem explicadas nas palavras de Isaías:

> E acontecerá no Fim dos Tempos:
> (...) o Senhor julgará entre as nações
> e repreenderá muitos povos.
> Eles usarão suas espadas como lâminas de arado
> e suas lanças como podadeiras;
> nação não erguerá a espada contra nação.

Em contraste com as bênçãos da nova era que se seguirão após o Dia do Senhor, o próprio dia era descrito pelo Antigo Testamento como um período de chuvas, inundações e terremotos. Se nós achamos que as passagens bíblicas estão se referindo, como as suas versões mesopotâmicas, à passagem nas cercanias da Terra de um grande planeta com uma enorme atração gravitacional, as palavras de Isaías deixam isso muito claro de se compreender:

> Como o barulho de uma multidão nas montanhas,
> um tumultuoso barulho como uma grande quantidade de pessoas,
> de reino de nações unidas;
> é o Senhor das Multidões,
> conduzindo uma Multidão à batalha.
> De uma terra distante eles surgem,
> do ponto extremo do Céu
> surge o Senhor e suas Armas de ira
> para destruir toda a Terra (...)
> Portanto, eu agitarei o Céu
> e a Terra será sacudida para fora de seu lugar
> quando o Senhor das Multidões cruzar,
> o dia de sua ardente ira.

Enquanto na Terra "as montanhas derreterão(...) os vales serão fissurados", o eixo da Terra também será afetado. O profeta Amós previu de forma explícita:

> Acontecerá naquele Dia,
> Diz o Deus Senhor,
> que eu farei com que o Sol se ponha ao meio-dia
> e escurecerei a Terra no meio do

Anunciando, "Olhai, o Dia do Senhor está chegando!", o profeta Zacarias informou ao povo que esse fenômeno, de uma interrupção do giro da Terra em torno do seu próprio eixo, duraria apenas um dia:

> E acontecerá naquele Dia
> não haverá luz – de modo incomum congelará.
> E haverá um dia, conhecido ao Senhor,
> que não haverá o dia nem a noite,
> quando a noite se fará luz.

No Dia do Senhor, disse o profeta Joel, "o Sol e a Lua entrarão em trevas, as estrelas ocultarão seus brilhos"; "o Sol será transformado em trevas e a Lua ficará vermelha como o sangue".

Os textos mesopotâmicos exaltavam o brilho do planeta e sugeriam que podia ser visto até de dia: "visível no alvorecer, desaparecendo de vista ao entardecer". Um selo cilíndrico, encontrado em Nippur, descreve um grupo de lavradores olhando, espantado, enquanto o Décimo Segundo Planeta (retratado com seu símbolo da cruz) se tornava visível no céu. (Fig. 113)

Figura 113

Os povos antigos não esperavam apenas a chegada periódica do Décimo Segundo Planeta, como também fizeram um gráfico do seu curso avançando.

Várias passagens bíblicas – especialmente Isaías, Amós e Jó – relataram o movimento do Senhor celeste em várias constelações. "Sozinho, ele estica os céus e pisa na mais alta Profundeza; ele chega à Ursa Maior, Órion e Sírius e nas constelações do sul." Ou, "Ele sorri com a face voltada para Touro e Áries; de Touro para Sagitário ele prosseguirá". Esses versos não descrevem apenas um planeta que varre os mais altos céus, mas que também entra pelo *Sul* e se move em sentido horário – exatamente como deduzimos com os dados mesopotâmicos. De maneira um tanto explícita, o profeta Habacuque declarou: "o Senhor do Sul virá(...) sua glória preencherá a Terra(...) e Vênus será tão brilhante quanto à luz, com seus raios concedidos pelo Senhor".

Entre os vários textos mesopotâmicos que lidam com o assunto, um é bem claro:

> O planeta do Deus Marduk:
> Em sua aparição: Mercúrio.
> Subindo trinta graus do arco celeste: Júpiter.
> Quando posicionado no local da batalha celeste:
> Nibiru.

Como ilustra o diagrama esquemático, os textos acima não chamam apenas o Décimo Segundo Planeta por nomes diferentes (como presumiam os acadêmicos). Em vez disso, eles lidam com os movimentos do planeta e os três pontos cruciais nos quais sua aparição pode ser observada e diagramada do ponto de vista da Terra. (Fig. 114)

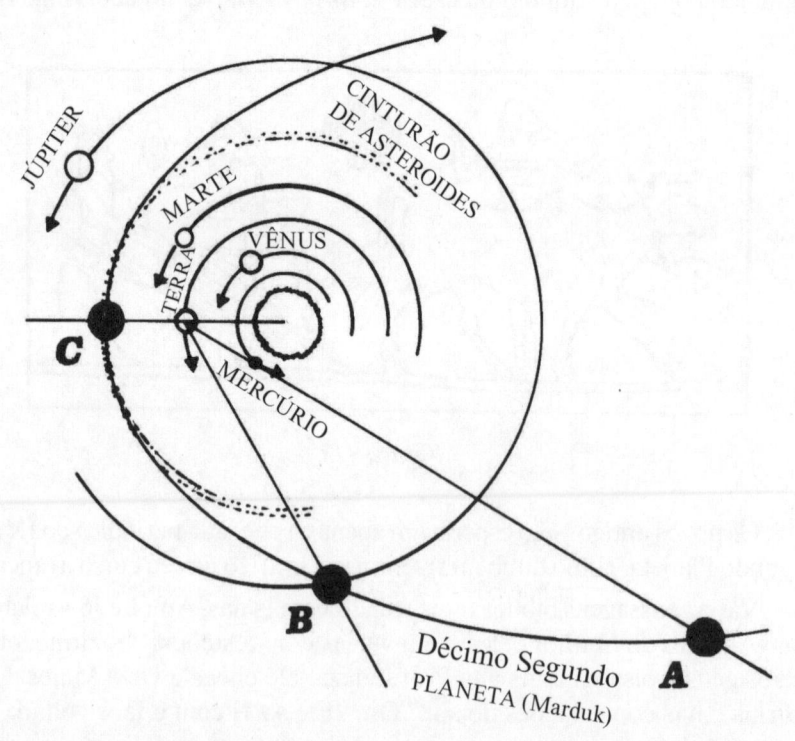

Figura 114. O Reaparecimento do Décimo Segundo Planeta

A primeira oportunidade de se observar o Décimo Segundo Planeta, enquanto a sua órbita o trazia de volta às cercanias da Terra, era quando ele se alinhava com Mercúrio (ponto A) – pelos nossos cálculos, em um ângulo de 30° no eixo celeste imaginário do perigeu – Sol – Terra. Aproximando-se da Terra e, portanto, parecendo "subir" ainda mais no céu da Terra (outros 30°, para ser exato), o planeta cruza a órbita de Júpiter no ponto B. Finalmente, chegando ao local onde ocorreu a batalha celeste, o perigeu ou o Local do Cruzamento, o planeta se torna Nibiru, no ponto C. Desenhando um eixo imaginário entre o Sol, a Terra e o perigeu da órbita de Marduk, os observadores na Terra viram, pela primeira vez, Marduk alinhado com Mercúrio, em um ângulo de 30° (ponto A). Avançando outros 30°, Marduk cruzou a trajetória orbital de Júpiter no ponto B.

Em seguida, no seu perigeu (ponto C), Marduk alcança o Cruzamento: de volta ao local da batalha celeste, o mais próximo da Terra, e dá início à sua órbita de volta ao espaço infinito.

A antecipação do Dia do Senhor nas escrituras hebraicas e mesopotâmicas antigas (que ecoaram nas previsões do Novo Testamento da vinda do Reino do Céu) era, portanto, baseada em experiências reais do povo da Terra: o testemunho deles do retorno periódico do Planeta do Reino às cercanias da Terra.

O aparecimento e o desaparecimento periódico do planeta da visão da Terra confirmam a hipótese de sua permanência na órbita solar. Desse modo, ele age como vários cometas. Alguns cometas conhecidos – como o cometa Halley, que se aproxima da Terra a cada 75 anos – sumiram da visão por períodos tão longos que os astrônomos tiveram dificuldade de perceber se estavam olhando para o mesmo cometa. Outros cometas foram vistos apenas uma vez na memória humana e, assim, assumimos que seus períodos orbitais sejam de milhares de anos. O cometa Kohoutek, por exemplo, descoberto em março de 1973, chegou a 120.700.800 quilômetros da Terra, em janeiro de 1974, e desapareceu atrás do Sol logo em seguida. Os astrônomos calcularam que ele retornará por volta de 7.500 a 75 mil anos, no futuro.

A familiaridade humana com as aparições e as desaparições periódicas do Décimo Segundo Planeta sugere que o seu período orbital é mais curto que o calculado para o Kohoutek. Se é assim, por que os nossos astrônomos não estão cientes da existência desse planeta? O fato é que, mesmo com uma órbita na metade da estimativa menor que o Kohoutek, isso colocaria o Décimo Segundo Planeta a uma distância de seis vezes a distância de Plutão até nós – um intervalo em que esse planeta não seria visível da Terra, visto que não reflete quase nada (ou nada) a luz do Sol em direção à Terra. Tanto é que os planetas conhecidos que se encontram além de Saturno não foram primeiro descobertos de forma visual, mas matematicamente. Os astrônomos descobriram que as órbitas dos planetas conhecidos estavam aparentemente sendo afetadas por outros corpos celestes.

Esse meio também pode ser usado pelos astrônomos para "descobrir" o Décimo Segundo Planeta. Já há especulações de que existe um "Planeta X" que, embora invisível, pode ser "sentido" a partir de seus efeitos nas órbitas de determinados cometas. Em 1972, Joseph L. Brady, do Laboratório Lawrence Livermore, da Universidade da Califórnia, descobriu que as discrepâncias na órbita do cometa Halley poderiam ter sido causadas por um planeta do tamanho de Júpiter orbitando o Sol a cada 1.800 anos. A uma distância estimada de 9.656.064.000 quilômetros, sua presença poderia ser detectada apenas matematicamente.

Enquanto um período orbital desse tipo não pode ser descartado, as fontes bíblicas e mesopotâmicas apresentam fortes evidências de que o período orbital do Décimo Segundo Planeta é de 3.600 anos. O número 3.600 foi escrito em sumério como um grande círculo. O epíteto para o planeta – *shar* ("governante supremo") – significava também "um círculo perfeito", um "círculo completo". Também significava o número 3.600. E a identidade dos três termos – planeta/órbita/3.600 – não se trata de uma mera coincidência. Beroso, o estudioso-sacerdote-astrônomo babilônio, falou de dez governantes que reinaram sobre a Terra antes do Dilúvio. Resumindo os manuscritos de Beroso, Alexander Polyhistor escreveu: "no segundo livro, havia a história de dez reis dos caldeus e os períodos de cada reino, que, de modo coletivo, consistia de 120 *shar*'s, ou 432 mil anos; chegando até a época do Dilúvio".

Abideno, um discípulo de Aristóteles, também citou Beroso nos termos de dez governantes pré-diluvianos, cujo reinado total somou 120 *shar*'s. Ele deixou claro que esses governantes e suas cidades estavam situados na antiga Mesopotâmia:

> Foi dito que o primeiro rei da terra foi Aloros. (...)
> Ele reinou dez *shar*'s (...)
> Visto que um *shar* é considerado como 3.600 anos (...)
> Depois dele Alaparus reinou três *shar*'s; a ele sucedeu Amilaros da cidade de Panti-Biblon, que reinou treze *shar*'s (...)
> Depois dele Amenón reinou doze *shar*'s; ele era da cidade de Panti-Biblon.
> Em seguida, Megaloros do mesmo lugar, dezoito *shar*'s.
> Em seguida, Daonos, o pastor, governou por um espaço de dez *shar*'s (...)

Houve, depois disso, outros governantes, e o último de todos foi Xisouthros; portanto, no total, o número somado era de dez reis e o mandato de seus reinos somou cento e vinte *shar*'s.

Apolodoro de Atenas também fez um relato sobre as revelações pré-históricas de Beroso, em termos similares: dez governantes reinaram um total de 120 *shar*'s (432 mil anos), e o reino de cada um deles também foi medido em unidades de 3.600 anos por *shar*.

Com o advento da sumerologia, os "textos mais antigos" a que Beroso se referia foram encontrados e decifrados; eles eram listas de reis sumérios que, aparentemente, prepararam a tradição dos dez governantes pré-diluvianos que governaram a Terra, desde o período em que o "Reino desceu do Céu" até o momento em que o "Dilúvio varreu a Terra".

Uma lista de reis sumérios, conhecida como o texto W-B/144, registra os reinos divinos em cinco locais colonizados ou "cidades". Na primeira cidade, Eridu, havia dois governantes. O texto assinalou ambos os nomes com a sílaba-título "A", que significa "progenitor".

> Quando o reino desceu do Céu,
> O primeiro reino foi em Eridu.
> Em Eridu,
> A.LU.LIM se tornou rei; ele reinou 28.800 anos.
> A.LAL.GAR reinou 36 mil anos.
> Dois reis lá reinaram por 64.800 anos.

O reino foi, então, transferido para outras cadeiras de governo, onde os governantes eram chamados de *en*, ou "senhor" (e em uma ocasião pelo título divino de *dingir*).

> Eu abandono Eridu;
> seu reino foi levado para Bad-Tibira.
> EN.MEN.LU.AN.NA reinou 43.200 anos.
> EN.MEN.GAL.AN.NA reinou 28.800 anos.
> Divino DU.MU.ZI, Pastor, reinou 36 mil anos.
> Três reis lá reinaram por 108 mil anos.

A lista apresenta os nomes das cidades que vieram em seguida, Larak e Sippar, e seus divinos governantes; e finalmente, a cidade de Shuruppak, onde um humano de descendência divina foi rei. Um fato incrível sobre os períodos fantásticos do tempo desses governantes é que, sem exceção, todos eles são múltiplos de 3.600:

Alulim	–	8 × 3.600 = 28.800
Alalgar	–	10 × 3.600 = 36.000
Enmenluanna	–	12 × 3.600 = 43.200
Enmengalanna	–	8 × 3.600 = 28.800
Dumuzi	–	10 × 3.600 = 36.000
Ensipazianna	–	8 × 3.600 = 28.800
Enmenduranna	–	6 × 3.600 = 21.600
Ubartutu	–	5 × 3.600 = 18.000

Outro texto sumério (W-B/62) acrescenta Larsa e seus dois governantes divinos à lista de reis e os períodos fornecidos são, também, múltiplos exatos de 3.600 anos, *shar*. Com o auxílio de outros textos, a conclusão é que, de fato, houve dez governantes na Suméria antes do Dilúvio; cada reino durou muitos *shar*'s; e, em conjunto, seus reinos duraram 120 *shar*'s – como relatado por Beroso.

A conclusão que isso sugere é que esses *shar*'s de reinados estavam relacionados com o período orbital *shar* (3.600 anos) do planeta "Shar", o "planeta do Reino"; onde Alulim reinou durante oito órbitas do Décimo Segundo Planeta, Alalgar durante dez órbitas, e assim por diante.

Se esses governantes pré-diluvianos eram, como sugerimos, os nefilins que desceram à Terra do Décimo Segundo Planeta, então, não seria surpresa alguma que os períodos de "reino" na Terra estivessem relacionados com o período orbital do Décimo Segundo Planeta. Os períodos de estabilidade ou reinado deviam durar desde o período da aterrissagem ao momento de uma decolagem; quando um comandante chegava do Décimo Segundo Planeta, o período do outro acabava. Visto que as aterrissagens e as decolagens deviam estar relacionadas com a aproximação do Décimo Segundo Planeta com a Terra, o posto de comando podia apenas ser medido, em termos de períodos orbitais, em shar's.

Alguém pode se perguntar, é claro, se qualquer nefilim, tendo aterrissado na Terra, podia permanecer em comando por aqui pelo suposto período de 28.800 ou 36 mil anos. Não é à toa que os acadêmicos falam do período de tempo desses reinos como sendo "lendários".

Mas, o que é um ano? O nosso "ano" é simplesmente o tempo que leva a Terra para completar uma órbita ao redor do Sol. Visto que a vida se desenvolveu na Terra quando ela já estava orbitando o Sol, a vida na Terra é padronizada pela duração da órbita. (Mesmo um período de órbita bem menor, como a da Lua, ou o ciclo dia-noite, é poderoso o suficiente para afetar quase toda a vida na Terra). Vivemos tantos anos porque os nossos relógios biológicos estão engrenados com as várias órbitas da Terra ao redor do Sol.

Não resta dúvida alguma de que a vida em outro planeta teria o seu "tempo determinado" de acordo com os ciclos daquele planeta. Se a trajetória do Décimo Segundo Planeta ao redor do Sol é tão extensa ao ponto de uma órbita ser concluída no mesmo tempo que leva a Terra para completar 100 órbitas, então, um ano do nefilim seria igual a 100 dos nossos anos. Se a órbita deles fosse mil vezes mais longa que a nossa, então, mil anos da Terra seriam iguais a apenas um ano dos nefilins.

E se, como acreditamos, a órbita deles ao redor do sol durasse 3.600 anos da Terra? Logo, 3.600 dos nossos anos seriam apenas um ano no calendário deles, como também apenas um ano de suas vidas. Os períodos de cargo do Reino relatados pelos sumérios e por Beroso, consequentemente, não seriam "lendários" e muito menos fantásticos: eles teriam durado cinco, oito ou dez anos nefilins.

Mencionamos nos capítulos anteriores que a marcha da Humanidade para a civilização – a partir da intervenção dos nefilins – atravessou três etapas que eram separadas por períodos de 3.600 anos: o período Mesolítico (cerca de 11000 a.C), a fase da cerâmica (cerca de 7400 a.C.) e a repentina civilização suméria (cerca de 3800 a.C.). Não seria incomum, então, que os nefilins acompanhassem, periodicamente, o progresso da Humanidade, visto que eles podiam se reunir em assembleia toda vez que o Décimo Segundo Planeta se aproximava da Terra.

Muitos acadêmicos (por exemplo, Heinrich Zimmern, em *The Babylonian e Hebrew Genesis*) indicaram que o Antigo Testamento também incluía tradições dos líderes, ou ancestrais, pré-diluvianos e que a linhagem de Adão até Noé (o herói do Dilúvio) apresenta dez desses governantes. Colocando a situação antes do Dilúvio em perspectiva, o Livro do Gênesis (capítulo 6) descreve o desencantamento divino com a Humanidade. "E arrependeu-se o Senhor de ter feito o Homem na Terra(...) e disse o Senhor: destruirei o Homem que criei."

E disse o Senhor:
Meu espírito não protegerá o Homem para sempre;
tendo errado, ele não passa de uma carne.
E os seus dias foram de cento e vinte anos.

Gerações de acadêmicos já leram o verso "E os dias serão de cento e vinte anos", quando Deus fez a concessão de um ciclo de vida de 120 anos ao Homem. Se o texto lidava com a intenção de Deus de destruir a Humanidade, por que ele iria oferecer ao Homem, ao mesmo tempo, uma vida longa? Descobrimos que, assim que as águas do Dilúvio baixaram, Noé viveu bem mais que o suposto limite de 120 anos, como aconteceu com seus descendentes Sem (600), Arpachade (438), Selá (433), e assim por diante.

Tentando aplicar o ciclo de 120 anos ao Homem, os acadêmicos ignoraram o fato de que a linguagem bíblica não emprega o tempo futuro – "Seus dias *serão*" – e sim o pretérito – "E os dias *foram* cento e vinte anos". A questão óbvia então é: *de quem* é o tempo de vida referido aqui?

Nossa conclusão é que a contagem de 120 anos era para ser aplicada a uma Divindade.

Fixar um evento importante em sua própria perspectiva de tempo é uma característica dos textos épicos sumérios e babilônicos. O "Épico da Criação" começa com as palavras de *Enuma elish* ("quando nas alturas"). A narrativa do encontro do Deus Enlil com a Deusa Ninlil é colocado na época *"quando* o homem ainda não havia sido criado", e assim por diante.

A linguagem e o propósito do capítulo 6 do Gênesis eram conduzir ao mesmo objetivo – colocar os eventos importantes do grande Dilúvio em sua própria perspectiva de tempo. A primeira palavra do primeiro verso do capítulo 6 é *quando*:

Quando os Seres da Terra
Começaram a se multiplicar
Na face da Terra,
e lhe nasceram filhas.

A narrativa continua, este era o tempo *quando*

Os filhos dos Deuses
viram as filhas dos Seres da Terra
que elas eram compatíveis;
e eles a tomaram para si
esposas das quais eles escolheram.

E foi a época quando

Os nefilins estavam na Terra
naqueles dias e, desde então, também;

quando os filhos dos deuses
coabitaram com as filhas dos Seres da Terra
e eles conceberam.
Eles eram os Poderosos que são de Olam,
O Povo de *Shem*.

Foi então, naqueles dias e naquela época, que o Homem estava prestes a ser varrido da face da Terra pelo Dilúvio.

Quando foi exatamente isso?

O verso 3 nos conta, sem sombra de dúvidas, quando a sua contagem, da Divindade, era de 120 anos. Cento e vinte "anos", não do Homem e não da Terra, mas na contagem dos poderosos, o "povo dos foguetes", os nefilins. E o ano deles era o *shar* – 3.600 anos-Terra.

Essa interpretação não esclarece apenas os perplexos versos do Gênesis 6, como mostra também como os versos batem com a informação suméria: 120 *shar*'s, 432 mil anos Terra, haviam passado desde a primeira aterrissagem dos nefilins na Terra e o Dilúvio.

Baseado em nossas estimativas de quando ocorreu o Dilúvio, colocamos a primeira aterrissagem dos nefilins na Terra, ao redor de 450 mil anos atrás.

*

Antes de retornarmos aos registros antigos relacionados às viagens dos nefilins à Terra e suas colonizações por aqui, duas questões básicas precisam ser respondidas: seres não muito diferentes de nós poderiam evoluir em outro planeta? Será que esses seres tinham a capacidade, a meio milhão de anos atrás, de fazer viagens interplanetárias?

A primeira questão toca em um ponto mais fundamental: existe vida, como nós a conhecemos, em outro lugar além do planeta Terra? Hoje, os cientistas sabem que existem inúmeras galáxias como a nossa, contendo incontáveis estrelas como o nosso Sol, com números astrônomos de planetas proporcionando todo o tipo de combinação imaginável de temperatura, atmosfera e química, oferecendo bilhões de oportunidades à vida.

Eles também descobriram que o nosso próprio espaço interplanetário não é vazio. Por exemplo, há moléculas de água no espaço, remanescentes do que se acredita ter sido nuvens de cristais de gelo que, aparentemente, envolveram as estrelas em seus primeiros estágios de desenvolvimento. Esta descoberta dá respaldo às persistentes referências mesopotâmicas quanto às águas do Sol, que se misturaram com as águas de Tiamat.

As moléculas básicas da matéria viva também foram encontradas "flutuando" no espaço interplanetário e a crença de que a vida poderia existir apenas dentro de determinados tipos de atmosferas e temperaturas também foram descartadas. Além disso, a noção de que as emissões do Sol são as únicas fontes de energia e calor disponíveis aos organismos vivos também já foi descartada. Consequentemente, a nave espacial Pioneer 10 descobriu que Júpiter, embora muito mais distante do Sol que a Terra, era tão quente que poderia gerar suas próprias fontes de energia e calor.

O planeta, com uma abundância de elementos radioativos em suas profundezas, não geraria apenas o seu próprio calor; experimentaria também uma atividade vulcânica substancial. Tais atividades vulcânicas proporcionam uma atmosfera. Se o planeta é grande o suficiente para exercer uma forte atração gravitacional, ele consegue manter sua atmosfera quase que indefinidamente. Tal atmosfera, por sua vez, é capaz de criar um efeito estufa: protege o planeta do frio do espaço sideral e ajuda a evitar que o próprio calor do planeta se dissipe no espaço – do mesmo modo que as roupas nos mantêm aquecidos, não permitindo que o calor do corpo se dissipe. Com isso em mente, as descrições dos textos antigos sobre o Décimo Segundo Planeta, como "vestido com uma auréola", assumem uma importância muito mais do que poética. Era sempre citado como sendo um planeta radiante – "o mais radiante dos Deuses ele era" – e suas descrições o mostravam como um corpo emitindo raios. O Décimo Segundo Planeta podia gerar seu próprio calor e retê-lo por causa do seu manto atmosférico. (Fig. 115)

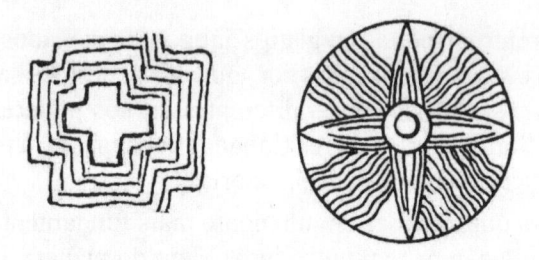

Figura 115

Os cientistas também chegaram a conclusões inesperadas de que não apenas a vida poderia se desenvolver nos planetas externos (Júpiter, Saturno, Urano, Netuno), como provavelmente se *desenvolveu* por lá. Esses planetas são compostos pelos elementos mais leves do Sistema Solar, apresentando uma composição mais parecida com a do universo em geral; e oferecem uma profusão de hidrogênio, hélio, metano, amônia e, provavelmente, neon e vapor de água em suas atmosferas – todos os elementos necessários para a produção de moléculas orgânicas.

Para a vida, como nós a conhecemos, desenvolver-se, a água é essencial. Os textos mesopotâmicos não deixam dúvida de que o Décimo Segundo Planeta era um planeta aquoso. No "Épico da Criação", a lista de planetas de 50 nomes inclui um grupo exaltando seus aspectos aquosos. Baseado no epíteto A.SAR ("rei aquático"), "que estabeleceu os níveis de água", os nomes descrevem o planeta como A.SAR.U ("rei aquático soberbo e brilhante"), A.SAR.U.LU.DU ("rei aquático soberbo e brilhante cuja profundeza é abundante"), e assim por diante.

Os sumérios não tinham dúvida de que o Décimo Planeta era um viçoso planeta de vida; na verdade, eles o chamavam de NAM.TIL.LA.KU, "o Deus que preserva a vida". Ele era também o "provedor do cultivo", "o criador dos grãos e ervas que fazem a vegetação florescer(...) que abria os poços, distribuindo as águas da abundância" – o "irrigador do Céu e da Terra".

Os cientistas concluíram que a vida se desenvolveu nos planetas terrestres, com seus componentes químicos pesados, porém nas margens externas do Sistema Solar. Dessas extremidades do sistema solar, o Décimo Segundo Planeta veio ao nosso meio; um planeta avermelhado e radiante, gerando e irradiando seu próprio calor, proporcionando da sua própria atmosfera os ingredientes necessários à química da vida.

Se existe um enigma, ele é o surgimento da vida na Terra. A Terra foi formada cerca de 4,5 bilhões de anos atrás, e os cientistas acreditam que as formas mais simples de vida já estavam presentes na Terra uns cem milhões de anos depois disso. Isso é simplesmente ainda muito cedo. Há também várias indicações de que as formas de vida mais antigas e mais simples, com mais de 3 bilhões anos de idade, apresentavam moléculas de origem biológica e não de origem não biológica. Ou seja, isso significa que a própria vida que se encontrava na Terra, logo após a Terra ter sido criada, era descendente de alguma forma de vida anterior e *não* o resultado de uma combinação química e de vapores inertes.

O que tudo isso sugere aos confusos cientistas é que a vida, que não poderia ter se desenvolvido facilmente na Terra, na realidade, não evoluiu na Terra. Escrevendo para a revista científica *Icarus* (setembro de 1973), os vencedores do Prêmio Nobel Francis Crick e dr. Leslie Orgel propuseram a teoria de que "a vida na Terra pode ter brotado de minúsculos organismos oriundos de um planeta distante".

Eles lançaram seus estudos, independentemente do mal-estar gerado na comunidade científica que defendia as teorias atuais sobre as origens da vida na Terra. Por que existe apenas *um* código genético para todos os seres terrestres? Se a vida começou em uma "sopa" primordial, como a maioria dos cientistas acredita, organismos com uma variedade de códigos genéticos poderiam ter se desenvolvidos. Do mesmo modo, por que o elemento molibdênio desempenha um papel importante nas reações enzimáticas que são essenciais à vida, quando, na realidade, o molibdênio é um elemento muito raro? Por que os elementos que são mais abundantes na Terra, tais como o cromo ou níquel, não são importantes nas reações biológicas?

A teoria bizarra proposta por Crick e Orgel não tinha a ver apenas com o fato de que toda a vida na Terra podia ter brotado de um organismo de outro planeta, mas que tal "semeadura" foi feita de modo *deliberado* – que seres inteligentes, de outro planeta, lançaram a "semente da vida" de seu planeta para a Terra em uma nave espacial, com o objetivo expresso de dar início à cadeia da vida na Terra.

Sem se beneficiar dos dados fornecidos por esse livro, esses dois eminentes cientistas chegaram perto do fato real. Não houve "semeadura" premeditada; em vez disso, houve uma colisão celeste. Um planeta gerador de vida, o Décimo Segundo Planeta e seus satélites, colidiram com Tiamat e dividiram-no em dois, "criando" a Terra de uma de suas metades.

Durante essa colisão, o solo e o ar, repletos de vida do Décimo Segundo Planeta, "semearam" a Terra, proporcionando as primeiras formas biológicas e complexas de vida para aquele cuja primeira aparição não tem outra explicação.

Se a vida no Décimo Segundo Planeta tivesse começado um por cento antes que a da Terra, logo, ela teria começado cerca de 45 milhões de anos antes. Mesmo com essa minúscula margem, os seres desenvolvidos, como o Homem, já estariam vivendo no Décimo Segundo Planeta quando os primeiros mamíferos pequenos haviam apenas começado a surgir na Terra.

Dado esse primeiro início da vida no Décimo Segundo Planeta, seria possível que seu povo fosse capaz de fazer viagens espaciais há meros 500 mil anos atrás.

9
Aterrissando no Planeta Terra

COLOCAMOS O PÉ apenas na Lua e vasculhamos apenas os planetas que se encontram mais próximos de nós com naves não tripuladas. Além dos nossos vizinhos relativamente próximos, tanto o espaço sideral como o interplanetário ainda se encontram fora do alcance até de uma pequena sonda espacial. No entanto, o próprio planeta dos nefilins, com sua vasta órbita, já serviu como um observatório itinerante, levando-os às órbitas de todos os planetas externos e permitindo-os observar, em primeira mão, a maior parte do Sistema Solar.

Não é de se estranhar então que, quando aterrissaram na Terra, eles trouxeram com eles uma boa parte do conhecimento relacionado à astronomia e à matemática celeste. Os nefilins, "Deuses do céu" sobre a Terra, ensinaram o Homem a olhar para os céus – do mesmo modo que Yahweh encorajou Abraão a fazer o mesmo.

Como também não é de se estranhar que, mesmo as esculturas e desenhos mais antigos e mais grosseiros retratavam símbolos celestes de constelações e planetas; e que, quando os Deuses eram representados ou invocados, seus símbolos celestes eram usados como uma estenografia. Ao invocar os símbolos ("divinos") celestes, o Homem não se encontrava mais sozinho; os símbolos ligavam os terráqueos com os nefilins, a Terra com o Céu, a Humanidade com o universo.

Acreditamos que alguns dos símbolos também continham informações que podiam ser relacionadas apenas com a viagem espacial à Terra.

Fontes antigas proporcionam uma abundância de textos e listas que tratam de corpos celestes e suas associações com várias divindades. O hábito da Antiguidade de designar vários epítetos, tanto aos corpos celestes como às divindades, fez com que a identificação se tornasse difícil. Mesmo no caso de identificações já estabelecidas, tais como Vênus/Ishtar, a imagem é confundida com as mudanças no panteão. Consequentemente, no princípio, Vênus era associada com Ninghursag.

De algum modo, os acadêmicos conseguiram obter maior clareza, tais com E. D. Van Buren (*Symbols of the Gods in Mesopotamian Art*), que juntou e classificou mais de 80 símbolos – de deuses e corpos celestes – que foram encontrados nos selos cilíndricos, estelas, relevos, murais e (com grande detalhe e clareza) nos marcos de fronteiras (*kudurru* em acadiano). Quando a classificação do símbolo é feita, torna-se evidente que, além de representar as constelações do Norte e do Sul mais conhecidas (tais como a Serpente Marinha, no lugar da constelação de Hidra), eles representam as 12 constelações do Zodíaco (por exemplo, o Caranguejo, no lugar do Escorpião), ou os 12 Deuses do Céu e da Terra, ou os 12 membros do Sistema Solar. O *kudurru* montado por Melishipak, rei de Susa (veja p. 185), mostra os 12 símbolos do Zodíaco e os símbolos dos 12 deuses astrais.

Uma estela erguida pelo rei assírio Esarhaddon mostra o governante segurando a Taça da Vida, diante dos 12 principais Deuses do Céu e da Terra. Vemos quatro Deuses em cima de animais e, entre eles, Ishtar sobre o leão e Adad segurando o tridente de relâmpago são facilmente identificáveis. Outros quatro Deuses são representados pelas ferramentas de seus atributos especiais, como o Deus da Guerra Ninurta, pelo seu cetro com cabeça de leão. Os quatro Deuses restantes são retratados como corpos celestes – o Sol (Shamash), o globo alado (o Décimo Segundo Planeta, a morada de Anu), a Lua crescente e um símbolo que consiste de sete pontos. (Fig. 116)

Figura 116

Apesar de, em épocas posteriores, o Deus Sin ser associado com a Lua, identificado pela crescente, ampla evidência mostra que em "época mais antiga" a crescente era o símbolo de uma divindade anciã e barbuda, um dos verdadeiros "Deuses antigos" da Suméria. Retratado geralmente rodeado por correntes de água, esse Deus era, sem dúvida, alguma Ea. A crescente era também associada com a ciência da medição e do cálculo, do qual Ea era o mestre divino. Era apropriado que o Deus dos Mares e dos Oceanos, Ea, recebesse a Lua como seu símbolo celeste, pois é ela quem causa as marés oceânicas.

Qual era o significado do símbolo com os sete pontos?

Muitas pistas não deixam dúvida de que se tratava do símbolo celeste de Enlil. A descrição da Passagem de Anu (o globo alado), flanqueado por Ea e Enlil (veja Fig. 87), representa-os pela crescente e pelo símbolo com os sete pontos. Algumas das descrições mais claras dos símbolos celestes foram meticulosamente copiadas por *sir* Henry Rawlinson (*The Cuneiform Inscriptions of Western Asia*) e atribuem a posição mais proeminente a um grupo de três símbolos, representando Anu, flanqueado por seus dois filhos; isso mostra que o símbolo de Enlil poderia ser os sete pontos ou uma "estrela" de sete pontas. O elemento essencial na representação celeste de Enlil era o número *sete* (a filha, Ninhursag era, às vezes, incluída e representada pelo cortador do cordão umbilical). (Fig. 117)

Os acadêmicos não foram capazes de compreender uma declaração feita por Gudea, o rei de Lagash, de que "o celeste 7 é 50". Tentativas com fórmulas aritméticas – algumas fórmulas em que o número sete se transformasse em 50 – falharam ao tentar revelar o significado da declaração. Entretanto, vemos uma resposta simples: Gudeia declarou que o corpo celeste que é "7" representa o Deus que é "50". O Deus Enlil, cujo número de grau era 50, tinha como seu equivalente celeste o planeta que era o sétimo.

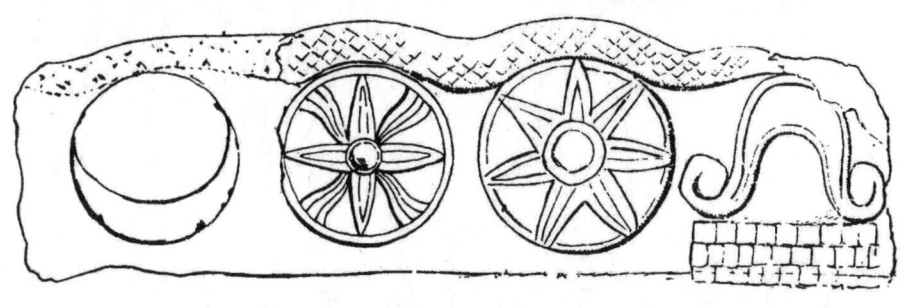

Figura 117

Qual era o planeta de Enlil? Recorremos aos textos que falam dos primórdios em que os deuses desceram pela primeira vez na Terra, enquanto Anu havia ficado no Décimo Segundo Planeta e seus dois filhos, que haviam descido à Terra, fizeram suas apostas. Ea recebeu o "reino da Profundeza" e a Enlil "a Terra foi concedida com seu domínio". E a resposta ao enigma emerge com todo o seu significado:

O planeta de Enlil era a Terra. A Terra – para os nefilins – era o sétimo planeta.

*

Em fevereiro de 1971, os Estados Unidos lançaram uma sonda espacial não tripulada na missão mais longa que se tem notícia. Durante 21 meses ela viajou, passou por Marte e o cinturão de asteroides, em direção a um encontro preciso e programado com Júpiter. Como previsto pelos cientistas da NASA, logo a imensa atração gravitacional de Júpiter "agarrou" a sonda espacial e a "arremessou" para o espaço sideral.

Especulando que a *Pioneer 10* pudesse, em algum momento, ser atraída por uma força gravitacional de outro "sistema solar" e acabasse caindo em algum planeta no universo, os cientistas da *Pioneer 10* prenderam uma placa de alumínio entalhada, contendo uma "mensagem". (Fig. 118)

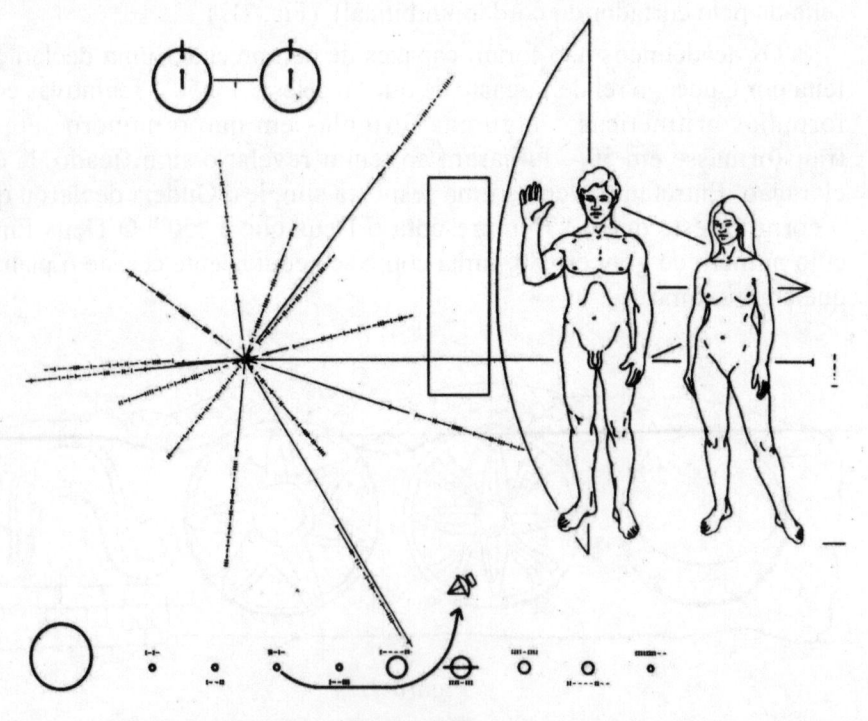

Figura 118

A mensagem emprega uma linguagem gráfica – sinais e símbolos que não são diferentes daqueles usados nos primeiros caracteres gráficos da Suméria. Sua função é contar a quem a placa puder encontrar que a Humanidade é composta por seres masculinos e femininos, de um tamanho relacionado ao tamanho e formato da sonda espacial. Ela descreve os dois elementos básicos do nosso mundo e a nossa localização relativa a uma determinada fonte interestelar de emissões de rádio. E descreve, também, o nosso Sistema Solar composto por um Sol e nove planetas, contando ao descobridor: "a nave que você encontrou vem do *terceiro* planeta desse Sol".

A nossa astronomia é movida pela noção de que a Terra é o terceiro planeta – o que é, na realidade, se alguém começar a contar do centro do nosso sistema, o *Sol*.

No entanto, para alguém aproximando-se do nosso Sistema Solar *pelo lado de fora*, o primeiro planeta que vai encontrar é Plutão; o segundo, Netuno; o terceiro, Urano – não a Terra. O quarto seria Saturno; o quinto, Júpiter; o sexto, Marte.

E a Terra seria o *sétimo*.

*

Ninguém senão os nefilins, viajando à Terra e passando por Plutão, Netuno, Urano, Saturno, Júpiter e Marte teria considerado a Terra como "o sétimo". Mesmo se, para argumentar, alguém assumisse que os habitantes da Mesopotâmia antiga, em vez dos viajantes do espaço, tivessem o conhecimento e a sabedoria para contar a posição da Terra não a partir do Sol no centro, mas sim da margem do Sistema Solar, então seria verdade que os povos antigos *sabiam* da existência de Plutão, Netuno e Urano. Visto que eles não teriam como saber da existência desses planetas externos por eles mesmos, concluímos que a informação fora transmitida pelos nefilins.

Seja qual for a hipótese adotada como ponto de partida, a conclusão é a mesma: apenas os nefilins podiam saber que havia planetas além de Saturno, como consequência disso, a Terra – contando de fora para dentro – é o sétimo planeta.

A Terra não é o único planeta cuja posição numérica no Sistema Solar era representada de forma simbólica. Ampla evidência mostra que Vênus era retratada como uma estrela de oito pontas: Vênus é o oitavo planeta, depois da Terra, quando contado de fora para dentro. A estrela de oito pontas também representava a Deusa Ishtar, cujo planeta era Vênus. (Fig. 119)

Figura 119

Muitos selos cilíndricos e outras relíquias gráficas retratam Marte como o sexto planeta. Um selo cilíndrico mostra o Deus associado com Marte (originalmente Nergal, em seguida, Nabu) sentado em um trono sob uma "estrela" de seis pontas como seu símbolo. (Fig. 120) Outros símbolos no selo retratam o Sol, muito parecido com o modo como o descrevemos nos dias de hoje; a Lua; e uma cruz, o símbolo do "Planeta do Cruzamento", o Décimo Segundo Planeta.

Figura 120

No período assírio, a "contagem celeste" dos planetas dos Deuses era indicada, de modo geral, por um número apropriado de símbolos de estrelas colocados ao lado do trono do Deus. Desse modo, uma placa descrevendo o Deus Ninurta apresentava símbolos de estrelas no seu trono. Seu planeta Saturno era, de fato, o quarto planeta, da forma que era contado pelos nefilins. Descrições similares foram encontradas para a maioria dos outros planetas.

*

O evento religioso mais importante da antiga Mesopotâmia, o Festival de Ano-Novo de 12 dias, era repleto de simbolismos que tinham a ver com a órbita do Décimo Segundo Planeta, a formação do Sistema Solar e a jornada dos nefilins à Terra. Os rituais babilônicos de Ano-Novo eram os que melhor documentaram essas "afirmações de crença"; no entanto, as evidências mostram que os babilônios apenas copiaram as tradições que remetiam ao princípio da civilização suméria.

Na Babilônia, o festival seguia um ritual muito estrito e detalhado; cada parte, ato e oração tinham um motivo tradicional e um significado específico. As cerimônias começavam no primeiro dia de Nisan – na época o primeiro mês do ano – coincidindo com o equinócio vernal. Durante 11 dias, os outros Deuses com *status* celestes se juntavam a Marduk em uma ordem prescrita. No 12º dia, cada um dos outros Deuses saía de sua própria morada e Marduk era deixado sozinho em seu esplendor. Torna-se evidente a analogia da aparição de Marduk dentro do sistema planetário, sua "visita" aos outros 11 membros do Sistema Solar e a separação no 12º dia – deixando o 12º Deus prosseguir como o rei dos Deuses, mas isolado deles.

As cerimônias do Festival do Ano-Novo equivaliam ao curso do Décimo Segundo Planeta. Os primeiros quatro dias, compatíveis com a passagem de Marduk pelos quatro primeiros planetas (Plutão, Netuno, Urano e Saturno), eram os dias de preparação. Ao término do quarto dia, os rituais convocavam para marcar a aparição do planeta Iku (Júpiter) dentro da visão de Marduk. O Marduk celeste estava se aproximando do local da batalha celeste; simbolicamente, o supremo sacerdote começava a recitar o "Épico da Criação" – o conto sobre aquela batalha.

Todos passavam a noite em claro. Enquanto o conto da batalha celeste era recitado e, à medida que o quinto dia se aproximava, os rituais invocavam a 12ª proclamação, a de Marduk como "O Senhor", afirmando que, no final da batalha celeste, havia 12 membros no Sistema Solar. As recitações, então, nomeavam os 12 membros do Sistema Solar e as 12 constelações do Zodíaco.

Em um determinado momento durante o quinto dia, o Deus Nabu – o filho de Marduk e seu herdeiro – chegava de barco de seu centro de culto, Borsippa. No entanto, ele entrava no complexo de templos da Babilônia apenas no sexto dia, quando então Nabu passava a ser um membro do panteão babilônico de 12 e o planeta atribuído a ele era Marte – o sexto planeta.

O Livro do Gênesis nos informa que em seis dias "o Céu e a Terra e tudo que há neles" foram concluídos. Os rituais babilônicos que comemoram os eventos celestes que resultaram na criação do cinturão de asteroides e da Terra também terminavam nos primeiros seis dias de Nisan.

No sétimo dia, o festival voltava a sua atenção à Terra. Apesar de os detalhes sobre os rituais do sétimo dia serem escassos, H. Frankfort (*Kingship and the Gods*) acredita que envolviam uma encenação feita pelos Deuses liderados por Nabu, para a liberação de Marduk de seu aprisionamento nas "Montanhas da Terra Inferior". Visto que foram descobertos textos que detalham as lutas épicas entre Marduk e outros candidatos ao reino da Terra, podemos supor que os eventos do sétimo dia eram uma recriação da luta de Marduk pela supremacia da Terra (o "Sétimo"), suas primeiras derrotas e sua vitória final e usurpação dos poderes.

No oitavo dia do Festival do Ano-Novo na Babilônia, Marduk, o vitorioso na Terra, do mesmo modo que o forjado *Enuma Elish* o fez nos céus, recebia os poderes supremos. Tendo concedido os poderes a Marduk, os deuses, apoiados pelo rei e pelo povo, embarcavam, no nono dia, em uma procissão ritualística que levava Marduk de sua casa, dentro do limite sagrado da cidade, à "Casa de Akitu", em algum lugar nos arredores da cidade. Marduk e os 11 Deuses visitantes ficavam lá até o 11º dia; no 12º dia, os Deuses se dispersavam para suas várias moradas, e o festival chegava ao término.

Dos muitos aspectos do festival babilônico que revelam suas primeiras origens sumérias, um dos mais significantes era aquele relacionado com a Casa de Akitu. Vários estudos, tais como *The Babylonian Akitu Festival*, de S. A. Pallis, estabeleceram que essa casa era retratada nas cerimônias religiosas da Suméria desde o terceiro milênio a.C. A essência da cerimônia era uma procissão sagrada que via o reinante deus deixando sua morada ou templo e ir, através de várias estações, a um lugar bem longe da cidade. Um navio especial, um "Barco Divino", era usado para esse propósito. Em seguida, o Deus, bem sucedido na sua missão na Casa A.KI.TI, retornava ao desembarcadouro da cidade com o mesmo Barco Divino, e retraçava seu curso de volta ao templo em meio a festa e júbilo do rei e da multidão.

O termo sumério A.KI.TI (do qual o babilônico *akitu* derivava) significava literalmente "construir na vida da Terra". Ligando com vários outros aspectos da misteriosa jornada, isso nos leva a concluir que a procissão simbolizava a perigosa, porém bem-sucedida, jornada dos nefilins de sua morada ao sétimo planeta, a Terra.

Escavações conduzidas durante mais de 20 anos no sítio arqueológico da antiga Babilônia, de forma brilhante correlacionadas com os textos ritualísticos babilônicos, permitiram que equipes de acadêmicos lideradas por F. Wetzel e F. H. Weissbach (*Das Hauptheiligtum des Marduks in Babylon*) reconstruíssem o local sagrado de Marduk, as características arquitetônicas de seu zigurate e a Via da Procissão, partes das quais foram remontadas no Museu do Antigo Oriente Próximo, em Berlim.

Os nomes simbólicos das sete estações e dos epítetos de Marduk em cada estação eram apresentados tanto em acadiano como em sumério – confirmando que pertenciam tanto à Antiguidade e corroborando também as origens sumérias da procissão e o seu simbolismo.

A primeira estação de Marduk, onde seu epíteto era "Governante dos Céus", era chamada de "Casa da Santidade", em acadiano, e "Casa das Águas Resplandecentes", em sumério. O epíteto do Deus na segunda estação está ilegível; a própria estação era chamada de "Onde o Campo se Separa". Um nome parcialmente danificado da terceira estação começa com as palavras "Localização diante do Planeta..."; e o epíteto do Deus ali mudou para "Senhor do Fogo Expelido".

A quarta estação era chamada de "Lugar Sagrado dos Destinos" e Marduk era chamado de "Senhor da Tempestade das Águas de *An* e *Ki*". A quinta estação parecia menos turbulenta. Era chamada de "A Estrada" e Marduk assumia o título de "Onde Aparece a Palavra do Pastor". Navegando suavemente era também o que indicava a sexta estação, chamada de "O Navio do Viajante", onde o epíteto de Marduk mudava para "Deus da Passagem Marcada".

A sétima estação era o *Bit Akitu* ("Casa da Criação da Vida na Terra"). Lá, Marduk recebia o título de "Deus da Casa de Repouso".

Podemos alegar que as sete estações na procissão de Marduk representavam a viagem espacial dos nefilins do seu planeta até a Terra; que a primeira "estação", a "Casa das Águas Resplandecentes", representava a passagem por Plutão; a segunda ("Onde o Campo se Separa") era Netuno; a terceira, Urano; a quarta – um lugar de tempestades celestes –, Saturno. A quinta, onde "A Estrada" se tornava clara, "onde aparece a palavra do pastor", era Júpiter. A sexta, onde a jornada mudava para "O Navio do Viajante", era Marte.

E a sétima estação era a Terra – o final da jornada, onde Marduk providenciava a "Casa do Repouso" ("a casa da criação da vida na Terra" dos Deuses).

*

Como a "NASA" dos nefilins via o Sistema Solar em termos de voo espacial à Terra?

De maneira lógica – e de fato – eles viam o sistema em duas partes. A zona de preocupação era a zona do voo, que englobava o espaço ocupado pelos sete planetas e se estendia de Plutão até a Terra. O segundo grupo, além da zona de navegação, era composto por quatro corpos celestes – a

Lua, Vênus, Mercúrio e o Sol. Em astronomia e em genealogia divina, os dois grupos eram considerados separados.

Em termos genealógicos, Sin (como a Lua) era o líder do grupo dos "Quatro". Shamash (como o Sol) era o seu filho e Ishtar (Vênus), sua filha. Adad, como Mercúrio, era o Tio, o irmão de Sin, que sempre acompanhava o seu sobrinho Shamash e (em especial) sua sobrinha Ishtar.

Por outro lado, os "Sete" eram agrupados em textos que tratavam dos assuntos tanto dos Deuses como dos homens, bem como dos eventos celestes. Eles eram "os sete que julgavam", "os sete emissários de Anu, o rei deles", e era por causa deles que o número sete foi considerado sagrado. Havia "sete cidades antigas"; cidades com sete portões; portões com sete trancas; as bênçãos clamavam por sete anos de fartura; maldições de fome e pragas duravam sete anos; matrimônios divinos eram celebrados com "sete dias de lua-de-mel", e assim por diante.

Durante as cerimônias solenes, como aquelas que acompanhavam as raras visitas à Terra por Anu e sua esposa, as divindades que representavam os Sete Planetas recebiam determinados postos e roupões cerimoniais, enquanto os Quatro eram tratados como um grupo separado. Por exemplo, as antigas regras de protocolo declaravam: "As divindades Adad, Sin, Shamash e Ishtar deveriam se sentar na corte até o raiar do dia".

Nos céus, cada grupo deveria ficar em sua própria zona celeste e os sumérios assumiam que havia uma "barreira celeste" que mantinha os dois grupos separados. "Um importante texto astral-mitológico", de acordo com A. Jeremias (*The Old Testament in the Light of the Ancient Near East*), trata de um incrível evento celeste, quando os Sete "avançaram em direção à barreira celeste". Durante essa revolta, que aparentemente se tratava de um alinhamento incomum dos Sete Planetas, "eles se aliaram ao herói Shamash [o Sol] e ao valente Adad [Mercúrio]" – significando, talvez, que todos exerceram uma força gravitacional em uma única direção. "Ao mesmo tempo, Ishtar, em busca de um lugar glorioso para habitar com Anu, esforçou-se para se tornar a rainha do Céu" – Vênus estava, de alguma forma, mudando sua localização para um "lugar glorioso para habitar" melhor. O maior efeito foi sentido por Sin (a Lua). "Os sete não tementes a lei alguma(...) o provedor de Luz, Sin, foi dominado de forma violenta." De acordo com esse texto, a aparição do Décimo Segundo Planeta salvou a ofuscada Lua e a fez "brilhar nos céus" novamente.

Os Quatro estavam localizados em uma zona celeste que os sumérios chamavam de GIR.HE.A ("águas celestes onde os foguetes ficam confusos"), MU.HE ("confusão da nave espacial"), ou UL.HE ("faixa da confusão"). Esses termos enigmáticos apenas fazem sentido se percebermos que os nefilins consideravam os céus do Sistema Solar de acordo com sua viagem espacial. Foi apenas recentemente que os engenheiros da Comsat (Communications Satellite Corporation – Corporação das Comunicações de Satélites) descobriram que o Sol e a Lua "enganam" os satélites e "os desligam". Os satélites da Terra podem ficar "confusos" pelas chuvas de partículas das erupções solares ou pelas mudanças no reflexo de raios infravermelhos da Lua. Os nefilins também estavam cientes de que os foguetes ou naves espaciais que entravam em uma "zona de confusão" assim que passavam pela Terra e se aproximavam de Vênus, Mercúrio e o Sol.

Separado dos Quatro por uma hipotética barreira celeste, os Sete se encontravam em uma zona celeste que os sumérios costumavam chamar de UB. O *ub* consistia de sete partes chamadas (em acadiano) *giparu* ("residências noturnas"). Não há muita dúvida de que essa tenha sido a origem das crenças do Oriente Próximo nos "sete céus".

As sete "orbes" ou "esferas" do *ub* abrangiam o acadiano *kishshatu* ("a totalidade"). A origem do termo era o SHU sumeriano, que também significava "aquela parte que era a mais importante", o Supremo. Os Sete Planetas eram, portanto, chamados de "os Sete Radiantes SHU.NU" – os Sete que "na Parte Suprema repousam".

Os Sete eram tratados com mais detalhes técnicos do que os Quatro. As listas celestes sumérias, babilônicas e assírias descrevem-nos com vários epítetos e classificam-nos em suas ordens corretas. Assumindo que os textos antigos possivelmente não tinham como lidar com os planetas além de Saturno, a maioria dos acadêmicos encontrou dificuldades em identificar, de forma correta, os planetas descritos nos textos. Entretanto, nossas próprias descobertas fazem com que a identificação e a compreensão dos significados dos nomes se tornem relativamente fáceis.

O primeiro a ser encontrado pelos nefilins enquanto se aproximavam do Sistema Solar era *Plutão*. As listas mesopotâmicas referiam-se a esse planeta como SHU.PA ("supervisor de SHU"), o planeta que vigia a aproximação da Parte Suprema do Sistema Solar.

Como veremos a seguir, os nefilins podiam aterrissar na Terra apenas se suas naves espaciais fossem lançadas do Décimo Segundo Planeta bem antes de alcançar as cercanias da Terra. Portanto, eles podiam ter cruzado a órbita de Plutão não apenas como habitantes do Décimo Segundo Planeta, mas também como astronautas em uma nave espacial em movimento. Um texto astronômico dizia que o planeta Shupa era aquele em que "a divindade Enlil fixava o destino para a Terra" – em que o Deus, responsável por uma nave espacial, fixava o curso correto para o planeta Terra e para o Território da Suméria.

Próximo a Shupa ficava IRU ("laço"). Em *Netuno*, a nave espacial dos nefilins provavelmente começava a fazer uma grande curva ou "laço" em direção ao seu objetivo final. Outra lista chamava o planeta de HUM.BA, que conota "vegetação pantanosa". Quando sondarmos Netuno algum dia, iremos descobrir que sua persistente associação com as águas se deve aos pântanos aquáticos que os nefilins avistaram sobre ele?

Urano era chamado de *Kakkab Shanamma* ("planeta que é o duplo"). Urano é na realidade o gêmeo de Netuno em tamanho e aparência. Uma lista suméria o chama de EN.TI.MASH.SIG ("planeta de radiante vida esverdeada"). Será que Urano é também um planeta em que a vegetação pantanosa abundou?

Passando Urano, agiganta-se *Saturno*, um planeta enorme (cerca de dez vezes o tamanho da Terra) distinguido por seus anéis que se prolongam mais que o dobro do diâmetro do planeta. Armado com uma possante atração gravitacional e os misteriosos anéis, Saturno deve ter apresentado muitos perigos aos nefilins e suas naves espaciais. Isso poderia muito bem explicar o porquê de eles chamarem o quarto planeta de TAR.GALLU ("o grande destruidor"). O planeta era também chamado de KAK.SI.DI ("arma dos justos") e SI.MUTU ("aquele que mata por justiça").

Em todo o antigo Oriente Próximo, o planeta representava o algoz dos injustos. Será que esses nomes eram expressões de medo ou referências aos acidentes espaciais que ocorreram?

Como vimos anteriormente, os rituais *Akitu* faziam referência às "tempestades de águas", entre *An* e *Ki*, no quarto dia – enquanto a nave espacial se encontrava entre *Anshar* (Saturno) e *Kishar* (Júpiter).

Um texto sumério muito antigo, considerado, desde a sua primeira publicação, em 1912, "um antigo texto mágico", muito provavelmente registra a perda de uma nave espacial com seus 50 ocupantes. Ele relata como Marduk, ao chegar em Eridu, correu até seu pai Ea com a terrível notícia:

"Surgiu como uma arma;
Carregado como a morte (...)
Os *Anunnaki,* que eram 50,
foram dizimados (...)
O voo, como um pássaro SHU.SAR
foi atingido no peito".

O texto não identifica "o que foi" que destruiu o SHU.SAR (o voo "perseguidor supremo") e seus 50 astronautas. Porém, o medo do perigo celeste era evidente apenas quando se referia a Saturno.

Os nefilins devem ter passado por Saturno e avistado Júpiter com uma grande sensação de alívio. Eles chamavam o quinto planeta de *Barbaru* ("o radiante"), como também SAG.ME.GAR ("o grandioso, onde os trajes de voo são apertados"). Outro nome para Júpiter, SIB.ZI.AN.NA ("verdadeiro guia nos céus"), que também descrevia sua provável função na jornada à Terra: era o sinal para fazer a curva na difícil passagem entre Júpiter e Marte, antes de entrar na perigosa zona do cinturão de asteroides. Baseado nos epítetos, parecia que era nesse ponto que os nefilins vestiam os seus *me*s, seus trajes espaciais.

De modo apropriado, Marte era chamado de UTU.KA.GAB.A ("luz estabelecida no portão das águas"), lembrando-nos das descrições sumérias e bíblicas do cinturão de asteroides como sendo o "bracelete" celeste que separa as "águas superiores" das "águas inferiores" do Sistema Solar. De forma mais precisa, Marte era citado como sendo *Shelibbu* ("aquele próximo ao centro" do Sistema Solar).

Um desenho incomum em um selo cilíndrico sugere que, ao passar por Marte, uma recém-chegada nave espacial dos nefilins estabelecia comunicação contínua com o "Controle da Missão" na Terra. (Fig. 121)

Figura 121

O objeto central nesse desenho antigo simula o símbolo do Décimo Segundo Planeta, o globo alado. Embora pareça diferente: é mais mecânico, mais manufaturado que o normal. Suas "asas" parecem muito com painéis solares que as naves espaciais norte-americanas usam para converter a energia solar em eletricidade. As duas antenas não têm como não ser notadas.

A nave circular, com seu topo similar a uma coroa com as asas e as antenas prolongadas, fica localizada nos céus, entre Marte (a estrela de seis pontas) e a Terra, com sua Lua. Na Terra, uma divindade estica sua mão para saudar um astronauta trajando um capacete com um visor e uma armadura. A parte inferior do seu traje lembra um "traje de mergulhador" –

talvez necessário em caso de uma aterrissagem de emergência no oceano. Em uma mão, ele segura um instrumento; a outra corresponde à saudação da Terra.

E, em seguida, em ritmo de cruzeiro, chegava-se à *Terra*, o sétimo planeta. Nas listas dos "Sete Deuses Celestiais", era chamada de SHU.GI ("lugar correto de repouso de SHU"). Significava também o "território da conclusão de SHU", da Parte Suprema do Sistema Solar – a destinação da longa jornada espacial.

Enquanto no antigo Oriente Próximo o som *gi* era, às vezes, transformado no mais conhecido *ki* ("Terra", "terra firme"), a pronúncia e a sílaba *gi* têm durado até a nossa época com seu significado original, exatamente como os nefilins referiam-se a ela: *geo*-grafia, *geo*-metria, *geo*-logia.

Nas primeiras formas de escrita pictográfica, o símbolo SHU.GI também significava *shibu* ("*o sétimo*"). E os textos astronômicos explicavam:

Shar shadi il Enlil ana kakkab SHU.GI ikabbi
"Senhor das Montanhas, divindade Enlil, com o planeta Shugi é idêntico".

Equivalente às sete estações da jornada de Marduk, os nomes dos planetas também indicam um voo espacial. O território no final da jornada era o sétimo planeta, a Terra.

*

Talvez nunca saberemos, em incontáveis anos no futuro, se alguém em outro planeta encontrará e compreenderá a mensagem desenhada na placa anexada ao *Pioneer 10*. Do mesmo modo que alguém viesse a achar fútil encontrar na Terra uma placa como essa ao inverso – uma placa indicando aos terráqueos as informações relacionadas à localização e a rota do Décimo Segundo Planeta.

Ainda assim, essa extraordinária evidência existe.

A evidência é uma tábua de argila encontrada nas ruínas da Biblioteca Real de Nínive. Como outras tábuas, essa, sem dúvida alguma, trata-se de uma cópia assíria de uma antiga tábua suméria. Diferente de outras, é um disco circular; e apesar de alguns sinais cuneiformes terem sido excelentemente preservados, alguns acadêmicos que se incumbiram da tarefa de decifrar a tábua, acabaram chamando-a de "o documento mesopotâmico mais enigmático".

Em 1912, L. W. King, à época curador do Departamento de Antiguidades Assírias e Babilônicas do Museu Britânico, fez uma cópia meticulosa do disco, que é dividido em oito segmentos. As partes não danificadas apresentam formatos geométricos que nunca foram encontrados em qualquer outro tipo de artefato antigo, projetado e desenhado com uma incrível precisão. Incluíam flechas, triângulos, linhas intersectando e até uma elipse – uma curva matemática que se considerava desconhecida na Antiguidade. (Fig. 122)

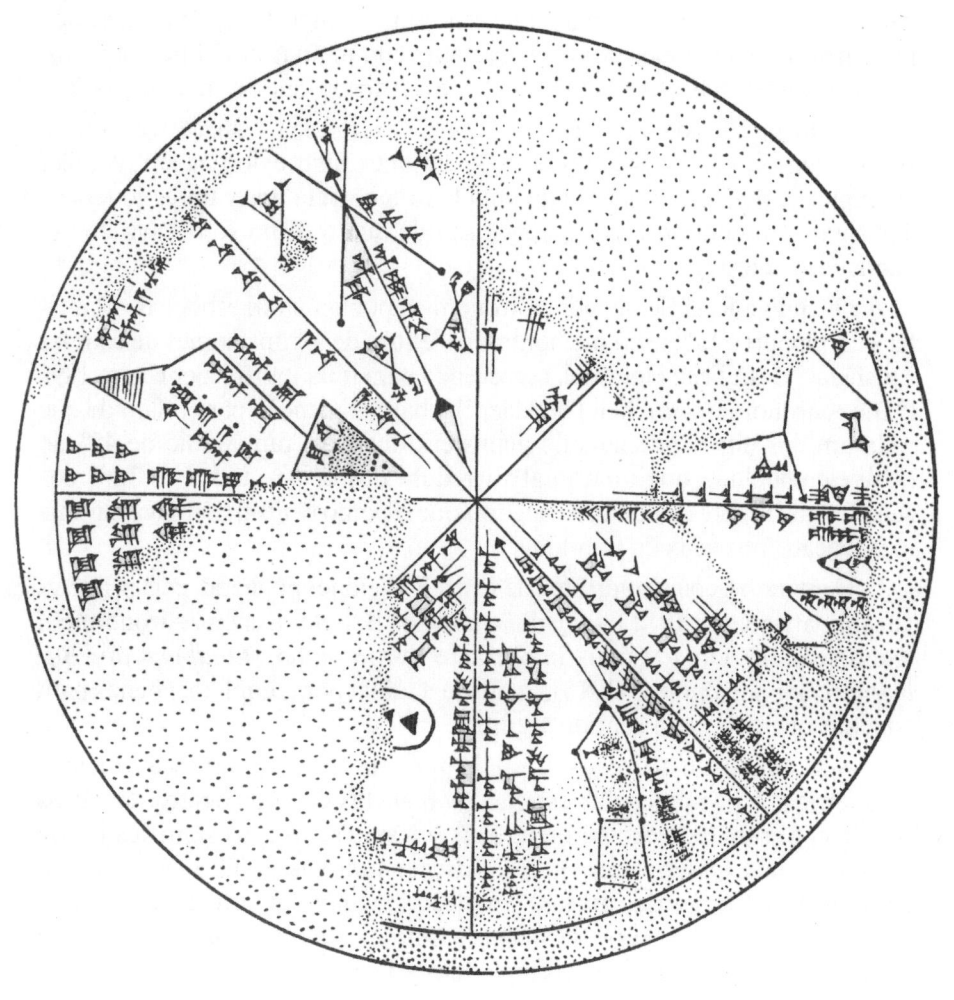

Figura 122

A placa de argila incomum e enigmática foi levada à atenção da comunidade científica, pela primeira vez, em um relatório submetido pela Real Sociedade Astronômica Britânica, no dia 9 de janeiro de 1880. R. H. M. Bosanquet e A. H. Sayce, em um dos primeiros discursos sobre "A Astronomia Babilônica", referiu-se a ela como um planisfério (a reprodução de uma superfície esférica como um mapa plano). Eles anunciaram que alguns dos signos em cuneiforme apresentados nela "sugerem medições que aparentam transmitir algum significado técnico".

Os vários nomes dos corpos celestes que aparecem nos oito segmentos da placa estabelecem, de forma clara, sua característica astronômica. Bosanquet e Sayce ficaram especialmente intrigados com os sete "pontos" em um segmento. Eles achavam que representavam as fases da Lua, se não fosse pelo fato de que os pontos pareciam acompanhar uma linha denominando a "estrela das estrelas" DIL.GAN e um corpo celeste chamado APIN.

"Não há dúvida de que essa figura enigmática é suscetível a uma simples explicação", disseram eles. No entanto, seus esforços em oferecer tal explicação não foram além de uma leitura correta dos valores fonéticos dos sinais em cuneiforme e a conclusão de que o disco se tratava de um planisfério celeste.

Quando a Real Sociedade Astronômica publicou um esboço do planisfério, J. Oppert e P. Jensen melhoraram a leitura de alguns nomes de estrelas e planetas. O dr. Fritz Hommel, escrevendo para uma revista alemã, em 1891 ("Die Astronomie der Alten Chaldäer"), chamou atenção para o fato de que cada um dos oito segmentos do planisfério formava um ângulo de 45°, do qual, ele concluiu, que uma total varredura dos céus – todos os 360° dos céus – estava representada. Ele sugeriu que o ponto central marcava alguma localização "nos céus da Babilônia".

O assunto ficou parado até que Ernst F. Weidner publicou, pela primeira vez, um artigo, em 1912 (*Babyloniaca*: "Zur Babylonischen Astronomie") e, em seguida, em seu mais importante livro escolar *Handbuch der Babylonischen Astronomie* (1915), analisou a tábua por completo, apenas para concluir que não fazia sentido algum.

Sua confusão foi causada pelo fato de que enquanto as formas geométricas e os nomes das estrelas ou planetas escritos dentro de vários segmentos eram legíveis ou inteligíveis (mesmo se os seus significados ou propósitos não fossem claros), as inscrições junto às linhas (seguindo em ângulos de 45° umas das outras) simplesmente não faziam sentido. Eram, invariavelmente, uma série de sílabas repetidas em uma linguagem assíria na tábua. Elas seguiam, por exemplo, desta forma:

    lu bur di   lu bur dilu bur di
    bat bat bat kash kash kash kash alu alu alu alu

Weidner concluiu que a placa era tanto astronômica como astrológica, usada como uma tábua de magia para o exorcismo, como vários outros textos que consistem de sílabas repetitivas. Com isso, ele deixou de lado qualquer interesse futuro nessa tábua única.

No entanto, as inscrições da tábua assumem um aspecto totalmente diferente se tentarmos lê-las não como palavras-sinais assírias, e sim como palavras-sílabas sumérias; pois não resta dúvida de que a tábua representa uma cópia assíria de um original sumério antigo. Quando olhamos em um dos segmentos (que podemos numerar como I) de suas sílabas sem sentido

na na na na a na a na nu (acompanhando a linha decrescente)
sha sha sha sha sha sha (acompanhando a circunferência)
sham sham bur kur kur (acompanhando a linha horizontal)

literalmente brota o sentido se incluirmos o significado sumério dessas palavras-sílabas. (Fig. 123)

O que se revela aqui é um *mapa de rota*, indicando o caminho pelo qual o Deus Enlil "passou pelos planetas", guiado por algumas instruções operacionais. A linha inclinada a 45° parece indicar a linha decrescente da nave espacial de um ponto que é "alto alto alto alto", através das "nuvens de vapor" e uma zona inferior sem vapor, em direção ao ponto do horizonte, onde os céus e o solo se encontram.

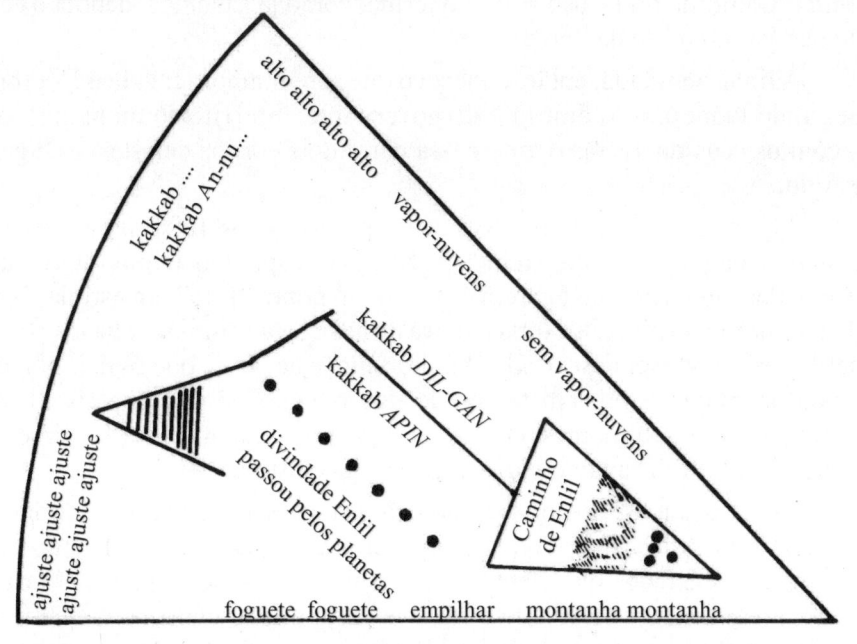

Figura 123

No céu, próximo à linha horizontal, as instruções para os astronautas faziam sentido: eles tinham que "ajustar ajustar ajustar" seus instrumentos para a aproximação final; em seguida, quando se aproximavam do solo, "foguetes foguetes" são acionados para reduzir a velocidade da nave que, aparentemente, deveria ser erguida ("empilhar") antes de alcançar o ponto de aterrissagem, visto que iria passar por um terreno elevado ou irregular ("montanha montanha").

A informação fornecida nesse segmento refere-se claramente a uma viagem espacial do próprio Enlil. Nesse primeiro segmento, recebemos um esboço geométrico preciso de dois triângulos ligados por uma linha que se transforma em um ângulo. A linha representa uma rota, visto que a inscrição afirma de forma clara que o esboço mostra como a "divindade Enlil passou pelos planetas".

O ponto inicial é o triângulo à esquerda, representando os pontos mais distantes do Sistema Solar; a área do alvo está à direita, onde todos os segmentos se convergem em direção ao ponto de aterrissagem.

O triângulo à esquerda, desenhado com a sua base aberta, é parecido com um sinal conhecido na escrita pictográfica do Oriente Próximo; o seu significado pode ser lido como "o domínio do governante, o território montanhoso". O triângulo à direita é identificado pela inscrição *shu-ut il Enlil* ("Caminho do Deus Enlil"); o termo, como já sabemos, denota o céu do hemisfério norte da Terra.

A linha angulada, então, conecta o que acreditamos ter sido o Décimo Segundo Planeta – "o domínio do governante, o território montanhoso" – com os céus da Terra. A rota passa entre dois corpos celestes – Dilgan e Apin.

Alguns acadêmicos insistem que esses nomes se referiam a estrelas distantes ou partes de constelações. Se naves espaciais tripuladas e não tripuladas modernas navegarem obtendo um ponto "fixo" em estrelas brilhantes pré-determinadas, uma técnica de navegação similar aplicada pelos nefilins não pode ser descartada. Ainda assim, a noção de que os dois nomes representam tais estrelas distantes, de algum modo, não é compatível com o significado de seus nomes: DIL.GAN significava literalmente, "a primeira estação"; e APIN, "onde o curso correto está ajustado".

Os significados dos nomes indicam estações intermediárias, pontos que foram passados. Temos de concordar com autoridades como Thompson, Epping e Strassmaier, que identificaram Apin como sendo o planeta Marte. Se for o caso, o significado do esboço começa a ficar claro: a rota entre o Planeta do Reino e os céus sobre a Terra passava entre Júpiter ("a primeira estação") e Marte ("onde o curso correto é ajustado").

Essa terminologia, pela qual os nomes descritivos dos planetas eram relacionados com suas funções na viagem espacial dos nefilins, está em conformidade com os nomes e epítetos encontrados nas listas dos Sete Planetas *Shu*. Confirmando nossas conclusões, a inscrição que afirma que essa foi a rota usada por Enlil aparece abaixo da fileira de sete pontos – os Sete Planetas que se estendem de Plutão até a Terra.

Não é surpreendente que os quatro corpos celestes restantes, aqueles que se encontram na "zona de confusão", sejam mostrados de forma separada, além dos céus do hemisfério norte da Terra e a faixa celeste.

Evidências, indicando que esse é um mapa espacial e um manual de voo, aparecem também em todos os outros segmentos não danificados. Continuando no sentido anti-horário, a porção legível do próximo segmento apresenta a inscrição: "pegar pegar pegar arremeter arremeter arremeter arremeter completar completar". O terceiro segmento, em que a porção de uma forma elíptica incomum é vista, as inscrições legíveis incluem "kakkab SIB.ZI.AN.NA(...) enviado de AN.NA. (...) divindade ISH.TAR", e a frase intrigante: "Divindade NI.NI supervisor da descida".

No quarto segmento, que contém o que aparenta ser orientações de como estabelecer a própria destinação de acordo com um determinado grupo de estrelas, a linha decrescente é especificamente identificada como a linha do horizonte: a palavra *céu* é repetida 11 vezes sob a linha.

Esse segmento representa uma fase do voo próximo à Terra, próximo ao local de aterrissagem? Isso, de fato, poderia explicar a legenda sobre a linha horizontal: "colinas colinas colinas colinas pico pico pico pico cidade cidade cidade cidade". A inscrição no centro diz: "kakkab MASH.TAB. BA [Gêmeos] cujo encontro está fixado: kakkab SIB.ZI.AN.NA [Júpiter] fornece o conhecimento".

Se, como parece ser o caso, os segmentos estão dispostos em uma sequência de aproximação, então podemos quase partilhar a emoção dos nefilins enquanto eles se aproximavam da estação espacial da Terra. O próximo segmento, novamente identifica a linha decrescente como "céu céu céu" e também anuncia:

> nossa luz   nossa luz   nossa luz
> mudar   mudar   mudar   mudar
> observar trajetória e solo elevado
> ... terra plana...

A linha horizontal contém, pela primeira vez, números:

foguete   foguete
foguete   subir   planar
40 40 40
40 40 20 22 22

A linha superior do próximo segmento não declara mais: "céu céu"; em vez disso, pede por "canal canal 100 100 100 100 100 100 100". Um padrão é discernível nesse segmento bem danificado. Seguindo uma das linhas, a inscrição diz: *"Ashshur"*, que significa "Aquele que vê" ou "vendo".

O sétimo segmento está muito danificado para incluir na nossa análise; as poucas sílabas compreensíveis significam "distante distante... visão visão", e as palavras de instrução "pressionar". O oitavo e último segmento, no entanto, está quase completo. Linhas direcionais, setas e inscrições indicam um caminho entre os dois planetas. As instruções para "empilhar montanha montanha", mostram quatro grupos de cruzes, inscritas duas vezes "combustível água grão" e duas vezes "vapor água grão".

Esse segmento lidava com os preparos para o voo em direção à Terra ou lidava com a armazenagem para o voo de retorno ao Décimo Segundo Planeta? Esse último deve ter sido o caso, pois a linha com uma seta afiada, apontando em direção ao local de aterrissagem, apresenta em sua outra extremidade outra "seta" apontando na direção oposta e mostrando a legenda *"Retornar"*. (Fig. 124)

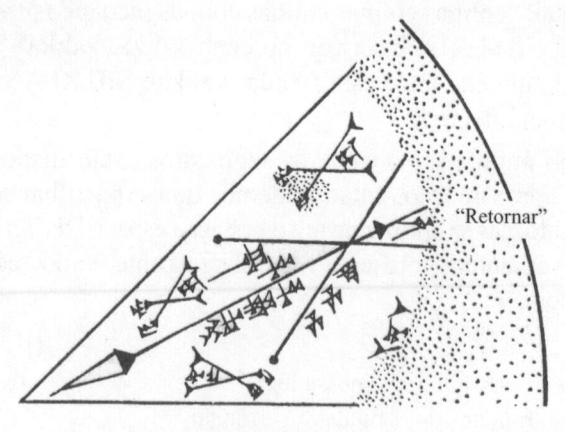

Figura 124

Quando Ea arranjou para que o emissário de Anu "fizesse Adapa pegar a estrada para o Céu" e Anu descobriu a falcatrua, ele exigiu saber:

Por que Ea, a um humano inútil
o plano de Céu-Terra revela –
transformando-o em distinto,
preparando um *Shem* para ele?

No planisfério que acabamos de decifrar, podemos ver, de fato, tal mapa de rota, um "plano do Céu-Terra". Na linguagem de sinal e em palavras, os nefilins haviam esboçado a rota de seu planeta para o nosso.

*

De outra forma, textos inexplicáveis, lidando com distâncias celestes, também fazem sentido se os lermos em termos de viagem espacial do Décimo Segundo Planeta. Um desses textos, descoberto nas ruínas de Nippur, e que se acredita ter cerca de 4 mil anos, encontra-se hoje guardado na Coleção Hilprecht na Universidade de Jena, na Alemanha. O. Neugebauer (*The Exact Sciences in Antiquity*) estabeleceu que a tábua, sem dúvida, era cópia "de uma composição original bem mais antiga"; ela fornecia razões de distâncias celestes, começando da Lua para a Terra e, em seguida, através do espaço para outros seis planetas.

A segunda parte do texto parece fornecer as fórmulas matemáticas para resolver qualquer problema interplanetário, indicando (de acordo com algumas leituras):

40 4 20 6 40 × 9 é 6 40
13 kasbu 10 ush mul SHU.PA
eli mul GIR sud
40 4 20 6 40 × 7 é 5 11 6 40
10 kasbu 11 ush 6½ gar 2 u mul GIR tab
eli mul SHU.PA sud

Nunca houve um total acordo entre os acadêmicos quanto à leitura correta das unidades de medição dessa parte do texto (uma nova leitura nos foi sugerida em uma carta pelo dr. J. Oelsner, curador da Coleção Hilprecht em Jena). No entanto, é óbvio que a segunda parte do texto media as distâncias de SHU.PA (Plutão).

Apenas os nefilins, cruzando as órbitas planetárias, poderiam ter montado essas fórmulas; eles eram os únicos que precisavam desses dados.

Levando em consideração que o seu próprio planeta e o seu alvo, a Terra, encontravam-se ambos em movimento contínuo, os nefilins tinham que apontar sua nave não para o local em que Terra se encontrava no horário do lançamento, mas aonde estaria no horário da chegada. Podemos afirmar, de forma segura, que os nefilins montavam suas trajetórias do mesmo modo que os cientistas modernos mapeiam as missões à Lua e a outros planetas.

A nave espacial dos nefilins era, provavelmente, lançada do Décimo Segundo Planeta na direção da sua própria órbita, mas bem antes de sua chegada às cercanias da Terra. Baseando-se nisso e em uma miríade de outros fatores, duas trajetórias alternativas para a nave espacial foram montadas para nós por Amnon Sitchin, doutor em aeronáutica e engenharia. A primeira trajetória exigiria o lançamento da nave espacial do Décimo Segundo Planeta antes de atingir o seu apogeu (o ponto mais distante). Com a necessidade de pouca potência, a nave espacial não mudaria tanto de curso à medida que diminuísse a velocidade. Enquanto o Décimo Segundo Planeta (também um veículo espacial, embora seja um grande) continuasse em sua vasta órbita elíptica, a nave espacial seguiria um curso elíptico bem mais curto, alcançando a Terra bem antes do Décimo Segundo Planeta. Essa alternativa poderia ter dado vantagens e desvantagens aos nefilins.

O ciclo completo de 3.600 anos Terra, aplicado àqueles que tinham cargos e outras atividades dos nefilins na Terra, sugere que eles talvez optassem pela segunda alternativa, aquela de uma viagem curta e uma estadia nos céus da Terra coincidindo com a chegada do próprio Décimo Segundo Planeta. Isso exigiria o lançamento da nave espacial (C) quando o Décimo Segundo Planeta estivesse no meio do caminho em seu curso de volta do apogeu. Com a velocidade do próprio planeta aumentando rapidamente, a nave espacial teria de contar com motores possantes para sair de seu planeta e alcançar a Terra (D) em alguns anos Terra à frente do Décimo Segundo Planeta. (Fig. 125)

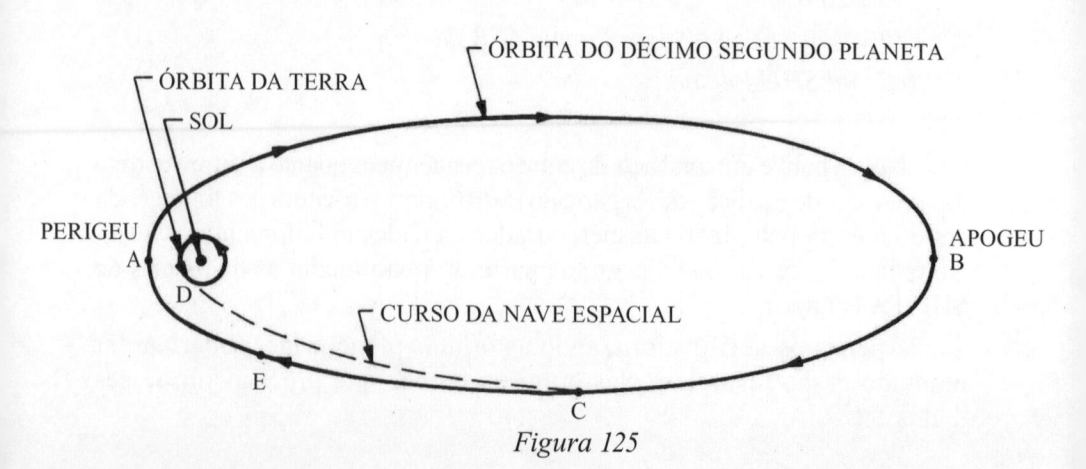

Figura 125

Baseado em dados técnicos complexos, como também em pistas deixadas pelos textos mesopotâmicos, tudo indica que os nefilins adotaram para suas missões na Terra a mesma abordagem adotada pela NASA em suas missões à Lua: quando a nave espacial principal se aproximava do planeta alvo (Terra), ia para a órbita ao redor daquele planeta sem aterrissar de verdade. Em vez disso, uma pequena nave seria lançada da nave-mãe para fazer a aterrissagem propriamente dita.

Como as aterrissagens precisas deviam ser difíceis, as partidas da Terra deviam ser ainda mais complicadas. A nave de aterrissagem tinha que se acoplar com sua nave-mãe que, em seguida, teria de acionar seus motores e acelerar em velocidades extremamente elevadas, pois tinha que alcançar o Décimo Segundo Planeta que, naquele instante, já estaria passando o seu perigeu entre Marte e Júpiter em uma velocidade orbital mais rápida. O dr. Sitchin calculou que havia três pontos na órbita da nave espacial da Terra que ajudavam a gerar um impulso em direção ao Décimo Segundo Planeta. As três alternativas davam aos nefilins uma escolha para alcançar o Décimo Segundo Planeta dentro do limite de 1,1 a 1,6 anos Terra.

Terreno adequado, orientação da Terra e uma coordenação perfeita com o planeta-casa eram pontos exigidos para que houvesse êxito total nas chegadas, aterrissagens, decolagens e partidas da Terra.

Como veremos adiante, os nefilins cumpriam todas essas exigências.

10
Cidades dos Deuses

A HISTÓRIA da primeira colonização da Terra por seres inteligentes é uma saga impressionante, e não menos inspiradora do que a descoberta da América ou a circum-navegação da Terra. Foi certamente de grande importância, pois como resultado dessa colonização, nós e nossa civilização existimos hoje.

O "Épico da Criação" nos informa que os "Deuses" vieram à Terra cumprindo uma decisão deliberada de seu líder. A versão babilônica, atribuindo a decisão a Marduk, explica que ele esperou até que o solo da Terra secasse e endurecesse o suficiente para permitir as operações de aterragem e construção. Em seguida, Marduk anunciou sua decisão a um grupo de astronautas:

> Na profundeza Acima,
> Onde vós tendes residido,
> "A Casa Real das Alturas" tenho eu construído.
> Agora, uma reprodução dela
> Construirei Abaixo.

Marduk então explicou seu objetivo:

> Quando dos Céus
> para reunir-vos, vós descerdes,
> deverá haver um lugar para repousar na noite
> para receber vós todos.
> Eu a chamarei de "Babilônia" –
> O Portão dos Deuses.

A Terra não era, portanto, um mero objeto de uma visita ou uma estadia rápida, exploratória; era para ser uma "casa longe de casa" permanente.

Viajando a bordo de um planeta que era uma espécie de nave espacial, cruzando os caminhos da maioria dos outros planetas, os nefilins, sem dúvida, varreram os céus sem sair da superfície de seu próprio planeta. Sondas não tripuladas devem ter vindo depois. Mais cedo ou mais tarde, eles adquiririam a capacidade de enviar missões tripuladas a outros planetas.

Enquanto os nefilins procuraram por uma "casa" adicional, a Terra devia ter surgido de forma favorável. Seus tons de azul indicavam que havia água e ar para sustentar a vida; suas tonalidades de marrom revelavam terra firme; seus verdes, a vegetação e a base para a vida animal. Mesmo assim, quando os nefilins finalmente viajaram à Terra, ela devia parecer um pouco diferente da forma como os nossos astronautas a veem hoje em dia. Visto que, quando os nefilins chegaram pela primeira vez na Terra, ela encontrava-se no meio da Era Glacial – um período glacial com fases de gelo e degelo no clima da Terra:

Primeira glaciação – começou cerca de 600 mil anos atrás
Primeiro aquecimento (período interglacial) – 550 mil anos atrás
Segundo período glacial – 480 mil a 430 mil anos atrás

Quando os nefilins aterrissaram pela primeira vez na Terra, por volta de 450 mil anos atrás, cerca de um terço da área territorial da Terra estava coberto com camadas de gelo e geleiras. Com a maioria das águas da Terra congelada, a chuva era reduzida, mas não em todo o lugar. Por conta das peculiaridades dos padrões de ventos e terrenos, entre outras coisas, algumas áreas que são bem regadas hoje, eram secas naquela época, sendo que algumas áreas que contam apenas com chuvas sazonais nos dias de hoje, antes experimentavam chuvas o ano inteiro.

Os níveis dos mares eram também mais baixos porque muita água havia sido captada como gelo nas massas de terra. Evidências indicam que, no auge das duas maiores Eras Glaciais, os níveis dos mares eram de 183 a 213 metros mais baixos do que os atuais. Portanto, havia terra firme onde hoje temos mares e litorais. Onde os rios continuavam a fluir, criavam barrancos e desfiladeiros profundos se seus cursos os levavam a terrenos rochosos; se seus cursos seguiam em terra ou barro, eles alcançavam os mares glaciais através de vastos pântanos.

Chegando à Terra em meio a essas condições climáticas e geográficas, onde os nefilins montaram sua primeira moradia?

Sem dúvida, eles procuraram por um lugar com um clima relativamente temperado, onde simples abrigos seriam o suficiente e onde pudessem locomover-se com roupas leves de trabalho, em vez de trajes térmicos pesados. Eles também deviam ter procurado um local com água para beber, lavar e com propósitos industriais, como também que suportasse a vida animal e vegetal necessárias para o alimento. Os rios facilitariam tanto a irrigação de grandes extensões de terra e serviriam como meios convenientes de transporte.

Apenas uma estreita zona temperada na Terra podia cumprir com todas essas exigências, como também com a necessidade de se ter áreas compridas e longas adequadas para as aterrissagens. A atenção dos nefilins, como agora sabemos, voltou-se para os três sistemas fluviais e suas planícies: o Nilo, o Indo e o Tigre-Eufrates. Cada uma dessas bacias fluviais era adequada para a primeira colonização; cada uma, em sua época, tornar-se-ia o centro de uma civilização antiga.

Os nefilins dificilmente teriam ignorado outra necessidade: uma fonte de combustível e energia. Na Terra, o petróleo tem sido uma fonte versátil e abundante de energia, calor e luz, como também uma matéria bruta vital das quais incontáveis bens essenciais são produzidos. Julgando pela prática e registros sumérios, os nefilins fizeram grande uso do petróleo e de seus derivados; fica claro que, em sua busca pelo *habitat* mais adequado na Terra, os nefilins optariam por um local rico em petróleo.

Com isso em mente, os nefilins provavelmente colocaram a Planície Indo-Gangética em último lugar, tendo em vista que não era uma região onde se podia encontrar petróleo. O Vale do Nilo recebeu, provavelmente, o segundo lugar; geologicamente, situa-se em uma grande zona rochosa sedimentar e o petróleo da região é encontrado apenas a uma boa distância do vale, o que exigiria uma perfuração profunda. A Terra dos Dois Rios, a Mesopotâmia, recebeu, sem dúvida, o primeiro lugar. Alguns dos campos de petróleo mais ricos do mundo estendem-se da ponta do Golfo Pérsico até as montanhas onde o Tigre e o Eufrates nascem. E, enquanto na maioria das regiões do mundo é preciso perfurar fundo para se chegar ao petróleo bruto, na antiga Suméria (atual Sul do Iraque), betume, alcatrão e asfalto borbulham ou brotam na superfície de forma natural.

(É interessante saber que os sumérios tinham nomes para *todas* as substâncias betuminosas – petróleo, petróleo bruto, asfalto nativo, asfalto rochoso, alcatrão, asfaltos pirogênicos, mástique, ceras e piches. Eles tinham nove nomes diferentes para os variados tipos de betume. Em comparação, a língua egípcia antiga tinha apenas dois e o sânscrito apenas três.)

O Livro do Gênesis descreve a morada de Deus na Terra – o Éden – como um lugar de clima temperado, quente, mas arejado, visto que Deus fazia seus passeios à tarde para pegar uma brisa fresca. Era um lugar em que o solo era bom e doava seus nutrientes à agricultura e à horticultura, especialmente no cultivo de pomares. Era um lugar que puxava suas águas de uma rede de quatro rios. "E o nome do terceiro rio [era] Hidekel [Tigre]; aquele que fluía em direção ao leste da Assíria; e o quarto era o Eufrates".

Enquanto as opiniões relacionadas à identidade dos primeiros dois rios, Pisom ("abundante") e Giom ("que jorra para frente"), são inconclusivas, não há sombra de dúvida quanto aos outros dois rios, o Tigre e o Eufrates. Alguns acadêmicos situam o Éden no norte da Mesopotâmia, onde nascem os dois rios e dois afluentes menores; outros (tais como, E. A. Speiser, em *The Rivers of Paradise*) acreditam que os quatro rios convergem na cabeceira do Golfo Pérsico, logo, o Éden não se encontraria no norte, e sim no sul da Mesopotâmia.

O nome bíblico Éden é de origem mesopotâmica, derivado do acadiano *edinu*, que significa "plano". Recordamos que o título "divino" dos deuses antigos era DIN.GIR ("os íntegros/justos dos foguetes"). Um nome sumério para a morada dos Deuses, E.DIN, teria o significado de "a casa dos íntegros" – uma descrição apropriada.

A escolha da Mesopotâmia como a casa na Terra foi provavelmente motivada por, pelo menos, outra consideração importante. Embora os nefilins devidamente estabelecessem uma estação espacial em terra firme, algumas evidências sugerem que, pelo menos inicialmente, eles fariam a aterrissagem no mar em uma cápsula hermeticamente selada. Se esse era o método de aterrissagem, a Mesopotâmia oferecia proximidade não apenas de um, mas de dois mares – o Oceano Índico ao sul e o Mediterrâneo ao leste – para que, em caso de emergência, a aterrissagem não tivesse que depender de apenas um local aquático. Como veremos a seguir, uma boa baía ou golfo, dos quais as longas viagens marítimas poderiam ser lançadas, era algo também essencial.

Nos textos e gravuras antigas, as naves dos nefilins eram inicialmente chamadas de "barcos celestes". A aterrissagem desses astronautas "marítimos", podemos imaginar, devia ser descrita nos contos épicos antigos como uma aparição de algum tipo de submarino dos céus no mar, dos quais os "escafandristas" emergiam e vinham à costa.

De fato, os textos mencionam que alguns dos AB.GAL que navegavam as naves espaciais se vestiam como peixes. Um texto que trata das jornadas divinas de Ishtar cita-a tentando chegar ao "Grande *gallu*" (navegador chefe) que tinha ido embora "em um barco submerso". Beroso transmitiu as lendas relacionadas ao Oannes, o "Bem Dotado de Razão", um Deus que fez sua aparição do "Mar Eritreu que fazia fronteira com a Babilônia", no primeiro ano da descida do Reino do Céu. Boroso relatou que Oannes parecia um peixe, tinha uma cabeça humana dentro da cabeça do peixe e tinha os pés como o de um homem dentro do rabo de peixe. "Sua voz e linguagem também eram articuladas e humanas". (Fig. 126)

Os três historiadores gregos, por meio dos quais sabemos o que Beroso escreveu, relataram que esse divino homem-peixe aparecia periodicamente, vindo à costa do "Mar Eritreu" – o corpo da água que atualmente chamamos de Mar da Arábia (a parte ocidental do Oceano Índico).

Por que os nefilins pousariam na água, no Oceano Índico, a centenas de quilômetros de seu lugar escolhido na Mesopotâmia, em vez de no Golfo Pérsico, que é bem mais próximo? Os relatórios antigos confirmam, indiretamente, a nossa conclusão de que as primeiras aterrissagens ocorreram durante o segundo período glacial, quando o Golfo Pérsico que conhecemos hoje não era um mar, mas uma extensão de pântanos e lagos rasos, nos quais os pousos seriam impossíveis.

Depois de descer no Mar da Arábia, os primeiros seres inteligentes na Terra seguiam então seu caminho até a Mesopotâmia. Os pântanos avançavam bem mais para o interior do que os litorais atuais. Lá, às margens dos pântanos, eles estabeleceram suas primeiras colonizações no nosso planeta.

Figura 126

Eles a chamaram de E.RI.DU ("casa construída distante"). Que nome apropriado!

Até os dias de hoje, o termo persa *ordu* significa "acampamento". É uma palavra cujo significado criou raízes em todas as línguas: a colonizada Terra [*Earth* em inglês] é chamada *Erde* em alemão, *Erda* em alto alemão antigo, *Jördh* em islandês, *Jord* em dinamarquês, *Airtha* em gótico, *Erthe* em inglês mediano; e, retornando geograficamente e no tempo, "Terra" era *Aratha* ou *Ereds* em aramaico, *Erd* ou *Ertz* em curdo, e *Eretz* em hebraico.

Em Eridu, ao sul da Mesopotâmia, os nefilins estabeleceram a Estação Terra I, um posto avançado solitário em um planeta metade congelado. (Fig. 127)

*

<u>*Um posto solitário em um planeta alienígena.*</u>
A Ásia, como deveria parecer vista do ar, no meio de uma era de gelo. Níveis do mar mais baixos significam que as áreas costeiras eram diferentes das atuais. O Golfo Pérsico e o Sul da Mesopotâmia eram áreas de terreno lamacento, lagos e pântanos.

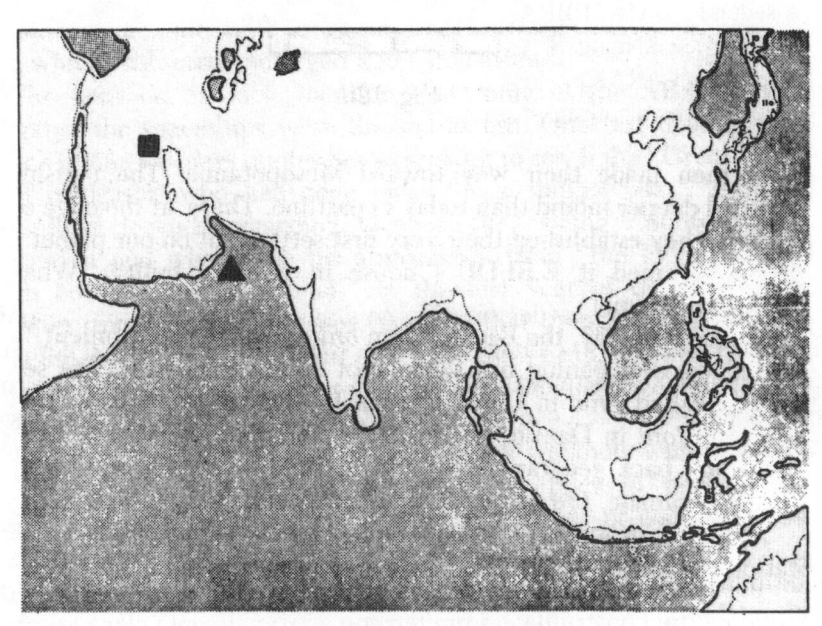

...... *Área Costeira Atual*
▲ *Suposto lugar de pouso no Mar Arábico*
■ *Localização de Eridu, na margem dos pântanos.*

Figura 127

Os textos sumérios, confirmados pelas traduções acadianas posteriores, listam as colonizações originais ou "cidades" dos nefilins na ordem em que elas foram fundadas. Eles, inclusive, contam-nos qual Deus foi designado como responsável por cada uma dessas colonizações. Um texto sumério, que acreditava se tratar do original das "Tábuas do Dilúvio" acadianas, relata o seguinte, em relação às cinco das primeiras sete cidades:

> Depois de o reino ter descido do céu,
> Depois da coroa exaltada, o trono do reino
> Ter descido do céu,
> Ele (...) aperfeiçoou os procedimentos,
> As leis divinas (...)
> Fundou cinco cidades em lugares puros,
> deu-lhes nomes,
> situou-as como centros.
>
> A primeira dessas cidades, ERIDU,
> ele ofereceu a Nudimmud, o líder,
> A segunda, BAD-TIBIRA,
> ele ofereceu a Nugig.
> A terceira, LARAK,
> ele ofereceu a Pabilsag.
> A quarta, SIPPAR,
> ele ofereceu ao herói Utu.
> A quinta, SHURUPPAK,
> ele ofereceu a Sud.

O nome do Deus que desceu o Reino do Céu, planejou a fundação de Eridu e de outras quatro cidades e nomeou seus governadores ou comandantes, infelizmente, está apagado. Todos os outros textos concordam, no entanto, que o Deus que alcançou a costa até a margem dos pântanos e disse "Aqui nós assentaremos" era Enki, apelidado de "Nudimmud" ("aquele que fez coisas") no texto.

Os dois nomes desse Deus – EN.KI ("senhor do solo firme") e E.A ("cuja casa é a água") – eram os mais apropriados. Eridu, que permaneceu sendo o posto de poder de Enki e o centro de culto em toda a história da Mesopotâmia, foi construída em um terreno artificialmente elevado sobre as águas dos pântanos. A evidência está contida em um texto chamado (por S. N. Kramer) o "Mito de Enki e Eridu":

> O senhor das profundezas das águas, o rei Enki (...)
> construiu a sua morada (...)
> Em Eridu ele construiu a Casa da Margem da Água (...)
> O rei Enki (...) construiu uma casa:
> Eridu, como uma montanha,
> ele ergue da terra;
> em um bom lugar ele a construiu.

Esses e outros, a maioria textos fragmentados, sugerem que uma das primeiras preocupações desses "colonizadores" na Terra tinha a ver com lagos rasos ou pântanos aguacentos. "Ele trouxe(...); estabeleceu a limpeza dos rios menores." O esforço para escavar os leitos dos riachos e dos afluentes para permitir um melhor fluxo de água tinha como intenção drenar os pântanos, obter água mais limpa e potável e implementar uma irrigação controlada. A narrativa suméria também indica que houve construção de aterros ou montagem de diques para proteger as primeiras casas das águas onipresentes.

Um texto intitulado pelos acadêmicos como o "mito" de "Enki e a Ordem da Terra" é um dos mais longos e bem preservados poemas narrativos sumérios jamais encontrados. Seu texto consiste em cerca de 470 linhas, das quais 375 são perfeitamente legíveis. Seu início (cerca de 50 linhas) infelizmente está danificado. Os versos que se seguem são dedicados a uma exaltação de Enki e ao estabelecimento do seu relacionamento com a divindade chefe Anu (seu pai), Ninti (sua irmã) e Enlil (seu irmão).

Seguindo essas instruções, o próprio Enki "pega o microfone para falar". Pode parecer fantástico, mas o fato é que o texto, em primeira pessoa, apresenta um relato de Enki sobre a sua aterrissagem na Terra.

"Quando eu me aproximei da Terra,
havia muita inundação.
Quando eu me aproximei dos prados verdejantes,
Aterros e montes foram empilhados
ao meu comando.
Construí minha casa em um lugar puro (...)
Minha casa –
Sua sombra estendia-se sobre o Pântano da Cobra (...)
As carpas balançavam seus rabos nele
entre os pequenos juncos *gizi*."

O poema prossegue descrevendo e registrando, na terceira pessoa, as realizações de Enki. Aqui, estão alguns versos selecionados:

Ele demarcou o pântano,
colocou nele carpas e (...) – peixes;
Ele demarcou o bosque cerrado de cana,
colocou nele (...) – juncos e juncos verdes.
Enbilulu, o Inspetor dos Canais,
ele o fez responsável pelos pântanos.

Aquele que joga a rede para que nenhum peixe escape,

cuja armadilha nenhum(...) escapa,
cujo alçapão nenhum pássaro escapa,
(...) o filho de(...) um deus que ama os peixes
Enki o fez responsável pelos peixes e pássaros.

Enkimdu, aquele das valas e dos diques,
Enki o fez responsável pelas valas e pelos diques.

Aquele cujo(...) molde orienta,
Kulla, o oleiro da Terra,
Enki o fez responsável pelo molde e pelo tijolo.

O poema lista outras realizações de Enki, incluindo a purificação das águas do rio Tigre e a ligação (por canal) do Tigre com o Eufrates. Sua casa às margens do Rio ficava próxima a um cais onde os barcos e as balsas de junco podiam ancorar e, do qual, podiam sair navegando. De modo apropriado, a casa era chamada de E.ABZU ("casa da Profundeza"). O local sagrado de Enki em Eridu ficou conhecido pelo seu nome até um milênio depois.

Não há dúvida de que Enki e sua tripulação exploraram os territórios ao redor de Eridu; no entanto, ele parecia optar por viagens marítimas. O pântano, ele disse em um dos textos, "é meu lugar favorito; ele abre os seus braços para me receber". Em outros textos, Enki descreve as viagens nos pântanos, em seu barco, chamado MA.GUR (literalmente, "barco para dar meia-volta"); em outras palavras, um barco de turismo. Ele conta como seus tripulantes "remavam em harmonia" e como eles costumavam "cantar melodiosas canções fazendo o rio regozijar". Algumas vezes, ele confidenciou, "canções sagradas e mágicas enchiam minha Profundeza Aquática". Inclusive pequenos detalhes como o nome do capitão do barco de Enki estão registrados. (Fig. 128)

Figura 128

As listas dos reis sumérios indicam que Enki e seu primeiro grupo de nefilins permaneceram sozinhos na Terra por um bom tempo: oito *shar*'s (28 mil anos) se passariam até que o segundo comandante ou "chefe da colonização" fosse nomeado.

Há um ponto interessante, que saltou aos olhos, quando analisamos as evidências astronômicas. Os acadêmicos sentiram-se desnorteados pela aparente "confusão" suméria sobre qual das 12 casas zodiacais era a que estava associada a Enki. O signo do salmonete, que representava a constelação de Capricórnio, era aparentemente associado a Enki (e, de fato, isso pode explicar o epíteto do fundador de Eridu, A.LU.LIM, que pode significar "pastor das águas resplandecentes"). Mesmo assim, Ea/Enki era frequentemente retratado segurando vasos com água jorrando – o original Portador da Água, ou Aquário; e ele, realmente, era o Deus dos Peixes e, portanto, associado com Peixes.

Os astrônomos têm dificuldade em esclarecer como os observadores de estrelas, na realidade, viam em um grupo de estrelas os contornos de, digamos, peixes ou aquário. A resposta que vem à mente é que os signos do Zodíaco não eram nomeados com base no formato do grupo de estrelas, mas baseados no epíteto ou atividade principal de um deus associado primariamente com o período em que o equinócio vernal se encontrava naquela casa zodiacal em particular.

Se Enki pousou na Terra – como acreditamos – no início da Era de Peixes, testemunhou uma mudança da precessão para Aquário, e permaneceu até o Grande Ano (25.920 anos) quando a Era de Capricórnio teve início; então, ele era, de fato, o comandante único na Terra que governou por 28.800 anos.

A passagem de tempo registrada também confirma a nossa primeira conclusão, a de que os nefilins chegaram à Terra no meio da Era Glacial. O trabalho árduo de construção de diques e escavação de canais começou quando as condições climáticas ainda eram inóspitas. No entanto, dentro de alguns *shar*'s de sua chegada, o período glacial começou a ceder a um clima mais ameno e chuvoso (cerca de 430 mil anos atrás). Foi então que os nefilins decidiram avançar mais para o interior e expandir suas colonizações. De forma apropriada, os anunnakis (os nefilins subalternos) nomearam o segundo comandante de Eridu "A.LAL.GAR" ("aquele que fez o período de chuva acalmar").

Mas, enquanto Enki sofria com as dificuldades de um pioneiro na Terra, Anu e seu outro filho Enlil observavam o desenvolvimento do Décimo Segundo Planeta. Os textos mesopotâmicos deixam claro que aquele que era realmente o responsável pela missão na Terra era Enlil; e assim que a decisão foi tomada para que se procedesse com a missão, o próprio Enlil teve de descer à Terra. Um acampamento especial ou base chamada Larsa foi construída para recebê-lo pelo EN.KI.DU.NU ("Enki cava profundo"). Quando Enlil assumiu o controle pessoal do local, recebeu o codinome de ALIM ("carneiro"), coincidindo com a "era" da constelação zodiacal de Áries.

A fundação de Larsa lançou uma nova fase na colonização da Terra pelos nefilins. Marcou a decisão de proceder-se com as tarefas que os trouxeram à Terra, exigindo o envio de mais "força de trabalho", ferramentas e equipamentos, além da a remessa das cargas preciosas ao Décimo Segundo Planeta.

Pousos no mar deixaram de ser adequados para tais carregamentos pesados. As mudanças climáticas fizeram com que o interior se tornasse mais acessível; era época de transferir o local de aterrissagem para o centro da Mesopotâmia. Nessa conjuntura, Enlil veio à Terra e partiu de Larsa para estabelecer o "Centro de Controle da Missão" – um posto de comando sofisticado, onde os nefilins pudessem coordenar da Terra as jornadas espaciais de saída e chegada ao seu planeta, orientar os ônibus espaciais e aperfeiçoar suas decolagens e ancoragens com as naves espaciais orbitando a Terra.

O local que Enlil selecionou para esse propósito, conhecido durante milênios como Nippur, foi nomeado por ele de NIBRU.KI ("cruzamento da Terra"). (Lembramos que o local celeste do ponto de passagem mais próximo do Décimo Segundo Planeta com a Terra era chamado de "Local Celeste do Cruzamento".) Lá, Enlil estabeleceu DUR.AN.KI, a "ligação Céu-Terra".

A tarefa era compreensivelmente complexa e consumia tempo. Enlil ficou em Larsa durante 6 *shar*'s (21.600 anos), enquanto Nippur ainda estava sendo construída. As obras nippurianas também eram prolongadas, como evidenciam os codinomes zodiacais de Enlil. Considerado como o equivalente do Carneiro (Áries) enquanto se encontrava em Larsa, ele seria, subsequentemente, associado com o Touro (Touro). Nippur foi fundada na "Era do Touro".

Um poema devocional composto como sendo um "Hino para Enlil, o Todo-Benfeitor", e glorificando Enlil, sua esposa Ninlil, sua cidade Nippur e sua "suntuosa casa", o E.KUR, conta-nos muita coisa sobre Nippur. Uma delas é que Enlil tinha à sua disposição alguns instrumentos altamente sofisticados: um "'olho' elevado que fazia a varredura do território" e um "raio elevado que entrava no coração de toda a terra". O poema conta-nos que Nippur era protegida por armas incríveis: "sua visão era de puro medo, assustadora"; do "seu lado externo, nenhum deus poderoso consegue se aproximar". Seu "braço" era uma "vasta rede" e, em seu interior, havia um "pássaro de passadas largas" encolhido, um "pássaro" de cuja "mão" o malvado e o perverso não conseguiam escapar. Esse local era protegido por algum tipo de raio mortal, por uma espécie de campo de força eletrônico? Havia no centro dele um tipo de helicóptero, um "pássaro" tão rápido que ninguém conseguia fugir do seu alcance?

No centro de Nippur, no topo de uma plataforma erguida artificialmente, ficava o quartel-general de Enlil, o KI.UR ("local da raiz da Terra") – o lugar onde se erguia a "ligação entre o Céu e a Terra". Esse era o centro de comunicações do Controle da Missão, o local em que os anunnakis se comunicavam da Terra com seus camaradas, os IGI.GI ("eles que se voltam e veem") nas naves espaciais em órbita.

No seu centro, o texto antigo segue dizendo que ficava um "pilar alto voltado para cima alcançando o céu". Esse "pilar" extremamente alto, fixado de forma firme no solo "como uma plataforma que não podia ser tocada", era usada por Enlil para "pronunciar sua palavra" em direção ao céu. Essa é uma descrição muito simples de uma torre de transmissão. Assim que a "palavra de Enlil" – sua ordem – "se aproximava do céu, abundância derramava-se sobre a Terra". Que maneira simples de descrever o envio de materiais, alimentos especiais, medicamentos e ferramentas trazidos pelos ônibus espaciais, assim que a "palavra" de Nippur era dada!

Esse Centro de Controle em uma plataforma elevada, a "casa suntuosa de Enlil", continha uma câmara misteriosa, chamada de DIR.GA:

> Tão misteriosa como as distantes Águas,
> Como o Zênite Celestial.
> Entre seus(...) emblemas,
> Os emblemas das estrelas.
> O ME é carregado com perfeição.
> Suas palavras são para o discurso
> Suas palavras são oráculos graciosos.

O que era essa *dirga*? Danos na tábua antiga roubaram-nos mais informações; mas, o nome fala por si mesmo, visto que significa "a câmara coroada e escura", um local onde os diagramas das estrelas eram guardados, onde as previsões eram feitas, onde os *me* (as comunicações dos astronautas) eram recebidas e transmitidas. A descrição nos faz lembrar do Controle da Missão em Houston, Texas, monitorando os astronautas em suas missões à Lua, amplificando suas comunicações, planejando seus cursos no céu estrelado, enviando a eles "oráculos graciosos" de orientação.

Podemos relembrar aqui o conto do Deus Zu, que se infiltrou no santuário de Enlil e se apossou da Tábua dos Destinos e, em seguida, "suspensa foi a emissão dos comandos(...) a câmara interna consagrada perdeu seu brilho(...) a imobilidade espalhou-se(...) o silêncio prevaleceu".

No "Épico da Criação", os "destinos" dos Deuses planetários eram suas órbitas. É razoável presumir que a Tábua dos Destinos, que era tão vital para as operações do "Centro de Controle da Missão" de Enlil, também controlava as órbitas e os trajetos de voo das naves espaciais que mantinham a "ligação" entre o Céu e a Terra. Talvez se tratasse de uma "caixa-preta" vital contendo os programas de computador que orientavam as naves espaciais, sem os quais o contato entre os nefilins na Terra e sua conexão com o Planeta-Mãe fosse interrompida.

A maioria dos acadêmicos acha que o nome Enlil significa "senhor do vento", que é adequado à teoria de que os antigos "personificavam" os elementos da natureza e, consequentemente, atribuíam ao Deus a responsabilidade pelos ventos e tempestades. Ainda assim, alguns acadêmicos já sugeriram que, nesse caso, o termo LIL não significa um vento tempestuoso da natureza, e sim o "vento" que sai da boca – uma expressão, um comando, uma comunicação falada. Novamente, as pictografias arcaicas sumérias para o termo EN – especialmente as aplicadas ao Enlil – e para o termo LIL, ajudam a esclarecer o assunto. Pelo o que vemos, trata-se de uma estrutura com uma torre elevada com antenas saindo do topo, como também um instrumento muito parecido com uma rede de radar montado nos dias de hoje para captar e emitir sinais – a "vasta rede" descrita nos textos. (Fig. 129)

EN   LIL

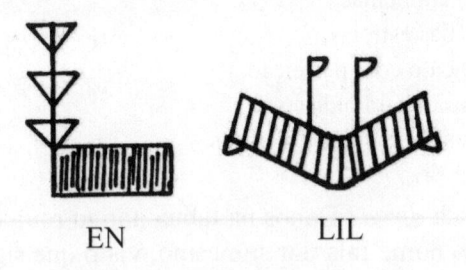

Figura 129

Em Bad-Tibira, estabelecida como um centro industrial, Enlil colocou seu filho Nannar/Sin no comando; o texto refere-se a ele, na lista de cidades, como NU.GIG ("aquele da noite escura"). Acreditamos ter sido ali que os gêmeos Inanna/Ishtar e Utu/Shamash nasceram – um evento marcado ao associar-se seu pai Nannar com a próxima constelação zodiacal, Gêmeos. Enquanto o Deus treinava em engenharia de foguetes, Shamash receberia a constelação GIR (que significa tanto "foguete" e "pinças de caranguejo", ou Câncer) como seu equivalente, seguido por Ishtar e o Leão (Leão), em que ela era, tradicionalmente, retratada montada em suas costas.

A irmã de Enlil e Enki, "a enfermeira" Ninhursag (SUD), não foi negligenciada: sob sua responsabilidade, Enlil colocou Shuruppak, o centro médico dos nefilins – um evento marcado ao designá-la a constelação de "A Donzela" (Virgem).

Enquanto esses centros estavam sendo estabelecidos, a conclusão das obras de Nippur era seguida pela construção da estação espacial dos nefilins na Terra. Os textos deixam claro que Nippur era o lugar onde as "palavras" – ordens – eram expressas: lá, quando "Enlil ordenava: 'Rumo ao céu!'(...) aquilo que brilha subia como um foguete celeste". Mas a ação propriamente dita ocorria "quando Shamash subia" e, naquele lugar – o "Cabo Kennedy" dos nefilins – era Sippar, a cidade responsável pelo Chefe das Águias, onde os foguetes de múltiplos estágios eram lançados dentro de um invólucro especial, a "área limite sagrada".

Quando Shamash amadureceu para assumir o comando dos Foguetes Inflamáveis e também para se tornar o Deus da Justiça, ele recebeu as constelações de Escorpião e Libra (a Balança).

Completando a lista das primeiras sete Cidades dos Deuses, e seus correspondentes nas 12 constelações zodiacais, estava Larak, onde Enlil colocou seu filho Ninurta no comando. As listas de cidade chamavam-no de PA.BIL.SAG ("grande protetor"); o mesmo nome pelo qual a constelação de Sagitário era chamada.

*

Não seria realista presumir que as primeiras sete Cidades dos Deuses foram fundadas por acaso. Esses "Deuses", que eram capazes de fazer viagens espaciais, montaram suas primeiras civilizações de acordo com um plano definido, partindo de uma necessidade vital: poder pousar na Terra e decolar da Terra para o seu próprio planeta.

Qual era o plano mestre?

À medida que buscamos uma resposta, fazemos a nós mesmos uma pergunta: qual é a origem do símbolo astronômico e astrológico da Terra, um círculo dividido ao meio por uma cruz – o símbolo que usamos para significar "alvo"?

O símbolo remete às origens da astronomia e da astrologia na Suméria e é idêntico ao sinal hieróglifo egípcio que representa "lugar":

Isso é uma coincidência ou uma prova significativa? Os nefilins pousaram na Terra sobrepondo em sua imagem ou mapa algum tipo de "alvo"?

Os nefilins não eram familiarizados com a Terra. À medida que varriam a sua superfície do espaço, eles devem ter prestado atenção especial nas montanhas e cordilheiras. Elas poderiam apresentar perigos durante as aterrissagens e decolagens, como também poderiam servir como pontos navegacionais de referência.

Enquanto pairavam sobre o Oceano Índico, se os nefilins olhassem em direção à Terra Entre os Rios, que selecionariam para seus primeiros esforços de colonização, veriam um marco inalterado: o Monte Ararat.

Uma extinta cadeia de montanhas vulcânicas, o Ararat domina o planalto armênio, onde atualmente as fronteiras da Turquia, Irã e Armênia se encontram. Ele eleva-se nos lados leste e norte cerca de 920 metros acima do nível do mar e, na parte norte, chega a 1.525 metros. Toda a cadeia de montanhas soma 40 quilômetros de diâmetro, ou seja, um domo elevado projetando-se da superfície da Terra.

Outras características ajudam a realçá-lo não apenas do horizonte, como também visto lá de cima no céu. Em primeiro lugar, ele está situado quase na metade do caminho entre dois lagos, o lago Van e o lago Sevan. Em segundo lugar, dois picos elevam-se da alta cadeia de montanhas: o Baixo Ararat (3.931 metros) e o Grande Ararat (5.181 metros de altura). Nenhuma outra montanha se compara às altitudes solitárias dos dois picos, que vivem permanentemente cobertos de neve.

Temos motivos para acreditar que os nefilins selecionaram seus locais de aterrissagem ao coordenar o meridiano Norte-Sul com um marco inigualável e com uma localização conveniente de rios. O norte da Mesopotâmia, o Ararat com dois picos de fácil identificação, serviria como um ponto de referência adequado. Um meridiano, traçado no centro do Ararat, de dois picos atravessaria o Eufrates. Esse era o alvo – o local escolhido para a estação espacial. (Fig. 130)

Daria para pousar e decolar facilmente daquele local?

A resposta é sim. O local selecionado situa-se em uma planície; as cordilheiras que rodeiam a Mesopotâmia ficavam a uma distância substancial. As mais altas (ao leste, nordeste e norte) não iriam interferir com a aproximação dos ônibus espaciais.

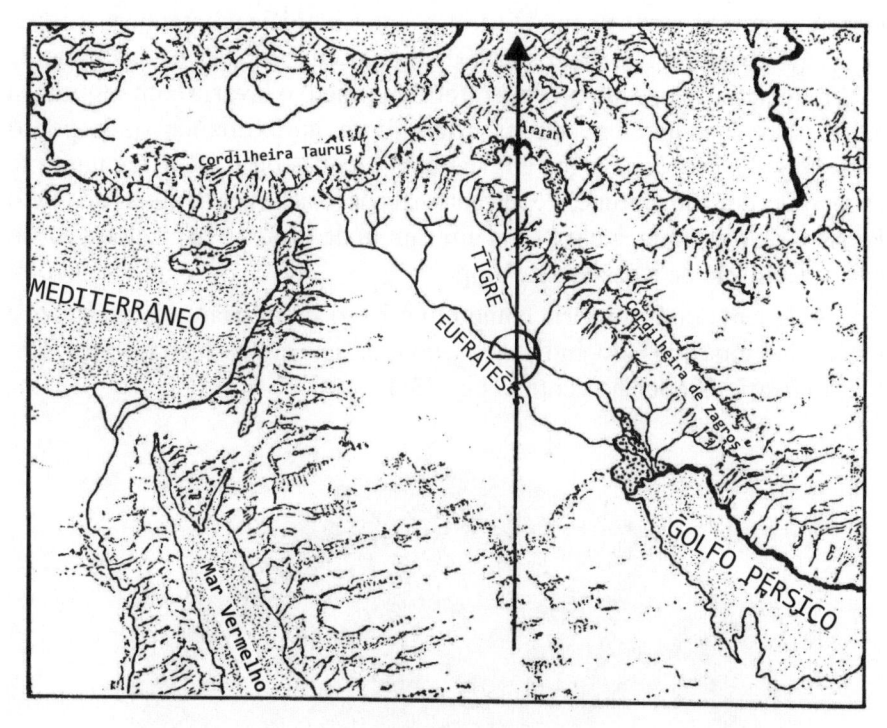

Figura 130

O local era acessível – os astronautas e os materiais poderiam ser levados até lá sem muita dificuldade?

Novamente a resposta é sim. O local podia ser acessado por via terrestre e, através do rio Eufrates, usando naves aquáticas.

E mais uma questão crucial: havia por perto alguma fonte de energia combustível para iluminação e força elétrica? A resposta é um enfático sim. A curva no rio Eufrates, onde Sippar seria fundada, era uma das mais ricas fontes conhecidas na Antiguidade de betume e produtos petrolíferos que jorravam na superfície através de poços naturais que eram coletados sem que houvesse a necessidade de escavações ou perfurações profundas.

Podemos imaginar Enlil, rodeado por seus tenentes no posto de comando das naves espaciais, desenhando uma cruz dentro de um círculo no mapa. "Como devemos chamar o lugar?" ele poderia ter perguntado.

"Por que não Sippar?", alguém poderia ter sugerido.

Nas línguas do Oriente Próximo, o nome significa "pássaro". Sippar era o local onde as águias podiam se refugiar.

Como os ônibus espaciais se aproximavam de Sippar?

Podemos visualizar um dos navegadores espaciais indicando a melhor rota. À esquerda, eles tinham o Eufrates com a planície montanhosa a oeste. Se a nave tivesse que se aproximar de Sippar em um ângulo facilitado de 45° em relação ao meridiano de Ararat, seu trajeto o levaria com segurança entre essas duas áreas perigosas. Além disso, aproximando-se do pouso nesse ângulo, cruzaria no sul com a ponta rochosa da Arábia, enquanto se encontrava em alta altitude, e começaria sua descida sobre as águas do Golfo Pérsico. Indo e vindo, a nave teria um campo de visão livre e comunicação com o Controle da Missão, em Nippur.

O tenente de Enlil faria então um esboço – um triângulo de águas e montanhas em cada lado, indicando com uma seta em direção a Sippar. Um "X" indicaria Nippur no centro. (Fig. 131)

Figura 131

Pode parecer incrível, mas esse esboço *não* foi feito por nós; o gráfico foi desenhado em um objeto de cerâmica desenterrado em Susa, em uma camada datada em torno de 3200 a.C. Ele nos faz lembrar o planisfério que descrevia o procedimento de voo e a trajetória, que era baseada em segmentos de 45°.

O estabelecimento das colônias na Terra pelos nefilins não foi um esforço feito de modo aleatório. Todas as alternativas foram estudadas, todos os recursos avaliados e todos os perigos levados em consideração; além disso, o próprio plano de colonização foi totalmente mapeado para que cada local se ajustasse ao padrão final, cujo objetivo era o delineamento do trajeto de pouso até Sippar.

Ninguém tentou procurar antes para ver um plano mestre das colonizações sumérias espalhadas. Porém, se olharmos para as sete primeiras cidades fundadas, descobriremos que Bad-Tibira, Shuruppak e Nippur se situam em uma linha que corre de forma precisa em um ângulo de 45° ao meridiano de Ararat, e essa linha cruza o meridiano exatamente em Sippar! As outras duas cidades, cujos sítios arqueológicos são conhecidos, Eridu e Larsa, também situam-se em outra linha reta que cruza a primeira linha e o meridiano de Ararat, também em Sippar.

Seguindo nossa pista do antigo esboço, que fez de Nippur o centro de um círculo e desenhando círculos concêntricos partindo de Nippur para várias cidades, descobriremos que outra antiga cidade suméria, Lagash, ficava situada exatamente em um desses círculos – em uma linha equidistante de 45°, como a linha de Eridu-Larsa-Sippar. A localização de Lagash reflete a mesma de Larsa.

Apesar de o local de LA.RA.AK ("vendo a auréola resplandecente") ainda ser desconhecido, o local lógico para ela seria o Ponto 5, visto que lá, logicamente, se encontraria uma Cidade dos Deuses, completando a série de cidades na trajetória central de voo, em intervalos de seis *beru*: Bad-Tibira, Shuruppak, Nippur, Larak e Sippar. (Fig. 132)

As duas linhas externas, que flanqueiam a linha central que atravessa Nippur, ficam a 6° em cada lado, agindo como se fossem planilhas da trajetória central de voo. De modo apropriado, o nome LA.AR.SA significa "vendo a luz vermelha"; e LA.GA.SH significa "vendo a auréola em seis". As cidades que acompanham cada linha ficavam de fato a seis *beru* (aproximadamente 60 quilômetros, ou 37 milhas) umas das outras.

Acreditamos que esse era o plano mestre dos nefilins. Tendo selecionado a melhor localização para sua estação espacial (Sippar), eles montaram os outros assentamentos em um padrão, contornando o trajeto de voo vital para eles. No centro, eles colocaram Nippu, onde a "ligação Céu-Terra" ficava localizada.

1. Eridu
2. Larsa
3. Nippur
4. Bad-Tibira
5. Larak
6. Sippar
7. Shuruppak
8. Lagash

Trajeto de Voo

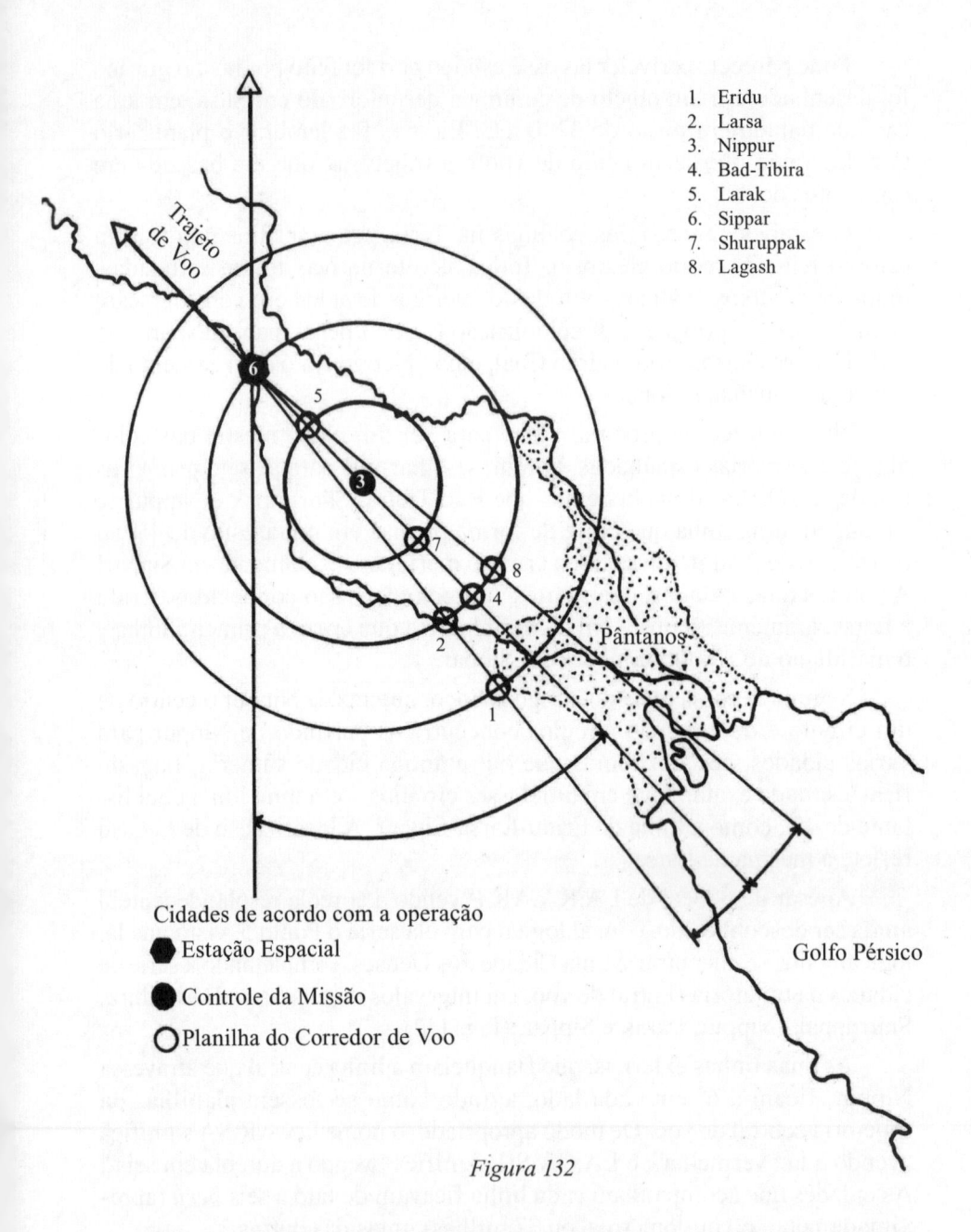

Pântanos

Cidades de acordo com a operação
● Estação Espacial
● Controle da Missão
○ Planilha do Corredor de Voo

Golfo Pérsico

Figura 132

Nem as cidades originais dos Deuses, e muito menos suas ruínas, jamais poderão ser vistas pelo homem novamente – todas elas foram destruídas pelo Dilúvio, que mais tarde varreria a Terra. Porém, podemos aprender muito sobre elas, porque era dever sagrado dos reis mesopotâmicos reconstruírem de forma contínua os distritos sagrados exatamente no mesmo local, e de acordo com os planos originais. Os reconstrutores enfatizavam suas aderências cautelosas aos planos originais em suas inscrições de dedicação, como esta (descoberta em Layard) declara:

> A eterna planta fundamental,
> aquela que para o futuro
> a construção determinou
> [Eu segui].
> É aquela que contém
> os desenhos de Tempos Antigos
> e a escrita do Céu Superior.

Se Lagash, como sugerimos, foi uma das cidades que serviu como um farol de pouso, logo, muitas das informações fornecidas por Gudeia, no terceiro milênio a.C, fazem sentido. Ele escreveu que, quando Ninurta o instruiu para reconstruir o distrito sagrado, um deus que o acompanhava entregou-lhe as plantas arquitetônicas (desenhadas em uma tábua de pedra) e uma deusa (que tinha "viajado entre o Céu e a Terra" em sua "câmara") mostrou-lhe um mapa celeste e o instruiu sobre os alinhamentos astronômicos da estrutura.

Além do "pássaro preto divino", o "olho terrível" de Deus ("o grande raio que submete o mundo ao seu poder") e o "controlador do mundo" (cujo som pode "repercutir em todo o lugar") foram instalados no distrito sagrado. No final, quando a estrutura foi concluída, o "emblema de Utu" foi erguido nela, voltado "em direção ao local de subida de Utu" – na direção da estação espacial, em Sippar. Todos esses objetos emissores de raios eram muito importantes para a operação da estação espacial, visto que o próprio Utu "veio alegre" inspecionar as instalações, quando ficaram prontas.

As primeiras descrições sumérias mostram, com frequência, várias estruturas maciças, construídas nos primórdios com juncos e madeira e localizadas nos campos, em meio à pastagem do gado. A hipótese atual de que isso se tratava de currais para o gado não corresponde ao fato de haver pilares que são, invariavelmente, mostrados se sobressaindo dos tetos dessas estruturas. (Fig. 133a)

Como podemos ver, o propósito dos pilares era suportar um ou mais pares de "anéis", cuja função não está clara. Porém, embora essas estruturas fossem erguidas nos campos, alguém pode questionar se foram construídas para abrigar o gado. As pictografias sumérias (Fig. 133b) apresentam a palavra DUR, ou TUR (que significa "morada", "lugar de encontro"), com desenhos que, sem dúvida, representam as mesmas estruturas retratadas nos selos cilíndricos; no entanto, elas deixam claro que a característica principal da estrutura não era a de servir de "cabana", e sim como uma torre de antena. Pilares similares e com "anéis" eram posicionados nas entradas dos templos, dentro dos distritos sagrados dos deuses, e não apenas no campo. (Fig. 133c)

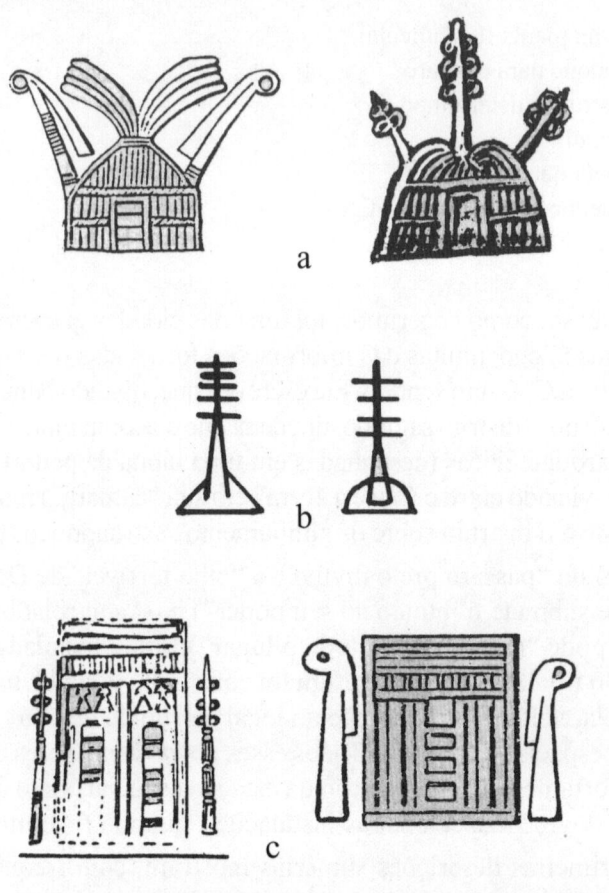

Figura 133

Esses objetos eram antenas ligadas a um equipamento de transmissão? Os pares de anéis eram emissores de radar posicionados nos campos para guiar a nave espacial que se aproximava? Os pilares, parecidos com olhos, eram aparelhos de varredura, os "olhos que tudo veem" dos deuses, dos quais muitos textos falavam?

Sabemos que o equipamento em que esses vários aparelhos estavam conectados era portátil, visto que alguns selos sumérios retratam "objetos divinos" parecidos com caixas sendo transportadas por barco ou em pacotes em cima de animais que carregavam os objetos para o interior, assim que os barcos ancoravam. (Fig. 134)

Figura 134

Essas "caixas pretas", quando vemos a sua aparência, nos fazem lembrar a Arca da Aliança construída por Moisés, seguindo as instruções de Deus. O baú deveria ser feito de madeira, revestido com ouro, tanto na parte de dentro como na de fora – duas superfícies condutoras de eletricidade eram isoladas pela madeira que as mantinha separadas. Um *kapporeth*, também feito de ouro, era colocado em cima do baú e preso por duas fundições com o formato de querubim de ouro maciço. A natureza do *kapporeth* (cujo significado os acadêmicos especulam ser "revestimento") não está clara: mas este verso do Êxodo sugere o seu propósito: "E eu vos falarei das alturas no Kapporeth, entre os dois Querubins".

A noção de que a Arca da Aliança seria, principalmente, uma caixa de comunicação operada eletricamente é realçada pelas instruções relacionadas à sua portabilidade. Era para ser carregada com mastros feitos de madeira, atravessados pelos quatro anéis dourados. Ninguém deveria tocar no baú; e quando um israelita o tocou, foi morto instantaneamente – como se tivesse recebido uma carga de eletricidade de alta-tensão.

Esses equipamentos aparentemente sobrenaturais – que tornavam possível a comunicação com uma divindade, apesar de a divindade estar fisicamente presente em outro lugar – tornaram-se objetos de veneração ou "símbolos sagrados de culto". Templos em Lagash, Ur, Mari e outras cidades antigas incluíam entre seus objetos devocionais "ídolos de olhos". O exemplo mais incrível foi descoberto em um "templo do olho", em Tell Brak, no noroeste da Mesopotâmia. Esse templo, de quatro milênios, foi tão citado, não apenas por causa das centenas de símbolos de "olhos" que foram desenterrados, mas principalmente porque o santuário interno do templo tinha um único altar, no qual uma pedra enorme com o símbolo de um "olho duplo" era exibida. (Fig. 135)

Em todas as probabilidades, tratava-se de uma simulação do objeto divino verdadeiro – o "olho terrível" de Ninurta, ou aquele que ficava no Centro de

Controle da Missão de Enlil, em Nippur, sobre o qual o escriba antigo relatou: "Seu Olho erguido varre a terra(...) Seu Raio erguido vasculha a terra".

Ao que tudo indica, a superfície plana da Mesopotâmia necessitava de plataformas artificiais elevadas, nas quais os equipamentos relacionados ao espaço deviam ser colocados. Textos e descrições gráficas não deixam dúvida de que as estruturas que iam desde as primeiras barracas, nos campos, até as plataformas mais elaboradas, eram alcançadas por escadas e rampas inclinadas que levavam de uma ampla posição mais baixa até a parte superior mais estreita, e assim por diante. No topo do zigurate, uma residência para o Deus era construída, rodeada por um pátio plano e murado para guardar o seu "pássaro" e suas "armas". Um zigurate descrito em um selo cilíndrico não retrata apenas a construção comum de andar sobre andar, como também mostra duas "antenas em anéis", cuja altura aparenta ter o equivalente a três andares. (Fig. 136)

Marduk reivindica que o zigurate e o complexo de templos na Babilônia (o E.SAG.IL) foram construídos de acordo com suas instruções e em conformidade com a "escrita do Céu Superior". Uma tábua (conhecida como a Tábua de Smith, nome em homenagem ao seu decifrador), analisada por André Parrot (*Ziggurats et Tour de Babel*) estabeleceu que o zigurate de sete andares era um quadrado perfeito, com o primeiro andar, ou base, apresentando lados de 15 *gar* cada. Cada sucessivo andar era menor em área e em altura, exceto o último andar (a residência do Deus), que tinha uma altura bem maior. A altura total, portanto, era novamente igual a 15 *gar*, para que a estrutura completa não formasse apenas um quadrado perfeito, como também um cubo perfeito.

Figura 135   *Figura 136*

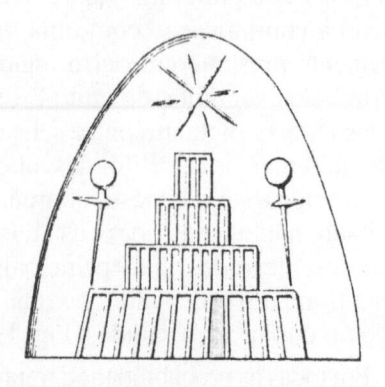

O *gar* empregado nessas medições era equivalente a 12 cúbitos curtos – aproximadamente seis metros ou 20 pés. Dois acadêmicos, H. G. Wood e L. C. Stecchini, mostraram que a base sexagesimal suméria, o número 60, determinava todas as medições primárias dos zigurates mesopotâmicos. Logo, cada lado media 3 por 60 cúbitos em sua base, e o total era de 60 *gar*. (Fig. 137)

Que fator determinava a altura de cada andar? Stecchini descobriu que se ele multiplicasse a altura do primeiro andar (5,5 *gar*) por cúbitos duplos, o resultado seria 33, ou a latitude aproximada da Babilônia (32,5° Norte). Calculado de forma similar, o segundo andar aumentava o ângulo de observação a 51° e cada um dos quatro andares seguintes aumentava outros 6°. O sétimo andar ficava no topo de uma plataforma erguida a 75° acima do horizonte da latitude geográfica da Babilônia. Esse último andar acrescentava 15°, permitindo que o observador olhasse direto para cima, em um ângulo de 90°. Stecchini concluiu que cada andar agia como etapa de uma observação astronômica, como uma elevação predeterminada relativa ao arco do céu.

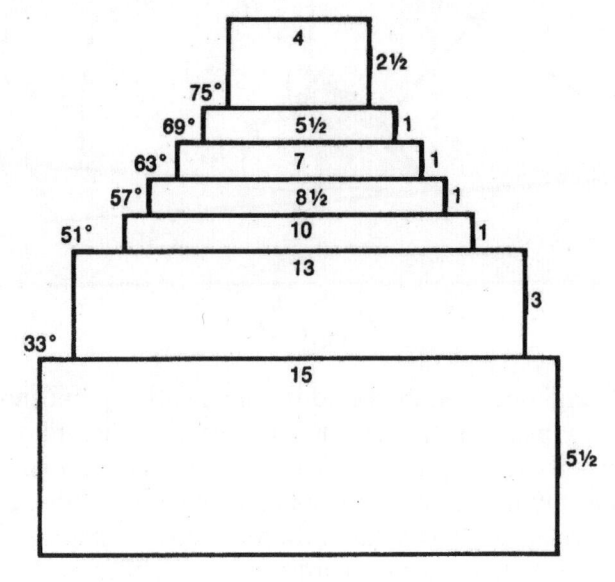

Figura 137

É claro que devia haver mais considerações "ocultas" nessas medições. Enquanto a elevação de 33° não era tão exata em relação à Babilônia, ela era exata para Sippar. Havia alguma relação entre os 6° de elevação, em cada um dos quatro andares, e as distâncias de 6 *beru* entre as Cidades dos Deuses? Os sete andares estavam relacionados, de alguma forma, à localização dos primeiros assentamentos ou com a posição da Terra como sendo o sétimo planeta?

G. Martiny (*Astronomisches zur babylonischen Turm*) mostrou como essas características do zigurate eram adequadas para as observações celestes e que o último andar de Esagila era voltado à direção do planeta Shupa (que nós identificamos como Plutão) e à constelação de Áries. (Fig. 138)

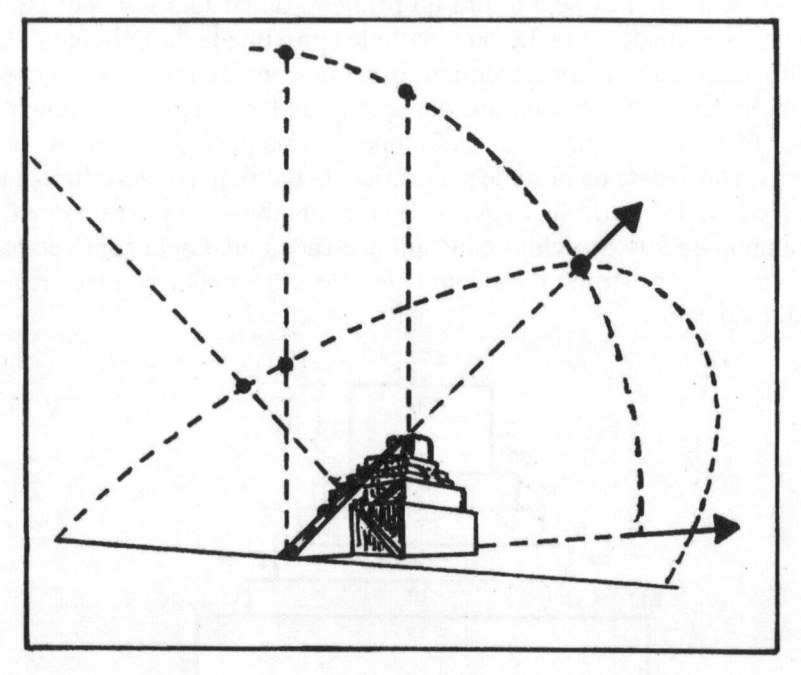

Figura 138

Mas, os zigurates foram erguidos com o único propósito de se observar estrelas e planetas ou eles também serviam a algum objetivo para as naves espaciais dos nefilins? Todos os zigurates eram direcionados de modo que suas quinas apontassem exatamente para o Norte, Sul, Leste e Oeste. Como resultado, seus lados eram formados por ângulos de 45° precisos, voltados aos quatro pontos cardiais. Isso significava que uma nave espacial se aproximando para a aterrissagem podia seguir certos lados do zigurate acompanhando exatamente o trajeto do voo – e chegar a Sippar sem dificuldade alguma!

O nome acadiano/babilônico para essas estruturas *zukiratu* implicava "tubo do espírito divino". Os sumérios chamavam os zigurates de ESH; o termo denotava "supremo" ou "o mais alto" – como, de fato, essas estruturas eram. Podia denotar também uma entidade numérica relacionada ao aspecto de "medição" dos zigurates. E também significava "uma fonte de calor" ("fogo", em acadiano e hebraico).

Mesmo os acadêmicos que abordaram o assunto sem a nossa interpretação "espacial" não conseguiram fugir da conclusão de que os zigurates tinham outros propósitos além de servir como uma morada de Deus ou um edifício tipo "arranha-céu". Samuel N. Kramer resumiu o consenso acadêmico: "O zigurate, a torre de andares, que se tornou o marco da arquitetura de templos mesopotâmicos(...) tinha a intenção de servir como um elo, tanto real como simbólico, entre os deuses nos céus e os mortais na Terra".

Mostramos, no entanto, que a verdadeira função dessas estruturas era conectar os Deuses no Céu com os Deuses – não os mortais – na Terra.

11
Motim dos Anunnakis

DEPOIS QUE ENLIL chegou pessoalmente na Terra, o "Comando da Terra" foi transferido das mãos de Enki. Foi provavelmente nesse momento que o epíteto de Enki foi mudado para E.A ("Senhor das Águas"), em vez de "Senhor da Terra".

Os textos sumérios explicam que nessa primeira fase da chegada dos deuses na Terra, a divisão de poderes era algo que fora acertado: Anu ficaria nos céus para governar o Décimo Segundo Planeta; Enlil comandaria as terras; e Enki seria o responsável pelo AB.ZU (*apsu* em acadiano). Guiado pelo significado "aquático" do nome E.A, os acadêmicos traduziram AB.ZU como "profundeza aquática", presumindo que, como na mitologia grega, Enlil representasse o sonoro Zeus e que Ea fosse o protótipo de Poseidon, o Deus dos Oceanos.

Em outras circunstâncias, o domínio de Enlil era citado como sendo o Mundo Superior e o de Ea, o Mundo Inferior; novamente, os acadêmicos presumiram que os termos significavam que Enlil controlava a atmosfera da Terra, enquanto Ea era o governante das "águas subterrâneas" – como o grego Hades, no que os mesopotâmicos, supostamente, acreditavam. O nosso próprio termo *abismo* (que deriva de *apsu*) denota águas profundas, escuras e perigosas, onde alguém pode afundar e desaparecer. Consequentemente, quando os acadêmicos se depararam com os textos mesopotâmicos descrevendo esse Mundo Inferior, eles o traduziram como *Unterwelt* ("submundo") ou *Totenwelt* ("mundo dos mortos"). Apenas nos últimos anos, os sumeriólogos mitigaram a nefasta conotação de alguma forma usando o termo *netherworld* (mundo subterrâneo) na tradução.

Os textos mesopotâmicos mais responsáveis por essa má interpretação eram uma série de liturgias lamentando o desaparecimento de Dumuzi, que é mais conhecido pelos textos bíblicos e canaanitas como o Deus Tamuz. Foi com ele que Inanna/Ishtar teve o seu caso amoroso mais famoso; e quando ele desapareceu, ela foi até o Mundo Inferior em sua busca.

O volumoso *Tammuz-Liturgen und Verwandtes*, de P. Maurus Witzel, uma obra sobre os "textos de Tamuz" sumérios e acadianos, ajudou a perpetuar ainda mais esse conceito equivocado. Os contos épicos sobre a busca de Ishtar foram interpretados como uma jornada "ao reino dos mortos e o seu eventual retorno à terra dos vivos".

Os textos sumérios e acadianos que descrevem a descida de Inanna/Ishtar ao Mundo Inferior nos informam que a Deusa havia decidido visitar sua irmã Ereshkigal, dona do lugar. Ishtar não foi para lá morta, e muito menos contra a sua vontade – ela foi viva e não convidada, forçando sua passagem e ameaçando o guardião do portal:

> Se tu não abres o portão para que eu possa entrar,
> eu derrubarei a porta, romperei as tramelas,
> eu derrubarei o batente, arrancarei as portas.

Um a um, os sete portões que levavam à morada de Ereshkigal foram abertos por Ishtar; quando ela finalmente terminou de abri-los e Ereshkigal a viu, explodiu de raiva (o texto acadiano diz, "explodiu com sua presença"). O texto sumério, vago quanto ao objetivo da viagem ou quanto à causa da ira de Ereshkigal, revela que Inanna esperava esse tipo de recepção. Ela tinha tomado o cuidado de notificar às outras divindades principais sobre a sua jornada antecipadamente e havia se certificado de que eles viriam resgatá-la, caso fosse feita prisioneira no "Grande Inferior".

O esposo de Ereshkigal – e Senhor do Mundo Inferior – era Nergal. A maneira com que ele chegou ao Grande Inferior e se tornou o seu soberano não apenas esclarece a natureza humana dos "Deuses", como também descreve o Mundo Inferior como sendo qualquer coisa, menos o "mundo dos mortos".

Disponível em várias versões, o conto começa com um banquete em que os convidados de honra eram Anu, Enlil e Ea. O banquete foi oferecido "nos céus", e não na morada de Anu, no Décimo Segundo Planeta. Talvez tenha ocorrido a bordo de uma nave espacial em órbita, pois, quando Ereshkigal não pôde ascender para se juntar a eles, os Deuses enviaram até ela um mensageiro que "desceu a longa escadaria dos céus, chegou ao portão de Ereshkigal". Ao receber o convite, Ereshkigal instruiu seu conselheiro, Namtar:

> "Sobe tu, Namtar, a longa escadaria dos céus;
> Remove o prato da mesa, toma minha parte;
> Seja o que for que Anu te der, traze tudo para mim".

Quando Namtar entrou no salão do banquete, todos os Deuses, exceto "um Deus calvo, sentado ao fundo", levantaram-se para saudá-la. Namtar relatou o incidente a Ereshkigal, quando retornou ao Mundo Inferior. Ela e todos os Deuses menos importantes de seu domínio sentiram-se insultados. Ela exigiu que o Deus ofensivo fosse enviado a ela para ser punido.

O Deus ofensivo, no entanto, era Nergal, um dos filhos do grande Ea. Depois de ter recebido uma reprimenda severa de seu pai, Nergal foi instruído para fazer a viagem sozinho e armado apenas com os inúmeros conselhos do pai sobre como se comportar. Quando Nergal chegou diante do portão foi reconhecido por Namtar como o Deus ofensivo e conduzido até o "amplo pátio de Ereshkigal", onde foi colocado em várias provas.

Cedo ou tarde, Ereshkigal iria sair para tomar seu banho diário.

> (...) ela revelou seu corpo.
> O que é normal para o homem e para a mulher,
> Ele (...) em seu coração (...)
> apaixonadamente eles fora para a cama.

Durante sete dias e noites eles fizeram amor. No Mundo Superior, um alarme havia soado pelo desaparecido Nergal. "Liberta-me", ele disse para Ereshkigal. "Eu irei e eu voltarei", prometeu ele. Porém, assim que ele havia saído, Namtar foi até Ereshkigal e acusou Nergal de não ter intenção alguma de retornar. Mais uma vez, Namtar foi enviada até Anu. A mensagem de Ereshkigal era clara:

> Eu, tua filha, era jovem;
> eu não conhecia o jogo das donzelas (...)
> Aquele Deus que tu me enviaste,
> e que manteve relações sexuais comigo –
> Envia-o para mim, para que ele seja meu marido,
> para que ele se acomode comigo.

Com a vida de casado talvez ainda longe de sua mente, Nergal organizou uma expedição militar e invadiu os portões de Ereshkigal com a intenção de "cortar sua cabeça". Mas, Ereshkigal implorou:

"Sê tu meu marido e eu serei tua esposa.
Permitirei que tu te aposses dos domínios
de toda a vasta Terra Inferior.
Colocarei a Tábua da Sabedoria em tua mão.
Tu serás o Mestre, eu serei a Senhora".

E então veio o final feliz:

Quando Nergal ouviu suas palavras,
Ele a tomou pelas mãos e a beijou,
Enxugando suas lágrimas:
"O que tu desejaste de mim
desde meses passados – que seja agora!"

Os eventos relatados não sugerem se tratar de uma Terra de Mortos. Muito pelo contrário: era um lugar onde os Deuses podiam entrar e sair, um lugar de romance, um lugar importante o suficiente para ser confiado a uma neta de Enlil e a um dos filhos de Enki. Reconhecendo que os fatos não condizem com a noção antiga de se tratar de uma região lúgubre, W. F. Albright (*Mesopotamian Elements in Canaanite Eschatology*) sugeriu que a morada de Dumuzi, no Mundo Inferior, era uma "casa fértil e luminosa no paraíso subterrâneo chamado 'a boca dos rios' que era associada com a casa de Ea no Apsu".

O local era longe, de difícil acesso e ficava em alguma "área restrita", mas dificilmente seria considerado um "lugar de onde não há volta". Como Inanna, outras divindades importantes foram citadas indo e voltando, do Mundo Inferior. Enlil foi banido ao Abzu por um tempo, depois de ter estuprado Ninlil. E Ea viajava continuamente entre Eridu, na Suméria e o Abzu, levando ao Abzu "os ofícios empregados em Eridu" e estabelecendo por lá "um santuário suntuoso" para si mesmo.

Longe de ser um lugar escuro e desolado, era descrito como um lugar resplandecente com correntes de águas.

Uma terra rica, amada por Enki;
Exuberante em suas riquezas, perfeita em sua plenitude (...)
Cujos poderosos rios cruzam com a terra com toda a sua força.

Temos visto muitas descrições de Ea como sendo o Deus das Águas Correntes. A partir das fontes sumérias, torna-se evidente que essas águas correntes existiram de fato – não na Suméria e em seus afluentes, mas, no

Grande Inferior. W. F. Albright chamou a atenção a um texto que trata o Mundo Inferior como a Terra de UT.TU – "ao oeste" da Suméria. Ele fala de uma jornada de Enki ao Apsu:

> A ti, Apsu, terra pura,
> Onde as poderosas águas fluem em correntezas,
> À Morada das Águas Correntes
> O Senhor entrega-se (...)
> Enki nas águas puras estabeleceu-se;
> No meio de Apsu,
> Um grande santuário ele estabeleceu.

Sem sombra de dúvidas, o lugar situava-se além do mar. Uma lamentação para "o filho puro", o jovem Dumuzi, relata que ele foi levado ao Mundo Inferior em um navio. Uma "Lamentação sobre a Destruição da Suméria" descreve como Inanna conseguiu infiltrar-se a bordo de um navio parado. "De suas posses ela navegou. Ela desceu ao Mundo Inferior."

Um longo texto, pouco compreendido porque nenhuma versão intacta foi encontrada, fala de uma grande disputa entre Ira (o título de Nergal como sendo o Senhor do Mundo Inferior) e seu irmão Marduk. Durante a disputa, Nergal deixou o seu domínio e confrontou Marduk na Babilônia; Marduk, por sua vez, ameaçou: "A Apsu eu descerei, os anunnakis para supervisionar (...) minhas poderosas armas contra eles erguerei". Para chegar a Apsu, ele deixou a Terra da Mesopotâmia e viajou sobre "águas que subiam". Sua destinação era Arali, no "porão" da Terra, e os textos oferecem uma pista precisa sobre onde esse "porão" ficava:

> No mar distante,
> 100 *beru* de água [de distância] (...)
> O solo de *Arali* [é] (...)
> É onde as Pedras Azuis causam doença,
> Onde o artesão de Anu
> carrega o Machado Prateado, que reluz como o dia.

Tanto um medidor de distância terrestre como uma unidade para calcular o tempo, o *beru* foi provavelmente usado nessa sua última função quando a questão era uma viagem marítima. Desse modo, ele era uma hora dupla, portanto cem *beru* significavam 200 horas de navegação. Não temos como determinar a velocidade média ou prevista empregada nesses cálculos antigos de distância. Mas não há dúvida de que para se chegar a uma terra muito distante seria necessária uma viagem marítima que levaria mais de 3 ou 4 mil quilômetros.

Os textos indicam que Arali se situava ao oeste e ao sul da Suméria. Um navio viajando de 3 a 4 mil quilômetros na direção sudoeste, partindo do Golfo Pérsico, teria apenas uma destinação: as costas do sul da África.

Apenas uma conclusão como essa poderia explicar o termo Mundo Inferior, como sendo o hemisfério sul, onde a Terra de Arali se encontrava, contrastando com o Mundo Superior, ou o hemisfério norte, onde ficava a Suméria. Tal divisão dos hemisférios da Terra entre Enlil (Norte) e Ea (Sul) equivale à designação dos céus do norte, como sendo o Caminho de Enlil, e os céus do sul, como sendo o Caminho de Ea.

A capacidade dos nefilins em fazer viagens interplanetárias, orbitar a Terra e pousar sobre ela deveria eliminar por completo a questão se poderiam, ou não, ter conhecido o sul da África, além da Mesopotâmia. Vários selos cilíndricos, retratando animais comuns da região (tais como zebras ou avestruzes), cenas de florestas ou governantes trajando peles de leopardo de tradição africana, apontam para uma "conexão africana".

Que interesse teriam os nefilins nessa parte da África, enviando para lá a genialidade científica de Ea e concedendo aos Deuses importantes, responsáveis por aquele território, uma "Tábua da Sabedoria" exclusiva?

O termo sumério AB.ZU, que os acadêmicos aceitaram como "profundeza das águas", requer uma nova análise crítica. Literalmente, o termo significava "fonte primária profunda" – não necessariamente de águas. De acordo com as regras gramaticais sumérias, qualquer uma das duas sílabas, de qualquer termo, pode preceder a outra sem mudar o significado da palavra, desse modo AB.ZU e ZU.AB significavam a mesma coisa. A pronúncia desse último termo sumério facilita a identificação de seu equivalente nas línguas semitas, por exemplo, *za-ab* sempre significou, e continua significando, "metal precioso"; especificamente "ouro", em hebraico e em suas línguas irmãs.

A pictografia suméria para AB.ZU era de uma escavação profunda na Terra, montada perto de um fosso. Logo, Ea não era especificamente o senhor das "profundezas das águas", mas o Deus responsável pela exploração dos minérios da Terra! (Fig. 139)

De fato, a palavra grega *abyssos*, adotada do acadiano *apsu*, também significava um buraco extremamente profundo no solo. Os textos didáticos acadianos explicavam que *"apsu* é *nikbu"*; o significado da palavra, e da sua equivalente em hebraico, *nikba*, é muito preciso: um corte ou perfuração profunda feita pelo homem no solo.

P. Jensen (*Die Kosmologie der Babylonier*), em 1890, observou que o termo recorrente acadiano *Bit Nimiku* não deveria ser traduzido como "casa da sabedoria" e, sim, como "casa da profundidade". Ele citou um texto (V.R.30, 49-50ab) que afirmava: "É do *Bit Nimiku* que o ouro e a prata saem". Em outro texto (III.R.57, 35ab), ele indicou e explicou que o nome acadiano "Deusa Shala de *Nimiki*" era a tradução do epíteto sumério "Deusa que Segura o Bronze Reluzente". O termo acadiano *nimiku*, que havia sido traduzido como "sabedoria", Jensen concluiu, "tinha a ver com metais". Mas por quê? Ele simplesmente admitiria, "Eu não sei".

Alguns hinos mesopotâmicos dedicados a Ea exaltam-no como sendo *Bel Nimiki*, traduzido como "Senhor da Sabedoria"; mas, a tradução correta deveria, sem dúvida, ser o "Senhor da Mineração". Do mesmo modo que a Tábua dos Destinos, em Nippur, continha os dados orbitais, a Tábua da Sabedoria confiada a Nergal e Ereshkigal era, na realidade, uma "Tábua de Mineração", um "banco de dados" relacionado às operações de mineração dos nefilins.

Como Senhor do Abzu, Ea foi assessorado por outro filho, o Deus GI.BIL ("aquele que queima o solo"), que era responsável pelo fogo e pela fundição. O Ferreiro da Terra, ele era geralmente retratado como um jovem Deus cujos ombros emitiam raios em brasa ou faíscas de fogo, emergindo do solo ou prestes a descer. Os textos declaram que Gibil seguia os passos de Ea na "sabedoria", o que significa que Ea havia ensinado a ele as técnicas de mineração. (Fig. 140)

Os minérios retirados do sudeste da África pelos nefilins foram carregados de volta para a Mesopotâmia por navios de carga projetados especialmente para tal finalidade, que eram chamados de MA.GUR UR.NU AB.ZU ("navio para minérios do Mundo Inferior"). Lá, os minérios eram levados para Bad-Tibira, cujo nome significa, literalmente, "a fundação da metalurgia". Fundidos e refinados, os minérios eram moldados em lingotes cujo formato permaneceria inalterado durante o mundo antigo por milênios. Esses lingotes foram, de fato, encontrados em várias escavações no Oriente Próximo, confirmando a credibilidade das pictografias sumérias como sendo verdadeiras descrições de objetos que eles "gravaram"; o símbolo sumério para o termo ZAG ("precioso purificado") era a imagem de um lingote. No princípio, os lingotes, aparentemente, tinham um buraco atravessando no sentido do comprimento, no qual era inserida uma vara para poder carregá-los. (Fig. 141)

Várias descrições de um Deus das Águas Correntes retratam-no rodeado por carregadores desses lingotes de pedras preciosas, indicando que ele também era o Senhor da Mineração. (Fig. 142)

Figura 139   *Figura 140*   *Figura 141*

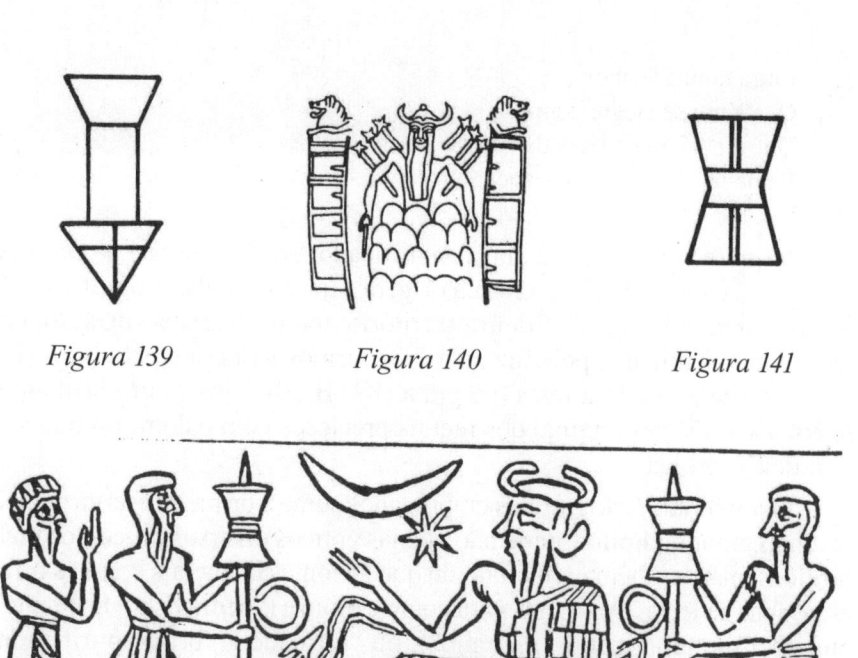

Figura 142

Os inúmeros nomes e epítetos para a Terra Africana das Minas de Ea estão repletos de pistas sobre a sua localização e característica. Era chamada de A.RA.LI ("lugar de veios brilhantes"), a terra de onde os minérios saem. Inanna, planejando sua descida ao hemisfério sul, referia-se ao lugar como a terra onde "o metal precioso é coberto pelo solo" – onde ele é encontrado no subterrâneo. Um texto retratado por Erica Reiner, indicando as montanhas e os rios do mundo sumério, declarou: "Monte Arali: casa do ouro"; e um texto fragmentado descrito por H. Radau confirmou que Arali era a terra da qual Bad-Tibira dependia para suas operações contínuas.

Os textos mesopotâmicos falavam da Terra das Minas como sendo montanhosa, com planícies cobertas de capim e estepes e com uma vegetação exuberante. A capital de Ereshkigal, naquela região, era descrita pelos textos sumérios como sendo em GAB.KUR.RA ("no baú das montanhas"), bem no interior. Na versão acadiana sobre a jornada de Ishtar, o porteiro deu-lhe boas-vindas:

Entra minha senhora,
Que Kutu se alegre contigo;
Que o palácio da terra de Nugia
Fique feliz com tua presença.

Expressando, em acadiano, o significado "aquilo que está no centro do território", o termo KU.TU, em sua origem suméria, também significava "as terras acima reluzentes". Era um território, todos os textos sugerem, com dias claros, banhados pela luz solar. Os termos sumérios para ouro (KU.GI – "reluzente fora da terra") e prata (KU.BABBAR – "ouro brilhante") retêm a associação original dos metais preciosos com o domínio reluzente (*ku*) de Ereshkigal.

Os símbolos pictográficos empregados como a primeira escrita suméria revelam grande familiaridade não apenas com os diversos processos metalúrgicos, mas também com o fato de que as fontes de metais eram as minas escavadas na terra. Os termos para cobre e bronze ("pedra bela e brilhante"), ouro ("o supremo metal minerado"), ou "refinado" ("brilho purificado") eram todos variantes gráficos de um poço de mineração ("abertura/boca" para o metal "vermelho-escuro"). (Fig. 143)

O nome do território – Arali – podia também ser escrito como uma variante da pictografia para o "vermelho-escuro" (solo), *Kush* ("vermelho-escuro", mas na época significava "Negro"), ou relacionados aos minerais extraídos lá; as pictografias sempre descrevem as variantes de um poço de mineração. (Fig. 144)

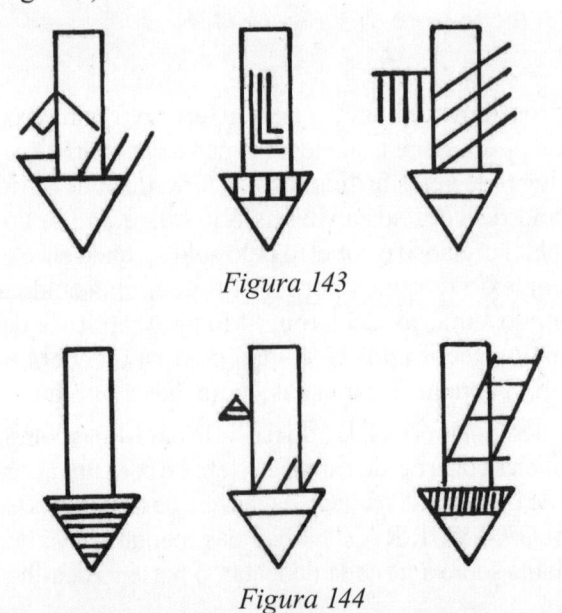

Figura 143

Figura 144

Inúmeras referências relacionadas ao ouro e a outros metais nos textos antigos exibem familiaridade com a metalurgia desde os primórdios. Um vigoroso comércio de metais existiu logo no princípio da civilização, o resultado do conhecimento transmitido à Humanidade pelos Deuses, que como declaram os textos, estavam engajados em mineração e metalurgia muito antes do surgimento do Homem. Muitos estudos que comparam os contos divinos mesopotâmicos com a lista bíblica de patriarcas pré-diluvianos mostram que, de acordo com a Bíblia, Tubal-Caím foi um "mestre do ouro, cobre e ferro" bem antes do Dilúvio.

O Antigo Testamento reconheceu a terra de Ofir, que era provavelmente em algum lugar na África, como uma fonte de ouro na Antiguidade. As frotas de navio do rei Salomão desceram o Mar Vermelho de Eziongeber (atual Elat). "E eles partiram para Ofir e de lá trouxeram o ouro." Não querendo arriscar um atraso na construção do Templo do Senhor, em Jerusalém, Salomão arranjou com seu aliado, Hirão, rei de Tiro, para enviar uma segunda frota a Ofir por uma rota alternativa:

> E o rei teve no mar uma marinha de Társis
> com a marinha de Hirão.
> A cada três anos chegava uma marinha de Társis,
> trazendo ouro e prata, marfim, chimpanzés e macacos.

A frota de Társis levou três anos para completar a viagem de ida e volta. Contando com tempo apropriado para carregar em Ofir, a jornada em cada direção devia ter durado bem mais de um ano. Isso sugere uma rota muito mais demorada do que a rota direta através do Mar Vermelho e do Oceano Índico – uma rota ao redor da África. (Fig. 145)

A maioria dos acadêmicos situa Társis possivelmente no Mediterrâneo ocidental, ou próximo ao atual Estreito de Gibraltar. Esse poderia ter sido o lugar ideal para se embarcar em uma viagem ao redor do continente africano. Alguns acreditam que o nome Társis significava "fundição".

Muitos estudiosos da bíblia sugeriram que Ofir deveria ser identificada com a Rodésia (atual Zimbábue). Z. Herman (*Peoples, Seas, Ships*) juntou evidências mostrando que os egípcios obtinham vários minerais da Rodésia, na Antiguidade. Os engenheiros de mineração na Rodésia, como também na África do Sul, sempre procuraram por ouro a partir das evidências deixadas pela mineração pré-histórica.

Como se chegou até a morada de Ereshkigal no interior? Como os minérios eram transportados do "interior" aos portos litorâneos? Sabendo da confiança que os nefilins depositavam no carregamento fluvial, não é de se surpreender caso apareça um importante rio navegável no Mundo Inferior.

O conto de "Enlil e Ninlil" nos informa que Enlil foi mandado ao exílio no Mundo Inferior. Quando chegou ao território, teve de ser transportado por balsa em um rio bem largo.

Um texto babilônico que trata das origens e destino da Humanidade referiu-se ao rio do Mundo Inferior como o Rio Habur, o "Rio dos Peixes e dos Pássaros". Alguns textos sumérios apelidaram a Terra de Ereshkigal como "Campo de Savana de HA.BUR".

Figura 145

Dos quatro maiores rios da África, o Nilo flui ao Norte para o Mediterrâneo; o Congo e o Níger desaguam no Oceano Atlântico ao oeste; e o Zambezi flui para o interior da África em um semicírculo em direção ao leste até chegar à costa leste. Ele oferece um delta amplo, com bons locais para portos; é navegável no interior, percorrendo uma distância de centenas de quilômetros.

Seria o Zambezi, o "Rio dos Peixes e dos Pássaros" do Mundo Inferior? As suas Cataratas Vitória eram as cachoeiras mencionadas em um texto como sendo a capital de Ereshkigal?

Cientes de que muitas minas "recém-descobertas" e promissoras, no sul da África, tinham sido locais de mineração na Antiguidade, a Anglo-American Corporation convocou suas equipes de arqueólogos para analisar os locais antes que os equipamentos de escavação modernos começassem a apagar todos os vestígios de obras da Antiguidade. Relatando suas descobertas na revista *Optima*, Adrian Boshier e Peter Beaumont disseram que se depararam com camadas sobre camadas de atividades mineradoras antigas e pré-históricas e restos humanos. As datações por carbono conduzidas na Universidade de Yale e na Universidade de Groningen (Holanda) estabeleceram a idade dos artefatos como abrangendo um plausível 2000 a.C. a incríveis 7690 a.C.

Intrigados com a inesperada antiguidade das descobertas, a equipe aumentou sua área de busca. Na base de um penhasco voltado para os precipícios ao oeste do Pico do Leão, uma placa de hematita bloqueava o acesso para uma caverna. Restos de carvão dataram as operações mineradoras dentro da caverna de 20000 a 26000 a.C.

Seria possível minerar em busca de metais durante a Idade da Pedra? Descrentes, os acadêmicos começaram a cavar um poço no ponto em que, aparentemente, os antigos mineiros haviam dado início às suas operações. Uma amostra de carvão encontrada ali foi enviada ao laboratório de Groningen. O resultado foi uma data de 41250 a.C., podendo acrescentar ou subtrair 1.600 anos!

Os cientistas sul-africanos passaram, então, a sondar os sítios arqueológicos de minas pré-históricas no sul da Suazilândia. Dentro das cavernas de minas descobertas, eles encontraram galhos, folhas, grama e, inclusive, penas – tudo, presumidamente, levados pelos antigos mineiros como cama. No nível de 35000 a.C., eles encontraram ossos cortados, o que "indica a capacidade do homem de contar naquele período remoto". Outros restos avançaram a idade dos artefatos para cerca de 50000 a.C.

Acreditando que a "verdadeira era do princípio da mineração na Suazilândia pudesse ficar na ordem de 70000-80000 a.C.", os dois cientistas sugeriram que "o Sul da África (...) poderia muito bem ter sido a vanguarda da invenção e da inovação tecnológica durante a maioria do período subsequente a 100000 a.C."

Comentando sobre as descobertas, o dr. Kenneth Oakley, antigo chefe de Antropologia do Museu da História Natural de Londres, viu um significado um tanto diferente para as descobertas. "Apresenta um esclarecimento muito importante sobre as origens do Homem (...) agora é provável que o sul da África tenha sido a casa evolucionária do Homem", o "local de nascimento" do *Homo sapiens*.

Como mostraremos a seguir, foi de fato lá que o Homem moderno surgiu na Terra, a partir de uma cadeia de eventos posta em funcionamento pelos Deuses em sua busca pelos metais.

*

Tanto os cientistas sérios como os escritores de ficção-científica sugeriram que um bom motivo para estabelecermos colônias em outros planetas ou asteroides seria a disponibilidade de minérios raros nesses corpos celestes, ou seja, minerais que poderiam ser muito escassos ou muito caros para minerar na Terra. Poderia ter sido esse o propósito dos nefilins para colonizar a Terra?

Os acadêmicos modernos dividem as atividades do Homem na Terra em Idade da Pedra, Idade do Bronze, Idade do Ferro e assim por diante; no entanto, na Antiguidade, o poeta grego Hesíodo, por exemplo, listou cinco idades – Ouro, Prata, Bronze, Heroica e Ferro. Exceto pela Idade Heroica, todas as tradições antigas aceitaram a sequência de ouro-prata-cobre-ferro. O profeta Daniel teve uma visão com "uma grande imagem", com uma cabeça de ouro, peito e braços de prata, barriga de bronze, pernas de ferro e extremidade, ou os pés, de barro.

O mito e o folclore estão repletos de memórias brumosas de uma Idade do Ouro, a maioria associada ao período em que os Deuses pairavam na Terra, depois pela Idade da Prata e, em seguida, as idades em que os Deuses e os homens partilhavam a Terra – a Idade dos Heróis, do Cobre, Bronze e Ferro. Essas lendas são, de fato, vagas lembranças de eventos que realmente ocorreram na Terra?

Ouro, prata e cobre são todos elementos nativos do grupo do ouro. Eles pertencem à mesma família na classificação periódica em número e peso atômico; eles têm propriedades físicas, químicas e cristalográficas similares – todos são leves, maleáveis e dúcteis. De todos os elementos conhecidos, esses são os melhores condutores de calor e eletricidade.

Dos três, o ouro é o mais durável, virtualmente indestrutível. Apesar de ser mais conhecido pelo seu uso como dinheiro, joias e artefatos finos, é quase que indispensável na indústria de eletrônicos. Uma sociedade sofisticada precisa de ouro para os microeletrônicos, circuitos e "cérebros" de computador.

A paixão excessiva do homem pelo ouro vem desde os primórdios de sua civilização e religião – com os seus contatos com os Deuses antigos. Os Deuses da Suméria exigiam que seus alimentos fossem servidos em bandejas douradas, água e vinho em vasos dourados e que fossem vestidos com trajes dourados. Apesar de os israelitas terem deixado o Egito com tanta pressa, sem que houvesse tempo para deixar seus pães fermentarem, eles foram ordenados a pedir aos egípcios todos os objetos de prata e ouro disponíveis. Essa ordem, como descobriremos mais adiante, antecipava a necessidade por esses materiais para construir o Tabernáculo e seus acessórios eletrônicos.

O ouro, que chamamos de metal real, era na realidade o metal dos Deuses. Dirigindo-se ao profeta Ageu, o Senhor deixou claro em relação ao seu retorno para julgar as nações: "A prata é minha e o ouro é meu".

A evidência sugere que a própria paixão excessiva do Homem por esses metais tem suas raízes na grande necessidade dos nefilins pelo ouro. Ao que tudo indica, os nefilins vieram à Terra em busca de ouro e seus metais próximos. Eles podem ter vindo também por causa de outros metais raros – tais como a platina (abundante no sul da África), que impulsionam células de combustível de forma extraordinária. E a possibilidade não deve ser descartada de que vieram à Terra em busca de fontes de minerais radioativos, tais como o urânio ou cobalto – "as pedras azuis que causam doença" do Mundo Inferior, que alguns textos mencionam. Muitas descrições mostram Ea – como o Deus da Mineração – emitindo poderosos raios enquanto ele saía de uma mina em que os Deuses que o auxiliavam tinham que usar protetores com filtro; em todas essas descrições, Ea é retratado segurando uma serra de pedra de mineiro. (Fig. 146)

Figura 146

Embora Enki fosse o responsável pela primeira tripulação e o desenvolvimento de Abzu, o crédito pelo que foi realizado – como deveria ser com todos os generais – não deveria ser apenas para ele. Aqueles que realmente fizeram o trabalho, dia e noite, foram os seres inferiores da tripulação, os anunnakis.

Um texto sumério descreve a construção do centro de Enlil em Nippur. "Os Annuna, Deuses do céu e da terra, estão trabalhando. O machado e o cesto, com os quais eles montam os alicerces das cidades, em suas mãos eles carregam."

Os textos antigos descrevem os anunnakis como subalternos dos Deuses que fizeram parte da colonização da Terra – os Deuses "que executaram as tarefas". O "Épico da Criação" babilônico atribui a Marduk aquele que designou as tarefas dos anunnakis. (O original sumério, podemos presumir de forma segura, indicou Enlil como sendo o Deus que comandou esses astronautas.)

> Designados a Anu, para seguir suas instruções,
> Trezentos nos céus ele posicionou como guardas;
> os caminhos da Terra para serem definidos do Céu;
> E na Terra,
> Seiscentos ele mandou residir.
> Depois que todas as instruções ele ordenou,
> Aos anunnakis do Céu e da Terra
> ele distribuiu suas missões.

Os textos revelam que 300 deles – os "anunnakis do Céu", ou Igigi – eram verdadeiros astronautas que ficaram a bordo da nave espacial sem realmente pousar na Terra. Orbitando a Terra, essas naves espaciais lançavam e recebiam os ônibus espaciais que iam e voltavam da Terra.

Como chefe das "águias", Shamash era um convidado bem-vindo e heroico a bordo da "poderosa grande câmara no céu" dos Igigi. Um "Hino a Shamash" descreve como os Igigi observavam Shamash se aproximando em sua nave espacial:

> Em tuas aparições, todos os príncipes ficam felizes;
> Todos os Igigi regozijam por ti (...)
> No brilho de tua luz, o trajeto deles (...)
> Eles buscam constantemente por tua radiação (...)
> Bem aberta é a passagem, totalmente (...)
> As oferendas de todos os Igigi [aguardam por ti].

Permanecendo no alto, os Igigi aparentemente nunca se encontraram com a Humanidade. Vários textos contam que eles estavam "muito alto para a Humanidade", como consequência disso, "eles nunca se preocuparam com o povo". Por outro lado, os anunnakis que pousaram e ficaram na Terra eram conhecidos e respeitados pela Humanidade. Os textos que afirmam que "os anunnakis do Céu (...) são 300" também declaram que "os anunnakis da Terra (....) são 600".

Mesmo assim, muitos textos insistem em se referir aos anunnakis como os "50 grandes príncipes". Uma pronúncia comum de seu nome em acadiano, *an.nun.na.ki* conduz ao significado "os 50 que foram do Céu à Terra". Há alguma forma de unir a aparente contradição?

Recorremos ao texto que relata como Marduk havia ido até seu pai, Ea, relatar a perda de uma nave espacial carregando "os anunnakis que são 50", enquanto passava próximo a Saturno. Um texto de exorcismo da época da terceira dinastia de Ur fala do *anunna eridu ninnubi* ("os 50 anunnakis da cidade de Eridu"). Isso, enfaticamente, sugere que o grupo de nefilins que fundou Eridu sob o comando de Enki somava 50. Será que 50 era a quantidade de nefilins em cada grupo de aterrissagem?

Acreditamos que é bem provável que os nefilins chegaram à Terra em grupos de 50. À medida que as visitas à Terra iam se tornando mais regulares, coincidindo com os períodos oportunos de lançamento do Décimo Segundo Planeta, mais nefilins chegavam. Cada vez, alguns que haviam chegado primeiro subiam no módulo da Terra e se reuniam na nave espacial para a viagem de volta para casa. Porém, cada vez mais nefilins ficavam na Terra e o número de astronautas do Décimo Segundo Planeta que ficava para colonizar a Terra aumentou do grupo inicial de 50 para os "600 que colonizaram a Terra".

*

Como os nefilins esperavam cumprir suas missões – extrair na Terra seus minérios desejados e enviar os lingotes de volta ao Décimo Segundo Planeta – com pouca mão de obra?

Indubitavelmente, eles dependiam de seu conhecimento científico. Era nesse ponto que a especialidade de Enki se tornava nítida – o motivo de ter sido ele, em vez de Enlil, o primeiro a pousar; a razão de sua missão em Abzu.

Um selo famoso, que se encontra atualmente em exibição no Museu do Louvre, retrata Ea com suas conhecidas águas correntes, exceto que as águas parecem emanar, ou serem filtradas, por uma série de frascos de laboratório (Fig. 147). Tal interpretação antiga da ligação de Ea com as águas mostra a possibilidade de que o desejo original dos nefilins era obter seus minerais do mar. As águas dos oceanos contêm vastas quantidades de ouro e outros minerais vitais, porém de forma tão diluída que técnicas altamente sofisticadas e baratas seriam necessárias para justificar uma "mineração aquática". Sabe-se, também, que o fundo do mar contém imensas quantidades de minerais na forma de nódulos do tamanho de uma ameixa – disponíveis apenas se alguém puder chegar até lá e trazê-los à tona.

Figura 147

Os textos antigos fazem repetidas referências a um tipo de navio usado pelos Deuses chamado de *elippu tebiti* ("navio submerso" – o que hoje chamamos de submarino). Vimos que o título de "homem-peixe" foi atribuído a Ea. Seria isso uma prova dos esforços para mergulhar nas profundezas dos oceanos e retirar suas riquezas minerais? A Terra das Minas, como mencionado anteriormente, antes se chamava A.RA.LI. – "lugar da águas de veios brilhantes". Isso pode significar uma terra onde o ouro pode ser garimpado no rio; poderia também se referir aos esforços de se obter ouro dos mares.

Se esses eram os planos dos nefilins, eles aparentemente pararam na estaca zero. Visto que, assim que eles se estabeleceram em seus primeiros assentamentos, algumas centenas de anunnakis receberam as tarefas mais árduas e inesperadas: descer nas profundezas do solo africano e extrair os necessários minerais de lá.

Descrições encontradas em selos cilíndricos mostram os Deuses naquilo que aparenta ser entradas de minas ou poços de mineração; uma delas mostra Ea em um lugar onde Gibil está acima do solo, enquanto outro Deus trabalha prostrado de quatro abaixo do solo. (Fig. 148)

Figura 148

Textos babilônicos e assírios revelaram que, em uma época posterior, os homens – jovens e idosos – eram condenados a trabalhos forçados nas minas do Mundo Inferior. Trabalhando na escuridão e alimentando-se de poeira, eles estariam fadados a nunca mais retornar para suas terras natais. É por esse motivo que o epíteto sumério para terra – KUR.NU.GI.A – era interpretado como sendo a "terra do não retorno"; isso significa literalmente que era a "terra onde os deuses que trabalham em túneis profundos extraem [os minérios]". A época em que os nefilins se assentaram na Terra, todas as fontes afirmam, foi um período em que o homem ainda não habitava a Terra; e na ausência da Humanidade, alguns anunnakis tiveram que labutar nas minas. Em sua descida ao Mundo Inferior, Ishtar descreveu os anunnakis trabalhando enquanto comiam alimento misturado com barro e bebiam água suja de poeira.

Diante desse pano de fundo, podemos entender completamente um longo texto épico chamado "Quando os Deuses, como os homens, faziam o trabalho" (baseado nos versos de abertura, como era de costume).

Juntando os pedaços de vários fragmentos, tantos das versões babilônicas como assírias, W. G. Lambert e A. R. Millard (*Atra-Hasis: The Babylonian Story of the Flood*) conseguiram apresentar um texto contínuo. Eles chegaram à conclusão de que esses textos eram baseados em versões sumérias anteriores e, possivelmente, em tradições orais bem mais antigas sobre a chegada dos Deuses na Terra, a criação do Homem e a destruição deixada pelo Dilúvio.

Enquanto muitos dos versos serviam aos tradutores apenas pela importância literária, encontramos neles um significado bem maior, visto que corroboram nossas descobertas e conclusões nos capítulos anteriores. E também explicam as circunstâncias que levaram ao motim dos anunnakis.

A história começa na época em que apenas os Deuses viviam na Terra:

Quando os Deuses, como os homens,
faziam o trabalho e sofriam com a labuta –
a tarefa dos Deuses era muito árdua,
o trabalho era pesado,
o sofrimento era muito.

Naquela época, relata o épico, o chefe das divindades já havia dividido as ordens entre eles.

Anu, pai dos anunnakis, era seu rei Celestial;
Seu Senhor Chanceler era o guerreiro Enlil.
Seu Superintendente era Ninurta,
E seu Delegado era Ennugi.
Os Deuses tinham de dar as mãos,
Tiravam a sorte e dividiam.
Anu já tinha subido ao céu,
[Deixado] a terra aos seus subalternos.
Os mares, envoltos como em um laço,
Eles entregaram a Enki, o príncipe.

Sete cidades foram fundadas e os textos referem-se aos sete anunnakis que eram os comandantes das cidades. A disciplina devia ser rigorosa, visto que o texto nos conta que "os sete Grandes Anunnakis faziam com que os Deuses inferiores sofressem com o trabalho".

Ao que tudo indica, de todas as suas tarefas, escavar era a mais comum, a mais árdua e a mais abominável. Os Deuses inferiores escavavam os leitos dos rios para torná-los navegáveis; eles cavavam canais para a irrigação; e cavavam em Apsu para extrair os minerais da Terra. Apesar de contarem com algumas ferramentas sofisticadas – os textos falavam de um "machado de prata que brilhava como o dia", mesmo no subsolo – o trabalho era muito penoso. Por um longo período – 40 "períodos" para ser exato – os anunnakis "sofreram com o trabalho árduo"; e então eles gritaram: Chega!

Eles estavam reclamando, indignados,
Queixando-se nas escavações.

A ocasião para o motim parece ter sido uma visita feita por Enlil à área de mineração. Aproveitando a oportunidade, os anunnakis disseram uns aos outros:

Vamos confrontar o nosso (...) Superintendente,
Para que ele nos alivie do nosso trabalho pesado.
O rei dos Deuses, o herói Enlil,
Vamos incomodá-lo em sua habitação!

Um líder ou organizador do motim foi logo escolhido. Ele era o "superintendente mais velho", que talvez tivesse algum ressentimento guardado contra o atual superintendente. Lamentavelmente, o seu nome está danificado; mas, o seu discurso motivacional é bem claro:

"Agora, proclamamos guerra;

Vamos unir as hostilidades na batalha".

A descrição do motim é tão vívida que as cenas do ataque à Bastilha nos vêm à mente:

> Os Deuses prestaram atenção em suas palavras.
> Eles atearam fogo em suas ferramentas;
> Fogo em seus machados eles puseram;
> Eles preocuparam o Deus da mineração nos túneis;
> Eles o seguraram enquanto seguiam
> ao portão do herói Enlil.

O drama e a tensão dos eventos que se desdobraram foram trazidos à vida pelo antigo poeta:

> Era noite, metade do caminho até o vigia.
> Sua casa estava cercada –
> mas o Deus, Enlil, não sabia.
> Kalkal [então]observou, foi incomodado.
> Ele deslizou a tramela e observou (...)
> Kalkal despertou Nusku;
> eles ouviram o barulho de (...)
> Nusku despertou seu mestre –
> ele o tirou de sua cama, [dizendo]:
> "Meu senhor, tua casa está rodeada,
> a batalha chegou até o teu portão".

A primeira reação de Enlil foi a de lutar contra os amotinadores. Mas Nusku, seu chanceler, orientou-o com um Conselho de Deuses:

> "Transmita a mensagem de que Anu virá;
> Faça Enki vir à sua presença."
> Ele transmitiu e Anu foi trazido para baixo;
> Enki foi levado até a sua presença.
> Com o grande anunnaki presente,
> Enlil se ergueu (...) abriu sua boca
> E discursou aos grandes deuses.

Assumindo o motim como sendo algo pessoal, Enlil exigiu saber:

> "É contra mim que isso está sendo feito?
> Devo eu engajar em hostilidades (...) ?

O que os meus próprios olhos veem?
Que a batalha chegou até diante do meu portão!"

Anu sugeriu que uma investigação fosse realizada. Armado com a autoridade de Anu e dos outros comandantes, Nusku foi ao local em que os amotinadores se encontravam acampados. "Quem é o instigador da batalha?", ele perguntou. "Quem é o provocador das hostilidades?"

Os anunnakis permaneceram unidos:

"Cada um de nós, Deuses, declaramos a guerra!
Temos os nossos (...) nas escavações;
O trabalho excessivo está nos matando,
O nosso trabalho é pesado, o sofrimento é grande."

Quando Enlil ouviu o relatório de Nusku sobre essas reclamações, "suas lágrimas rolaram". Ele apresentou um ultimato: ou o líder dos amotinados seria executado ou Enlil renunciaria. "Tire o cargo de mim, pegue o seu poder de volta", ele disse a Anu, "e eu para ti no céu ascenderei". Mas Anu, que havia descido do Céu, ficou do lado dos anunnakis:

"Estamos acusando eles do quê?
O trabalho deles era pesado, o sofrimento deles era grande!
Todos os dias (...)
O lamento era grande, podemos entender suas reclamações."

Encorajado pelas palavras de seu pai, Ea também "abriu sua boca" e repetiu a conclusão de Anu. No entanto, ele tinha uma solução para oferecer: Façamos com que um *lulu*, "Trabalhador Primitivo", seja criado!

"Enquanto a Deusa do Nascimento está presente,
Deixe ela criar um Trabalhador Primitivo;
Deixe-o fazer o serviço (...)
Deixe-o fazer o trabalho dos deuses!"

A sugestão para que um "Trabalhador Primitivo" fosse criado para que pudesse tirar o peso do trabalho dos anunnakis foi rapidamente aceita. De forma unânime, os Deuses votaram em criar o "Trabalhador". "*Homem* será o seu nome", eles disseram:

Eles reuniram-se e perguntaram à Deusa,
A parteira dos Deuses, a sábia Mami,
[e disseram a ela:]
"Tu és a Deusa do Nascimento, cria Trabalhadores!
Cria um Trabalhador Primitivo,
Que ele possa fazer o serviço!
Deixa-o fazer o serviço designado por Enlil,
Deixa o Trabalhador fazer o trabalho dos Deuses!"

Mami, a Mãe dos Deuses, disse que precisaria da ajuda de Ea, "com ele a capacidade se encontra". Na Casa de Shimti, um local parecido com um hospital, os Deuses ficaram aguardando. Ea ajudou a preparar uma mistura da qual a Mãe Deusa procedeu em moldar o "Homem". As Deusas do nascimento estavam presentes. A Mãe Deusa continuou trabalhando enquanto encantamentos eram constantemente recitados. Então, ela exclamou triunfante:

"Eu criei!
Minhas mãos o fizeram!"

Ela "reuniu os anunnakis, os Grandes Deuses (...) ela abriu sua boca, discursou aos Grandes Deuses":

"Vós me ordenastes uma tarefa –
Eu a conclui (...)
Eu retirei vosso trabalho pesado
Eu impus vosso trabalho ao Trabalhador, 'Homem'.
Vós implorastes por um tipo de Trabalhador:
Eu aliviei o serviço,
Eu providenciei vossa liberdade".

Os anunnakis receberam o seu anúncio com entusiasmo. "Eles correram juntos e beijaram seus pés." A partir de então, o Trabalhador Primitivo – o Homem – "fará o serviço".

Os nefilins chegaram à Terra para montar suas colônias, criaram seu próprio tipo de escravidão, não com escravos importados de outro continente, mas como Trabalhadores Primitivos modelados pelos próprios nefilins.

Um motim dos Deuses levou à criação do Homem.

12
A Criação do Homem

A AFIRMAÇÃO, registrada e transmitida pela primeira vez pelos sumérios, de que o "Homem" foi criado pelos nefilins, à primeira vista parece bater de frente tanto com a teoria da evolução quanto com os dogmas judaico-cristãos baseados na Bíblia. Mas, na realidade, a informação contida nos textos sumérios – e apenas aquela informação – pode afirmar tanto a validade da teoria da evolução como a autenticidade do conto bíblico – e mostrar que realmente não existe conflito algum entre as duas.

No épico "Quando os Deuses, como os homens", em outros textos específicos e em algumas passagens de referência, os sumérios descreveram o Homem como uma criatura deliberada dos Deuses e um elo na cadeia evolucionária que se iniciou com os eventos celestes descritos no "Épico da Criação". Com a firme convicção na crença de que a criação do Homem foi precedida por uma era durante a qual apenas os nefilins se encontravam na Terra, os textos sumérios registraram, caso após caso, (por exemplo, o incidente entre Enlil e Ninlil) os eventos que ocorreram "quando o Homem ainda não havia sido criado, quando Nippur era habitada apenas pelos Deuses". Ao mesmo tempo, os textos também descrevem a criação da Terra e o desenvolvimento da vida vegetal e animal que se deu sobre ela, em termos que confirmam as atuais teorias evolucionárias.

Os textos sumérios declaram que, quando os nefilins chegaram à Terra pela primeira vez, a arte do cultivo de grãos, plantação de frutas e criação de gado não havia sido ainda implantada na Terra. O relato bíblico coloca, da mesma forma, a criação do Homem no sexto "dia" ou fase do processo evolucionário. O Livro do Gênesis também afirma que em um estágio evolucionário inicial:

Nenhuma planta no campo aberto ainda havia na Terra,
Nenhuma erva que se planta ainda havia crescido (...)
E o Homem ainda não estava lá para trabalhar o solo.

Todos os textos sumérios afirmam que os Deuses criaram o Homem para fazer o seu trabalho. Colocando essa explicação nas palavras proferidas por Marduk, o Épico da Criação relata a decisão:

Produzirei um mero Primitivo;
"Homem" será o seu nome.
Criarei um Trabalhador Primitivo;
Ele será responsável pelo serviço dos Deuses,
para que eles possam ter a sua tranquilidade.

O próprio termo pelo qual os sumérios e acadianos chamam o "Homem" indicava seu *status* e propósito: ele era um *lulu* ("primitivo"), um *lulu amelu* ("trabalhador primitivo"). Que o Homem foi feito para ser um criado dos Deuses não impressiona os povos antigos como sendo, de maneira alguma, uma ideia peculiar. Na época bíblica, a divindade era o "Senhor", "Soberano", "Rei", "Governante", "Mestre". O termo que é geralmente traduzido como "devoção" era, na verdade, *avod* ("trabalho"). O Homem antigo e bíblico não tinha "devoção" pelo Deus; ele trabalhava para ele.

Assim que a Divindade bíblica, como os Deuses nas narrativas sumérias, plantou um jardim ela já colocou o Homem para trabalhar nele:

E o Senhor Deus pegou o "Homem"
e o colocou no jardim do Éden
para lavrá-lo e cuidá-lo.

Mais adiante, a Bíblia descreve a Divindade "passeando pelo jardim em um dia de brisa", agora que o novo ser estava lá para cuidar do Jardim do Éden. Até onde vai a diferença entre essa versão e os textos sumérios que descrevem como os Deuses clamavam por trabalhadores para que pudessem descansar e relaxar?

Nas versões sumérias, a decisão de criar o Homem foi adotada pelos Deuses em sua Assembleia. De forma significativa, o Livro do Gênesis – aparentemente exaltando as realizações de uma única Divindade – usa o plural Eloim (literalmente, "divindades") para denotar "Deus", e faz uma observação incrível:

E Eloim disse:
"Façamos o Homem à nossa imagem,
e à nossa semelhança".

A quem a única, mas no plural, Divindade se dirigia, e quem era o "nosso" à cuja imagem, no plural, e à cuja semelhança, no plural, o Homem deveria ser feito? O Livro do Gênesis não fornece a resposta. Depois, quando Adão e Eva comeram a fruta da Árvore do Conhecimento, Eloim emitiu uma advertência aos mesmos colegas sem nomes: "Olhai, o Homem tornou-se um de nós, tem conhecimento do bem e do mal".

Visto que a narrativa bíblica da Criação, como outros contos sobre o princípio no Gênesis, deriva de origens sumérias, a resposta é óbvia. Concentrando os vários Deuses em uma única Divindade Suprema, o conto bíblico não passa de uma versão editada dos relatos sumérios sobre as discussões na Assembleia dos Deuses.

O Antigo Testamento fez um esforço enorme para deixar claro que o Homem não era um Deus, e muito menos proveniente das alturas. "Os Céus são os Céus do Senhor, para a Humanidade a Terra ele ofertou." O novo ser era chamado de "o Adão" porque ele foi criado da *adama*, o solo da Terra. Em outras palavras, ele era "o Terráqueo".

Carecendo apenas de certos "conhecimentos" e de um ciclo de vida divino, o Adão foi, em todos os sentidos, criado à imagem (*selem*) e semelhança (*dmut*) de seu(s) Criador(es). O uso de ambos os termos no texto era para não deixar dúvidas de que o Homem era similar a(os) Deus(es) tanto física e emocional, como externa e internamente.

Em todas as descrições gráficas dos Deuses e dos homens, essa semelhança física é evidente. Apesar de a advertência bíblica contra a idolatria de imagens pagãs gerar a noção de que o Deus hebreu não tinha imagem e nem semelhança, não apenas a narrativa do Gênesis como outros relatos bíblicos afirmam o contrário. O Deus dos hebreus antigos podia ser visto frente a frente, ser enfrentado, ser ouvido e se podia falar com ele; tinha cabeça e pés, mãos e dedos e uma cintura. O Deus bíblico e seus emissários pareciam com os homens e agiam como os homens – visto que os homens foram criados para se parecerem e agirem como os Deuses.

No entanto, em toda essa simplicidade se encontra um grande mistério. Como essa *nova* criatura podia possivelmente ser uma réplica física, mental, emocional e virtual dos nefilins? Como o Homem foi criado, de fato?

Há muito tempo, o mundo ocidental já havia aceitado a noção de que, criado deliberadamente, o Homem foi posto na Terra para conquistá-la e ter o domínio sobre todas as criaturas. Até que, em novembro de 1859, um naturalista inglês chamado Charles Darwin publicou um tratado chamado

A Origem das Espécies. Resumindo cerca de 30 anos de pesquisa, o livro acrescentou ao pensamento anterior sobre a evolução natural o conceito da seleção natural como consequência da luta de todas as espécies – tanto vegetal como animal – pela existência.

O mundo cristão já havia batido o pé antes quando, a partir de 1788, consagrados geólogos haviam começado a expressar sua crença de que a Terra era extremamente antiga, muito mais do que os meros 5.500 anos do calendário hebraico. Nem o conceito da evolução teve um efeito tão explosivo: acadêmicos antigos haviam notado tal processo e os acadêmicos gregos, que remetem até o século IV a.C., já haviam compilado dados sobre a evolução da vida animal e vegetal.

A bomba esmagadora lançada por Darwin foi a conclusão de que todas as criaturas vivas – *incluindo o Homem* – eram produtos da evolução. Contrário à crença mantida até aquela época, o Homem não foi gerado de forma espontânea.

A reação inicial da Igreja foi violenta. Mas, à medida que os fatos científicos relacionados à idade verdadeira da Terra, evolução, genética e outros estudos biológicos e antropológicos vinham à tona, a crítica da Igreja ficou muda. Parece que, finalmente, as próprias palavras do Antigo Testamento fizeram com que o conto do Antigo Testamento ficasse indefensável; pois como um Deus que não tem corpo físico e que é único universalmente, poderia dizer: "*Vamos* fazer o Homem à *nossa imagem*, à *nossa semelhança.*"?

Mas, nós realmente somos nada mais do que "macacos pelados"? O macaco está a apenas um passo evolucionário de nós e os *Anathana* não passam de humanos que ainda precisam perder suas caudas e ficar eretos?

Como mostramos bem no início deste livro, os cientistas modernos começaram a questionar as teorias mais simples. A evolução pode explicar o curso geral dos eventos que fizeram com que a vida e as formas de vida se desenvolvessem na Terra, desde a mais simples criatura unicelular até o Homem. Mas, a evolução não tem como explicar o surgimento do *Homo sapiens*, que aconteceu virtualmente do dia para a noite em termos dos milhões de anos de evolução exigidos e sem evidência alguma de estágios anteriores que poderiam indicar uma transformação gradual do *Homo erectus*.

O hominídeo do tipo *Homo* é o produto de um evento repentino e revolucionário. Ele surgiu de forma inexplicável, cerca de 300 mil anos atrás, milhares de anos antes do tempo que seria normal.

Os acadêmicos não têm explicação. Mas nós temos. Os textos sumérios e babilônicos têm. O Antigo Testamento também.

O *Homo sapiens* – Homem moderno – foi criado pelos Deuses antigos.

*

Afortunadamente, os textos mesopotâmicos fornecem uma declaração esclarecedora sobre o período em que o Homem foi criado. A narrativa sobre o trabalho árduo e o subsequente motim dos anunnakis nos informa que "por 40 períodos eles sofreram com o trabalho, dia e noite"; os longos anos de suas labutas são dramatizados pelos versos repetitivos.

Por 10 períodos eles sofreram com o trabalho;

Por 20 períodos eles sofreram com o trabalho;

Por 30 períodos eles sofreram com o trabalho;

Por 40 períodos eles sofreram com o trabalho.

O antigo texto usa o termo *ma* para denotar "período", sendo que a maioria dos acadêmicos traduziu como "ano". No entanto, o termo tinha a conotação de "algo que se completa e, em seguida, se repete". Aos homens na Terra, um ano é equivalente a uma órbita completa da Terra ao redor do Sol. Como já mostramos anteriormente, a órbita do planeta dos nefilins é equivalente a um *shar*, ou 3.600 anos da Terra.

Quarenta *shars*, ou 144 mil anos da Terra, depois de chegarem, os anunnakis protestaram, "Chega!". Se os nefilins chegaram à Terra pela primeira vez, como concluímos, cerca de 450 mil anos atrás, então a criação do Homem ocorreu cerca de 300 mil anos atrás!

Os nefilins não criaram os mamíferos, nem os primatas e nem os hominídeos. "O Adão" da Bíblia não era do tipo *Homo*, mas um ser que era o nosso ancestral – o primeiro *Homo sapiens*. É o Homem moderno como o conhecemos que os nefilins criaram.

A chave para entender esse fato crucial encontra-se no conto do sonolento Enki, que foi acordado para ser informado que os Deuses haviam decidido fazer um *adamu* e sua tarefa era encontrar os meios. Ele respondeu:

"A criatura cujo nome tu pronunciaste –
ELA EXISTE!"

e acrescentou: "Coloca nela" – sobre a criatura que já existe – "a imagem dos Deuses".

Aqui, então, está a resposta ao enigma: os nefilins não "criaram" o Homem do nada; em vez disso, eles pegaram uma criatura já existente e a manipularam, para "colocar nela" a "imagem dos Deuses".

O Homem é o produto da evolução; mas, o Homem moderno, o *Homo sapiens*, é o produto dos "Deuses". Visto que, em uma época por volta de 300 mil anos atrás, os nefilins pegaram o homem-macaco (*Homo erectus*) e implantaram nele sua própria imagem e semelhança.

A evolução e os contos do Oriente Próximo sobre a criação do Homem não entram em conflito de maneira alguma. Muito pelo contrário, eles se explicam e se complementam. Pois, sem a criatividade dos nefilins, o Homem moderno ainda estaria a milhões de anos de distância na árvore evolucionária.

*

Vamos nos transportar de volta no tempo, e tentar visualizar as circunstâncias e os eventos, conforme eles se desdobravam.

A grande fase interglacial, que começou cerca de 435 mil anos atrás, e o seu clima ameno, gerou a proliferação de alimentos e animais. Ela também acelerou o surgimento e a difusão de um tipo de macaco mais avançado e parecido com o homem, o *Homo erectus*.

Enquanto os nefilins observavam ao redor, eles viam não apenas os mamíferos predominantes, mas também os primatas – entre eles, os macacos parecidos com o homem. Não é possível que os bandos nômades de *Homo erectus* fossem ludibriados ao se aproximarem e observarem os objetos inflamáveis subindo no céu? Não é possível que os nefilins observassem, encontrassem e até capturassem alguns desses primatas interessantes?

Que os nefilins e os macacos parecidos com o homem se encontraram é algo que vários textos antigos confirmam. Um conto sumério que trata dos primórdios declara:

> Quando a Humanidade foi criada,
> Eles não sabiam comer o pão,
> Não sabiam como se vestir com roupas;
> Comiam plantas com a boca mastigando igual ao carneiro;
> Bebiam água da vala.

Esse ser "humano", parecido com um animal, também é descrito no "Épico de Gilgamesh". Esse texto conta como era Enkidu, aquele "nascido nas estepes" antes de se tornar civilizado:

> Repleto de pelo é todo o seu corpo,
> ele é dotado com cabelo na cabeça como uma mulher (...)
> ele não sabe o que é povo e nem o que é terra;
> vestido é como aquelas dos campos verdejantes;
> com as gazelas ele se alimenta de grama;
> com as bestas selvagens busca espaço
> no local onde se encontra água;
> com as criaturas proliferando na água
> seu coração se delicia.

O texto acadiano não descreve apenas o homem parecido com um animal; ele também descreve um encontro com esse ser:

> Agora um caçador, aquele que monta a armadilha,
> deparou-se com ele no local onde havia água.
> Quando o caçador o viu,
> seu rosto ficou imóvel (...)
> Seu coração ficou perturbado, entristecido ficou seu rosto,
> pois a tristeza havia entrado em sua barriga.

Havia mais nisso do que mero temor depois que o caçador observou "o selvagem", esse "indivíduo bárbaro das profundezas da estepe"; pois esse "selvagem" também havia interferido com as presas do caçador:

> Ele encheu os buracos que eu havia cavado,
> destruiu as armadilhas que eu havia montado;
> as bestas e as criaturas da estepe
> ele fez com que escapassem de minhas mãos.

Não poderíamos pedir por descrição melhor de um homem-macaco: peludo, despenteado, um nômade que "não conhece povo nem terra", vestido com folhas, "como aquelas dos campos verdejantes", alimentando-se de grama e vivendo entre os animais. Ainda assim, ele não é desprovido de inteligência, visto que sabe como destruir as armadilhas e encher os buracos cavados para pegar animais. Em outras palavras, ele protegia seus amigos animais de serem capturados pelos caçadores estrangeiros. Muitos selos cilíndricos que foram encontrados descrevem esse homem-macaco peludo entre seus amigos animais. (Fig. 149)

Figura 149

Portanto, diante da necessidade de mão-de-obra, determinados a obter um Trabalhador Primitivo, os nefilins viram uma solução já pronta: domesticar um animal adequado.

O "animal" estava disponível – mas o *Homo erectus* apresentava um problema. Por um lado, ele era muito inteligente e selvagem para se tornar uma simples besta dócil para trabalhar. Por outro lado, ele realmente não era adequado para a tarefa. O seu físico teria de ser alterado – ele teria de ser capaz de segurar e usar as ferramentas dos nefilins, caminhar e se curvar como eles para que pudesse substituir os Deuses nos campos e nas minas. Ele teria de ter "cérebros" melhores – não como dos Deuses, mas o suficiente para entender a fala, as ordens e as tarefas atribuídas a ele. Ele precisaria de astúcia e compreensão suficientes para ser um obediente e útil *amelu* – um servo.

Como a evidência antiga e a ciência moderna parecem confirmar, se a vida na Terra germinou da vida no Décimo Segundo Planeta, consequentemente, a evolução na Terra deveria ter procedido como ocorreu no Décimo Segundo Planeta. Indubitavelmente, houve mutações, variações, acelerações e retardamentos causados pelas diferentes condições locais; mas o mesmo código genético, a mesma "química da vida" encontrada em todas as plantas e animais teria também guiado o desenvolvimento das formas de vida na Terra, na mesma direção geral, como no Décimo Segundo Planeta.

Observando as várias formas de vida na Terra, os nefilins e seu cientista chefe, Ea, precisariam de pouco tempo para perceber o que tinha acontecido: durante a colisão celeste, seu planeta havia semeado a Terra com sua vida. Portanto, o ser que se encontrava disponível era, na realidade, relacionado com os nefilins – embora em uma forma menos evoluída.

Um processo gradual de domesticação por meio de gerações de cruzamentos e seleção não seria o suficiente; era preciso um processo rápido, que permitisse uma "produção em massa" de novos trabalhadores. Então, o problema foi colocado a Ea, que achou uma resposta de imediato: "imprimir" a imagem dos Deuses no ser que já existia.

O processo que Ea recomendou para chegar a um rápido avanço evolucionário do *Homo erectus* foi, acreditamos, *manipulação genética*.

Hoje, sabemos que o complexo processo biológico pelo qual um organismo vivo se reproduz, criando a progênie que se assemelha aos seus pais, é possível a partir do código genético. Todos os organismos vivos – um nematelminto, uma samambaia ou o Homem – contêm em seus cromossomos celulares, corpos minúsculos parecidos com bastões dentro de cada célula que guardam as instruções hereditárias completas para o organismo em particular. Quando a célula masculina (pólen, esperma) fertiliza a célula feminina, os dois grupos de cromossomos se combinam e, em seguida, se dividem para formar novas células que contêm as características hereditárias completas das células dos pais.

A inseminação artificial, mesmo de um óvulo humano, é algo que já se tornou possível. O verdadeiro desafio está na interfertilização entre diferentes famílias dentro da mesma espécie e, inclusive, entre diferentes espécies. A ciência moderna já avançou muito desde o desenvolvimento dos primeiros milhos híbridos ou do acasalamento entre cães do Alasca com lobos, ou a "criação" da mula (o acasalamento artificial de uma égua com um asno), até a capacidade de manipular, inclusive, a própria produção do Homem.

O processo chamado clonagem (da palavra grega *klon* – "ramo") aplica nos animais o mesmo princípio em que se pega um pedaço da planta para reproduzir centenas de plantas similares. A técnica, como a aplicada aos animais, foi demonstrada pela primeira vez na Inglaterra, onde o dr. John Gurdon substituiu o núcleo de um óvulo fertilizado de rã com o material nuclear de outra célula da mesma rã. A formação bem sucedida de girinos normais demonstrou que o óvulo procede, desenvolve, subdivide e cria a progênie independentemente de onde ele obtém o grupo correto de cromossomos adequados.

Experimentos divulgados pelo Institute of Society, Ethics and Life Sciences (Instituto de Ciência da Vida, Ética e Sociedade), em Hastings-on-Hudson, Nova York, mostram que já existem técnicas para a clonagem de seres humanos. Hoje é possível pegar o material nuclear de qualquer célula humana (não necessariamente dos órgãos genitais) e, ao introduzir seus 23 grupos de cromossomos completos no óvulo feminino, chegar à fecundação e ao nascimento de indivíduos "pré-determinados". Na fecundação normal, os conjuntos de cromossomo do "pai" e da "mãe" misturam-se e, em seguida, devem se dividir para permanecerem em pares de 23 cromossomos, gerando combinações aleatórias. Mas, na clonagem, o descendente é uma réplica exata da fonte do grupo não dividido de cromossomos. Nós já possuímos, escreveu o dr. W. Gaylin, no *New York Times*, o "terrível conhecimento para fazer cópias exatas de seres humanos" – uma quantidade ilimitada de Hitleres, Mozarts ou Einsteins (se tivermos, preservado seus núcleos celulares).

Entretanto, a arte da engenharia genética não está limitada a um único processo. Pesquisadores em diversos países aperfeiçoaram um processo chamado de "fusão celular", tornando possível fundir as células em vez de combinar cromossomos dentro de uma única célula. Como resultado desse tipo de processo, células de fontes diferentes podem ser fundidas em uma única "supercélula", contendo dentro dela dois núcleos e um grupo duplo de cromossomos emparelhados. Quando essa célula se divide, a mistura dos núcleos com os cromossomos pode se dividir em um padrão diferente daquele que cada célula tinha antes da fusão. O resultado pode ser duas células novas, cada uma geneticamente completa, mas, cada uma com um grupo totalmente novo de códigos genéticos, totalmente modificados em relação às células ancestrais.

Isso significa que as células de, até então, organismos vivos incompatíveis – ou seja, de uma galinha e de um rato – podem ser combinadas para formar novas células com misturas genéticas totalmente novas para produzir novos animais, que não são galinhas nem ratos da forma que os conhecemos. Depois de refinado, esse processo poderá também nos permitir *selecionar* que características de uma forma de vida deverão ser transmitidas para a célula combinada ou "fundida".

Isso tem levado ao desenvolvimento de um campo amplo de "transplante genético". Hoje é possível extrair de uma determinada bactéria um único gene específico e introduzir esse gene em uma célula animal ou humana, dando ao descendente uma característica acrescentada.

*

Devemos presumir que os nefilins – capazes de fazer viagens espaciais a 450 mil anos atrás – eram também igualmente avançados, comparados conosco na atualidade, no campo da Biologia. Devemos, também, presumir que eles eram familiarizados com as várias alternativas pelas quais dois grupos pré-selecionados de cromossomos podiam ser combinados para se obter um resultado genético pré-determinado; e se o processo era parecido com a clonagem, fusão celular, transplante genético ou métodos ainda desconhecidos por nós, eles conheciam esses processos e podiam realizá-los, não apenas nos frascos de laboratório, mas também com organismos vivos.

Encontramos uma referência sobre uma mescla de duas fontes de vida nos textos antigos. De acordo com Beroso, a divindade Belus ("senhor") – também chamado de Deus ("deus") – criou vários "seres repugnantes, que foram produzidos com um princípio duplo":

> Os homens com duas asas, alguns com quatro e duas faces. Eles tinham um corpo, mas duas cabeças, uma de um homem, a outra de uma mulher. Eles eram semelhantes em seus vários órgãos ambos masculinos e femininos.
> Outras figuras humanas podiam ser vistas com pata e chifres de cabra. Alguns tinham patas de cavalos; outros tinham membros traseiros de cavalos, mas de frente eram iguais aos homens, parecidos com um centauro. Touros da mesma forma cruzados lá com cabeças de homens; e cães com corpos quádruplos, e com caudas de peixes. Como também cavalos com cabeças de cães; homens também e outros animais com cabeças e corpos de cavalos e caudas de peixes. Resumindo, havia criaturas com membros de cada espécie de animais (...)
> De todos esses, as imagens foram preservadas no templo de Belus na Babilônia.

*

Os detalhes impressionantes do conto podem trazer uma verdade importante. É um tanto concebível que, antes de recorrer à criação de um ser de acordo com sua imagem, os nefilins tentassem chegar a um "servo manufaturado", experimentando e com diferentes alternativas: a criação de um homem-macaco híbrido – animal. Algumas dessas criaturas artificiais podem ter sobrevivido por algum tempo, mas, certamente, eram incapazes de se reproduzir. Os enigmáticos homens-touro e homens-leão (esfinges), que adornavam os templos no antigo Oriente Próximo, podem muito bem não ter sido meros frutos de uma imaginação artística, mas criaturas de verdade que surgiram dos laboratórios experimentais dos nefilins – experimentos fracassados celebrados na arte e pelas estátuas. (Fig. 150)

Figura 150

Os textos sumérios também falam de humanos deformados criados por Enki e pela Deusa Mãe (Ninhursag) no decorrer de seus esforços para criar um Trabalhador Primitivo perfeito. Um texto relata que Ninhursag, cuja tarefa era "juntar à mistura o molde dos Deuses", ficou embriagada e "chamou Enki",

"Quão bom ou quão mal está o corpo do Homem?
Enquanto meu coração me acelera,
Eu posso fazer o seu destino bom ou mal."

De forma travessa, de acordo com esse texto – mas, provavelmente de maneira inevitável, como parte de um processo com erros e acertos – Ninhursag criou um Homem que não conseguia conter a sua urina, uma mulher que não conseguia conceber e um ser desprovido tanto de órgão masculino como feminino. De modo geral, seis humanos deformados ou deficientes foram criados por Ninhursag. Enki foi responsável pela criação imperfeita de um homem com os olhos doentes, mãos trêmulas, fígado doente e problema cardíaco; e um segundo com doenças que acometem pessoas idosas; e assim por diante.

Porém, finalmente, o Homem perfeito foi criado – aquele que Enki deu o nome de Adapa; na Bíblia, Adão; para os nossos acadêmicos, *Homo sapiens*. Esse ser era tão parecido com os Deuses que um texto foi bem longe a ponto de afirmar que a Deusa Mãe deu à sua criatura, o Homem, "uma pele como a pele de um Deus" – um corpo liso, sem pelo, bem diferente daquele homem-macaco grosseiro e peludo.

Com esse produto final, os nefilins se tornaram geneticamente compatíveis com as filhas do Homem, podendo se casar com elas e ter filhos com elas. Mas, essa compatibilidade podia apenas existir se o Homem tivesse se desenvolvido da mesma "semente da vida" que os nefilins. Isso, de fato, é o que os textos antigos confirmam.

No conceito mesopotâmico, como também no bíblico, o Homem foi feito da mistura de um elemento divino – o sangue de Deus ou sua "essência" – e o "barro" da Terra. Na realidade, o próprio termo *lulu* para o "Homem", ao mesmo tempo em que transmite um sentido de "primitivo", literalmente significa "aquele que foi misturado". Convocada para moldar um homem, a Deusa Mãe "lavou suas mãos, pegou o barro, misturou-o na estepe". (É fascinante observar aqui as precauções sanitárias tomadas pela Deusa. Ela "lavou as mãos". Encontramos essas medidas e procedimentos clínicos em outros textos que também falam da criação.)

O uso do "barro" da terra, misturado com o "sangue" divino, para criar o protótipo do Homem é estabelecido com convicção pelos textos mesopotâmicos. Um deles, ao relatar como Enki foi convocado para "fazer acontecer alguma grande obra de Sabedoria" – de *know-how* científico –, declara que Enki não viu problema algum para cumprir a tarefa de "criar servos para os Deuses". "Pode ser feito!", ele anunciou. Ele, então, passou estas instruções à Deusa Mãe:

> "Mistura a um núcleo o barro
> do Porão da Terra,
> logo acima do Abzu –
> e modele até formar uma polpa.
> Providenciarei Deuses jovens, bons e conhecedores
> que farão com que o barro fique na condição certa".

O segundo capítulo do Gênesis oferece esta versão técnica:

> E Yahweh, Eloim, criaram o Adão
> do barro do chão;
> e Ele assoprou em suas narinas o ar da vida,
> e o Adão se transformou em uma Alma viva.

O termo em hebraico geralmente traduzido como "alma" é *nephesh*, aquele "espírito" elusivo que desperta uma criatura viva e que, aparentemente, a abandona quando ela morre. Não se trata de uma mera coincidência que o Pentateuco (os primeiros cinco livros do Antigo Testamento) exorta, repetidas vezes, contra o derramamento de sangue humano e a ingestão de sangue animal "porque o sangue é o *nephesh*". As versões bíblicas sobre a criação do Homem logo comparam *nephesh* ("espírito", "alma") com sangue.

O Antigo Testamento oferece outra pista sobre o papel do sangue na criação do Homem. O termo *adama* (de onde o nome Adão foi extraído) originalmente não significava apenas qualquer tipo de terra ou solo, mas especificamente terra vermelho-escuro. Como a palavra equivalente em acadiano *adamatu* ("terra vermelho-escuro"), o termo em hebraico *adama* e o nome hebraico para a cor vermelha (*adom*) derivam das palavras para sangue: *adamu, dam*. Quando o Livro do Gênesis chamou o ser criado por Deus de "Adão", empregou um jogo linguístico sumério favorito de significados duplos. "O Adão" pode significar "aquele da terra" (Terráqueo), "aquele que foi feito do solo vermelho-escuro" e "aquele que foi feito de sangue".

A mesma relação entre o elemento essencial das criaturas vivas e o sangue existe nos relatos mesopotâmicos sobre a criação do Homem. A casa, parecida com um hospital onde Ea e a Deusa Mãe foram para criar o Homem, era chamada de Casa de Shimti; a maioria dos acadêmicos traduz isso como "a casa onde os destinos são determinados". Mas, o termo *Shimti*, de forma clara, deriva do sumério SHI.IM.TI que, separado sílaba por sílaba, significa "respiração-vento-vida". *Bit Shimti* significava, literalmente, "a casa onde o vento da vida é inspirado". Isso é virtualmente idêntico à declaração bíblica.

Na realidade, a palavra acadiana empregada na Mesopotâmia para traduzir a suméria SHI.IM.TI era *napishtu* – o equivalente exato do termo bíblico *nephesh*. E o *nephesh* ou *napishtu* era um elusivo "algo" no sangue.

Enquanto o Antigo Testamento oferece apenas minguadas pistas, os textos mesopotâmicos eram mais explícitos sobre o assunto. Eles não declaram apenas que o sangue era necessário na mistura do qual o Homem foi criado; eles especificaram que tinha que ser o sangue de um Deus, um sangue divino.

Quando os Deuses decidiram criar o Homem, seu líder anunciou: "Sangue eu juntarei, trarei ossos à vida". Sugerindo que o sangue deveria ser tirado de um Deus específico, "Que os primitivos sejam feitos de acordo com o padrão dele", disse Ea. Selecionando o Deus,

> Do sangue dele, eles criaram a Humanidade;
> impuseram nela o serviço, liberaram os deuses (...)
> Era uma tarefa além da compreensão.

De acordo com o conto épico "Quando os Deuses, como os homens", os Deuses então chamaram a Deusa do Nascimento (a Deusa Mãe, Ninhursag) e pediram a ela que executasse a tarefa:

> Enquanto a Deusa do Nascimento está presente,
> Que a Deusa do Nascimento faça o fruto.
> Enquanto a Mãe dos Deuses está presente,
> Que a Deusa do Nascimento faça um *Lulu*;
> Que o trabalhador faça o trabalho dos Deuses.
> Que ela crie um *Lulu Amelu*.
> Que ele faça o serviço.

Em um texto babilônico antigo equivalente chamado a "Criação do Homem pela Deusa Mãe", os Deuses convocaram "A Parteira dos Deuses, a Sábia Mami" e disseram a ela:

Tu és a mãe-útero,
Aquela que pode criar a Humanidade.
Cria então *Lulu*, para que ele faça o serviço!

Nesse ponto, o texto "Quando os Deuses, como os homens" e os textos equivalentes se voltam a uma descrição detalhada sobra a criação real do Homem. Ao aceitar o "trabalho", a Deusa (aqui chamada NIN.TI – "dama que dá a vida") fez algumas exigências, incluindo alguns produtos químicos ("betume de Abzu") para ser usado para "purificação" e "o barro de Abzu".

Sem se importar com que materiais eram esses, Ea não teve problemas para compreender as exigências; ao aceitar, ele disse:

"Prepararei um banho purificador.
Que um deus seja sangrado (...)
De sua carne e sangue,
que Ninti misture o barro".

Para moldar um homem do barro misturado, algum tipo de assistência feminina, alguns aspectos de gestação ou concepção também seriam necessários. Enki ofereceu os serviços de sua própria esposa:

Ninki, minha esposa-deusa,
será aquela que fará o trabalho de parto.
Sete deusas do nascimento
ficarão próximas, para auxiliar.

Depois da mistura do "sangue" e do "barro", a fase de gestação completaria a concepção de uma "impressão" divina na criatura.

O destino do recém-nascido tu expressará;
Ninki fixará nele a imagem dos Deuses;
E o que será é o "Homem".

Descrições em selos assírios podem muito bem ter sido feitas com a intenção de servir como ilustrações para esses textos – mostrando como a Deusa Mãe (seu símbolo era ⦵ o bisturi que corta o cordão umbilical) e Ea (cujo símbolo original era a Lua crescente) preparavam as misturas, recitando os encantamentos, estimulando um ao outro em como proceder. (Figs. 151, 152)

O envolvimento da esposa de Enki, Ninki, na criação da primeira espécie bem-sucedida do Homem nos lembra o conto de Adapa, que discutimos em um capítulo anterior:

Figura 151   *Figura 152*

Naqueles tempos, naqueles anos,
O Sábio de Eridu, Ea,
Criou-lhe como um modelo dos homens.

Os acadêmicos acreditaram que as referências a Adapa como sendo um "filho" de Ea implicavam que o Deus amava tanto esse humano que o adotou. Porém, no mesmo texto, Anu se refere a Adapa como "o humano descendente de Enki". Ao que tudo indica, o envolvimento da esposa de Enki no processo da criação de Adapa, o "Adão modelo", gerou algum tipo de relação genealógica entre o novo Homem e o seu Deus: foi Ninki que ficou grávida de Adapa!

Ninti abençoou o novo ser e o deu de presente a Ea. Alguns selos retratam uma deusa, cercada pela Árvore da Vida e por frascos de laboratório, segurando um ser recém-nascido. (Fig. 153)

Figura 153

O ser que foi então criado, que é referido de forma repetitiva nos textos mesopotâmicos como sendo um "Homem modelo" ou um "molde", era visivelmente a criatura perfeita, visto que os Deuses clamaram por duplicatas. No entanto, esse detalhe aparentemente sem importância, ajuda a esclarecer não apenas o processo pelo qual a Humanidade foi "criada", mas também outra informação conflitante contida na Bíblia.

De acordo com o primeiro capítulo do Gênesis:

Eloim criou Adão à Sua imagem –
à imagem de Eloim, Ele o criou.
Macho e fêmea, Ele os criou.

O capítulo 5, que é chamado de Livro das Genealogias de Adão, declara que:

No dia que Eloim criou Adão,
à semelhança de Eloim, Ele o fez.
Macho e fêmea, Ele os fez,
e Ele os abençoou e os chamou de "Adão"
no mesmo dia da sua criação.

No mesmo sopro, somos informados que a Divindade criou, à sua semelhança e à sua imagem, um único ser, "o Adão", e em uma contradição visível de que ambos, um macho e uma fêmea, foram criados simultaneamente. A contradição aparece mais impetuosa ainda no segundo capítulo do Gênesis, que relata especificamente que o Adão ficou sozinho por algum tempo, até que a Divindade o colocou para dormir e criou a mulher de sua costela.

A contradição, que tem confundido tanto os acadêmicos como os teólogos, desaparece assim que percebemos que os textos bíblicos não passavam de uma concentração das fontes originais sumérias. As fontes nos informam que, depois de tentar fazer um Trabalhador Primitivo, ao "misturar" os homens-macacos com animais, os Deuses concluíram que a única mistura que poderia funcionar seria entre os homens-macacos e os próprios nefilins. Após várias tentativas fracassadas, um "modelo" – Adapa/Adão – foi feito. Havia, no início, apenas um Adão.

Assim que Adapa/Adão provou ser a criatura perfeita, ele foi usado como um modelo genético ou "molde" para a criação de duplicatas, sendo que essas duplicatas não eram apenas masculinas, e sim masculinas e femininas. Como mostramos anteriormente, a "costela" bíblica da qual a mulher foi criada não passava de um jogo de palavras no sumério TI ("costela" e "vida") – confirmando que a Eva foi feita da "essência da vida" de Adão.

*

Os textos mesopotâmicos nos fornecem um testemunho da primeira produção das duplicatas de Adão.

As instruções de Enki foram seguidas. Na Casa de Shimti – onde o sopro da vida é "soprado para dentro" –, Enki, a Deusa Mãe e 14 Deusas do nascimento reuniram-se. A "essência" de Deus foi obtida e o "banho purificador" preparado. "Ea limpou o barro na presença dela; ele continuava recitando o encantamento."

> O Deus que purifica o Napishtu, Ea, exclamou.
> Sentado diante dela, ele a estava preparando.
> Depois que ela recitou seu encantamento,
> Ela estirou sua mão até o barro.

Agora somos cúmplices do processo detalhado da produção em massa do Homem. Com 14 Deusas do nascimento presentes,

> Ninti arrancou 14 pedaços de barro;
> Sete ela depositou à direita,
> Sete ela depositou à esquerda.
> Entre eles, ela colocou o molde.
> (...) o cabelo ela (...)
> (...) o cortador do cordão umbilical.

É evidente que as Deusas do nascimento foram divididas em dois grupos. "As sábias e instruídas, duas vezes sete Deusas do nascimento se reuniram", o texto prossegue, explicando. Dentro de seus óvulos, a Deusa Mãe depositou o "barro misturado". Há pistas de um procedimento cirúrgico – a remoção do pelo ou depilação, o preparo de um instrumento cirúrgico, um bisturi. Agora não havia mais nada a fazer a não ser esperar:

> As Deusas do nascimento foram mantidas juntas.
> Ninti ficou contando os meses.
> O inevitável décimo mês estava se aproximando;
> O décimo mês chegou;

O período de abertura do ventre havia transcorrido.
O rosto dela radiado de compreensão:
Ela cobriu sua cabeça, executou a obstetrícia.
A cintura dela ela cercou, pronunciou a bênção.
Ela desenhou um formato; no molde havia vida.

Ao que tudo indica, o drama da criação do Homem era composto por um nascimento posterior. A "mistura" de "barro" e "sangue" era usada para induzir a gravidez em 14 deusas do nascimento. Mas nove meses se passaram, e o décimo mês começou. "O período de abertura do ventre havia transcorrido." A especialista foi chamada, a Deusa Mãe "executou a obstetrícia". Que ela havia se empenhado em algum tipo de operação cirúrgica fica mais claro ainda em um texto equivalente (apesar de sua fragmentação):

Ninti (...) conta os meses (...)
O destinado décimo mês eles chamaram;
A Dama Cujas Mãos Abrem veio.
Com o (...) ela abriu o ventre.
Seu rosto reluziu de alegria.
A cabeça dela foi coberta;
(...) fez uma abertura;
Aquilo que estava no ventre apareceu.

Tomada de alegria, a Deusa Mãe se deixou levar pelo choro.

"Eu criei!
Minhas mãos conseguiram!"

*

Como a criação do Homem foi realizada?

O texto "Quando os Deuses, como os homens" contém uma passagem cujo propósito era explicar porque o "sangue" de um Deus tinha de ser misturado com o "barro". O elemento "divino" não exigia apenas uma simples extração de sangue de um Deus, mas de algo mais básico e duradouro. Fomos informados que o Deus selecionado tinha TE.E.MA – um termo que as principais autoridades no texto (W. G. Lambert e A. R. Millard, da Universidade de Oxford) traduziram como "personalidade". No entanto, o termo antigo é muito mais específico; literalmente significa "aquilo que abriga o que liga a memória". Mais adiante, o mesmo termo aparece na versão acadiana como *etemu*, que é traduzido como "espírito".

Em ambos os casos, estamos lidando com "algo" no sangue do Deus que foi o doador da sua individualidade. Podemos estar certos de que tudo isso não passa de maneiras de declarar que, o que Ea estava procurando quando fez o sangue do Deus passar por uma série de "banhos de purificação", eram os *genes* do Deus.

O propósito de misturar esse elemento divino por completo com o elemento terreno foi também esclarecido:

No barro, Deus e Homem serão unidos
a uma unidade conciliada;
Para que no fim dos tempos
a Carne e a Alma
que em um deus amadureceu –
essa Alma em um relação consanguínea
Como seu Sinal de vida proclamará.
Para que isto não seja esquecido,
Que a "Alma" na relação consanguínea seja unida.

Essas são palavras muito fortes e pouco entendidas pelos acadêmicos. O texto declara que o sangue do Deus foi misturado no barro para que Deus e o Homem fossem unidos geneticamente "até o fim dos tempos"; para que tanto a carne ("imagem") como a alma ("semelhança") dos Deuses ficassem impressas no Homem, em uma relação consanguínea que nunca mais poderia ser separada.

O "Épico de Gilgamesh" relata que, quando os Deuses decidiram criar uma duplicata para o parcialmente divino Gilgamesh, a Deusa Mãe misturou o "barro" com a "essência" do Deus Ninurta. Mais adiante no texto, a poderosa força de Enkidu é atribuída ao fato de ele ter a "essência de Anu", um elemento que adquiriu por intermédio de Ninurta, o neto de Anu.

O termo acadiano *kisir* refere-se a uma "essência", um "concentrado" que os Deuses dos céus possuem. E. Ebeling resumiu os esforços para entender o significado exato de *kisir*, declarando que como "essência, ou alguma nuance do termo, poderia muito bem ser aplicado às divindades como também aos mísseis do Céu". E. A. Speiser concordou que o termo também implicava "algo que desceu do Céu". Trazia uma conotação, ele escreveu, "como se fosse indicado para o uso do termo em contextos médicos".

Estamos de volta a uma simples e exclusiva palavra de tradução: *gene*.

A evidência dos textos antigos, tanto mesopotâmicos como bíblicos, sugere que o processo adotado para misturar dois grupos de genes – aquele de um deus e o do *Homo erectus* – envolvia o uso de genes masculinos, como elemento divino, e genes femininos, como elemento terráqueo.

Afirmando repetidamente que a Divindade criou Adão à sua imagem e semelhança, o Livro do Gênesis descreve mais adiante o nascimento do filho de Adão, Seth, com as seguintes palavras:

> E Adão viveu cento e trinta anos,
> e teve um descendente
> à sua semelhança e à sua imagem;
> e ele chamou seu nome de Seth.

A terminologia é idêntica àquela usada para descrever a criação de Adão feita pela Divindade. Entretanto, Seth foi certamente gerado por Adão por meio de um processo biológico – a fertilização de um óvulo feminino pelo esperma masculino de Adão, e a subsequente concepção, gestação e nascimento. A terminologia idêntica evidencia um processo idêntico, sendo que a única conclusão plausível é que Adão também foi gerado pela Divindade pelo processo de fertilização de um óvulo feminino com o esperma masculino de um deus.

Se o "barro" ao qual o elemento divino foi misturado era um elemento terreno – como todos os textos insistem – então a única conclusão possível é que o esperma masculino de um deus – seu material genético – foi inserido no óvulo de uma mulher-macaco!

O termo acadiano para "barro" – ou melhor, "barro de moldar" – é *tit*. Porém, sua forma original escrita era TI.IT ("aquilo que está com vida"). Em hebraico, *tit* significa "lama"; mas, o seu sinônimo é *bos*, que partilha a raiz com *bisa* ("pântano") e *besa* ("ovo").

A narrativa da Criação está repleta de jogos de palavras. Temos visto significados duplos e triplos de Adão – adama/adamtu/dam. O epíteto para a Deusa Mãe, NIN.TI, significava "a dama da vida" e "a dama da costela". Por que não, então, *bos-bisa-besa* ("barro-lama-ovo") como um jogo de palavras para o óvulo feminino?

O óvulo de um *Homo erectus* fêmea, fertilizado com os genes de um deus, foi então implantado dentro do ventre da esposa de Ea; e depois que o "modelo" foi obtido, as duplicatas dele foram implantadas nos ventres das Deusas do nascimento, que passaram pelo processo de gestação e parto.

> A Sábia e instruída,
> Duas vezes sete Deusas do nascimento se reuniram;
> Sete geraram seres masculinos
> Sete geraram seres femininos

A Deusa do Nascimento gerou
O Vento do Sopro da Vida.
Em pares eles foram completados,
Em pares eles foram completados em sua presença.
As criaturas eram Pessoas –
Criaturas da Deusa Mãe.

O *Homo sapiens* havia sido criado.

*

As lendas e mitos antigos, informações bíblicas e a ciência moderna são também compatíveis em mais um aspecto. Como as descobertas dos antropólogos modernos – que o Homem evoluiu e surgiu no Sudeste da África – os textos mesopotâmicos sugerem que a criação do Homem ocorreu no Apsu – no Mundo Inferior onde a Terra das Minas estava situada. Equivalente ao Adapa, o "modelo" do Homem, alguns textos mencionam a "sagrada Amama, a mulher da Terra", cuja morada era em Apsu.

No texto a "Criação do Homem", Enki emite as seguintes instruções à Deusa Mãe: "Mistura a um núcleo o barro do Porão da Terra, logo acima do Abzu". Um hino dedicado às criações de Ea, que "o Apzu montou como sua morada", começa declarando:

Divino Ea no *Apsu*
pegou um pedaço de barro,
criou Kulla para restaurar os templos.

O hino continua com uma lista de especialistas em construção, como também daqueles que eram responsáveis pelos "produtos abundantes da montanha e do mar", que foram criados por Ea – todos eles supostamente de pedaços de "barro" extraídos no Abzu – a Terra das Minas no Mundo Inferior.

Os textos deixam extremamente claro que enquanto Ea construía uma casa de tijolos às margens das águas em Eridu, no Abzu ele construía uma casa decorada com pedras preciosas e prata. Foi ali que a sua criatura, o Homem, se originou:

O Senhor do AB.ZU, o rei Enki (...)
Construiu sua casa de prata e pedra celeste;
Sua prata e pedra celeste, como luz cintilante,

O Pai modelou de modo apropriado no AB.ZU.
Saindo do esconderijo de AB.ZU,
Ficavam todos ao redor do Senhor Nudimmud.

Alguém pode até concluir, baseado nos vários textos, que a criação do Homem causou uma ruptura entre os deuses. Parece que, pelo menos no princípio, os novos Trabalhadores Primitivos ficaram confinados na Terra das Minas. Como resultado, os anunnakis que estavam trabalhando na própria Suméria não foram beneficiados com esse novo tipo de mão de obra. Um texto enigmático chamado pelos acadêmicos de "O Mito da Picareta" é, na realidade, um registro dos eventos pelos quais os anunnakis que ficaram na Suméria sob o comando de Enlil obtiveram sua cota justa do Povo de Cabeça Negra.

Tentando restabelecer "a ordem normal", Enlil tomou a decisão extrema de bloquear os contatos entre o "Céu" (o Décimo Segundo Planeta) e a Terra, e lançou uma ofensiva drástica contra o lugar "onde a carne brotava".

O Senhor
Que aquilo que é apropriado ele fez acontecer
O Senhor Enlil,
Cujas decisões são inalteráveis,
Em verdade se apressou em separar o Céu da Terra
Para que aqueles que Foram Criados pudessem aparecer;
Em verdade se apressou em separar o Céu da Terra.
Na "Ligação Céu-Terra" ele fez um corte,
Para que aqueles que Foram Criados pudessem aparecer
Do Lugar Onde a Carne Brotava.

Contra a "Terra da Picareta e da Cesta", Enlil preparou uma incrível arma chamada AL.A.NI ("machado que gera poder"). Essa arma tinha um "dente" que, "como um boi com um único chifre", pode atacar e destruir grandes muralhas. Considerando todos os tipos de descrição, lembra uma enorme e poderosa furadeira montada sobre um trator tipo escavadeira que derrubava tudo o que encontrava pela frente:

A casa que se rebelou contra o Senhor,
A casa que não é submissa ao Senhor,
O AL.A.NI a fez submissa ao Senhor.
Do mal (...), as cabeças e suas plantas ela esmaga;
Arranca as raízes, arranca do fundo.

Munindo sua arma com um "separador de terra", Enlil lançou o ataque:

O Senhor convocou o AL.A.NI, deu suas ordens.
Ele colocou o Separador de Terra como uma coroa sobre sua cabeça,
E o dirigiu até o Lugar Onde a Carne Brotava.
No buraco se encontrava a cabeça de um homem;
Do chão, as pessoas abriam caminho
em direção a Enlil.
Ele olhou para seus Cabeças Negras de forma decidida.

Agradecidos, os anunnakis colocaram seus pedidos para a chegada de Trabalhadores Primitivos e não perderam tempo em colocá-los para trabalhar:

Os anunnakis aproximaram-se dele,
Ergueram suas mãos agradecidos,
Acalmando o coração de Enlil com orações.
Os Cabeças Negras, eles exigiam dele.
Ao povo de Cabeça Negra,
Eles entregaram a picareta para segurar.

Do mesmo modo, o Livro do Gênesis transmite a informação de que "o Adão" foi criado em algum lugar ao oeste da Mesopotâmia e, em seguida, levado em direção ao leste da Mesopotâmia para trabalhar no Jardim do Éden:

E a Divindade Yahweh
Plantou um pomar no Éden, ao leste (...)
E Ele pegou o Adão
E o colocou no Jardim do Éden
Para trabalhar e cuidar dele.

13
O Fim de Toda a Carne

A INSISTENTE CRENÇA DO HOMEM de que houve uma Idade do Ouro em sua Pré-História não tem como ser baseada na lembrança humana, pelo simples fato de o evento ter ocorrido há muito tempo, quando o Homem ainda era muito primitivo para registrar qualquer tipo de informação concreta às futuras gerações. Se a Humanidade retém, de alguma forma, um discernimento do subconsciente de que naquela época o Homem vivia em uma era de tranquilidade e felicidade, é simplesmente porque o Homem não conhecia nada melhor. É porque, também, os contos daquela era foram contados pela primeira vez à Humanidade, não pelos homens primitivos, mas pelos próprios nefilins.

A única narrativa completa sobre os eventos que se sucederam ao Homem, após o seu transporte até a Morada dos Deuses, na Mesopotâmia, é o conto bíblico de Adão e Eva no Jardim do Éden.

> E a Divindade Yahweh plantou um pomar
> No Éden, ao leste;
> E lá ele colocou o Adão
> Aquele que Ele havia criado.
> E a Divindade Yahweh
> Fez brotar do solo
> Cada árvore que é agradável de se ver
> E boa de comer;
> E a Árvore da Vida estava no pomar
> E a Árvore do Conhecimento do bem e do mal (...)
> E a Divindade Yahweh pegou o Adão
> E o colocou no Jardim do Éden

Para trabalhar e cuidar dele.
E a Divindade Yahweh
Ordenou a Adão, dizendo:
"De cada árvore do pomar tu poderás comer;
mas da Árvore do Conhecimento do bem e do mal
tu não deverás comer;
pois no dia em que tu dela comeres
tu certamente morrerás".

Apesar de terem duas frutas vitais à sua disposição, os terráqueos eram proibidos de se aproximar apenas do fruto da Árvore do Conhecimento. A Divindade – naquele instante – parecia não se preocupar com a possibilidade do Homem tentar alcançar o Fruto da Vida. Mesmo assim, o Homem não conseguia respeitar sequer aquela única proibição, e a tragédia aconteceu.

A pintura idílica deu lugar a acontecimentos dramáticos, que os acadêmicos bíblicos e teólogos chamam de a Queda do Homem. É um conto de mandamentos divinos que foram desobedecidos, mentiras divinas, uma Serpente capciosa (mas que diz a verdade), punição e exílio.

Surgindo do nada, a Serpente desafiou as solenes advertências de Deus:

E a Serpente (...) disse para a mulher:
"A Divindade te disse de fato
'Tu não deverás comer de qualquer árvore do pomar'?"
E a mulher disse para a Serpente:
"De todos os frutos das árvores do pomar
poderemos comer;
é do fruto da árvore no
meio do pomar que a Divindade disse:
'Tu não deverás comê-la, nem tocá-la,
para que vós não morrais'."
E a Serpente disse para a mulher:
"Não, vós certamente não morrereis;
É que a Divindade sabe
que no dia que vós comerdes
vossos olhos serão abertos
e vos tornareis como a Divindade –
conhecedores do bem e do mal".
E a mulher viu que a árvore era boa de comer
E que era agradável de ser contemplada;
E a árvore era desejável para tornar alguém sábio;

E ela apanhou o seu fruto e comeu,
E também ofereceu ao seu parceiro e com ela, ele comeu.
E os olhos de ambos foram abertos,
E eles perceberam que estavam nus;
E eles costuraram folhas de figueira,
E fizeram tangas para si mesmos.

Ao ler e reler o conciso e, ainda assim, minucioso conto, não podemos deixar de nos perguntar qual era o motivo para todo o confronto. Proibidos sob ameaça de morte de apenas tocar o Fruto do Conhecimento, os dois terráqueos foram persuadidos a seguir em frente e comer o fruto, que os tornaria "conhecedores" como a Divindade. Ainda assim, tudo o que aconteceu foi uma súbita conscientização de que estavam nus.

O estado de nudez era, na realidade, um aspecto importante de todo o incidente. O conto bíblico de Eva no Jardim do Éden abre com a declaração: "E ambos estavam nus, e Adão e sua companheira, e eles não tinham vergonha". Temos que entender que eles estavam em uma etapa inferior do desenvolvimento em relação aos humanos totalmente desenvolvidos: eles não estavam apenas nus, eles não tinham consciência das implicações que tal nudez acarretava.

Uma análise mais profunda do conto bíblico sugere que o seu tema é a aquisição pelo Homem de algum tipo de proeza sexual. O "conhecimento", que era mantido longe do alcance do Homem, não se tratava de uma informação científica, e sim algo ligado ao sexo masculino e feminino; pois, assim que o Homem e a sua companheira adquiriram o "conhecimento", "eles descobriram que estavam nus" e cobriram seus órgãos genitais.

A continuação da narrativa bíblica confirma a ligação entre a nudez e a falta de conhecimento, pois a Divindade não perdeu muito tempo em colocar os dois juntos:

E eles ouviram o som da Divindade Yahweh
Caminhando no pomar à brisa do dia,
E o Adão e a sua companheira se esconderam
Da Divindade Yahweh entre as árvores do pomar.
E a Divindade Yahweh chamou o Adão
E disse: "Onde estás tu?"
E ele respondeu:
"Teu som eu ouvi no pomar
e fiquei com medo, pois estou nu;
e eu me escondi".

E Ele disse:
"Quem te disse que tu estás nu?
Tu comeste da árvore,
que eu ordenei que tu não comeste?"

Admitindo a verdade, o Trabalhador Primitivo colocou a culpa na sua companheira feminina que, por sua vez, culpou a Serpente. Extremamente zangada, a Divindade amaldiçoou a Serpente e os dois terráqueos. Em seguida – de modo surpreendente – "a Divindade Yahweh fez para o Adão e sua esposa trajes de pelo e os vestiu".

Não podemos seriamente presumir que o propósito de todo o incidente – que levou à expulsão dos terráqueos do Jardim do Éden – não passava de uma maneira dramática de explicar como o Homem passou a usar roupas. O uso de roupas era meramente uma manifestação externa do novo "conhecimento". A aquisição de tal tipo de "conhecimento", e a tentativa da Divindade de privar o Homem dele, são os temas centrais dos eventos.

Enquanto ainda não foi encontrada uma contraparte mesopotâmica do conto bíblico, resta pouca dúvida de que o conto – como todo o material bíblico relacionado à Criação e Pré-História do Homem – era de origem suméria. Temos o local: a Morada dos Deuses na Mesopotâmia. Temos o intrigante jogo de palavras com o nome de Eva ("ela da vida", "ela da costela"). E temos duas árvores vitais, a Árvore do Conhecimento e a Árvore da Vida, tal como na morada de Anu.

Até as palavras da Divindade refletem uma origem suméria, pois a Divindade única hebraica deslizou novamente para o plural, dirigindo-se aos colegas divinos que eram destacados não na Bíblia, mas nos textos sumérios:

Então a Divindade Yahweh disse:
"Olhai, o Adão se tornou um de nós,
conhecedor do bem e do mal.
E agora ele não poderá mais estender a sua mão
E querer participar também da Árvore da Vida,
e comer, e viver para sempre?"
E a Divindade Yahweh expulsou o Adão
do pomar do Éden.

Como muitas descrições sumérias antigas mostram, houve um tempo em que o Homem, sendo um Trabalhador Primitivo, serviu seus Deuses totalmente nu. Ele andava nu quer servisse comida e bebida aos Deuses, ou trabalhasse nos campos ou nas obras de construção. (Fig. 154, 155)

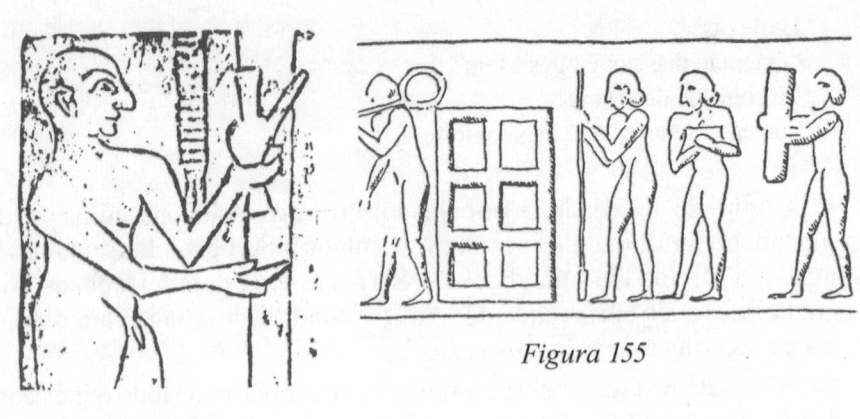

Figura 154

Figura 155

A implicação clara é que o *status* do Homem frente aos Deuses não era muito diferente dos animais domesticados. Os deuses tinham meramente aperfeiçoado um animal existente para suprir suas necessidades. A falta de "conhecimento", então, significava que, nu como o animal, o novo ser modelado se envolvia em sexo como, ou com, os animais? Algumas descrições antigas indicam que esse foi de fato o caso. (Fig. 156)

Figura 156

Textos sumérios, como o "Épico de Gilgamesh", sugerem que a maneira da relação sexual de fato criava uma distinção clara entre o homem-selvagem e o Homem-homem. Quando o povo de Uruk resolveu civilizar o selvagem Enkidu – "o bárbaro das profundezas das estepes" – eles recorreram aos serviços de uma "garota agradável", que foi enviada para se encontrar com Enkidu perto do poço onde ele costumava se relacionar com vários animais e, lá, oferecer-lhe a sua "maturidade".

Pelo que o texto sugere, o ponto de virada no processo de "civilização" de Enkidu foi a rejeição que ele sofreu *pelos* animais com quem convivia. O povo de Uruk disse à garota que era importante que ela continuasse a tratá-lo com "a tarefa da mulher" até que "os animais selvagens, que cresceram na sua estepe, o rejeitassem". Fazer com que Enkidu se afastasse da sodomia era um pré-requisito para que se tornasse humano.

> A jovem liberou seus seios, desnudou seu íntimo,
> e ele possuiu sua maturidade (...)
> Ela o tratou, o selvagem,
> com a tarefa de mulher.

Aparentemente, a estratégia funcionou. Após seis dias e sete noites, "depois de preencher os encantos dela", ele se lembrou de seus antigos colegas.

> Ele voltou seus olhos para as bestas selvagens; mas
> Ao verem-no as gazelas fugiram.
> As bestas selvagens da estepe
> Afastaram-se do seu corpo.

A narrativa é explícita. A relação sexual humana gerou uma profunda mudança em Enkidu, que até os animais com quem ele convivia "afastaram-se do seu corpo". Eles simplesmente não fugiram; eles evitaram o contato físico com ele.

Atônito, Enkidu ficou imobilizado por algum tempo, "pois suas bestas selvagens tinham ido embora". Mas a mudança não era algo para se arrepender, como o antigo texto explica:

> Agora ele tinha a visão, ampla compreensão (...)
> A prostituta diz a ele, a Enkidu:
> "Tu és conhecedor, Enkidu;
> Tu te tornaste como um deus!"

As palavras nesse texto mesopotâmico são quase idênticas àquelas do conto bíblico de Adão e Eva. Como a Serpente previu, ao partilhar da Árvore do Conhecimento, eles se tornaram – em termos sexuais – "como uma Divindade – conhecedores do bem e do mal".

Se isso significava apenas que o Homem tinha de reconhecer que fazer sexo com animais era primitivo ou perverso, por que Adão e Eva foram punidos por desistirem da sodomia? O Antigo Testamento está repleto de advertências contra a sodomia e é inconcebível que o aprendizado de uma virtude fosse motivo para a ira divina.

O "conhecimento" que o Homem conquistou contra a vontade da Divindade – ou de uma das divindades – devia ter sido de uma natureza bem mais profunda. Era algo bom para o Homem, mas era algo que seus criadores não desejavam que ele tivesse.

Temos de ler, cuidadosamente, nas entrelinhas da maldição lançada contra Eva para entender o significado do evento:

> E para a mulher Ele disse:
> "Eu multiplicarei muito o teu sofrimento
> com tua gravidez.
> Com sofrimento darás à luz aos filhos,
> ainda assim ao teu companheiro será teu desejo" (...)
> E o Adão chamou sua esposa de "Eva",
> pois ela era a mãe de todos os que viveram.

Esse é, de fato, o evento mais importante que o conto bíblico nos transmite: enquanto Adão e Eva careciam de "conhecimento", eles viviam no Jardim do Éden sem descendente algum. A partir do momento em que conquistaram o "conhecimento", Eva ganhou o dom (e a dor) de engravidar e gerar filhos. Somente após o casal ter adquirido esse "conhecimento", "Adão re*conheceu* Eva como sua esposa e ela concebeu e deu à luz a Caim".

Ao longo do Antigo Testamento, o termo "conhecer" é usado para denotar relação sexual, a maioria das vezes entre um homem e sua esposa, com o propósito de conceber filhos. O conto de Adão e Eva no Jardim do Éden é a história de um passo crucial no desenvolvimento do Homem: *a aquisição da capacidade de procriar.*

Que os primeiros seres representativos do *Homo sapiens* eram incapazes de se reproduzir não deveria ser surpresa alguma. Qualquer que tenha sido o método que os nefilins usaram para injetar alguns de seus materiais genéticos na composição biológica dos hominídeos que selecionaram para esse propósito, o novo ser era um híbrido, um cruzamento entre duas espécies diferentes e possivelmente relacionadas. Como uma mula (um cruzamento entre uma égua e um burro), tais mamíferos híbridos são estéreis. Através da inseminação artificial e métodos mais sofisticados de engenharia biológica, podemos produzir quantas mulas quisermos, mesmo sem que haja uma relação sexual entre o burro e a égua; mas nenhuma mula é capaz de procriar e gerar outra mula.

Os nefilins estavam, a princípio, simplesmente produzindo "mulas humanas" para satisfazer suas necessidades?

Nossa curiosidade é aguçada por uma cena retratada em uma rocha descoberta nas montanhas ao sul de Elã. Ela mostra uma divindade sentada segurando um frasco de "laboratório" com líquidos fluindo – uma descrição familiar de Enki. Uma Grande Deusa está sentada ao seu lado, uma pose que indica que se trata de uma companheira de trabalho, e não de uma esposa; ela não poderia ser outra pessoa senão Ninti, a Deusa Mãe ou a Deusa do Nascimento. Os dois são flanqueados por Deusas inferiores – reminiscentes das Deusas do nascimento dos contos da Criação. Diante desses criadores do Homem se encontram várias filas enormes de seres humanos, cuja característica sobressalente é que são todos semelhantes uns aos outros – como produtos de um mesmo molde. (Fig. 157)

Nossa atenção se volta de novo ao conto sumério dos machos e fêmeas imperfeitos que foram criados, inicialmente, por Enki e pela Deusa Mãe; seres que eram assexuados ou incompletos sexualmente. Esse texto não lembra a primeira fase da existência do Homem híbrido – um ser à semelhança e imagem dos Deuses, mas sexualmente incompleto: carente de "conhecimento"?

Figura 157

Depois que Enki conseguiu produzir um "modelo perfeito", Adapa/Adão, as técnicas de "produção em massa" são descritas nos textos sumérios: o transplante do óvulo geneticamente tratado é colocado na "linha de produção" das Deusas do nascimento com o conhecimento adquirido de que metade deveria produzir machos, e a outra metade, fêmeas. Isso não fala apenas da técnica pela qual o Homem híbrido foi "manufaturado"; implica, também, que o Homem não podia procriar por si próprio.

A incapacidade dos híbridos de procriar, descobriu-se recentemente, deriva de uma deficiência nas células reprodutoras. Enquanto todas as células contêm apenas um grupo de cromossomos hereditários, o Homem e outros mamíferos são capazes de se reproduzir porque suas células sexuais (o esperma masculino e o óvulo feminino) contêm dois grupos de cada. Mas essa característica única é algo que falta nos híbridos. Pesquisas recentes estão em andamento, a partir da engenharia genética, para fornecer híbridos com esse conjunto de cromossomos duplos em células reprodutivas, transformando-as em células sexualmente "normais".

Será que foi isso que o Deus cujo epíteto era "A Serpente" realizou para a Humanidade?

A Serpente bíblica certamente não era uma literal e rastejante cobra – visto que podia conversar com Eva, sabia a verdade sobre o assunto do "conhecimento" e tinha um *status* elevado, visto que expôs, sem hesitação, a divindade como uma mentirosa. Recordamos que, em todas as tradições antigas, a divindade principal combateu uma Serpente adversária – um conto cujas raízes remontam, sem dúvida, aos deuses sumérios.

O conto bíblico revela muitos traços de sua origem suméria, incluindo a presença de outras divindades: "O Adão se tornou como um de *nós*". A possibilidade dos antagonistas bíblicos – a Divindade e a Serpente – representarem Enlil e Enki parece totalmente plausível para nós.

Seu antagonismo, como já descobrimos, teve início durante a transferência do comando da Terra para Enlil, embora Enki fosse o verdadeiro pioneiro. Enquanto Enlil permaneceu no confortável Centro de Controle da Missão, em Nippur, Enki fora enviado para organizar as operações de mineração no Mundo Inferior. O motim dos anunnakis foi direcionado contra Enlil e seu filho Ninurta; o Deus que falou em nome dos amotinados era Enki. Foi ele que sugeriu e levou a cabo a criação dos Trabalhadores Primitivos; Enlil teve de recorrer ao uso da força para obter algumas dessas criaturas maravilhosas. Da forma como os textos sumérios registraram o curso dos eventos humanos, Enki surge, geralmente, como o protagonista da Humanidade, ao passo que Enlil aparece como seu rígido disciplinador, senão o seu absoluto antagonista. O papel de uma divindade que deseja manter os novos humanos sexualmente oprimidos, e de uma divindade disposta e capaz de conferir o fruto do "conhecimento" à Humanidade se encaixa perfeitamente na postura de Enlil e Enki.

Novamente, o jogo de palavras sumérias e bíblicas surge em nosso auxílio. O termo bíblico para "Serpente" é *nahash*, que significa "cobra". Mas a palavra deriva da raiz NHSH, que significa "decifrar, descobrir"; logo, esse *nahash* também pode significar "aquele que pode decifrar, aquele que descobre coisas", um epíteto que se encaixa a Enki, o cientista chefe, o Deus do Conhecimento dos nefilins.

Estabelecendo paralelos entre o conto mesopotâmico de Adapa (aquele que obteve "conhecimento", mas que fracassou em obter a vida eterna) e o destino de Adão, S. Langdon (*Semitc Mythology*) reproduziu um quadro desenterrado na Mesopotâmia que sugere fortemente o conto bíblico: uma serpente enrolada em uma árvore, apontando para o seu fruto. Os símbolos celestes são significativos: bem acima está o Planeta do Cruzamento, que representava Anu; próximo à serpente está a Lua crescente, que representava Enki. (Fig. 158)

O mais importante para as nossas descobertas é o fato de que, nos textos mesopotâmicos, o Deus que eventualmente concederia o "conhecimento" a Adapa, não era outro senão Enki:

Ampla compreensão ele aperfeiçoou para ele (...)
Sabedoria [ofereceu a ele]
A ele, deu o Conhecimento;
A Vida Eterna, não lhe concedeu.

Um conto ilustrado, gravado em um selo cilíndrico encontrado em Mari, pode muito bem ter sido uma antiga ilustração da versão mesopotâmica do conto do Gênesis. A gravura mostra um grande deus sentado em um local elevado, sobressaindo das ondas de água – uma descrição óbvia de Enki. Serpentes surgindo das águas se projetam em cada lado do seu "trono".

Flanqueando essa figura central se encontram dois Deuses parecidos com árvores. O da direita, cujos galhos têm o formato de pênis nas extremidades, segura uma tigela que presumivelmente contém o Fruto da Vida. O outro, da esquerda, cujos galhos têm o formato de vagina nas extremidades, oferece ramos frutíferos representando a Árvore do "Conhecimento" – a dádiva divina da procriação.

Posicionado ao lado encontra-se outro Grande Deus; sugerimos que se tratava de Enlil. Sua ira com Enki é evidente. (Fig. 159)

Talvez nunca saibamos o que gerou esse "conflito no Jardim do Éden". Mas, quaisquer que tenham sido os motivos de Enki, ele teve êxito no aperfeiçoamento do Trabalhador Primitivo e na criação do *Homo sapiens*, que pôde gerar seus próprios descendentes.

Depois que o Homem adquiriu o "conhecimento", o Antigo Testamento deixa de se referir a ele como "*o* Adão", e passa a adotar o sujeito *Adão*, uma pessoa específica, o primeiro patriarca da linhagem do povo que é de interesse da Bíblia. No entanto, esse amadurecimento da Humanidade também marcaria uma discórdia entre Deus e o Homem.

A divisão dos caminhos, com o Homem deixando de ser um tolo servo dos Deuses, mas uma pessoa que cuidava de si mesma, é retratada no Livro do Gênesis, não como uma decisão tomada pelo próprio Homem, mas como uma punição imposta pela Divindade: a fim de que o Terráqueo não adquira a capacidade de escapar da mortalidade, ele deverá ser expulso do Jardim do Éden. De acordo com essas fontes, a existência independente do Homem não começou no sul da Mesopotâmia, onde os nefilins haviam fundado suas cidades e pomares, e sim ao leste, na Cordilheira de Zagros: "E ele expulsou o Adão e fez com que fosse habitar ao leste do Jardim do Éden".

Logo, mais uma vez a informação bíblica corrobora com as descobertas científicas: a cultura humana começou nas regiões montanhosas que fazem fronteira com a planície mesopotâmica. É uma pena que a narrativa bíblica seja tão breve, visto que trata do que foi a primeira vida civilizada do Homem na Terra.

Atirado para fora da Morada dos Deuses, condenado a uma vida de mortal, mas apto para procriar, o Homem seguiu seu caminho fazendo exatamente isso. O primeiro Adão, cujas gerações eram de interesse da Bíblia, "sabia" que sua esposa era Eva, e ela lhe gerou um filho, Caim, que lavrava a terra. Em seguida, Eva deu à luz a Abel, que era um pastor. Dando pistas da homossexualidade como a causa, a Bíblia relata que "Caim se ergueu contra seu irmão Abel e o matou".

Figura 158

Figura 159

Temendo por sua vida, Caim receberia um sinal protetor da Divindade, e fora ordenado para que se mudasse para bem longe, ao leste. Levando, no princípio, uma vida nômade, ele finalmente se estabeleceria na "Terra da Migração, bem ao leste do Éden". Lá, ele teve um filho que chamou de Enoque ("inauguração"), "e construiu uma cidade, e deu à cidade o mesmo nome de seu filho". Enoque, por sua vez, teve filhos, netos e bisnetos. Na sexta geração depois de Caim, nasceu Lameque; seus três filhos são considerados na Bíblia como os geradores da civilização: Jabal "foi o pai daqueles que viviam em tendas e cuidavam do gado"; Jubal "foi o pai de todos que tocavam a lira e a harpa"; Tubal-Caim foi o primeiro ferreiro.

Mas Lameque, como seu antepassado Caim, também se envolveria em assassinato – dessa vez de um homem e de uma criança. É seguro presumir que as vítimas não eram pessoas estranhas e humildes, visto que o Livro do Gênesis insiste no relato do incidente, considerando-o como um momento decisivo na linhagem de Adão. A Bíblia relata que Lameque reuniu suas duas esposas, mães de seus três filhos, e confessou a elas o duplo homicídio, declarando, "Se Caim foi sete vezes vingado, Lameque será setenta e sete vezes mais". Essa declaração pouco compreendida deve ser vista como um assunto ligado à sucessão; vemos isso como uma confissão feita por Lameque às suas esposas, com a esperança de que a maldição de Caim fosse redimida pela sétima geração (a geração de seus filhos), mas não deu em nada. Agora uma nova maldição, que irá durar muito mais, havia sido imposta na casa de Lameque.

Confirmando que o evento está relacionado com a linha de sucessão, os seguintes versos nos avisam sobre o estabelecimento imediato de uma nova linhagem mais pura:

> E Adão conheceu sua esposa de novo
> e ela gerou um filho
> e deu a ele o nome de Seth ["fundação"]
> pois a Divindade criou para mim
> outra semente no lugar de Abel, aquele que Caim matou.

O Antigo Testamento, nesse ponto, perde todo o interesse na linhagem manchada de Caim e Lameque. A continuação do conto sobre os eventos humanos, daqui para frente, passa a se concentrar na linhagem de Adão por meio de seu filho Seth, e do primogênito de Seth, Enos, cujo nome recebeu uma conotação genérica de "ser humano", em hebraico. "Foi então", o Gênesis nos informa, "que começou a ser invocado o nome da Divindade".

Essa declaração enigmática tem confundido os teólogos e acadêmicos bíblicos ao longo dos anos. Ela é seguida por um capítulo que oferece a genealogia de Adão, por meio de Seth e Enos, por dez gerações até chegar a Noé, o herói do Dilúvio.

Os textos sumérios, que descrevem as primeiras fases quando os Deuses estavam sozinhos na Suméria, relatam com uma precisão similar a vida dos humanos nesse mesmo lugar, mas em um período posterior, que antecedia ao Dilúvio. A história suméria (e original) do Dilúvio apresenta como o seu "Noé" um "Homem de Shuruppak", a sétima cidade estabelecida pelos nefilins quando aterrissaram na Terra.

Então, em um determinado momento, aos seres humanos – banidos do Éden – foi permitido retornar à Mesopotâmia, para viverem junto com os Deuses, para servi-los e venerá-los. Quando interpretamos a afirmação bíblica, vemos que isso aconteceu na época de Enos. Foi, então, que os Deuses permitiram que a Humanidade voltasse à Mesopotâmia para servi-los "e convocar o nome da Divindade".

Ansioso por chegar ao próximo evento épico na saga humana, o Dilúvio, o Livro do Gênesis fornece poucas informações além dos nomes dos patriarcas que vieram depois de Enos. No entanto, o significado de cada nome de patriarca pode indicar os eventos que ocorreram durante suas vidas.

O filho de Enos, a partir do qual a linhagem pura continuou, era Cainã ("pequeno Caim"); alguns acadêmicos consideram que o nome significa "ferreiro". O filho de Cainã foi Maalalel ("orador de Deus"). Ele foi sucedido por Jarede ("aquele que desceu"); seu filho foi Enoque ("o consagrado") que, com 365 anos de idade, foi levado às alturas pela Divindade. Entretanto, 300 anos antes, aos 65 anos de idade, Enoque teve um filho chamado Matusalém; muitos acadêmicos, seguindo Lettia D. Jeffreys (*Ancient Hebrew Names: Their Significance and Historical Value*) traduziram Matusalém como o "homem do míssil".

O filho de Matusalém foi chamado de Lameque, significando "aquele que foi humilhado". E Lameque teve Noé ("repouso"), dizendo: "Que este nos conforte com o nosso trabalho e o sofrimento de nossas mãos causado pela terra que a divindade amaldiçoou".

Ao que parece, a Humanidade passava por grandes privações na época em que Noé nasceu. O trabalho árduo e o cansaço não o levavam a lugar algum porque a Terra, que deveria sustentá-los, estava amaldiçoada. O palco estava montado para o Dilúvio – o evento mais grave que varreria da face da Terra não apenas a raça humana, mas toda a vida na terra e nos céus.

> E a Divindade viu que a perversidade do Homem
> era grande na terra,
> e que cada desejo em seu coração e mente
> era apenas para o mal, todos os dias.
> E a Divindade arrependeu-se de ter feito o Homem
> sobre a terra, e Seu coração se entristeceu.
> E a Divindade disse:
> "Extinguirei os Terráqueos que criei
> da face da Terra".

Essas são acusações graves apresentadas como justificativas para medidas tão drásticas para "acabar com toda a carne". No entanto, elas carecem de especificidade, e tanto os acadêmicos como os teólogos não encontram respostas satisfatórias quanto aos pecados ou "violações" que poderiam ter perturbado a Divindade dessa forma.

O uso repetitivo do termo *carne*, tanto nos versos acusatórios como nas proclamações de julgamento, sugere, é claro, que as corrupções e violações estavam ligadas à carne. A Divindade entristeceu-se com o nocivo "desejo dos pensamentos do Homem". Ao que parece, o Homem ao descobrir o sexo, havia se tornado um maníaco sexual.

Mas, é difícil de aceitar que a Divindade decidiria varrer a Humanidade da face da Terra simplesmente porque os homens faziam muito sexo com suas esposas. Os textos mesopotâmicos falam com eloquência e abertamente sobre sexo e relações físicas entre os Deuses e suas companheiras; do amor ilícito entre uma donzela e seu amante; do amor violento (como aquele em que Enlil estuprou Ninlil). Há uma profusão de textos que descrevem o relacionamento amoroso e relações sexuais reais entre os deuses – com suas parceiras oficiais ou com concubinas não oficiais, com suas irmãs e filhas, e até netas (fazer amor com essas últimas era o passatempo favorito de Enki). Tais Deuses dificilmente deveriam se voltar contra a Humanidade por se comportar como eles mesmos faziam.

Descobrimos que o motivo da Divindade não estava meramente relacionado com a moralidade humana. A crescente indignação foi causada por uma disseminação da degradação dos próprios Deuses. Visto sob esse prisma, o significado dos desconcertantes versos de abertura do Gênesis 6 torna-se claro:

E aconteceu,
Quando os Terráqueos começaram a se multiplicar
sobre a face da Terra,
e lhes nascerem filhas,
e os filhos das divindades
viram as filhas dos Terráqueos
e que eles eram compatíveis,
e tomaram para si mesmos
esposas as quais escolhiam.

Como esses versos deixam claro, foi quando os filhos dos Deuses começaram a se envolver sexualmente com as descendentes dos Terráqueos que a Divindade gritou, "Basta!"

E a Divindade disse:
"Meu espírito não protegerá o Homem para sempre;
Tendo se extraviado, ele é apenas carne".

A afirmação continuou enigmática durante milênios. Lida à luz de nossas conclusões relacionadas com a manipulação genética colocada em jogo na criação do Homem, os versos transmitem uma mensagem aos nossos próprios cientistas. O "espírito" dos Deuses – seu aperfeiçoamento genético da Humanidade – começou a deteriorar-se. A Humanidade se "extraviou" ao voltar a ser "apenas carne" – próxima de suas origens animal e primata.

Podemos, agora, compreender a ênfase colocada no Antigo Testamento, na distinção entre Noé, "um homem justo (...) puro em suas genealogias" e "toda a terra que estava corrompida". Ao se misturar no casamento com homens e mulheres com pureza genética decadente, os Deuses estavam se sujeitando também à deterioração. Ao indicar que apenas Noé continuou geneticamente puro, o conto bíblico justifica a contradição da Divindade: tendo justamente decidido varrer toda a vida da face da Terra, ele decidiu salvar Noé e seus descendentes, "todos os animais limpos" e outras bestas e aves, "para manter a semente viva sobre a face de toda a Terra".

O plano da Divindade para desfazer seu próprio propósito inicial foi alertar Noé sobre a catástrofe que se aproximava e orientá-lo na construção de uma arca marítima, que pudesse carregar as pessoas e as criaturas que seriam salvas. O aviso foi transmitido a Noé com apenas sete dias de antecedência. De alguma forma, ele conseguiu construir a arca e impermeabilizá-la, reuniu todas as criaturas e levou-as a bordo junto com sua família, e abasteceu a arca com provisões para o tempo determinado. "E aconteceu, depois dos sete dias, as águas do Dilúvio estavam sobre a terra." As próprias palavras da Bíblia descrevem melhor o que aconteceu:

> Naquele dia,
> todas as fontes da grande profundeza se abriram com força
> e os fluxos de água dos céus foram abertos (...)
> E o Dilúvio durou quarenta dias na Terra,
> e as águas subiram, e ergueram a arca.
> E as águas tornaram-se mais fortes
> e aumentaram muito sobre a terra,
> e a arca flutuou sobre as águas.
> E as águas tornaram-se extremamente fortes sobre a
> terra e todas montanhas elevadas ficaram cobertas,
> aquelas que estão sob todos os céus:
> quinze cúbitos acima delas a água prevaleceu,
> e as montanhas foram cobertas.
> E toda a carne pereceu (...)
> O homem, o gado, os seres rastejantes
> e os pássaros dos céus
> foram varridos da Terra;
> e apenas Noé foi deixado,
> e todos aqueles que estavam com ele na arca.

As águas prevaleceram 150 dias sobre a Terra, quando a Divindade

> fez um vento soprar na Terra,
> e as águas se acalmaram.
> E as fontes das profundezas foram represadas,
> como também os fluxos de água dos céus;

e a chuva dos céus foi interrompida.
E as águas começaram a recuar sobre a Terra,
vindo e indo.
E depois de cento e cinquenta dias,
as águas estavam menores;
e a arca repousou nos Montes de Ararat.

De acordo com a versão bíblica, a provação da Humanidade começou "no sexcentésimo ano da vida de Noé, no segundo mês, no 17º dia do mês". A arca repousou nos Montes de Ararat "no sétimo mês, no 17º dia do mês". A elevação das águas e seu gradual "recuo" – suficiente para baixar o nível das águas para que a arca repousasse nos picos do Ararat – durou então um total de cinco meses completos. Em seguida, "as águas continuaram a diminuir, até que os picos das montanhas" – e não dos elevados picos do Ararat – "podiam ser avistados no 11º dia do décimo mês", cerca de três meses depois.

O Noé esperou outros 40 dias. Então, enviou um corvo e uma pomba "para ver se as águas haviam cedido da superfície do solo". Na terceira tentativa, a pomba retornou trazendo uma folha de oliveira no bico, indicando que as águas tinham recuado o suficiente para que as copas das árvores pudessem ser vistas. Passado algum tempo, Noé enviou a pomba novamente, "mas, ela não retornou". O Dilúvio havia acabado.

E Noé removeu a cobertura da Arca
e olhou, e contemplou:
a superfície da terra estava seca.

"No segundo mês, no 27º dia do mês, a terra secou." Era o sexcentésimo primeiro ano de Noé. A provação tinha durado um ano e dez dias.

Em seguida, Noé e todos aqueles que estavam com ele na arca saíram. E ele construiu um altar e fez sacrifícios no fogo à Divindade.

E a Divindade sentiu o cheiro atraente
e disse em seu coração:
"Não amaldiçoarei mais a terra seca
por conta dos Terráqueos;
pois o desejo de seu coração é perverso desde sua juventude".

O "final feliz" é tão cheio de contradições como a própria história do Dilúvio. Começa com uma longa acusação contra a Humanidade por suas várias abominações, incluindo a degradação da pureza de Deuses mais jovens. Uma decisão importante para que toda a carne perecesse foi tomada e parece ser totalmente justificável. Em seguida, a própria Divindade se apressa para, em apenas sete dias, garantir que a semente da Humanidade e de outras criaturas não pereça. Quando o trauma termina, a Divindade é atraída pelo cheiro de carne assando e, esquecendo-se de sua determinação inicial de pôr um fim à Humanidade, invalida tudo com uma desculpa, colocando a culpa nos desejos perversos do Homem na sua juventude.

Essas dúvidas irritantes sobre a veracidade da história, no entanto, são algo que nos dispersa quando percebemos que a narrativa bíblica não passa de uma versão editada da narrativa suméria original. Como em outras circunstâncias, a Bíblia comprimiu em uma Divindade os papéis desempenhados por vários Deuses, que nem sempre concordavam uns com os outros.

Enquanto as descobertas arqueológicas da civilização mesopotâmica e a decifração da literatura acadiana e suméria ainda não tinham vindo à tona, a história bíblica do Dilúvio permaneceu como a única apoiada apenas por esparsas mitologias primitivas encontradas ao redor do mundo. A descoberta do "Épico de Gilgamesh" colocou o conto do Dilúvio do Gênesis ao lado da mais antiga e venerável companhia, e seria, mais tarde, realçado pelas descobertas posteriores de textos e fragmentos mais antigos do original sumério.

O herói do relato mesopotâmico do Dilúvio era Ziusudra, em sumério (Utnapishtim, em acadiano), que foi levado depois do Dilúvio para a Morada Celestial dos Deuses para viver feliz para sempre. Em sua busca pela imortalidade, quando Gilgamesh finalmente chegou ao local, ele foi pedir conselho a Utnapishtim sobre a questão da vida e da morte. Utnapishtim revelou a Gilgamesh – e por meio dele para toda a Humanidade pós-diluviana – o segredo de sua sobrevivência, "um assunto oculto, um segredo dos Deuses" – a verdadeira história (assim por dizer) do Grande Dilúvio.

O segredo revelado por Utnapishtim era que, antes da ofensiva do Dilúvio, os Deuses se reuniram em conselho e votaram pela destruição da Humanidade. A votação e a decisão foram mantidas em segredo. Mas Enki foi à procura de Utnapishtim, o governante de Shuruppak, para informá-lo da calamidade que se aproximava. Adotando métodos clandestinos, Enki conversou com Utnapishtim atrás de uma tela de juncos. A princípio, suas revelações eram crípticas. Mas, depois, seu aviso e conselho foram expressos de forma clara:

> Homem de Shuruppak, filho de Ubar-Tutu:
> Derruba tua casa, constrói um navio!
> Doa teus bens, procura tua vida!
> Renega teus pertences, mantém tua alma viva!

A bordo do navio leva a semente de todas as coisas vivas;
No navio que tu construíres –
suas dimensões serão medidas.

Os paralelos com a história bíblica são evidentes: um Dilúvio está prestes a acontecer; um Homem é avisado com antecedência; ele deve se salvar preparando um barco construído especificamente para esse fim; ele deve levar com ele e salvar "a semente de todas as coisas vivas". Mesmo assim, a versão babilônica é mais plausível. A decisão de destruir e o esforço para salvar não são atos contraditórios da mesma e única Divindade, e sim atos de diferentes divindades. Além disso, a decisão de avisar com antecedência e salvar a semente do Homem é um ato desafiador de um Deus (Enki), agindo em segredo e contrariando a decisão conjunta dos outros Grandes Deuses.

Por que Enki arriscou desafiar os outros Deuses? Ele estaria apenas preocupado com a preservação de *suas* "incríveis obras de arte", ou agia contra o histórico de crescente rivalidade e animosidade entre ele e seu irmão Enlil?

A existência desse conflito entre os dois irmãos é realçada na história do Dilúvio.

Utnapishtim fez a pergunta óbvia a Enki: Como ele, Utnapishtim, explicaria aos outros cidadãos de Shuruppak a construção de um navio com um formato estranho e a renúncia de todos os seus bens? Enki o aconselhou:

Tu falarás deste modo para eles:
"Descobri que Enlil me hostiliza,
logo não posso residir em vossa cidade,
nem por os pés no território de Enlil.
Ao Apsu eu, portanto, deverei descer,
para habitar com meu Senhor Ea".

Portanto, a desculpa seria que, sendo seguidor de Enki, Utnapishtim não poderia mais viver na Mesopotâmia e estava construindo um barco no qual tinha a intenção de navegar até o Mundo Inferior (o sul da África, de acordo com nossas descobertas) para residir por lá com seu Senhor, Ea/Enki. Os versos a seguir sugerem que a região estava sofrendo com a seca ou fome; Utnapishtim (seguindo o conselho de Enki) devia assegurar aos residentes da cidade que se Enlil o visse partir, "a terra [novamente] voltaria a ter fartura com as riquezas da colheita". Essa desculpa faria sentido aos outros residentes da cidade.

Iludido, o povo da cidade nada questionou; na realidade até ajudou na construção da arca. Matando e servindo-lhes bois e ovelhas "todos os dias" e fartando-lhes com "mosto, vinho tinto, azeite e vinho branco", Utnapishtim estimulou-os para que trabalhassem mais rápido. Inclusive as crianças foram pressionadas a carregar betume para a impermeabilização.

"No sétimo dia o navio ficou pronto. O lançamento era muito difícil, então eles tiveram de deslocar as tábuas do piso de cima e de baixo, até que dois terços da estrutura já estivessem dentro da água" do Eufrates. Em seguida, Utnapishtim colocou toda a sua família e parentes a bordo do navio, levando junto "tudo que possuía de todas as criaturas vivas", assim como "os animais do campo e as bestas selvagens do campo". Os paralelos com o conto bíblico – incluindo o detalhe dos sete dias de construção – são claros. Indo um passo além de Noé, no entanto, Utnapishtim também conseguiu embarcar todos os artesãos que o ajudaram a construir o navio.

Ele mesmo deveria ir a bordo apenas quando recebesse um determinado sinal, cuja natureza Enki também revelara a ele: um "tempo determinado" que seria fixado por Shamash, a divindade responsável pelos foguetes inflamáveis. Esta foi a ordem de Enki:

"Quando Shamash que ordena o tremor ao crepúsculo
deixar cair uma chuva de erupções –
Embarque em teu navio, sele bem a entrada!

Ficamos pensando em qual seria a ligação entre esse aparente lançamento de um foguete espacial por Shamash e a chegada do momento em que Utnapishtim deveria subir a bordo de sua arca e se trancar dentro dela. Mas o momento chegou; o foguete espacial causou um "tremor ao crepúsculo"; houve uma chuva de erupções. E Utnapishtim "trancou todo o navio" e "entregou toda a estrutura com seus conteúdos" nas mãos de "Puzur-Amurri, o Barqueiro".

A tempestade chegou "com o primeiro raio da aurora". Houve um incrível trovão. Uma nuvem negra formou-se no horizonte. A tempestade derrubou os pilares das edificações e dos quebra-mares; em seguida, os diques cederam. Veio a escuridão, "transformando em trevas tudo o que era luz"; e "toda a terra estilhaçou-se como um pote".

Durante seis dias e seis noites a "tempestade do sul" soprou.

Ganhando velocidade enquanto soprava,
submergindo as montanhas,
surpreendendo o povo como em uma batalha (...)

Quando o sétimo dia chegou,
a tempestade do sul conduzindo a inundação
precipitou-se na batalha
que lutou como um exército.
O mar ficou silencioso,
a tempestade ficou estática,
o dilúvio cessou.
Eu olhei para o tempo.
O silêncio tomou conta do ar.
E toda a Humanidade retornou ao barro.

A vontade de Enlil e da Assembleia dos Deuses estava concluída.

Entretanto, sem que soubessem, o esquema de Enki também havia funcionado: flutuando nas tempestuosas águas havia uma embarcação carregando homens, mulheres, crianças e outras criaturas vivas.

Quando a tempestade acabou, Utnapishtim "abriu uma escotilha; a luz invadiu sua face". Ele olhou ao redor, "a paisagem estava tão nivelada como um teto plano". Curvando-se, ele sentou e chorou, "lágrimas rolando sobre minha face". Olhou ao redor em busca de uma linha costeira na extensão do mar; não encontrou nenhuma. Em seguida:

Ali emergiu uma região montanhosa;
No Monte da Salvação o navio foi parar;
O monte *Nisir* ["salvação"] segurou o navio com firmeza,
não permitindo o movimento.

Durante seis dias, Utnapishtim observou a arca imobilizada, presa nos picos do Monte da Salvação – os picos bíblicos de Ararat. Depois, como Noé, ele enviou uma pomba para procurar por um lugar de repouso, mas ela retornou. Uma andorinha voou e retornou. Em seguida, um corvo foi libertado – e voou, encontrando um lugar de repouso. Utnapishtim libertou, então, todos os pássaros e animais que estavam com ele e pisou do lado de fora. Construiu um altar "e ofereceu um sacrifício" – do mesmo modo que fizera Noé.

Mas, eis que, de novo, surge a diferença entre a única Divindade e as múltiplas divindades. Quando Noé ofereceu um sacrifício no fogo, "Yahweh sentiu o cheiro atraente"; mas, quando Utnapishtim ofereceu um sacrifício, "os Deuses sentiram o cheiro do sabor, os Deuses sentiram o cheiro do doce aroma. Os Deuses se juntando como moscas ao redor do sacrificado".

Na versão do Gênesis, foi Yahweh que jurou nunca mais destruir a Humanidade. Na versão babilônica, foi a Grande Deusa que jurou: "Eu não esquecerei (...) Sempre me lembrarei destes dias, esquecer-me deles, jamais".

Entretanto, esse não era o problema imediato. Pois, quando Enlil finalmente chegou ao local, não estava nem um pouco interessado na comida. Estava extremamente furioso ao descobrir que alguns haviam sobrevivido. "Algumas vivas almas escaparam? Nenhum homem deveria sobreviver à destruição!"

Ninurta, seu filho e herdeiro, imediatamente levantou o dedo de suspeita para Enki. "Quem, além de Ea, poderia tramar planos? Ea é o único que sabe de todos os assuntos." Longe de negar a acusação, Enki lançou um dos mais eloquentes discursos em defesa do mundo. Elogiando Enlil por sua própria sabedoria e sugerindo que ele, possivelmente, não poderia "faltar com a razão" – um realista –, Enki misturou negação com confissão. "Não fui eu quem revelou o segredo dos Deuses"; eu meramente permiti que um Homem, um homem "extremamente sábio", buscasse em sua própria sabedoria qual era o segredo dos Deuses. E, se, de fato, esse terráqueo é tão sábio, Enki sugeriu a Enlil, não ignoremos suas habilidades. "Agora, então, aconselhem-se em relação a ele!"

Tudo isso, relata o "Épico de Gilgamesh", era o "segredo dos Deuses" que Utnapishtim contou à Gilgamesh. Ele, em seguida, contou-lhe sobre o evento final. Tendo sido influenciado pelo argumento de Enki,

> Enlil em seguida subiu a bordo do navio.
> Segurando a minha mão, ele me levou a bordo.
> Ele levou minha esposa a bordo,
> fez com que ela se ajoelhasse ao meu lado.
> Parado diante de nós,
> ele tocou em nossas testas para nos abençoar;
> "Até então Utnapishtim não era outra coisa senão humano;
> de agora em diante Utnapishtim e sua esposa
> ficarão no meio de nós como Deuses.
> Utnapishtim residirá no Longínquo,
> na Boca das Águas!"

E Utnapishtim concluiu sua história a Gilgamesh. Depois que foi levado para residir no Longínquo, Anu e Enlil

> Deram-lhe vida, como a de um Deus,
> Elevaram-lhe à vida eterna, como um Deus.

Mas o que aconteceu à Humanidade, no geral? O conto bíblico termina com a afirmação de que a Divindade, então, permitiu e abençoou a Humanidade para que "crescesse e se multiplicasse". As versões mesopotâmicas da história do Dilúvio também terminam com versos que tratam da procriação da Humanidade. Os textos parcialmente deteriorados falam do estabelecimento de "categorias" humanas:

> (...) Que haja uma terceira categoria entre os Humanos:
> Que haja entre os Humanos.
> Mulheres que concebem, e mulheres que não concebem.

Havia, aparentemente, novas diretrizes para a relação sexual:

> Regulamentos para a raça humana:
> Que o homem (...) para a jovem donzela (...)
> Que a jovem donzela (...)
> O jovem para a jovem donzela (...)
> Quando a cama for montada,
> que a esposa e seu marido deitem juntos.

Enlil foi derrotado pela estratégia. A Humanidade foi salva e permitida a procriar. Os Deuses liberaram a Terra para o Homem.

14
Quando os Deuses Fugiram da Terra

QUE DILÚVIO FOI ESSE, cujas enfurecidas águas varreram a Terra?

Alguns explicam o Dilúvio em termos de inundações anuais na Planície do Tigre-Eufrates. Supõe-se que uma dessas inundações deve ter ocorrido de forma particularmente severa. Campos e cidades, homens e animais foram arrastados pelas crescentes águas; e povos primitivos, vendo o evento como sendo uma punição dos Deuses, passaram a propagar a lenda do Dilúvio.

Em um de seus livros, *Excavations at Ur, sir* Leonard Woolley relata como, em 1929, enquanto estava prestes a concluir o trabalho no Cemitério Real de Ur, os operários desceram em um pequeno poço nas proximidades do monte, escavando em meio à cerâmica quebrada e tijolos esmigalhados. Um metro abaixo, eles alcançaram um nível de lama enrijecida – geralmente o solo marcando o ponto onde a civilização havia se iniciado. Mas será que um milênio de vida urbana havia deixado apenas um metro de camada arqueológica? *Sir* Leonard orientou os operários para que escavassem mais fundo. Eles desceram mais um metro, e depois outro metro e meio. Eles ainda encontravam "solo virgem" – lama sem traços de habitação humana. Mas, depois de escavarem cerca de três metros e meio a lama seca e sedimentada, os operários chegaram a uma camada contendo peças quebradas de cerâmica verde e instrumentos de pedra. Uma civilização mais antiga havia sido enterrada abaixo de três metros e meio de lama!

Sir Leonard pulou dentro do fosso e examinou a escavação. Ele chamou os ajudantes para pedir suas opiniões. Nenhum deles encontrou uma teoria plausível. Então, a esposa de *sir* Leonard comentou quase de forma casual, "Bem, é claro, é o Dilúvio!".

Outras delegações arqueológicas à Mesopotâmia, no entanto, duvidaram dessa incrível intuição. A camada de lama que não apresentava traços de habitação indicava uma inundação; mas, enquanto os depósitos de Ur e de al'Ubaid sugeriam que houve uma inundação entre 3500 e 4000 a.C., em um depósito similar desenterrado posteriormente, em Kish, estimou-se ter ocorrido por volta de 2800 a.C. A mesma data (2800 a.C.) foi estimada como sendo da camada de lama encontrada em Ereque e em Shuruppak, a cidade do Noé sumério. Em Nínive, a uma profundidade de 18 metros, os escavadores encontraram nada menos que 13 camadas alternadas de lama e areia de rio, datando entre 4 e 3000 a.C.

Portanto, a maioria dos acadêmicos acredita que Woolley encontrou traços de diversas inundações locais – de ocorrências frequentes na Mesopotâmia, onde chuvas torrenciais ocasionais e cheias dos dois grandes rios e suas contínuas mudanças de curso causaram tais devastações. Os acadêmicos concluíram que as variadas camadas de lama não se relacionavam com a calamidade desse evento pré-histórico monumental que deve ter sido o Dilúvio.

O Antigo Testamento é uma obra-prima por sua brevidade e precisão literária. As palavras são sempre bem escolhidas para expressar significados precisos; os versículos vão direto ao ponto; sua ordem segue de forma resoluta; sua extensão não vai além do necessário. É importante enfatizar que toda a história da Criação, desde a expulsão de Adão e Eva do Jardim do Éden, é contada em 80 versículos. O registro completo de Adão e sua linhagem, mesmo quando contado de forma separada com a linhagem de Caim e as descendências de Seth e Enos, é conduzido em 58 versículos. Entretanto, o Grande Dilúvio mereceu nada menos que 87 versículos. Comparado com um padrão editorial, foi a "manchete do jornal". Não se tratou apenas de um evento local, foi uma catástrofe que afetou toda a Terra e toda a Humanidade. Os textos mesopotâmicos deixam claro que "os quatro cantos da Terra" foram afetados. Como tal, foi um marco crucial na pré-história da Mesopotâmia. Houve eventos, cidades e povos *antes* do Dilúvio; e eventos, cidades e povos *depois* do Dilúvio. Houve todas as proezas dos Deuses e de seu reino, que eles desceram do Céu *antes* do Grande Dilúvio e, é claro, o curso dos eventos divinos e humanos que ocorreram quando o reino foi novamente transferido à Terra *depois* do Grande Dilúvio. Foi o grande divisor do tempo.

Não são apenas as listas abrangentes de reis que fizeram menção ao Dilúvio, como também os textos relacionados aos reis individuais e seus ancestrais. Um deles, por exemplo, relacionado à Ur-Ninurta, relembra Dilúvio como um evento dos tempos remotos:

> Naquele dia, naquele remoto dia,
> Naquela noite, naquela remota noite,
> Naquele ano, naquele remoto ano –
> Quando o Dilúvio ocorreu.

O rei assírio Assurbanipal, um patrono das ciências que montou a enorme biblioteca de tábuas de argila em Nínive, expressou em uma de suas inscrições comemorativas que ele havia encontrado e na qual se podia ler "inscrições na pedra do período anterior ao Dilúvio". Um texto acadiano que trata de nomes e de suas origens explica que lista os nomes "dos reis do período anterior ao Dilúvio". Vários textos científicos citavam suas fontes como sendo de "antigas sagas do período anterior ao Dilúvio".

Não, o Dilúvio não foi um acontecimento local e nem uma inundação periódica. Foi, sem sombra de dúvidas, um evento que abalou a Terra com uma magnitude sem precedentes, uma catástrofe cujas dimensões nem o Homem e nem os Deuses haviam experimentado antes ou desde então.

*

Os textos bíblicos e mesopotâmicos que analisamos até agora deixam alguns enigmas para serem solucionados. Qual foi a provação sofrida pela Humanidade, no que diz respeito a Noé ser chamado de "Repouso", com a esperança que o seu nascimento sinalizasse o fim dos trabalhos árduos? Qual era o "segredo" que os Deuses juraram guardar, e o qual Enki foi acusado de revelar? Por que o lançamento de um veículo espacial em Sippar serviu de sinal para Utnapishtim entrar e selar a arca? Onde se encontravam os Deuses quando as águas cobriram os picos das montanhas mais elevadas? E por que eles ficaram tão comovidos com o sacrifício da carne assada oferecida por Noé/Utnapishtim?

À medida que progredimos em busca de respostas para essas e outras questões, veremos que o Dilúvio não foi uma punição premeditada provocada pelos Deuses por sua única e exclusiva vontade. Descobriremos que, embora o Dilúvio fosse um evento previsível, ele era inevitável; uma calamidade natural em que os Deuses não desempenharam um papel ativo, e sim passivo. Mostraremos também que o segredo que os Deuses juraram guardar se tratava de uma conspiração contra a Humanidade – esconder dos terráqueos a informação sobre a chegada da avalanche de águas para que, enquanto os nefilins se salvassem, a Humanidade perecesse.

Muito do nosso conhecimento cada vez maior sobre o Dilúvio e os eventos que o antecederam vêm do texto "Quando os Deuses, como os homens". Nele, o herói do "Épico de Gilgamesh", Enki chamou Utnapishtim "o extremamente sábio" – que em acadiano é *atra-hasis*.

Acadêmicos teorizaram que os textos em que Atra-Hasis é o herói podem se tratar de partes de uma história suméria do Dilúvio mais antiga. Com o passar do tempo, várias tábuas babilônicas, assírias, canaanitas e até sumérias originais foram descobertas, possibilitando uma grande remontagem do épico de Atra-Hasis, uma obra primorosa creditada principalmente a W. G. Lambert e A. R. Millard (*Atra-Hasis: The Babylonian Story of the Flood*).

Depois de descrever o trabalho árduo dos anunnakis, seu motim e a subsequente criação do Trabalhador Primitivo, o épico relata como o Homem (como também o conhecemos da versão bíblica) começou a procriar e a se multiplicar. Com o passar do tempo, a Humanidade começou a preocupar Enlil.

> A terra expandiu-se, o povo multiplicou-se;
> na terra, como touros selvagens, eles deitavam-se.
> O Deus ficou perturbado com suas conjugações;
> o Deus Enlil ouviu seus pronunciamentos,
> e disse aos grandes Deuses:
> "Opressivos tornaram-se os pronunciamentos da Humanidade;
> suas conjugações privam-me do sono".

Uma vez mais surgindo como o promotor público contra a Humanidade, Enlil ordenou então um castigo. Agora, deveríamos ler sobre a chegada do Dilúvio. Mas não ainda. Surpreendentemente, Enlil nem sequer mencionava um Dilúvio ou qualquer tipo de provação com águas. Em vez disso, ele pede a dizimação da Humanidade por meio de pestes e doenças.

As versões acadianas e assírias do épico falam de "dores, tonturas, calafrios, febre", como também "doença, enfermidade, praga e peste" afligindo a Humanidade e seus rebanhos; era o que Enlil exigia como castigo. Mas o plano de Enlil não funcionou. "Aquele que era extremamente sábio" – Atra-Hasis era, por acaso, uma pessoa muito próxima de Enki – contando sua própria história, em algumas versões, ele diz: "Eu sou Atra-Hasis, eu vivia no templo de Ea, meu senhor". Com "sua mente alerta ao seu Senhor Enki", Atra-Hasis apelou para que ele desfizesse o plano de seu irmão Enlil:

> "Ea, Ó Senhor, a Humanidade geme;
> a ira dos Deuses consome a terra.

Ainda assim, foste tu que nos criaste!
Que cessem as dores, a tontura, os calafrios, a febre!"

Enquanto não forem encontradas mais peças das tábuas quebradas, não saberemos qual foi o conselho de Enki. Ele disse algo assim " (...) que apareça na terra". Seja lá o que foi, funcionou. Pouco depois, Enlil reclamou amargamente aos Deuses que "o povo não diminuiu em número; eles são mais numerosos do que antes!".

Ele, então, procedeu com o plano para a exterminação da Humanidade pela fome. "Que os suprimentos sejam cortados do povo; que suas barrigas anseiem por frutas e vegetais!" A fome deveria ser alcançada mediante as forças naturais, pela falta de chuva e falhas na irrigação.

Que as chuvas do Deus da Chuva fiquem retidas nas alturas;
Abaixo, que as águas não brotem de suas fontes.
Que o sopro do vento resseque o solo;
Que as nuvens se avolumem, mas que retenham a chuva.

Até as fontes de alimentos do mar deveriam desaparecer: Enki fora ordenado a "fechar a tranca, bloquear o mar", e "manter" seu alimento longe do povo.
Logo a seca começou a espalhar a devastação.

Acima, o calor não era (...)
Abaixo, as águas não brotavam de suas fontes.
O ventre da terra não gerava;
A vegetação não brotava (...)
Os negros campos tornaram-se brancos;
A vasta planície ficou saturada de sal.

A resultante fome causou a devastação entre as pessoas. As condições pioravam à medida que o tempo passava. Os textos mesopotâmicos falam de seis progressivos *sha-at-tam*'s devastadores – um termo que alguns traduzem como "anos", mas que, literalmente, significa "passagens" e, como a versão assíria deixa claro, "um ano de Anu":

Durante um *sha-at-tam* eles comeram o pasto da terra.
Durante o segundo *sha-at-tam* eles sofreram a vingança.
O terceiro *sha-at-tam* veio;
suas feições ficaram alteradas pela fome;

suas faces ficaram feito crostas (...)
eles estavam vivendo à beira da morte.
Quando o quarto *sha-at-tam* chegou,
suas faces pareciam esverdeadas;
eles caminhavam curvados nas ruas;
seus [ombros?] largos ficaram encolhidos.

Na quinta "passagem", a vida humana começou a se deteriorar. As mães trancavam as portas para suas próprias filhas famintas. As filhas espreitavam suas mães para ver se elas não tinham escondido qualquer comida.

Na sexta "passagem" o canibalismo correu desenfreado.

Quando o sexto *sha-at-tam* chegou
eles preparavam a filha para a refeição;
a criança eles preparavam como alimento (....)
Uma casa devorava a outra.

Os textos relatam a persistente intercessão que Atra-Hasis fazia com seu deus Enki. "Na casa de seu Deus (...) ele pôs os pés (...) todos os dias ele chorava, trazendo oferendas pela manhã (...) ele invocava o nome de seu Deus", buscando a ajuda de Enki para que revertesse a escassez.

No entanto, Enki parecia concordar com a decisão das outras divindades, visto que, à princípio, ele não reagia aos apelos. Era bem provável que ele até se escondesse de seu fiel venerador, saindo do templo e navegando em seus queridos pântanos. "Enquanto o povo estava vivendo à beira da morte", Atra-Hasis "montou seu leito de frente para o rio." Mas não havia resposta.

A visão de uma Humanidade se desintegrando, faminta e de pais comendo seus próprios filhos finalmente trouxe o inevitável: outro confronto entre Enki e Enlil. Na sétima "passagem", quando os homens e mulheres restantes eram "como fantasmas dos mortos", eles receberam uma mensagem de Enki. "Façam um grande barulho na terra", disse ele. Enviou mensageiros para ordenar a todo o povo: "Não reverencieis vossos Deuses, não oreis para suas Deusas". Era para que houvesse total desobediência!

Sob o manto dessa revolta, Enki planejou uma ação mais concreta. Os textos, um tanto fragmentados nesse ponto, revelam que ele havia convocado uma assembleia secreta de "anciãos" no seu templo. "Eles entraram (...) eles montaram o conselho na Casa de Enki." A princípio, Enki se exonerou, dizendo a eles como se opunha aos atos dos outros Deuses. Em seguida, ele esboçou um plano de ação; de algum modo, envolvia seu comando dos mares e do Mundo Inferior.

Podemos colher uns detalhes clandestinos do plano dos versos fragmentados: "na noite (...) depois que ele (...)" alguém deveria estar "à margem do rio" em uma determinada hora, talvez para aguardar o retorno de Enki do Mundo Inferior. De lá, Enki "traria os guerreiros das águas" – talvez, também, alguns dos terráqueos que eram Trabalhadores Primitivos nas minas. No horário marcado, as ordens foram dadas aos gritos: "Avante! (...) a ordem (...)"

Apesar das linhas perdidas, podemos juntar informações sobre o que aconteceu pela reação de Enlil. "Ele ficou furioso." Reuniu a Assembleia dos Deuses e enviou seu sargento militar para buscar Enki. Em seguida, ele levantou-se e acusou seu irmão de ter violado os planos de vigilância e detenção:

> Todos nós, Grandes Anunnakis,
> chegamos a uma decisão conjunta (...)
> E ordenei que o Pássaro do Céu
> Adad deveria proteger as regiões superiores;
> que Sin e Nergal deveriam proteger
> as regiões médias da Terra;
> que as trancas, o bloqueio do mar,
> tu [Enki] deverias proteger com teus foguetes.
> Mas tu liberaste as provisões para o povo!

Enlil acusou seu irmão de ter violado a "tranca do mar". Mas, Enki negou que isso acontecera com o seu consentimento:

> A tranca, o bloqueio do mar,
> Eu protegi com meus foguetes;
> [Mas] quando (...) escaparam de mim (...)
> uma miríade de peixes (...) desapareceu;
> eles quebraram a tranca (...)
> eles mataram os guardas do mar.

Ele alegou que pegara os culpados e que os punira, mas Enlil não ficou satisfeito. Ele exigiu que Enki "parasse de alimentar seu povo" e que não mais "fornecesse as rações de cereais que ajudam o povo a se desenvolver". A reação de Enki foi surpreendente:

> O Deus cansou-se de ficar sentado;
> na Assembleia dos Deuses,
> o riso tomou conta dele.

Podemos imaginar o pandemônio. Enlil estava furioso. Houve bate-bocas com Enki e gritaria. "Há injúria na mão dele!" Quando a ordem finalmente retornou à Assembleia, Enlil tomou o direito de fala novamente. Ele lembrou seus colegas e subordinados que a decisão havia sido unânime. Repassou os eventos que levaram à criação do Trabalhador Primitivo e relembrou as várias ocasiões em que Enki "violara as regras".

Mas ele disse que ainda havia uma oportunidade de aniquilar a Humanidade. Uma "inundação fatal" estava se formando. A catástrofe que se aproximava deveria ser mantida em segredo do povo. Ele convocara a Assembleia para que jurassem manter segredo e, mais importante ainda, para "obrigar o príncipe Enki a fazer o juramento".

> Enlil abriu sua boca para falar
> e discursou à Assembleia de todos os Deuses:
> "Venhamos, todos nós, e façamos o juramento
> relacionado à Inundação Fatal!"
> Anu foi o primeiro a jurar;
> Enlil jurou; seus filhos juraram com ele.

A princípio, Enki se recusou a fazer o juramento, "Por que me obrigam a fazer um juramento?" perguntou ele. "Devo erguer minhas mãos contra meus próprios humanos?" Mas, ele foi, finalmente, forçado a prestar juramento. Um dos textos afirma de forma específica: "Anu, Enlil, Enki e Ninhursag, os Deuses do Céu e da Terra prestaram juramento".

A sorte fora lançada.

*

Qual o juramento que ele foi obrigado a prestar? Como Enki escolheu interpretá-lo, ele jurou não revelar o segredo da chegada do Dilúvio ao povo; mas não teria como contá-lo a uma parede? Chamando Atra-Hasis ao templo, ele o fez ficar atrás de uma tela. Em seguida, Enki fingiu que não falava com seu devoto terráqueo, mas com a parede. "Tela de junco", disse ele,

> Presta atenção às minhas instruções.
> Em todas as habitações, sobre as cidades,
> uma tempestade varrerá.
> A destruição da semente da Humanidade será (...)
> Esta é a sentença final,

a palavra da Assembleia dos Deuses,
a palavra proferida por Anu, Enlil e Ninhursag.

(Esse subterfúgio explica a alegação posterior de Enki, quando o sobrevivente Noé/Utnapishtim foi descoberto, que ele não havia violado seu juramento – que o "extremamente sábio" [*atra-hasis*] terráqueo ficou sabendo do segredo do Dilúvio por si mesmo, ao interpretar corretamente os sinais.) Uma descrição no selo mostra um assistente segurando a tela, enquanto Ea – como Deus Serpente – revela o segredo à Atra-Hasis. (Fig. 160)

O conselho de Enki ao seu fiel servidor foi para que construísse uma embarcação aquática; mas, quando esse último disse, "eu nunca construí um barco (...) faze para mim um desenho no chão para que eu possa ver", Enki lhe forneceu as instruções precisas sobre o barco, suas medidas e sua construção. Repassado nas histórias da Bíblia, podemos imaginar essa "arca" como um barco enorme, com deques e superestruturas. No entanto, o termo bíblico – *teba* – deriva da raiz "submerso" e, com isso, devemos concluir que Enki instruiu o seu Noé a construir um barco submersível – um submarino.

Figura 160

O texto acadiano cita Enki demandando que o barco seja "coberto em cima e embaixo", hermeticamente selado com "piche resistente". Não era para ter convés nem aberturas, "para que o Sol jamais seja visto do interior". Era para ser um barco "como um barco de Apsu" um *sulili*; é exatamente o mesmo termo que se usa atualmente em hebraico (*soleleth*) para denotar submarino.

"Que o barco", disse Enki, "seja um MA.GUR.GUR" – "um barco que pode virar e tombar". Na realidade, somente um barco desse tipo poderia ter sobrevivido a uma poderosa avalanche de águas.

A versão de Atra-Hasis, como as outras, reitera que, apesar de a calamidade estar prevista para dali a sete dias, o povo não tinha consciência da sua aproximação. Atra-Hasis usou a desculpa de que a "embarcação de Apsu" estava sendo construída para que ele pudesse partir para a morada de Enki, e que, talvez dessa forma, conseguisse evitar a ira de Enlil. Esse pretexto foi prontamente aceito, visto que as coisas andavam muito mal. O pai de Noé tinha esperança de que o seu nascimento sinalizasse o final de um longo período de sofrimento. O problema do povo era a seca – a ausência de chuva, a falta de água. Quem em seu perfeito juízo iria imaginar que estariam todos prestes a perecer em uma avalanche de águas?

No entanto, se os humanos não podiam interpretar os sinais, os nefilins podiam. Para eles, o Dilúvio não se tratava de um evento repentino; embora fosse inevitável, eles detectaram a sua aproximação. Seu plano de destruir a Humanidade não se apoiava em um papel ativo dos Deuses, mas passivo. Eles não causaram o Dilúvio; simplesmente foram coniventes ao omitir dos terráqueos o fato de que ele se aproximava.

Portanto, cientes da iminente calamidade, e seu impacto global, os nefilins tomaram providências para salvar suas próprias peles. Com a Terra prestes a ser engolida pelas águas, eles tinham apenas um caminho a seguir para sua proteção: o céu. Quando a tempestade que antecedia o Dilúvio começou a soprar, os nefilins pegaram suas naves espaciais e permaneceram na órbita da Terra até as águas começarem a baixar.

O dia do Dilúvio, como veremos, foi o dia em que os Deuses fugiram da Terra.

O sinal que Utnapishtim tinha de observar, o qual indicava que devia se juntar aos outros na arca e selá-la, foi este:

Quando Shamash
que ordena o tremor ao crepúsculo
deixar cair uma chuva de erupções –
Embarque em teu navio,
sele bem a entrada!

Como já sabemos, Shamash era o responsável pela estação espacial em Sippar. Não há sombra de dúvida, em nossas mentes, que Enki instruiu Utnapishtim para que observasse pelo primeiro sinal de lançamentos espaciais em Sippar. Shuruppak, onde Utnapishtim vivia, ficava apenas a 18 *beru* (cerca de 180 quilômetros) ao sul de Sippar. Como os lançamentos iriam ocorrer ao anoitecer, não haveria problema para ver a "chuva de erupções" que os foguetes subindo "fariam cair".

Embora os nefilins estivessem preparados para o Dilúvio, sua aproximação era uma experiência assustadora: "o barulho do Dilúvio (...) fazia os Deuses tremerem". Mas, quando chegou o momento de deixar a Terra, os Deuses, "diminuindo de tamanho, ascenderam aos céus de Anu". A versão assíria de Atra-Hasis fala dos Deuses usando *rukub ilani* ("carruagem dos Deuses") para fugir da Terra. "Os anunnakis foram para cima" em seus foguetes, como tochas, "fazendo a terra resplandecer com seu brilho".

Orbitando a Terra, os nefilins viram uma cena de destruição que os afetaria profundamente. Os textos de Gilgamesh nos contam que, à medida que a tempestade aumentava de intensidade, não apenas "não se conseguia ver o seu companheiro", como "nem o povo podia ser reconhecido dos céus". Comprimidos dentro de suas naves espaciais, os Deuses esforçavam-se para ver o que estava acontecendo no planeta de onde eles acabaram de decolar.

> Os Deuses acuados como cães,
> curvaram-se de encontro à parede externa.
> Ishtar chorava como uma mulher em parto
> "Os dias de outrora foram transformados em barro" (....)
> Os Deuses anunnakis choraram com ela.
> Os Deuses, todos humildes, sentaram e choraram;
> seus lábios cerrados (...) um e todos.

Os textos de Atra-Hasis ecoam o mesmo tema. Fugindo, os deuses assistiram, ao mesmo tempo, à destruição da Terra. Mas a situação dentro de suas próprias naves também não era nada encorajadora. Aparentemente, eles foram divididos em várias naves espaciais; a Tábua III do épico de Atra-Hasis descreve as condições a bordo de uma delas, onde alguns anunnakis dividiram as acomodações com a Deusa Mãe.

> Os anunnakis, grandes Deuses,
> estavam sentados com sede, com fome (...)
> Ninti chorava e consumia-se em emoção;
> ela chorava e liberava seus sentimentos.
> Os Deuses choravam com ela pela terra.
> Ela estava tomada pelo sofrimento,
> ela tinha sede de cerveja.
> Onde ela se sentava, os Deuses se sentavam chorando;
> acuados como ovelhas em um curral.
> Seus lábios estavam febris de sede,
> eles estavam sofrendo espasmos de fome.

A própria Deusa Mãe, Ninhursag, estava chocada com a absoluta devastação. Ela lamentava o que estava vendo:

A Deusa viu e chorou (...)
seus lábios estavam cobertos de exclamações (...)
"Minhas criaturas tornaram-se como moscas –
elas enchiam os rios como libélulas,
suas paternidades levadas pelo mar revolto."

Como ela pôde, de fato, salvar sua própria vida enquanto a Humanidade que ela ajudara a criar estava morrendo? Como ela realmente pôde ter deixado a Terra, ela perguntava-se gritando –

"Deveria eu ascender ao Céu,
para residir na Casa das Oferendas,
aonde Anu, o Senhor, ordenou que fosse?"

As ordens dadas aos nefilins eram claras: abandonar a Terra, "ascender ao Céu". Era a época em que o Décimo Segundo Planeta se encontrava mais próximo da Terra, dentro do cinturão de asteroides ("Céu"), como foi evidenciado pelo fato de Anu ter estado presente nas conferências cruciais, um pouco antes do Dilúvio.

Enlil e Ninurta – acompanhados talvez pela elite dos anunnakis, aqueles que controlavam Nippur – estavam em uma nave, planejando, sem dúvida alguma, juntar-se à nave principal. Mas os outros Deuses não estavam tão determinados assim. Forçados a abandonar a Terra, eles, de repente, perceberam o tanto que se sentiam ligados a ela e aos seus habitantes. Em uma nave, Ninhursag e seu grupo de anunnakis debatiam os méritos das ordens expressas por Anu. Em outra, Ishtar gritava: "Os dias de outrora, ah, transformados em barro"; os anunnakis que estavam em sua nave "choravam com ela".

Enki, obviamente, encontrava-se em outra nave espacial, ou ele já teria revelado aos demais que tinha dado um jeito de salvar a semente da Humanidade. Não resta dúvida de que ele tinha outros motivos para se sentir menos sombrio, visto que a evidência sugere que ele também havia planejado o encontro no Ararat.

As versões antigas parecem sugerir que a arca foi simplesmente carregada até a região do Ararat pelas ondas torrenciais; e uma "tempestade do sul" conduziria, de fato, o barco em direção ao norte. No entanto, os textos mesopotâmicos reiteram que Atra-Hasis/Utnapishtim levou junto um "Barqueiro" chamado Puzur-Amurri ("ocidental que conhece os segredos"). Para ele, o Noé mesopotâmico "entregou a estrutura junto com o seu conteúdo", assim que a tempestade começou. Por que seria necessário ter um navegador experiente, a menos que fosse para levar a arca para uma destinação específica?

Como vimos anteriormente, os nefilins usavam os picos de Ararat como pontos de referência desde os primórdios. Sendo os picos mais elevados naquela parte do mundo, eles podiam esperar que fossem os primeiros a reaparecer sob o manto de água. Visto que Enki, "O Sábio, o Onisciente", certamente teria calculado tudo isso, podemos presumir que ele havia instruído seu fiel servidor a conduzir a arca em direção ao Ararat, planejando o encontro desde o início.

A versão de Beroso sobre o Dilúvio, como relatada pelo grego Abydenus, conta: "Cronos revelou a Sisithros que haveria um Dilúvio no 15º dia de Daisios [o segundo mês], e o ordenou que ocultasse em Sippar, a cidade de Shamash, todos os escritos disponíveis. Sisithros executou todas essas tarefas, navegou diretamente para a Armênia e lá aconteceu o que Deus anunciara".

Beroso repete os detalhes relacionados à liberação dos pássaros. Quando Sisithros (que é Atra-hasis ao contrário) foi levado pelos Deuses para a morada deles, ele explicou às outras pessoas na arca que estavam "na Armênia", e os orientou para que fossem (a pé) de volta para a Babilônia. Vemos nessa versão não apenas uma associação com Sippar, a estação espacial, como também a confirmação que Sisithros foi instruído a "navegar imediatamente para a Armênia" – a terra do Ararat.

Assim que Atra-Hasis desembarcou, ele matou alguns animais e os assou na fogueira. Não é à toa que os Deuses, exaustos e famintos, "se juntaram como moscas sobre a oferenda". De repente, eles perceberam que o Homem, o alimento que ele cultivava e o gado que ele criava eram essenciais. "Quando, após algum tempo, Enlil chegou e viu a arca, ele ficou furioso." Mas, a lógica da situação e a persuasão de Enki prevaleceram; Enlil fez as pazes com os sobreviventes da Humanidade e levou Atra-Hasis/Utnapishtim em sua nave para a Morada Celestial dos Deuses.

Outro fator que pesou na rápida decisão de fazer as pazes com a Humanidade pode ter sido o recuo progressivo do Dilúvio e o reaparecimento de terra seca e da vegetação que crescia sobre ela. Já concluímos que os nefilins sabiam com antecedência da calamidade que se aproximava; entretanto, foi uma experiência tão extraordinária que eles temiam que a Terra se tornasse inabitável para sempre. Quando pousaram no Ararat, eles viram que esse não foi o caso. A Terra ainda era habitável, e para viver nela, eles precisariam do Homem.

Que catástrofe foi essa, previsível ainda que inevitável? Uma chave importante para desvendar o enigma do Dilúvio é entender que não se tratava de um evento único e repentino, mas o clímax de uma cadeia de eventos.

Pestes raras afetando os homens e os animais e uma seca severa antecederam a provação pela água – um processo que durou, de acordo com as fontes mesopotâmicas, sete "passagens", ou *sar*'s. Esses fenômenos só podem ter sido causados por grandes mudanças climáticas. Tais mudanças são associadas com o passado da Terra e suas recorrentes eras glaciais e períodos interglaciais que dominaram o passado imediato da Terra. Precipitação reduzida, níveis de lagos e mares baixando e fontes subterrâneas de água secando foram os sinais de que se tratava de uma era glacial se aproximando. Desde o Dilúvio, que pôs um fim abrupto àquelas condições, seguido pela civilização suméria e a nossa atual, a idade pós-glacial, a glaciação em questão poderia apenas ter sido a última.

Nossa conclusão é que os eventos do Dilúvio estão relacionados com a última idade glacial da Terra e seu final catastrófico.

Perfurando os lençóis de gelo do Ártico e da Antártica, cientistas foram capazes de medir o oxigênio contido em várias camadas e analisar o clima que predominou há um milênio atrás. Amostras de tubos extraídos das profundezas dos mares, tais como o Golfo do México, medindo a proliferação ou diminuição da vida marinha, permitiram, do mesmo modo, que eles estimassem as temperaturas em eras passadas. Baseado nessas descobertas, os cientistas agora estão convictos de que a última idade glacial começou em torno de 75 mil anos atrás e que se experimentou um período de mini-aquecimento por volta de 40 mil anos atrás. A cerca de 38 mil anos, prevaleceu um período mais frio, seco e severo. E, em seguida, por volta de 13 mil anos atrás, a Era Glacial terminou de forma abrupta, dando início ao nosso atual clima ameno.

Alinhando a informação bíblica com a suméria, descobrimos que os tempos difíceis, a "maldição da Terra", começou na época de Lameque, o pai de Noé. Sua esperança de que o nascimento de Noé ("repouso") marcaria o final das tribulações foi atendida, de forma inesperada, por meio do catastrófico Dilúvio.

Muitos acadêmicos acreditam que os dez patriarcas bíblicos pré-diluvianos (de Adão a Noé) estão, de algum modo, relacionados com os dez governantes pré-diluvianos das listas dos reis sumérios. Essas listas não se aplicam aos títulos divinos DIN.GIR ou EN dos dois últimos dos dez, e tratam Ziusudra/Utnapishtim e seu pai Ubar-Tutu como *homens*. Esses dois últimos correspondem ao Noé e seu pai Lameque; e, de acordo com as listas sumérias, os dois reinaram um total conjunto de 64.800 anos, até o episódio do Dilúvio. A última idade glacial, de 75 mil a 13 mil anos atrás, durou 62 mil anos. Considerando que as tribulações começaram quando Ubartutu/Lameque já reinava, os 62 mil anos encaixam-se perfeitamente nos 64.800.

Além disso, as condições severas extremas duraram, de acordo com o épico de Atra-Hasis, sete *shar*'s, ou 25.200 anos. Os cientistas encontraram evidências de que houve um período extremamente severo, por volta de 38 mil a 13 mil anos atrás – um ciclo de 25 mil anos. Mais uma vez, a evidência mesopotâmica e as descobertas científicas modernas corroboram uma com a outra.

Nosso esforço em desvendar o enigma do Dilúvio agora volta-se às mudanças climáticas da Terra e, em particular, ao colapso abrupto da Era Glacial cerca de 13 mil anos atrás.

O que poderia ter causado uma mudança climática repentina de tamanha magnitude?

Das várias teorias propostas pelos cientistas, uma que nos deixa intrigados é a que foi sugerida pelo dr. John T. Hollin, da Universidade do Maine. Ele afirma que o lençol de gelo da Antártica se rompe periodicamente e desliza para o mar, criando um enorme e abrupto tsunami!

Essa hipótese – aceita e aprimorada por outros – sugere que, enquanto o lençol de gelo aumenta gradativamente de espessura, não apenas prende mais calor da Terra sob o lençol de gelo, como também cria (por pressão e fricção) uma camada derretida e instável na sua base. Agindo como um lubrificante entre o lençol de gelo espesso na parte de cima e a terra sólida abaixo, mais cedo ou mais tarde, essa camada derretida fará com que o lençol de gelo deslize para o oceano ao redor.

Hollin calculou que, se apenas a metade do atual lençol de gelo da Antártica (que é, na média, mais do que um quilômetro de espessura) deslizasse nos mares do Sul, o imenso tsunami que se formaria, seria o suficiente para aumentar o nível de todos os mares ao redor do globo para quase dois metros inundando as cidades litorâneas e as regiões mais baixas.

Em 1964, A. T. Wilson da Universidade de Vitória, na Nova Zelândia, propôs uma teoria de que as eras glaciais terminaram de forma abrupta em tais deslizamentos, não apenas na Antártica, como também no Ártico. Sentimos que os variados textos e fatos coletados por nós justificam a conclusão de que o Dilúvio foi o resultado de deslizamentos, nas águas da Antártica, de bilhões de toneladas de gelo, fazendo com que a última Era Glacial terminasse de forma tão abrupta.

O evento repentino desencadeou um imenso tsunami. Começando nas águas da Antártica e avançando ao norte em direção aos oceanos Atlântico, Pacífico e Índico. A brusca mudança de temperatura deve ter gerado tempestades violentas acompanhadas por chuvas torrenciais. Movendo-se mais rápido que as águas, as tempestades, nuvens e céus escuros anunciavam a avalanche de águas.

É exatamente desse modo que tais fenômenos são descritos nos textos antigos.

Como ordenou Enki, Atra-Hasis colocou todos a bordo da arca enquanto ele ficava do lado de fora aguardando o sinal para entrar na embarcação e selá-la. Proporcionando um detalhe de "interesse humano", os antigos textos nos contam que Atra-Hasis, embora recebesse a ordem expressa para ficar do lado de fora da embarcação, "entrava e saía; não conseguia se sentar, não conseguia se agachar (...) seu coração estava desolado; estava vomitando a bílis". Mas, então:

> (...) a Lua desapareceu (...)
> A aparência do tempo mudou;
> As chuvas rugiam nas nuvens (...)
> Os ventos tornaram-se selvagens (...)
> (...) o Dilúvio se preparava,
> seu poder desabou no povo como em uma batalha;
> uma pessoa não conseguia ver a outra,
> elas eram irreconhecíveis na destruição.
> O Dilúvio mugia como um touro;
> os ventos relinchavam como um asno selvagem.
> A escuridão era densa;
> o Sol não podia ser visto.

O "Épico de Gilgamesh" é específico sobre a direção em que a tempestade veio: ela veio do Sul. Nuvens, ventos, chuva e escuridão de fato precederam o tsunami que derrubou as "colunas de Nergal", no Mundo Inferior.

> Com o brilho da aurora
> uma nuvem negra surgiu no horizonte;
> dentro dela o Deus das Tempestades trovejava (...)
> Tudo que resplandecia
> converteu-se em escuridão (...)
> Durante um dia a tempestade do sul soprou,
> ganhando velocidade enquanto soprava, submergindo as montanhas (...)
> Seis dias e seis noites soprou o vento
> enquanto a Tempestade do Sul varria a terra.
> Quando o sétimo dia chegou,

o Dilúvio da Tempestade do Sul se acalmou.

As referências à "tempestade do sul" e "vento do sul" indicam claramente a direção de onde o Dilúvio chegou, suas nuvens e ventos eram os "mensageiros da tempestade" movendo-se "sobre montes e planícies" até atingir a Mesopotâmia. De fato, uma tempestade e uma avalanche de águas originadas na Antártica atingiriam a Mesopotâmia, por meio do oceano Índico, depois de engolir primeiro os montes da Arábia e, em seguida, inundando a planície do Tigre-Eufrates. O "Épico de Gilgamesh" também nos informa que antes de o povo e a terra ficarem submersos, as "represas da terra seca" e os seus diques foram "derrubados": as linhas costeiras continentais foram inundadas e varridas.

A versão bíblica da história do Dilúvio relata que o "rompimento das fontes da Grande Profundeza" precedeu a "abertura das comportas do céu". No início, as águas da "Grande Profundeza" (que nome descritivo para os mares antárticos congelados do extremo sul) libertaram-se de seu confinamento frígido; somente, então, é que as chuvas começaram a transbordar dos céus. Essa confirmação da nossa leitura sobre o Dilúvio é repetida, ao inverso, quando o Dilúvio acalmou. Primeiro, as "Fontes da Profundeza [foram] represadas"; em seguida, a chuva "foi contida nos céus".

Depois do primeiro imenso tsunami, suas águas ficaram calmas, "indo e vindo" em enormes ondas. Então, as águas começaram a "recuar" e "elas eram menores" depois de 150 dias, quando a arca se acomodou entre os picos do Ararat. A avalanche de água, tendo vindo dos mares do Sul, retornou aos mares do Sul.

*

Como os nefilins conseguiram prever quando o Dilúvio iria rebentar da Antártica?

Sabemos que os textos mesopotâmicos relataram o Dilúvio e as mudanças climáticas com uma antecedência de sete "passagens" – sem dúvida alguma significando a passagem periódica do Décimo Segundo Planeta nas cercanias da Terra. Sabemos que até a Lua, o pequeno satélite da Terra, exerce uma atração gravitacional suficiente para mover as marés. Tanto os textos mesopotâmicos como os bíblicos descreveram como a Terra se abalou quando o Senhor Celestial passou por suas cercanias da Terra. Será que os nefilins, ao observar as mudanças climáticas e a instabilidade do lençol de gelo, perceberam que a próxima sétima "passagem" do Décimo Segundo Planeta desencadearia uma iminente catástrofe?

Os antigos textos mostram que esse foi o caso.

O mais incrível em relação a isso é um texto contendo cerca de 30 linhas, inscrito em cuneiforme, em miniatura em ambos os lados de uma tábua de argila, com menos de 2,5 centímetros de extensão. Foi desenterrado em Ashur, mas a profusão das palavras sumérias no texto acadiano não deixa dúvida que é de origem suméria. O dr. Erich Ebeling determinou que se tratava de um hino recitado na Casa dos Mortos e, portanto, ele incluiu o texto em sua obra (*Tod und Leben*) sobre a morte e a ressurreição na antiga Mesopotâmia.

Entretanto, em uma análise mais detalhada, descobrimos que a composição "invoca os nomes" do Senhor Celestial, o Décimo Segundo Planeta. Ela elabora o significado dos vários epítetos ao relacioná-los com a passagem do planeta no local da batalha com Tiamat – uma passagem que causa o Dilúvio!

O texto começa anunciando que, por todo o seu poder e tamanho, o planeta ("o herói"), apesar disso, orbita o Sol. O Dilúvio era a "arma" desse planeta.

> Sua arma é o Dilúvio;
> Deus cuja Arma traz a morte aos perversos.
> Supremo, Supremo, Ungido (...)
> Aquele que como o Sol, as terras cruza;
> O Sol, seu Deus, ele assusta.

Invocando o "primeiro nome" do planeta – que, infelizmente, está ilegível – o texto descreve a passagem próxima a Júpiter, em direção ao local da batalha com Tiamat:

> Primeiro Nome (...)
> Quem a faixa circular martelou;
> Quem o Ocupante dividiu em dois, jogou-a para longe.
> Senhor, que no tempo Akiti
> Dentro do local da batalha com Tiamat repousa (...)
> Cuja semente são os filhos da Babilônia;
> Que pelo planeta Júpiter não pode ser distraído;
> Que pelo seu brilho criará.

Ao chegar mais perto, o Décimo Segundo Planeta é chamado de SHI-LIG.LU.DIG ("poderoso líder dos planetas jubilosos"). Ele agora está mais próximo de Marte: "Pela radiação de Deus [planeta] Anu Deus [planeta] Lahmu [Marte] é vestida". Em seguida, liberou o Dilúvio sobre a Terra:

> Este é o nome do Senhor
> Que do segundo mês ao mês Addar
> As águas invoca para avançar.

A elaboração do texto dos dois nomes oferece uma informação incrível sobre o calendário. O Décimo Segundo Planeta passou por Júpiter e aproximou-se da Terra, "no tempo Akiti", quando o Ano-Novo mesopotâmico teve início. No segundo mês, já estava mais próximo de Marte. Em seguida, "do segundo mês ao mês Addar" (o 12º mês), liberou o Dilúvio sobre a Terra.

Isso está em perfeita harmonia com a narrativa bíblica, que declara que "as fontes da grande profundeza se abriram" no 17º dia do segundo mês. A arca repousou no Ararat no sétimo mês; outra terra seca ficou visível no décimo mês; e o Dilúvio acabou no 12º mês – pois foi no "primeiro dia do primeiro mês" dos anos seguintes que Noé abriu a escotilha da arca.

Mudando para a segunda fase do Dilúvio, quando as águas começaram a recuar, o texto chama o planeta de SHUL.PA.KUN.E.

> Herói, Senhor Supervisor,
> Que coleta as águas;
> Que pelas águas jorrando
> Os justos e os perversos purifica;
> Que na montanha dos picos gêmeos
> Acoplou a (....)
> (...) peixe, rio, rio; a inundação acalmou.
> Na terra montanhosa, em uma árvore, um pássaro pousou.
> Dia que (...) disse.

Apesar da ilegibilidade de algumas linhas danificadas, os paralelos com os contos bíblicos e outros mesopotâmicos do Dilúvio são evidentes: a inundação havia cessado, a arca foi "pega" pela montanha de picos gêmeos; os rios começaram a fluir novamente dos topos das montanhas e carregar as águas de volta aos oceanos; peixes eram vistos; um pássaro fora enviado da arca. A provação havia acabado.

O Décimo Segundo Planeta havia passado o seu ponto de "cruzamento". Já havia se aproximado da Terra e começava a se mover para longe, acompanhado pelos seus satélites:

Quando o sábio gritar: "Enchente!" –
É o Deus Nibiru ["Planeta do Cruzamento"];
É o Herói, o planeta com quatro cabeças.
O Deus cuja arma é a Tempestade do Dilúvio,
Deverá voltar para trás;
Ao seu lugar de repouso ele se abaixará.

(O texto afirma que o planeta, ao retroceder, em seguida cruzaria de novo o caminho de Saturno no mês de Ululu, o sexto mês do ano).

O Antigo Testamento faz frequentes referências ao período em que o Senhor fez com que a Terra ficasse coberta pelas águas das profundezas. O Salmo 29 descreve a "convocação" como também o "retorno" das "grandes águas" pelo Senhor:

Ao Senhor, vós filhos dos Deuses,
Dai glória, reconhecei o poder (...)
O som do Senhor está sobre as águas;
O Deus da glória, o Senhor,
Troveja sobre as grandes águas (...)
O som do Senhor é poderoso,
O som do Senhor é majestoso;
O som do Senhor quebra os cedros (...)
Ele faz o [Monte] Líbano dançar como um novilho,
[O Monte] Sirião pular como um jovem touro.
O som do Senhor acende as chamas do fogo;
O som do Senhor abala o deserto (...)
O Senhor ao Dilúvio [disse]: "Retorna!"
O Senhor, como rei, está no trono para sempre.

No magnífico Salmo 77 – "Em Voz Alta a Deus Eu Gritarei" – o salmista relembra o aparecimento e o desaparecimento do Senhor nos tempos remotos:

Eu calculei os Dias de Outrora,
Os anos de *Olam* (...)
Devo lembrar-me das proezas do Senhor,
Lembrarei de tuas maravilhas na Antiguidade (...)
Teu curso, Ó Senhor, está determinado;
Nenhum Deus é tão grande quanto o Senhor (...)
As águas te viram, Ó Senhor, e estremeceram;

Tuas intensas faíscas avançaram.
O som de teu trovão estava rolando;
Relâmpagos iluminaram o mundo;
A Terra foi agitada e abalou.
[Então] nas águas estava o teu curso,
Teus caminhos nas profundas águas;
E teus passos se foram, desconhecidos.

O Salmo 104, exaltando as proezas do Senhor Celestial, lembra de uma época em que os oceanos invadiram os continentes e tiveram de recuar:

Tu que fixaste a Terra em constância,
Para sempre e sempre ser imóvel.
Com os oceanos, como um traje, tu a cobriste;
Acima nas montanhas as águas ficaram.
Com tua repreensão, as águas fugiram;
Ao som de teu trovão, elas se apressaram para longe.
Elas foram para cima das montanhas, em seguida desceram os vales
Ao lugar que tu situaste para elas.
Um limite tu estabeleceste, para não ser ultrapassado;
Para que elas não voltem novamente a cobrir a Terra.

As palavras do profeta Amós são ainda mais explícitas:

Infelizes sois vós que desejais o Dia do Senhor;
A que finalidade ele vos serve?
Pois o Dia do Senhor é de trevas e não de luz (...)
Converte a manhã na sombra da morte,
Torna o dia escuro como a noite;
Invoca as águas do mar
e as despeja sobre a face da Terra.

Esses foram, então, os eventos que ocorreram "nos tempos de outrora". "O Dia do Senhor" foi o dia do Dilúvio.

*

Já mostramos que, tendo aterrissado na Terra, os nefilins associaram os primeiros reinos, nas primeiras cidades, com as eras zodiacais – dando aos zodíacos os epítetos dos vários deuses associados a eles. Agora descobrimos que um texto encontrado por Ebeling forneceu informações não apenas do calendário dos homens, como também dos nefilins. Ele nos informa que o Dilúvio ocorreu na "Era da Constelação de Leão":

> Supremo, Supremo, Ungido;
> Senhor cuja coroa resplandecente com o terror é carregada.
> Planeta supremo: um assento ele fixou
> Diante da órbita confinada do planeta vermelho [Marte].
> Diariamente dentro do Leão ele está em chamas;
> Sua luz, seus reinos reluzentes nas terras pronunciam.

Agora, podemos compreender também um verso enigmático dos rituais de Ano-Novo, declarando que era "a constelação de Leão que media as águas das profundezas". Essas afirmações fixam o tempo do Dilúvio dentro de um quadro definido, e apesar de os astrônomos da atualidade não conseguirem apurar exatamente onde os sumérios fixaram o início da casa zodiacal, a seguinte tabela das eras é considerada precisa.

60 a.C.	a	2100 d.C. –	Era de Peixes
2220 a.C.	a	60 a.C. –	Era de Áries
4380 a.C.	a	2220 a.C. –	Era de Touro
6540 a.C.	a	4380 a.C. –	Era de Gêmeos
8700 a.C.	a	6540 a.C. –	Era de Câncer
10860 a.C.	a	8700 a.C. –	Era de Leão

Se o Dilúvio ocorreu na Era de Leão, ou em alguma época entre 10860 a.C. e 8700 a.C., então a data do Dilúvio se encaixa muito bem dentro da nossa tabela: de acordo com a ciência moderna, a última Era Glacial terminou de forma abrupta, no hemisfério sul, cerca de 12 a 13 mil anos atrás, e, no hemisfério norte, 1 ou 2 mil anos mais tarde.

O fenômeno zodiacal da precessão oferece uma corroboração ainda mais abrangente sobre as nossas conclusões. Concluímos anteriormente que os nefilins aterrissaram na Terra 432 mil anos (120 *shar*'s) antes do Dilúvio, na Era de Peixes. Em termos de ciclo precessional, 432 mil anos abrangem

16 ciclos completos, ou Grandes Anos, e mais da metade entrando em outro Grande Ano, na "era" da constelação de Leão.

Podemos agora reconstruir uma tabela completa para os eventos que abrangem nossas descobertas.

Anos Atrás	EVENTO
445.000	Os nefilins, liderados por Enki, chegaram à Terra, vindos do Décimo Segundo Planeta. Eridu – a Estação Terra I – é estabelecida ao sul da Mesopotâmia.
430.000	Os grandes lençóis de gelo começam a recuar. Clima hospitaleiro no Oriente Próximo.
415.000	Enki muda-se para o continente e funda Larsa.
400.000	O grande período interglacial espalha-se globalmente.
	Enlil chega à Terra e funda Nippur como o Centro de Controle da Missão.
	Enki estabelece rotas marítimas ao sul da África e organiza as operações de mineração de ouro.
360.000	Os nefilins fundam Bad-Tibira como seu centro metalúrgico para a fundição e a refinação.
	Sippar, a estação espacial, e outras cidades dos Deuses são construídas.
300.000	O motim dos anunnakis. O Homem – o "Trabalhador Primitivo" – é criado por Enki e Ninhursag.
250.000	"Primeiros *Homo sapiens*" multiplicam-se e espalham-se para outros continentes.
200.000	A vida na Terra sofre uma regressão durante um novo período glacial.
100.000	O clima aquece novamente.
	Os filhos dos Deuses tomam as filhas dos homens como esposas.
77.000	Ubartutu/Lameque, um humano de descendência divina, assume o reino, em Shuruppak, sob o apoio de Ninhursag.
75.000	A "maldição da Terra" – uma nova era glacial – se inicia. Tipos regressivos do Homem vagam pela Terra.
49.000	O reino de Ziusudra ("Noé"), um "fiel servidor" de Enki, tem início.

38.000 Um severo período climático de "sete passagens" começa a dizimar a Humanidade. O Homem de Neandertal da Europa desaparece; apenas o Homem de Cro-Magnon (estabelecido no Oriente Próximo) sobrevive.

Enlil, desencantado com a Humanidade, busca a sua exterminação.

13.000 Os nefilins, cientes do iminente tsunami que será desencadeado pela aproximação do Décimo Segundo Planeta, prestam juramento para que a Humanidade pereça.

O Dilúvio varre a face da Terra, de forma abrupta, pondo um fim à Era Glacial.

15
O Reino na Terra

O DILÚVIO, uma experiência traumática sofrida pela Humanidade, não deixou de o ser também para os "Deuses" – os nefilins.

Nas palavras das listas dos reis sumérios, "o Dilúvio varreu tudo", e um esforço de 120 *shar*'s foi varrido do dia para a noite. As minas do sul da África, as cidades na Mesopotâmia, o centro de controle, em Nippur, a estação espacial, em Sippar – tudo ficou debaixo d'água e da lama. Pairando em suas naves espaciais sobre a devastada Terra, os nefilins aguardavam, impacientemente, o recuo das águas para que pudessem botar os pés de volta em terra firme.

Como eles iriam sobreviver, a partir de então, na Terra, quando suas cidades e instalações haviam sumido e, inclusive, sem a sua mão-de-obra – a Humanidade – que havia sido completamente aniquilada?

Quando os grupos de nefilins assustados, exaustos e famintos pousaram nos picos do "Monte da Salvação", ficaram nitidamente aliviados ao descobrir que o Homem e os animais não haviam perecido por completo. Inclusive Enlil, que, a princípio, ficara furioso ao descobrir que os seus objetivos haviam sido parcialmente frustrados, mudou logo de opinião.

A decisão da divindade era prática. Diante de suas próprias miseráveis condições, os nefilins deixaram de lado seus bloqueios em relação ao Homem, arregaçaram as mangas e não perderam tempo em transmitir-lhe a arte do cultivo de plantações e da criação de gado. Visto que a sobrevivência dependia, sem dúvida alguma, da velocidade com que a agricultura e a domesticação de animais poderiam ser desenvolvidas para sustentar os nefilins e uma crescente Humanidade, os nefilins colocaram seus avançados conhecimentos científicos à prova.

*

Sem ter ciência da informação, que podia ser colhida dos textos bíblicos e sumérios, muitos cientistas que estudaram as origens da agricultura chegaram à conclusão de que sua "descoberta" pela Humanidade, há cerca de 13 mil anos, estava relacionada com o clima neotérmico ("novamente aquecido") que se seguiu ao final da última Era Glacial. No entanto, muito antes dos acadêmicos modernos, a Bíblia também relacionou os princípios da agricultura com as consequências do Dilúvio.

A "Semeadura e a Colheita" foram descritas no Gênesis como dádivas, divinas concedidas a Noé e seus descendentes, como parte do pacto pré-diluviano entre a Divindade e a Humanidade:

Enquanto houver os dias na Terra,
Não cessará
A Semeadura e a Colheita,
O Frio e o Calor,
O Verão e o Inverno,
O Dia e a Noite.

Tendo recebido o conhecimento da agricultura, "Noé, como Lavrador, tornou-se o primeiro e plantou um vinhedo": ele tornou-se o primeiro agricultor pós-diluviano engajado na complicada e deliberada tarefa do plantio.

Os textos sumérios também atribuem aos Deuses a concessão à Humanidade tanto da agricultura como da domesticação de animais.

Remontando aos princípios da agricultura, os acadêmicos modernos descobriram que ela surgiu, pela primeira vez, no Oriente Próximo, e não nas planícies e vales férteis, facilmente cultiváveis. Ao contrário, a agricultura começou nas montanhas contornando as planícies mais baixas em um semicírculo. Por que os agricultores evitavam as planícies, limitando suas semeaduras e colheitas no terreno montanhoso mais difícil?

A única resposta plausível é que, na época em que a agricultura começou, as terras baixas eram inabitáveis; há 13 mil anos, as áreas baixas não estavam secas o suficiente, depois do Dilúvio. Um milênio se passaria antes de as planícies e vales secarem o suficiente para permitir que povo descesse das montanhas ao redor da Mesopotâmia e se assentasse nas planícies baixas.

Isso é o que, de fato, o Livro do Gênesis nos conta: muitas gerações após o Dilúvio, as pessoas chegando "do Leste" – das áreas montanhosas ao leste da Mesopotâmia – "encontraram uma planície na terra de Shin'ar [Suméria] e estabeleceram-se por lá".

Os textos sumérios afirmam que Enlil foi o primeiro a espalhar cereais "nos campos montanhosos" – nas montanhas e não nas planícies – e que tornou o cultivo possível nas montanhas, mantendo longe as águas das inundações. "Ele trancou as montanhas como quem tranca uma porta". O nome da região montanhosa ao leste da Suméria, E.LAM, significava "casa onde a vegetação germinou". Posteriormente, dois dos ajudantes de Enlil, os Deuses Ninazu e Ninmada, ampliaram o cultivo de cereais para as planícies baixas a fim de que, eventualmente, a "Suméria, a terra que não conhecia o grão, viesse a conhecer o grão".

Acadêmicos, que já estabeleceram que a agricultura teve início com a domesticação do grão selvagem como fonte de trigo e cevada, não conseguem explicar como os primeiros grãos (como aqueles encontrados na caverna de Shanidar) já eram uniformes e altamente especializados. Milhares de gerações de seleção genética são necessárias pela natureza para se chegar até um modesto grau de sofisticação. Ainda assim, o período, a época ou a localização no qual tal processo gradual e extremamente prolongado deve ter ocorrido na Terra ainda não foi encontrado em lugar algum. Não há explicação para esse milagre botânico-genético, a menos que o processo não tenha sido alcançado mediante seleção natural e, sim, por manipulação artificial.

A espelta, um tipo de trigo de grão duro, é um mistério ainda maior. É resultado de "uma mistura incomum de genes botânicos", que não foi desenvolvida de uma única fonte genética nem se trata da mutação de uma fonte. É, definitivamente, o resultado da mistura de genes de vários tipos de plantas. Toda a noção de que o Homem, em alguns milhares de anos, transformou os animais a partir da domesticação, é algo também questionável.

Os acadêmicos modernos não têm respostas para esses enigmas, nem para a questão geral de o porquê dos semicírculos montanhosos, no antigo Oriente Próximo, terem se tornado uma fonte contínua de novas variedades de cereais, plantas, árvores, frutos, vegetais e animais domesticados.

Os sumérios sabiam a resposta. As sementes, diziam eles, eram dádivas enviadas à Terra por Anu, de sua Morada Celestial. Trigo, cevada e cânhamo eram enviados à Terra do Décimo Segundo Planeta. A agricultura e a domesticação de animais foram dádivas doadas à Humanidade por Enlil e Enki, respectivamente.

Não foi apenas a presença dos nefilins, mas também as chegadas periódicas do Décimo Segundo Planeta às cercanias da Terra que pareciam estar por trás das três fases cruciais da civilização pós-diluviana do Homem: a agricultura, por volta de 11000 a.C., a cultura neolítica, por volta de 7500 a.C. e a repentina civilização de 3800 a.C. ocorreram em intervalos de 3.600 anos.

Ao transmitir o conhecimento ao Homem em doses graduais, parece que os nefilins o faziam em intervalos que coincidem com os retornos periódicos do Décimo Segundo Planeta às cercanias da Terra. Era como se houvesse alguma forma de inspeção local, ou alguma espécie de consulta direta, possível apenas durante o período da "janela", que permitia os pousos e as decolagens entre a Terra e o Décimo Segundo Planeta, e tinha de acontecer entre os "Deuses", antes que outro sinal de "vá em frente" fosse dado.

O "Épico de Etana" fornece-nos uma visão das deliberações que ocorriam. Nos dias que sucederam ao Dilúvio, ele diz:

> Os grandes anunnakis que decretam o destino
> sentaram trocando conselhos relacionados à terra.
> Eles que criaram as quatro regiões,
> que montaram os assentamentos, que cuidavam da terra,
> eram muito sábios para a Humanidade.

Fomos informados que os nefilins chegaram à conclusão de que precisavam de um intermediário entre eles e a massa humana. Decidiram que seriam Deuses – *elu* em acadiano, que significava "supremos". Servindo de ponte entre eles, como senhores, e a Humanidade; eles introduziram o "reino" na Terra: indicando um governante humano que garantiria o serviço da Humanidade aos Deuses e que canalizaria os ensinamentos e as leis dos Deuses ao povo.

Um texto que trata do assunto descreve a situação antes de a tiara ou coroa ser posta na cabeça humana, ou do cetro ser passado de geração em geração; todos esses símbolos do reino – além do cajado de pastor, o símbolo da honestidade e da justiça – "encontram-se depositados diante de Anu no Céu". Portanto, depois que os Deuses tomaram sua decisão, o "reino desceu do Céu" para a Terra.

Tanto os textos sumérios como os acadianos afirmam que os nefilins mantiveram o "senhorio" sobre as terras, e que a Humanidade, a princípio, reconstruiu as cidades pré-diluvianas exatamente no mesmo lugar onde elas se situavam originalmente, e da mesma forma que haviam sido planejadas: "Que os tijolos de todas as cidades sejam assentados nos lugares designados, que todos os [tijolos] repousem nos lugares sagrados". Eridu foi, então, a primeira cidade a ser reconstruída.

Os nefilins ajudaram o povo a planejar e construir a primeira cidade real, e eles a abençoaram. "Que a cidade seja um ninho, o lugar onde a Humanidade possa repousar. Que o rei seja um pastor."

Os textos sumérios nos contam que a primeira cidade do Homem foi Kish. "Quando o reino desceu novamente do Céu, o reino ficava em Kish." Infelizmente, as listas de reis sumérios estão danificadas justamente onde o nome do primeiro rei humano estava inscrito. Entretanto, sabemos que ele deu início a uma longa linhagem de dinastias, e que a morada real foi transferida de Kish para Uruk, Ur, Awan, Hamazi, Aksak, Acádia e, em seguida, para Ashur e Babilônia, e outras capitais mais recentes.

Da mesma forma, a "Tabela das Nações" bíblica listava Nimrud – o patriarca dos reinos de Uruk, Acádia, Babilônia e Assíria – como sendo descendente de Kish. Ela registra a disseminação da Humanidade, seus territórios e reinos, como uma consequência da divisão da Humanidade em três ramos que se seguiram após o Dilúvio. Descendentes de Noé, nomeados em homenagem a seus três filhos, eles eram os povos e territórios de Shom, que habitaram a Mesopotâmia e os territórios do Oriente Médio; Cam, que habitou a África e partes da Arábia; e Jafé, os indo-europeus, na Ásia Menor, Irã, Índia e Europa.

Esses três vastos agrupamentos foram, sem dúvida alguma, as três "regiões" cujas colonizações haviam sido debatidas pelos grandes anunnakis. Cada um desses três territórios era atribuído a uma das divindades principais. Uma delas, é claro, era a própria Suméria, a região dos povos semitas, o lugar onde surgiu a primeira grande civilização do Homem.

As outras duas também tornaram-se civilizações prósperas. Por volta de 3200 a. C. – cerca de meio milênio depois do florescimento da civilização suméria – Estados, reino e civilização faziam sua primeira aparição no vale do Nilo, transformando-se, na época, na grande civilização do Egito.

Nada se sabia até cerca de 50 anos atrás sobre a primeira grande civilização indo-europeia. Mas, hoje, já foi bem estabelecido que uma civilização avançada, abrangendo cidades grandes com uma agricultura desenvolvida e um próspero comércio existiu no Vale do Indo em tempos remotos. Os acadêmicos acreditam que surgiu cerca de mil anos depois que a civilização suméria havia começado. (Fig. 161)

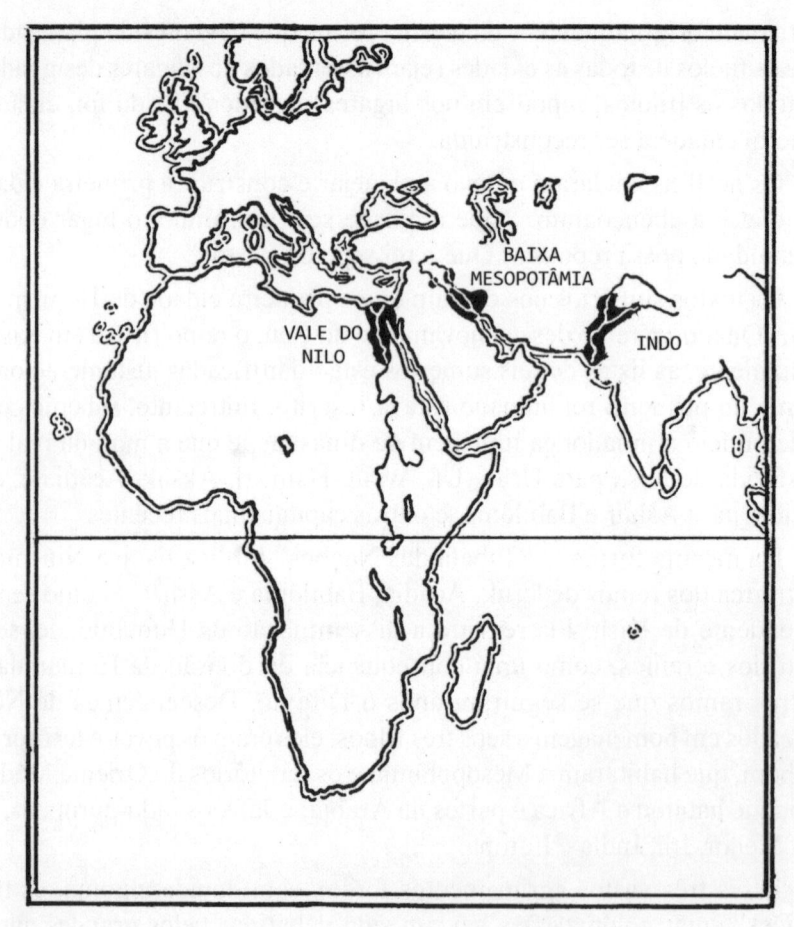

Figura 161

Textos antigos, assim como evidências arqueológicas, comprovam que houve elos culturais e econômicos entre essas duas civilizações de rio-vale e as sumérias mais antigas. Além disso, tanto as evidências diretas como as circunstanciais têm convencido a maioria dos acadêmicos de que as civilizações do Nilo e do Indo não tinham apenas uma ligação, mas que, na realidade, se tratavam de descendentes da civilização anterior da Mesopotâmia.

Hoje, sabemos que os monumentos mais imponentes do Egito, as pirâmides, são simulações dos zigurates mesopotâmicos sob uma "cobertura" de pedra; e há motivos para acreditar que o engenhoso arquiteto que desenhou as plantas para as grandes pirâmides e supervisionou suas construções, era um sumério venerado como um deus. (Fig. 162)

O nome egípcio antigo para seu território era "Terra Elevada", e sua memória pré-histórica era que "um grande deus que havia surgido nos primórdios" deparou-se com esse território coberto de água e lama. Ele tomou para si a enorme tarefa de reparação, literalmente elevando o Egito de debaixo das águas. A "lenda" descreve, de forma clara, o vale rebaixado do rio Nilo como consequência do Dilúvio; esse Deus ancião, como foi retratado, não era outro senão Enki, o engenheiro chefe dos nefilins.

Embora relativamente pouco se saiba ainda sobre a civilização do vale do Indo, sabemos que eles também veneravam o número 12, como sendo o número supremo divino; eles descreviam seus Deuses como seres parecidos com os humanos, usando capacetes com chifres; e que eles veneravam o símbolo da cruz – o sinal do Décimo Segundo Planeta. (Figs. 163, 164)

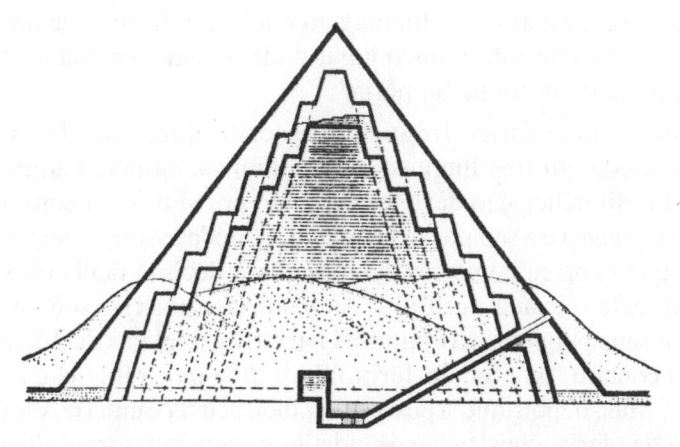

Figura 162

Figura 163

Figura 164

Se essas duas civilizações eram de origem suméria, por que suas línguas escritas são diferentes? A resposta científica é que as línguas não são diferentes. Isso já foi reconhecido desde 1852, quando o reverendo Charles Foster (*The One Primeval Language*) demonstrou, com habilidade, que todas as línguas antigas até então decifradas, incluindo a chinesa antiga e outras línguas do Oriente, derivam de uma única fonte primária – que se descobriu tratar da suméria.

Pictografias similares não apresentavam apenas os mesmos significados, o que poderia ser uma coincidência lógica, mas também as mesmas polissemias e até os mesmos sons fonéticos – o que sugere uma origem em comum. Mais recentemente, os acadêmicos mostraram que as primeiras inscrições egípcias empregavam uma linguagem que era indicativa de um desenvolvimento escrito anterior; o único lugar onde a língua escrita teve um desenvolvimento anterior foi na Suméria.

Portanto, temos uma única linguagem escrita que, por algum motivo, foi diferenciada em três línguas: mesopotâmica, egípcia/hamita e indo-europeia. Tal diferenciação deve ter ocorrido por si própria com o passar do tempo, a distância e a separação geográfica. Ainda assim, os textos sumérios alegam que ocorreu como resultado de uma decisão deliberada dos Deuses, novamente iniciada por Enlil. As histórias sumérias sobre o assunto encontram seus paralelos nas famosas narrativas bíblicas da Torre de Babel, que nos contam "que toda a Terra falava uma única língua e as mesmas palavras". Mas, depois que o povo se estabeleceu na Suméria, eles aprenderam a arte da olaria, construção de cidades e ergueram torres altas (zigurates). Planejavam fazer para si próprios um *shem* e uma torre para lançá-lo. Por esse motivo, "o Senhor misturou a língua da Terra".

A elevação deliberada do Egito de debaixo das águas lamacentas, a evidência linguística e os textos sumérios e bíblicos apoiam a nossa conclusão de que as duas civilizações satélites não se desenvolveram ao acaso. Pelo contrário, elas foram planejadas e criadas a partir de uma decisão deliberada tomada pelos nefilins.

Evidentemente, temendo uma raça humana unificada na cultura, e com objetivos próprios, os nefilins adotaram uma política imperialista: "dividir e dominar". Durante algum tempo, a Humanidade atingiu níveis culturais que incluíam até esforços aéreos – depois dos quais "qualquer coisa que planejarem fazer não será mais impossível para eles" – os próprios nefilins viam-se diante de um declínio. Já no terceiro milênio a.C., filhos e netos, para não falar de humanos de ascendência divina, estavam se amontoando ao redor dos grandes Deuses de outrora.

A amarga rivalidade entre Enlil e Enki foi herdada pelos seus principais filhos, e lutas ferozes pela supremacia intensificavam-se. Até os filhos de

Enlil – como vimos nos capítulos anteriores – brigavam entre si, como faziam também os filhos de Enki. Do mesmo modo que aconteceu e foi registrado na História humana, os "soberanos" tentavam manter a paz entre seus filhos partilhando a terra entre os herdeiros. Em pelo menos um caso conhecido, um filho (Ishkur/Adad) foi enviado deliberadamente por Enlil para ser uma divindade líder local na Terra da Montanha.

À medida que o tempo passava, os Deuses se tornavam soberanos, cada um de forma zelosa protegendo seu território, indústria ou cargo que recebiam como domínios. Os reis humanos serviam como intermediários entre os Deuses e a crescente humanidade, cada vez mais em expansão. As alegações dos antigos reis de que entraram em guerra, conquistaram novos territórios ou reprimiram povos distantes "sob a ordem do meu Deus" não devem ser tomadas de forma superficial. Textos e mais textos deixam claro que as coisas aconteceram realmente assim. Os Deuses retinham os poderes da condução dos assuntos estrangeiros, visto que esses assuntos envolviam outros Deuses, em outros territórios. Desse modo, eram eles que davam a palavra final nos assuntos de guerra e paz.

Com a proliferação dos povos, Estados, cidades e vilas, tornou-se necessário encontrar maneiras de lembrar ao povo quem era seu soberano em particular, ou quem era o "supremo". O Antigo Testamento ecoa o problema de as pessoas terem de aderir ao *seu* Deus e não "se prostituir indo atrás de outros Deuses". A solução encontrada foi a de estabelecer vários lugares de devoção e de colocar dentro de cada um deles os símbolos e imagens dos deuses "corretos".

Assim, deu-se início à era do paganismo.

*

Os textos sumérios nos informam que depois do Dilúvio, os nefilins se reuniam em longos conselhos para tratar do futuro dos Deuses e do Homem na Terra. Como resultado dessas deliberações, eles "criaram as quatro regiões". Três delas – Mesopotâmia, o Vale do Nilo e o Vale do Indo – foram colonizadas pelo Homem.

A quarta região era "sagrada" – um termo cujo significado literal original era "dedicada, restrita". Dedicada apenas aos Deuses, era uma "terra pura", uma área em que se poderia chegar apenas com autorização; infringi-la levaria a uma morte rápida com "armas incríveis", portadas por guardas ferozes. Essa terra ou região era chamada de TIL.MUN (literalmente, "o local dos mísseis"). Era a área restrita onde os nefilins restabeleciam o contato com a base espacial, depois que a de Sippar foi varrida pelo Dilúvio.

Mais uma vez, a área foi posta sob o comando de Utu/Shamash, o Deus responsável pelos foguetes inflamáveis. Heróis da Antiguidade, como

Gilgamesh, tentaram chegar a essa Terra dos Vivos, para serem levados por um *shem*, ou uma águia, até a Morada Celestial dos Deuses. Lembramos o apelo de Gilgamesh a Shamash:

> Deixa-me entrar na Terra, deixa-me subir no meu *Shem* (...)
> Pela vida de minha mãe Deusa que me gerou,
> do puro e fiel rei, meu pai –
> que meus passos me conduzam à Terra!

Contos antigos – e até a história registrada – evocam os incansáveis esforços dos homens para "alcançar a terra", encontrar a "Planta da Vida" e conquistar a glória eterna entre os Deuses do Céu e da Terra. Essa ânsia é o ponto central de todas as religiões cujas profundas raízes jazem na Suméria: a esperança de que a justiça e a honestidade almejadas na Terra sejam compensadas com uma "vida após a morte" em alguma Morada Divina Celestial.

Mas, onde ficava essa terra elusiva do elo divino?

A questão pode ser respondida. As pistas estão aí. Entretanto, além disso, pairam outras questões. Os nefilins foram vistos desde então? O que acontecerá quando eles forem encontrados novamente?

E se os nefilins eram os "Deuses" que "criaram" o Homem na Terra, *foi a evolução natural que criou os nefilins no Décimo Segundo Planeta?*

Fontes

I. Fontes principais para os textos bíblicos

A. Do Gênesis ao Deuteronômio: *The Five Books of Moses*, nova edição, revisada por Dr. M. Stern, Star Hebrew Book Company, sem data.

B. Para as últimas traduções e interpretações baseadas nas descobertas sumérias e acadianas: "Genesis", do *The Anchor Bible*, trad. de E. A. Speiser, Garden City. N.Y.: Dubleday & Co., 1964.

C. Para um teor "arcaico": *The Holy Bible*, King James Version, Cleveland and New York: The World Publishing Co., sem data.

D. Para verificação das interpretações recentes dos versículos bíblicos: *The Torah,* nova tradução das Escrituras Sagradas de acordo com o texto massorético, New York: Jewish Publication Society of America, 1962; *The New American Bible*, tradução feita pelos membros da Catholic Biblical Association of America, New York: P. J. Kennedy & Sons, 1970; e *The New English Bible*, planejado e dirigido pela Igreja da Inglaterra, Oxford: Oxford University Press; Cambridge: Cambridge University Press, 1970.

E. Para referência no uso de meios de comparação e tradução: *Veteris Testamenti Concordantiae Hebraicae Atque Chaldaicae*, por Solomon Mandelkern, Jerusalém: Schocken Books Inc., 1962; *Encyclopedic Dictionary of the Bible*, tradução e adaptação de A. van deren Born, pela Catholic Biblical Association of America, Nova York: McGraw-Hill Book Co., Inc., 1963; e *Millon-Hatanach* (hebraico), *Hebrew-Aramaic*, de Jushua Steinberg, Tel Aviv: Izreel Publishing House Ltd., 1961.

II. Fontes principais para os textos do Oriente Próximo

BARTON, George A. *The Royal Inscriptions of Sumer and Akkad*, 1929.
BORGER, Riekele. *Babylonisch-Assyrisch Lesestücke*, 1963.

BUDGE, E. A. Wallis. *The Gods of the Egyptians*, 1904.

BUDGE, E. A. W., and King, L. W. *Annals of the Kings of Assyria*. 1902.

CHIERA, Edward. *Sumerian Religious Texts*, 1924.

EBELING, E.; Meissner, B.; and Weidner, E. (eds.). *Reallexikon der Assyrologie und Vorderasiatischen Archäology*, 1932-1957.

EBELING, Erich. *Enuma Elish: die Siebente Tafel des Akkadischen Weltschöpfungsliedes*, 1939.

———. *Tod und Leben nach den Vorstellungen der Babylonier*, 1931.

FALKENSTEIN, Adam, and W. VON SODEN. *Sumerische und Akkadische Hymnen und Gebete*, 1953.

FOSSEY, FALKENSTEIN, Adam. Sumerishe Goetterlieder, 1959. Charles. *La Magie Syrienne*, 1902.

FRANKFORT, Henri. *Kingship and the Gods*, 1948.

GRAY, John. *The Canaanites*, 1964.

GORDON, Cyrus H. "Canaanite Mythology" in *Mythologies of the Ancient World*, 1961.

GROSSMAN, Hugo. *The Development of the Idea of God in the Old Testament*, 1926.

———. *Altorientalische Texte und Bilder zum alten Testamente*, 1909.

GÜTERBOCK, Hans G. "Hittite Mythology" in *Mythologies of the Ancient World*, 1961.

HEIDEL, Alexander. *The Babylonian Genesis*, 1969.

HILPRECHT, Herman V. (ed.). *Reports of the Babylonian Expedition: Cuneiform Texts*, 1893-1914.

JACOBSEN, Thorkild. "Mesopotamia" in *The Intellectual Adventure of the Ancient Man*, 1946.

JASTROW, Morris. *Die Religion Babyloniens und Assyriens*, 1905-12.

JEAN, Charles-F. *La religion sumerienne*, 1931.

JENSEN, P. *Texte zur assyrisch-babylonischen Religion*, 1915.

———. *Die Kosmologie der Babylonier*, 1890.

JEREMIAS, Alfred. *The Old Testament in the Light of the Ancient Near East*. 1911.

———. *Das Alter der babylonischen Astronomie*, 1908.

———. *Handbuch der Altorientalische Geistkultur*.

JEREMIAS, Alfred, and Winckler, Hugo. *Im Kampfe um den alten Orient*.

KING, Leonard W. *Babylonian Magic and Sorcery, being "The Prayers of the Lifting of the Hand"*, 1896.

——. *The Assyrian Language*, 1901.

——. *The Seven Tablets of Creation*, 1902.

——. *Babylonian Religion and Mythology*, 1899.

KRAMER, Samuel N. *The Sumerians*, 1963.

——. (ed.): *Mythologies of the Ancient World*, 1961.

——. *History Begins at Sumer*, 1959.

——. *Enmerkar and the Lord of Aratta*, 1952.

——. *From the Tablets of Sumer*. 1956.

——. *Sumerian Mythology*, 1961.

KRUGLER, Franz Xaver. *Sternkunde und Sterndienst in Babylon*, 1907-1913.

LAMBERT, W. G., and MILLARD, A. R. *Atra-Hasis, the Babylonian Story of the Flood*, 1970.

LANGDON, Stephen. *Sumerian and Babylonian Psalms*, 1909.

——. *Tammuz and Ishtar*, 1914.

——. (ed.): *Oxford Editions of Cuneiform Text*, 1923.

——. "Semitic Mythology" in *The Mythology of All Races*, 1964.

——. *Enuma Elish: The Babylonian Epic of Creation*, 1923.

——. *Babylonian Penitential Psalms*, 1927.

——. *Die Neu-Babylonischen Königsinschriften*, 1912.

LUCKENBILL, David D. *Ancient Records of Assyria and Babylonia*, 1926-27.

NEUGEBAUER, O. *Astronomical Cuneiform Texts*, 1955.

PINCHES, Theophilus G. "Some Mathematical Tablets in the British Museum" in *Hilprecht Anniversary Volume*, 1909.

PRITCHARD, James B. (ed.). *Ancient Near Eastern Texts Relating to the Old Testament*, 1969.

RAWLINSON, Henry C. *The Cuneiform Inscriptions of Western Asia*. 1861-84.

SAYCE, A. H. *The Religions of the Babylonians*, 1888.

SMITH, George. *The Chaldean Account of Genesis*, 1876.

THOMAS, D. Winton (ed.). *Documents from Old Testament Times*, 1961.

THOMPSON, R. Campbell. *The Reports of the Magician and Astrologers of Nineveh and Babylon*, 1900.

THUREAU-DANGIN, François. *Les Inscriptions de Sumer et Akkad*, 1905.

——. *Die sumerischen und akkadische Königsinschriften*, 1907.
——. *Rituels accadiens*, 1921.
VIROLLEAUD, Charles. *L'Astronomie Chaldéenne*, 1903-1908.
WEIDNER, Ernst F. *Alter und Bedeutung der Babylonischer Astronomie und Astrallehre*, 1914.
——. *Handbuch der Babylonischen Astronomie*, 1915.
WITZEL, P. Maurus. *Tammuz-Liturgien und Verwandtes*, 1935.

III. Estudos e artigos consultados em várias edições dos seguintes periódicos.

Der Alte Orient (Leipzig)
American Journal of Archaeology (Concord, Mass.)
American Journal of Semitic Languages and Literatures (Chicago)
Annual of the American Schools of Oriental Research (New Haven)
Archiv für Keilschriftforschung (Berlin)
Archiv für Orientforschung (Berlin)
Archiv Orientalni (Prague)
Assyriologische Bibliothek (Leipzig)
Assyrological Studies (Chicago)
Das Ausland (Berlin)
Babyloniaca (Paris)
Beiträge zur Assyrologie und semitischen Sprachwissenschaft (Leipzig)
Berliner Beiträge zur Keilschriftforschung (Berlin)
Bibliotheca Orientalis (Leiden)
Bulletin of the American Schools of Oriental Research (Jerusalem e Baghdad)
Deutsches Morgenländische Gesellschaft, Abhandlungen (Leipzig)
Harvard Semitic Series (Cambridge, Mass.)
Hebrew Union College Annual (Cincinnati)
Journal Asiatique (Paris)
Journal of the American Oriental Society (New Haven)
Journal of Biblical Literature and Exegesis (Middletown)
Journal of Cuneiform Studies (New Haven)
Journal of Near Eastern Studies (Chicago)

Journal of the Royal Asiatic Society (London)
Journal of the Society of Oriental Research (Chicago)
Journal of Semitic Studies (Manchester)
Keilinscheriftliche Bibliothek (Berlin)
Königliche Museen zu Berlin: Mitteilungen aus der Orientalischen Sammlungen (Berlin)
Leipziger semitische Studien (Leipzig)
Mitteilungen der altorientalischen Gesellschaft (Leipzig)
Mitteilungen des Instituts für Orientforschung (Berlin)
Orientalia (Rome)
Orientalische Literaturzeitung (Berlin)
Proceedings of the American Philosophical Society (Philadelphia)
Proceedings of the Society of Biblical Archaeology (London)
Revue d'Assyrologie et d'archéologie orientale (Paris)
Revue biblique (Paris)
Sacra Scriptura Antiquitatibus Orientalibus Illustrata (Vatican)
Studia Orientalia (Helsinki)
Transactions of the Society of Biblical Archaeology (London)
Untersuchungen zur Assyrologie und vorderasiatischen Archäologie (Berlin)
Vorderasiatische Bibliothek (Leipzig)
Die Welt des Orients (Göttingen)
Wissenschaftliche Veröffentlichungen der deustschen Orient-Gesellschaft (Berlin)
Zeitschrift für Assyrologie und verwandte Gebiete (Leipzig)
Zeitschrift für die alttestamentliche Wissenschaft (Berlin, Gissen)
Zeitschrift der deutschen morgenländischen Gesellschaft (Leipzig)
Zeitschrift für Keilschcriftforschung (Leipzig)

Índice Remissivo

A

Abel 22, 125, 352, 354
Abraão 33, 54, 60, 80, 106, 107, 116, 134, 179, 230, 247
Abydenus (Abdeno) 377
Abzu, o 121, 299, 302, 309, 311, 330, 332, 339
Adab 58
Adad 91, 124, 125, 127, 128, 248, 256, 371, 397
Adão 22, 108, 148, 152, 168, 241, 320, 322, 329, 330, 333, 334, 335, 338, 341, 342, 343, 344, 345, 347, 348, 349, 350, 351, 352, 353, 354, 366, 378
Adapa 95, 105, 108, 153, 162, 171, 266, 329, 333, 334, 339, 349, 351
África 16, 17, 36, 86, 90, 301, 302, 305, 306, 307, 308, 309, 339, 360, 387, 389, 393
Agricultura 103
Águias 283
Akitu, Casa de 254, 255, 258
Albright, W. F. 299, 300
Amiet, Pierre 59
Amós 234, 235, 385
Anatólia 25, 36, 70, 79, 172
Andrae, Walter 30, 131, 134
Anshar 93, 205, 206, 208, 209, 211, 213, 214, 218, 225, 226, 258. *Consulte* Saturno
Antártica 378, 379, 381
Antigo Testamento 9, 13, 17, 21, 26, 28, 30, 33, 54, 70, 79, 83, 86, 96, 105, 134, 136, 138, 146, 148, 152, 167, 179, 220, 230, 234, 241, 305, 320, 321, 322, 330, 331, 347, 348, 351, 354, 356, 366, 384, 397
Antu 78, 96, 97, 98, 107, 127, 171
Anu
  Caminho de 183, 185, 187, 188, 194, 301
Anunnakis, os
  motim dos 313, 317, 322, 350, 387
Apin 264

Apkallu 171, 172
Apolodoro 239
Apsu 93, 104, 204, 205, 206, 207, 208, 209, 210, 215, 226, 299, 300, 314, 339, 360, 373, 374
Aquário 184, 189, 279
Arali 300, 301, 303, 304
Ararat 18, 21, 36, 81, 284, 286, 287, 358, 362, 376, 377, 381, 383
Arca 291, 358
Arianos 60
Áries 184, 189, 190, 235, 280, 294, 386
Armênia 284, 377
Armstrong, Neil 161
Ártico 378, 379
Árvore da Verdade 95
Árvore da Vida 45, 95, 153, 162, 333, 342, 345
Árvore do Conhecimento 320, 342, 343, 345, 347
Ashur 132, 382, 393
Ásia 15, 17, 26, 68, 70, 79, 90, 135, 172, 177, 178, 275, 393
Ásia Menor 26, 68, 70, 135, 177, 178, 393
Assur 30, 31, 131, 134
Assurbanipal 30, 34, 44, 116, 117, 183, 191, 202, 367
Asteroides 219
Astronomia 18, 176, 192, 261
Atra-Hasis 313, 368, 370, 372, 373, 374, 375, 376, 377, 379, 380, 401

B

Baal 84, 85, 86, 91
Babel
  Torre de 14, 147, 150, 396
Bad-Tibira 239, 282, 287, 288, 302, 303, 387
Barton, G. A. 144
Beaumont, Peter 307
Belus 328
Beroso 150, 238, 239, 240, 241, 273, 274, 328, 377
Billerbeck 38
Blumrich, Josef F. 138
Bosanquet, R H. M. 261, 262
Boshier, Adrian 307
Botta, Paul Emile 29
Brady, Joseph L. 238
Braidwood, R J. 20, 61
Brown, Robert R 55

C

Caim 22, 125, 348, 352, 353, 354, 366
Campbell, Joseph 59, 233, 401
Câncer 184, 191, 233, 283, 386
Capricórnio 184, 185, 279
Ceres 201
Céu
  criação do 93, 203, 220, 253, 313, 317, 318, 322, 323, 330, 336, 339, 340, 351, 356, 368, 372
  reino do 88, 111
Céus, os
  deuses dos 61, 71
Cidades 7, 270, 283, 288, 293
Ciência 326
Civilização
  origem da 25
Cobre 78, 308
Contenau, Georges 29, 80
Copérnico; Nicolau 175, 176
Creta 25, 26, 60, 64, 66, 68, 82, 142, 172
Criação
  épico da 206, 209, 211, 220, 222, 223, 225, 229. *Consulte também* "Épico da Criação"
Crick, Francis 245, 246
Crocker, Richard L. 55, 56
Cronos 62, 63, 66, 76, 77, 377
Crowfoot, Grace M. 46
Cultura 60

D

Darwin, Charles 15, 320, 321
David, King 401
Décimo Segundo Planeta 7, 9, 14, 170, 174, 199, 201, 227, 228, 229, 231, 235, 236, 237, 238, 240, 241, 244, 245, 246, 248, 250, 252, 253, 256, 257, 259, 260, 264, 266, 267, 268, 269, 279, 280, 296, 297, 311, 325, 340, 376, 381, 382, 383, 387, 388, 391, 392, 395, 398
Deus 21, 26, 28, 32, 34, 37, 38, 53, 54, 55, 58, 59, 62, 63, 65, 69, 72, 76, 77, 78, 81, 83, 84, 86, 87, 88, 90, 91, 94, 95, 96, 99, 101, 102, 103, 105, 109, 112, 113, 114, 117, 118, 120, 125, 136, 139, 140, 148, 150, 152, 153, 157, 159, 162, 165, 167, 169, 171, 173, 175, 179, 195, 196, 202, 203, 205, 206, 210, 221, 222, 223, 224, 225, 227, 234, 236, 242, 245, 248, 249, 252, 253, 254, 255, 257, 263, 264, 272, 273, 275, 276, 279, 282, 283, 289, 291, 292, 295, 296, 297, 298, 299, 301, 302, 309, 310, 312, 315, 319, 320, 321, 328, 329, 330,

331, 333, 335, 336, 337, 343, 350, 351, 354, 360, 363, 368, 369, 370, 371,
   373, 377, 380, 382, 383, 384, 395, 397
Deusas 317, 335, 338, 349, 370
Deuses, os
  cidades dos 387
  da Índia 26, 68
Dilgan 264
Dilúvio 14, 21, 34, 102, 105, 107, 147, 149, 152, 153, 154, 168, 238, 239, 240, 241,
   242, 243, 276, 288, 305, 313, 354, 355, 357, 358, 359, 360, 364, 365, 366,
   367, 368, 372, 373, 374, 375, 376, 377, 378, 379, 380, 381, 382, 383, 384,
   385, 386, 388, 389, 390, 391, 392, 393, 395, 397
Diodoro 178, 194
Divindade 148, 152, 153, 162, 242, 243, 265, 319, 320, 334, 338, 341, 342, 343,
   344, 345, 347, 348, 350, 352, 353, 354, 355, 356, 357, 358, 359, 360, 362,
   363, 390. *Consulte* Deus
Dobzhansky, Theodosius 17
Dumuzi 123, 124, 128, 240, 296, 299, 300. *Consulte* Tammuz

E

Ea
  Caminho de 183, 185, 187, 188, 194, 301
Ebeling, Erich 337, 382, 386
Éden 14, 21, 22, 107, 152, 153, 157, 272, 273, 319, 341, 342, 344, 345, 348, 351,
   352, 353, 354, 366
Elias 96, 138, 152
Enki 58, 104, 105, 106, 107, 108, 109, 112, 113, 121, 123, 124, 125, 126, 127, 128,
   130, 170, 171, 173, 206, 227, 276, 277, 278, 279, 280, 283, 296, 299, 300,
   309, 311, 314, 315, 322, 329, 330, 332, 333, 335, 339, 349, 350, 351, 356,
   359, 360, 361, 362, 363, 367, 368, 369, 370, 371, 372, 373, 374, 376, 377,
   380, 387, 391, 395, 396, 397. *Consulte* Ea
Enkidu 154, 155, 157, 324, 337, 346, 347
Enlil
  Caminho de 183, 185, 187, 188, 194, 301
Enoque 96, 152, 353, 354, 355
"Épico da Criação" 149, 204, 206, 218, 220, 227, 228, 242, 245, 253, 270, 282,
   310, 318
"Épico de Etana" 392
Epping, Joseph 183, 264
Equador 186, 188
Ereque 30, 32, 33, 34, 45, 52, 58, 60, 96, 178, 366
Ereshkigal 128, 130, 297, 298, 302, 303, 304, 305, 306, 307
Eridu 58, 60, 121, 130, 239, 258, 275, 276, 278, 279, 287, 288, 299, 311, 333, 339,
   387, 393
Esaú 106, 107, 118

Escorpião 184, 185, 248, 283
Escrita 180
Eshnunna 52, 57
Estrelas 192
Etana 60, 159, 160, 161, 162, 392
Eufrates 19, 21, 29, 83, 90, 105, 121, 222, 272, 273, 278, 284, 285, 286, 361, 365, 381
Eva 107, 108, 320, 335, 342, 344, 345, 347, 348, 350, 352, 366
Evolução 17
Êxodo 26, 60, 162, 291
Ezequiel
  Livro de 26, 47, 54, 55, 171, 179, 230

F

Festival do Ano-Novo 195, 253, 254
Finegan, Jack 58
Foguetes 7, 129, 283
Forbes, R. J. 42, 43
Foster, o reverendo Charles 396
Frankfort, H. 59, 142, 254, 400

G

Gaga 206, 208, 209, 214, 225, 226
Gaylin, W. 327
Gêmeos 184, 191, 265, 283, 386
Gênesis 7, 13, 21, 22, 30, 32, 34, 147, 150, 152, 157, 168, 202, 218, 221, 222, 241, 242, 243, 253, 272, 318, 319, 320, 330, 334, 338, 341, 351, 352, 353, 354, 356, 359, 362, 390, 391, 399
Gezer 142
Gideão 134
Gilgamesh 45, 52, 60, 122, 153, 154, 155, 156, 157, 158, 159, 162, 166, 171, 324, 337, 346, 359, 363, 368, 375, 380, 381, 398
Gir 166
Gomorra 134
Gordon, Cyrus H. 26, 66
Gordon, John 26, 66
Gudeia 36, 37, 38, 60, 139, 144, 249, 289
Gurney, O. R. 79
Gustav Guterbock 172

H

Habacuque 236
Hacham-Anish 28

Hall, H. R. 58
Hammurabi 52, 53, 60, 90, 103, 118, 120
Harã 80, 116, 118, 136
Hartner, Willy 190
Herman, Z. 305, 400
Hesíodo 65, 308
Hieróglifos 224
Hilprecht, H. V. 191, 267, 400, 401
Hinduísmo 68
Hiparco 176, 177, 178, 184, 190
História 80, 125, 200, 307, 342, 345, 397
Hollin, John T. 379
Homem
  civilização 13, 14, 17, 18, 19, 20, 23, 24, 25, 31, 32, 38, 40, 43, 46, 52, 53, 55, 57, 58, 59, 60, 61, 62, 66, 78, 90, 100, 104, 105, 118, 121, 126, 147, 153, 170, 184, 190, 191, 192, 204, 241, 253, 270, 272, 305, 308, 346, 353, 359, 365, 378, 392, 393, 394, 395
  Criação 7, 14, 149, 197, 202, 203, 204, 206, 209, 211, 218, 220, 222, 223, 225, 227, 228, 229, 242, 245, 253, 255, 270, 282, 310, 318, 319, 320, 331, 338, 339, 345, 349, 366
  deuses 13, 14, 17, 23, 29, 31, 33, 36, 42, 45, 46, 48, 49, 53, 54, 56, 61, 62, 64, 65, 66, 68, 69, 71, 72, 76, 77, 78, 79, 80, 81, 82, 83, 85, 86, 88, 90, 92, 93, 94, 95, 96, 97, 98, 99, 100, 101, 103, 105, 106, 107, 108, 109, 111, 112, 114, 115, 117, 118, 119, 125, 126, 127, 130, 136, 141, 144, 146, 149, 150, 152, 153, 155, 159, 162, 165, 167, 168, 169, 170, 172, 179, 181, 192, 194, 195, 197, 203, 204, 205, 207, 210, 212, 213, 214, 215, 217, 218, 225, 228, 243, 248, 250, 254, 273, 290, 295, 296, 313, 315, 316, 331, 340, 346, 350, 356, 375, 386, 397
  origem 18, 21, 25, 26, 35, 44, 55, 65, 66, 68, 76, 79, 80, 90, 95, 103, 170, 245, 257, 273, 284, 304, 345, 350, 382, 396
  sexo 344, 346, 347, 355
  Terra 7, 13, 14, 15, 16, 17, 18, 21, 22, 30, 32, 35, 47, 54, 61, 62, 66, 68, 69, 70, 71, 72, 76, 77, 78, 80, 81, 85, 87, 88, 92, 93, 94, 95, 96, 98, 99, 100, 103, 104, 105, 106, 108, 109, 116, 117, 118, 119, 120, 126, 129, 135, 136, 138, 139, 140, 146, 147, 148, 149, 152, 153, 154, 155, 160, 161, 165, 166, 167, 168, 169, 170, 171, 172, 174, 175, 176, 177, 179, 180, 181, 183, 186, 187, 188, 189, 191, 192, 193, 196, 197, 199, 200, 202, 203, 204, 209, 215, 218, 219, 220, 221, 222, 223, 224, 225, 227, 228, 229, 231, 233, 234, 235, 236, 237, 238, 239, 240, 241, 242, 243, 244, 245, 246, 247, 248, 250, 251, 253, 254, 255, 256, 257, 258, 259, 260, 264, 265, 266, 267, 268, 269, 270, 271, 272, 273, 274, 275, 277, 278, 279, 280, 281, 282, 283, 284, 287, 288, 289, 294, 295, 296, 299, 300, 301, 302, 303, 306, 308, 309, 310, 311, 312, 313, 314, 317, 318, 319, 320, 321, 322, 325, 329, 330, 339, 340, 341, 350, 352, 353, 354, 355, 356, 357, 358, 364, 365, 366, 367, 371, 372, 374, 375, 376, 377, 378, 379, 381, 383, 384, 385, 386, 387, 388, 389, 390, 391, 392, 394, 396, 397, 398

universo 106, 132, 175, 177, 204, 209, 229, 244, 247, 250
   voando 129, 161, 162
Homem de Cro-Magnon 16, 17, 18, 388
Homem de Neandertal 16, 17, 18, 388
Hommel, Fritz 195, 262
Homo erectus 17, 321, 323, 325, 326, 338
Homo sapiens 16, 17, 18, 308, 321, 322, 323, 329, 339, 348, 351, 387
Howe, B. 20
Hrozny, B. 80
Hurritas 60

I

Ícaro 136
Idade da Pedra 18, 22, 23, 24, 307, 308
Igigi 310. *Consulte* Anunnaki
Inanna 46, 91, 96, 118, 120, 121, 122, 123, 124, 127, 129, 130, 131, 132, 135, 136, 141, 172, 283, 297, 299, 300, 303
Indo, o
   Vale do 60, 272, 393, 397
Isaac 106, 107
Isaías 146, 161, 220, 234, 235
Ishtar 53, 91, 120, 121, 122, 123, 124, 125, 127, 128, 129, 130, 131, 132, 134, 140, 141, 149, 171, 248, 251, 256, 273, 283, 297, 303, 313, 375, 376, 401. *Consulte* Inanna
Israel 18, 21, 22, 23, 30, 70, 83, 134, 162, 195

J

Jacó 106, 107, 118, 134, 136, 179
Jean, Charles F. 195, 400
Jeffreys, Lettia D. 355
Jensen, P. 262, 302, 400
Jeremias, Alfred 181, 190, 256, 400
Jó
   Livro de 26, 47, 54, 55, 171, 179, 230
Joel 235
Júpiter 66, 69, 70, 72, 174, 175, 176, 179, 199, 201, 206, 211, 214, 216, 220, 228, 229, 230, 233, 236, 237, 238, 244, 250, 251, 253, 255, 258, 259, 264, 265, 269, 382, 383

K

Kampfer, Engelbert 28
Kilmer, Anne D. 55, 56

King, L. W. 202, 223, 224, 260, 399, 400, 401
Kingu 213, 214, 215, 216, 217, 218, 219, 223, 224, 225, 226
Kish 32, 52, 58, 60, 77, 159, 366, 393
Kohoutek 237
Koldewey, B. 31
Kramer, Samuel N. 50, 52, 54, 107, 276, 295
Kugler, Franz X. 183, 193, 194, 229
Kumarbi 76, 77, 78

L

Lagash 32, 36, 44, 52, 57, 60, 112, 140, 249, 287, 288, 289, 291
Lambert, W. G. 313, 336, 368, 401
Lameque 353, 354, 355, 378, 379, 387
Landesberger, B. 224
Langdon, Stephen 129, 162, 182, 190, 195, 227, 351, 401
Larak 239, 283, 287, 288
Laroche, E. 71
Larsa 90, 240, 280, 287, 288, 387
Layard, Sir Austen Henry 29, 30, 34, 202, 289
Leão (Leo) 184, 190, 191, 283, 307, 386, 387
Libra 184, 283
Lipit-Ishtar 53
Livro do 21, 22, 30, 32, 34, 147, 150, 152, 157, 162, 202, 221, 222, 241, 253, 272,
    318, 319, 320, 330, 338, 341, 351, 353, 354, 391
Ló 134
Lua 13, 17, 18, 69, 91, 104, 117, 142, 161, 174, 175, 176, 178, 179, 180, 181, 192,
    194, 197, 199, 200, 201, 209, 219, 220, 222, 223, 224, 225, 228, 229, 235,
    241, 247, 248, 249, 252, 256, 257, 259, 262, 267, 268, 269, 281, 332, 351,
    380, 381

M

Malbim 169
Marduk 31, 103, 112, 113, 117, 123, 124, 127, 128, 136, 140, 195, 196, 203, 205,
    210, 211, 212, 213, 214, 215, 216, 217, 218, 219, 220, 221, 222, 223, 224,
    225, 226, 227, 228, 229, 236, 237, 253, 254, 255, 258, 260, 270, 292, 300,
    310, 311, 319
Mari 90, 91, 92, 106, 107, 131, 132, 231, 291, 351
Marte 66, 69, 170, 174, 175, 176, 197, 199, 201, 205, 206, 211, 220, 228, 229, 230,
    250, 251, 252, 253, 255, 259, 264, 269, 383, 386
Martiny, G. 294
Matemática 18
Melaart, James 24
Mercúrio 66, 69, 174, 175, 176, 197, 205, 206, 207, 211, 220, 228, 237, 256, 257

Mesopotâmia e os mesopotâmicos
  deuses da 49, 61, 93, 99, 165
Metais 42
Millard, A. R. 313, 336, 368, 401
Moisés 37, 291
Morada dos Deuses 153, 154, 158, 172, 342, 345, 352
Mundo Inferior 63, 64, 65, 101, 123, 124, 130, 131, 176, 296, 297, 298, 299, 300,
    301, 302, 305, 306, 307, 309, 313, 339, 350, 360, 370, 371, 380
Mundo Superior 296, 298, 301

N

Nabucodonosor II 136, 140
Nabunaid 117, 118, 123
Namtar 297, 298
Nanna 113, 114, 115, 116, 118, 124, 127
Nergal 124, 128, 252, 297, 298, 299, 300, 302, 371, 380
Netuno 68, 174, 175, 192, 199, 201, 206, 209, 210, 211, 213, 216, 218, 225, 228,
    229, 244, 251, 253, 255, 258
Neugebauer 180, 181, 186, 267, 401
Nilo, o
  Vale do 60, 272, 393, 397
Nimrod 32
Ningal 114, 115, 118, 127
Ninhursag 91, 108, 109, 111, 124, 127, 170, 249, 283, 329, 331, 372, 373, 376, 387
Nínive 29, 30, 31, 32, 34, 44, 59, 60, 183, 191, 202, 260, 366, 367
Ninki 127, 332, 333
Ninlil 78, 101, 113, 124, 127, 242, 280, 299, 306, 318, 356
Ninti 108, 277, 332, 333, 335, 336, 349, 375
Ninurta 109, 111, 112, 113, 115, 124, 127, 139, 166, 204, 227, 248, 252, 283, 289,
    291, 314, 337, 350, 363, 367, 376
Nippur 57, 99, 100, 101, 103, 114, 125, 130, 171, 182, 191, 235, 267, 280, 281,
    283, 286, 287, 288, 292, 302, 310, 318, 350, 376, 387, 389
Nisan 253
Noé 21, 51, 105, 152, 153, 241, 242, 354, 355, 356, 357, 358, 361, 362, 366, 367,
    373, 374, 377, 378, 383, 387, 390, 393
Novo Testamento 119, 237

O

Oakley, Kenneth 307
Oannes 273
Oelsner, J. 267
Ofir 305
Olimpo, Monte 61, 65, 66

Oppenheim, Leo 59
Oppert, Jules 34, 262
Oriente Próximo 5, 9, 26, 60, 79, 106, 112, 129, 135, 136, 142, 159, 171, 173, 179, 182, 197, 231, 254, 257, 258, 260, 264, 286, 302, 323, 328, 387, 388, 390, 391, 399
Ouro 308, 342

P

Pallis, S. A. 254
Parrot, Andre 59, 116, 292
Peixes 184, 189, 190, 279, 306, 307, 386
Piazzi, Giuseppe 201
Pilares 144, 290
Pinches, T. G. 186, 401
Pioneer 244, 250, 260
Planetas
 vida nos 328
Plêiades 179
Plutão 174, 175, 192, 199, 201, 206, 214, 217, 225, 228, 229, 237, 251, 253, 255, 257, 265, 267, 294
Polyhistor, Alexander 238
Prata 308
Ptolomeu 176, 185

R

Rá 88, 227
Radau, H. 303
Rawlinson, Sir Henry 33, 249, 401
Redslob, G. M. 146
Reiner, Erica 303

S

Sagitário 184, 235, 283
Salmos 54, 179, 230
Salomão 37, 70, 305
Sargão da Acádia 32, 33, 36, 183
Sargão II 29
Sarton, George 180
Satélites
 terra 21, 22, 34, 47, 48, 88, 90, 91, 100, 102, 103, 104, 105, 108, 111, 118, 120, 124, 129, 147, 155, 156, 158, 159, 171, 191, 203, 221, 222, 224, 233, 234, 238, 260, 265, 271, 272, 273, 276, 280, 292, 297, 299, 300, 301, 303, 304,

305, 310, 312, 313, 314, 324, 329, 330, 341, 352, 355, 356, 357, 358, 360, 361, 368, 369, 370, 375, 377, 379, 380, 381, 383, 389, 391, 392, 397, 398
Saturno 66, 69, 174, 175, 176, 192, 193, 196, 199, 201, 206, 211, 213, 214, 216, 218, 225, 228, 229, 238, 244, 251, 252, 253, 255, 257, 258, 259, 311, 384
Sayce, A. H. 150, 261, 262, 401
Schlobies, Hans 125
Schott, Albert 227
Schräder, Eberhart 202
Selos cilíndricos 224
Senaqueribe 30
Senhor 21, 22, 30, 37, 69, 87, 91, 97, 102, 103, 104, 115, 117, 118, 120, 134, 136, 138, 146, 148, 152, 160, 161, 162, 183, 195, 214, 215, 218, 220, 221, 230, 234, 235, 236, 237, 241, 253, 255, 260, 296, 297, 300, 302, 305, 309, 314, 319, 320, 339, 340, 341, 360, 368, 376, 381, 382, 383, 384, 385, 386, 396
Seth 88, 338, 354, 366
Shamash 81, 91, 120, 125, 127, 128, 155, 156, 157, 159, 160, 162, 165, 166, 171, 172, 194, 228, 248, 256, 283, 310, 361, 374, 377, 397, 398. *Consulte* Utu
Shanidar 19, 22, 391
Shileiko, V. K. 125
Shinar, Terra do 47. *Consulte* Suméria
Shuruppak 57, 239, 283, 287, 288, 354, 359, 360, 366, 374, 387
Sículo, Diodoro 178
Sin 90, 91, 113, 115, 116, 117, 118, 124, 125, 127, 128, 150, 184, 194, 249, 256, 282, 371. *Consulte* Nanna
Sippar 118, 119, 120, 130, 165, 191, 239, 283, 285, 286, 287, 288, 289, 293, 294, 367, 374, 377, 387, 389, 397
Sistema Solar 13, 15, 93, 172, 173, 174, 175, 176, 192, 193, 194, 195, 196, 197, 199, 204, 205, 206, 209, 210, 211, 216, 217, 220, 223, 225, 227, 228, 231, 244, 245, 247, 248, 251, 253, 255, 257, 259, 260, 264
Sitchin, Amnon 3, 4, 9, 268, 269
Smith, George 149, 202, 292, 401
Sodoma 134
Sol 13, 66, 69, 91, 120, 142, 159, 172, 173, 174, 175, 176, 177, 178, 179, 180, 181, 182, 183, 188, 192, 193, 194, 195, 197, 201, 202, 205, 206, 207, 209, 210, 211, 213, 216, 217, 218, 221, 223, 225, 227, 228, 229, 234, 235, 237, 238, 240, 241, 243, 244, 248, 251, 252, 256, 257, 322, 373, 380, 382
Solecki, Ralph 19
Speiser, E. A. 273, 337, 399
Stecchini, L. C. 293
Strassman, Johann 183
Suméria e os sumérios
  deuses 13, 14, 17, 23, 29, 31, 33, 36, 42, 45, 46, 48, 49, 53, 54, 56, 61, 62, 64, 65, 66, 68, 69, 71, 72, 76, 77, 78, 79, 80, 81, 82, 83, 85, 86, 88, 90, 92, 93, 94, 95, 96, 97, 98, 99, 100, 101, 103, 105, 106, 107, 108, 109, 111, 112, 114, 115, 117, 118, 119, 125, 126, 127, 130, 136, 141, 144, 146, 149, 150, 152,

153, 155, 159, 162, 165, 167, 168, 169, 170, 172, 179, 181, 192, 194, 195, 197, 203, 204, 205, 207, 210, 212, 213, 214, 215, 217, 218, 225, 228, 243, 248, 250, 254, 273, 290, 295, 296, 313, 315, 316, 331, 340, 346, 350, 356, 375, 386, 397
Susa 195, 248, 287

T

Tábua dos Destinos 110, 111, 213, 218, 223, 282, 302
Tales 184
Tammuz 171, 297, 401, 402
Tell Brak 135, 291
Tell Ghassul 139
Templos 42, 291
Terra
  criação 88, 93, 105, 175, 203, 210, 220, 253, 255, 313, 317, 318, 322, 323, 326, 328, 329, 330, 332, 333, 334, 336, 338, 339, 340, 350, 351, 356, 368, 372, 389
  deuses do céu 78. *Consulte* Deuses
  homem 15, 16, 17, 22, 25, 28, 37, 38, 44, 46, 53, 54, 58, 69, 83, 103, 105, 107, 108, 134, 139, 153, 155, 160, 168, 242, 273, 274, 288, 298, 301, 307, 308, 312, 313, 323, 324, 325, 328, 329, 332, 341, 346, 348, 353, 355, 356, 357, 363, 364
  lua 57, 256
  outros planetas 13, 181, 201, 206, 211, 225, 229, 252, 268, 271, 308
  primeira colonização 270, 272
  reino 30, 32, 33, 57, 60, 70, 72, 78, 79, 80, 81, 82, 83, 88, 90, 94, 95, 103, 104, 111, 117, 159, 234, 238, 239, 240, 250, 254, 276, 297, 366, 387, 392, 393
  símbolo astronômico e astrológico 284
  três regiões 183
Teshub 72, 77, 78, 79, 80, 81, 125
Textos babilônicos 313
Textos sumérios 346
Thompson, R. C. 179, 233, 264, 401
Thureau-Dangin, F. 192, 195, 401
Tiamat 93, 204, 205, 206, 207, 209, 211, 212, 213, 214, 215, 216, 217, 218, 219, 220, 221, 222, 223, 224, 225, 228, 229, 243, 246, 382
Tigre 19, 21, 28, 29, 81, 83, 105, 222, 272, 273, 278, 365, 381
Tiro, rei de 66, 152, 153, 171, 305
Torre 14, 141, 147, 150, 396
Touro 35, 66, 78, 87, 106, 184, 190, 191, 193, 235, 280, 386
Trópico de Câncer 191

U

Ur 32, 33, 37, 43, 44, 53, 54, 56, 57, 60, 77, 80, 81, 90, 101, 103, 114, 115, 116, 179, 182, 183, 185, 190, 230, 291, 311, 365, 366, 367, 393
Urano 62, 65, 70, 76, 174, 175, 192, 199, 206, 211, 213, 214, 216, 228, 229, 244, 251, 253, 255, 258
Uruk 32, 33, 49, 58, 96, 97, 98, 120, 121, 122, 123, 124, 130, 153, 154, 155, 157, 165, 171, 180, 346, 393
Urukagina 53, 54
Utnapishtim 153, 157, 359, 360, 361, 362, 363, 367, 368, 373, 374, 376, 377, 378
Utu 118, 119, 120, 124, 127, 130, 140, 155, 157, 159, 165, 276, 283, 289, 397

V

Van Buren, E.' D. 248
Van der Waerden, B. L. 186
Vedas 68, 69, 70
Vênus 66, 69, 120, 170, 174, 175, 176, 179, 197, 205, 206, 211, 220, 228, 229, 236, 248, 251, 256, 257
Vida 29, 45, 46, 95, 146, 153, 162, 248, 255, 326, 333, 339, 342, 343, 345, 351, 398
Virolleaud, Charles 194, 402

W

Wainwright, G. A. 87
Weidner, Ernst F. 192, 194, 262, 400, 402
Weissbach, F. H. 254
Wetzel, .F. 254
Wilson, A. T. 379
Witzel, P. Mairrus 297, 402
Wood, H. G. 293
Woolley, sir Leonard 365, 366

Y

Yahweh 26, 28, 30, 161, 162, 220, 247, 330, 341, 342, 343, 344, 345, 362. *Consulte* Deus

Z

Zacarias 235
Zeus 61, 62, 63, 64, 65, 66, 68, 70, 72, 76, 86, 296
Zimmern, Heinrich 241
Zodíaco 69, 179, 183, 184, 188, 190, 191, 194, 195, 233, 248, 253, 279
Zu 109, 110, 111, 112, 113, 115, 116, 282